인류학의 글로벌 의식과 학술적 자각

人类学的全球意识与学术自觉

人类学的全球意识与学术自觉

≪中华社会科学基金≫资助
이 도서는 중화학술번역사업(21WSHB010)에 선정돼
중국사회과학기금(Chinese Fund for the Humanities and Social Sciences)의
지원을 받아 번역 출판되었습니다.

인류학의
글로벌 의식과
학술적 자각

人类学的全球意识与学术自觉

마궈칭(麻国庆) 지음
허련화(许莲花) 옮김

역락

    손꼽아 헤아려보니 1986년에 내가 중산대학교 인류학과 석사 과정에 들어가 룽관충(容观琼, 1922~2018) 교수님 밑에서 인류학 공부를 시작한지 어언 30년이란 시간이 흘렀다. 석사를 졸업하고 중산대학교 교수로 있다가 다시 베이징대학교에 가서 페이샤오퉁(费孝通, 1910~2005) 교수님 문하에서 박사 공부를 하였다. 박사 과정 중에 페이샤오퉁 교수님과 일본 나카네 지에(中根千枝, 1925~2021) 교수님의 추천으로 도쿄대학교에 가서 스에나리 미치오(末成道男, 1938~) 교수님 지도하에 문화인류학을 수학하게 되었다. 박사를 졸업하고는 베이징대학교 교수로 채용되어 줄곧 사회학인류학연구소에서 일했으며 그 기간에 일본학술진흥회의 외국인 특별 연구원, 도쿄도립대학교 사회인류학과 객원 부교수를 지내고 와타나베 요시오(渡辺欣雄, 1947~) 교수와 함께 중일 사회 구조에 대한 비교 연구를 진행하기도 했다. 이런 과정을 거쳐 나는 일본 대학교의 인류학 교육 체계에 대해 잘 알게 되었다.

    내가 베이징대학교에 재직하고 있을 때 마침 중국에서는 학문 체계가 새롭게 정립되었는데 페이샤오퉁 교수님은 늘 학문 정립이 학술 발전에 미치는 기본적 역할에 대해 강조하곤 하셨다. 학문 체계의 재정립은 사회학, 인류학의 학문 발전에서 다른 것으로 대체할 수 없는 중요한 역할을 하였다. 박사 공부를 시작해서 나중에 베이징대학교 교수로 일하면서도 나는 늘 페이샤오통 교수님의 가르침을 받았는데, 이로부터 학문 정립의 내포와 혁신, 특히 중국에서의 학문 발전에 대해 더 많은 깨달음을 얻게 되었다.

2004년 9월, 나는 베이징대학교에서 중산대학교 인류학과로 옮겨 일하게 되었는데 그 뒤 10여 년간 주로 학부생과 대학원생 관련 일을 담당하였다. 그때 나의 주된 관심사는 어떤 인재를 양성하고 학생들에게 어떤 인류학 자양분을 줄 것인가 하는 문제였다. 인류학에 몸담은 이 30년 동안 나는 인류학 전공 학생에서 인류학, 민족학 교수로 성장하였다.

본 책의 내용들은 주로 내가 여러 시기에 써 두었던 논문들로 학문 정립과 인류학 발전에 대한 생각을 담고 있다. 인류학의 발전과 학문 정립은 세계화의 영향에서 벗어날 수 없다. 본 책의 핵심 역시 인류학 발전에서의 글로벌 의식에 대한 사고라고 할 수 있다.

우리는 보통 습관적으로 인류학을 '타자(the others)'에 관한 학문으로 간주하는데 이것은 인류학 형성 초기에 옛 부족사회(서구사회에 상대한)에 대한 타자적 사고에서 비롯된 것이다. 현재도 우리는 총체론적 관점에서 우리와 그들 사이의 차이와 동질성을 성찰한다. 인류학에서 말하는 '타자'는 자기와 다른 사람들을 가리키기도 하지만, 자기와 다른 문화(other cultures)를 가리킨다. 초기 인류학자들의 현지조사는 자문화와 타문화가 접촉할 때 나타나는 문화적 충돌과 문화적 평가의 문제를 해결하고자 하는 시도였다. 그러나 최근 인류학자들은 타문화와 타문화의 연구 성과인 '타자성'을 활용하여 자문화를 해석하고 재구성하고 있다.

타자의 문화와 인간성의 내적 특징과 발전의 딜레마를 통해 인류의 미래 발전 방향을 더 잘 이해할 수 있다.

전통적인 서양 인류학의 학문 분류 체계에서는 타문화를 이해하는 관점에서 정치, 경제, 친족 제도, 과학, 종교, 생태, 예술과 같은 도구를 이용하여 연구하여 사회와 문화를 분석한다. 인류학 분석에서 사용되고 있는 용어들은 세계화된 오늘날에는 이미 너무 기계적인 것이 되었으며, 인류학의 연구 범주도 새로운 관점에서 재정립할 필요가 있다.

총체적으로 다음과 같이 생각할 수 있다. 20세기 중반 이전의 서구 국가들은 식민지 확장으로 인해 자신과 다른 타자에 대한 인식과 기술(記述)이 이 시기의 중요한 학문적 특징이 되었다. 이 과정에서 점차 타자의 세계와 문화를 인식하는 두 학문이 형성되었는데, 하나는 20세기 전반의 민족지(ethnography) 또는 문화인류학(사회인류학)이며, 다른 하나는 20세기 후반의 지역연구(area studies)이다.

최근 수십 년 동안 문화인류학자들의 관심 분야는 점점 더 광범위해졌다. 단순사회 또는 폐쇄적인 원시 공동체의 소멸과 동화(同化)로 인해 인류학자들은 더 복잡한 사회의 하위 문화 현상에 대해 점점 더 많이 연구하게 되었고 현대 생활 유형과 문화의 변화에 대해서도 연구하기 시작했다. 특히 세계화의 맥락에서 인류학의 전통적인 두 연구 분야인 민족지 연구와 지역연구는 하나로 통합되어 세계화가 가져온 새로운 문제와 이념을 인식하고 있다. 사실, 인류학자들은 전체적, 다문화적, 진화적 연구를 교묘하게 결합하여 현대 사회의 여러 문제를 연구하는 인류학 연구 모델을 만들었다.

본 책에 수록된 논문들은 대부분 이런 맥락에서 전개된 것으로 주로 인류학의 학문 정립과 학술적 자각, 사회와 문화의 다양성 표현, 응용인류학과 발전의 딜레마, 세계화와 지역화 등의 내용을 포함한다. 독자들이 이

책을 통하여 인류학의 글로벌 의식이 인류학 및 그 연구 대상의 모든 방면
에 스며들어 있음을 알게 되기를 바란다.

마궈칭(麻国庆)

차례

머리말   5

제1부 인류학의 확립과 학술적 자각

1장 비교사회학: 사회학과 인류학의 상호 작용   15
1. 비교 방법과 비교 연구   16
2. 고전 사회학자의 유산: 비교 방법   18
3. 단순사회 비교 연구부터 복합사회 비교 연구까지   25
4. 비교사회학의 연구 패러다임   35

2장 생산양식의 연결과 당대 민족 연구:
서양 마르크스주의 민족학 평가 분석   38
1. 서양 마르크스주의 민족학의 전경   39
2. 서양 마르크스주의 민족학 시각에서의 생산양식   48
3. 생산양식의 연결 문제   54
4. 중국 당대 민족학 연구에 대한 계시   61
5. 결어   67

3장 인류학과 교양교육   69
1. 타문화의 이해와 타자 인식   72
2. 과학 기술과 인문   74
3. 생명 윤리의 문제   77
4. 문화 자원의 보호와 활용: 교육의 힘   78
5. 실천적 학문으로서의 인류학   80

4장 중국 인류학의 학술적 자각과 글로벌 의식　82

　1. 중국 인류학의 학술적 자각과 학문 수립　82

　2. 중국 인류학 발전의 학제간 연구　90

　3. 중국 인류학 연구의 글로벌 의식　94

　4. 현장 작업과 학문적 윤리 문제에 관하여　103

5장 일본 인류학의 발전과 전환　109

　1. 초기 일본 인류학(1884~1945년)　110

　2. 중기 일본 인류학 (1945년~1970년대)　112

　3. 현대 초기의 일본 인류학　114

　4. 현대 일본 인류학(1990년대 중기부터 지금까지)　119

6장 또 하나의 타자:
영장류 사회 연구가 인류학에서 가지는 가치　154

　1. 영장류의 사회문화와 행위　156

　2. 영장류 연구와 인류학　160

　3. 영장류 연구로 본 인류의 문화　164

　4. 결어　167

제2부 사회와 문화의 자화상

1장 문화인류학으로 보는 단순사회의 교환　173

　1. 경제적 교환과 상징적 교환　173

　2. 교환과 친족 관계　176

　3. 단순사회의 교환에 대한 평가　180

2장 신체의 다원적 표현: 신체인류학적 사고　184

　1. 이원론으로부터 일원론·순환론까지: 신체의 자연과 문화　184

　2. 사회적 신체: 친족 연구의 전환과 사회 구조의 은유　187

　3. 신체의 정치와 권력 은유　190

　4. 중국의 신체 연구와 인류학적 시각　191

　5. 신체 연구에 관한 네 편의 글의 특징과 의미　198

3장 아프리카에서 동아시아로: 친족 연구의 보편성과 특수성　204
　1. '사회 전통'으로서의 친족 연구와 '문화 전통'을 결합한 친족 연구　206
　2. 민속생물학적 친족과 사회학적 친족　212
　3. 중·일 가족 제도의 키워드와 혈연의 재구성　228

4장 문화, 민족 그리고 글로벌 차원의 가족 연구　239
　1. 문화와 사회를 지속하게 하는 전달자로서의 가족　241
　2. 가족에서 민족으로: 중화민족의 다원일체 속의 가족　245
　3. 다국적 네트워크와 세계화를 배경으로 한 가족　252

5장 무형문화유산: 문화의 표현과 문법　260
　1. 머리말　260
　2. '유형'에서 '무형'으로: 문화유산보호 속의 문화 재편　261
　3. 문화접변에서 재구성까지: 민속 문화 변천 과정 속에서의 선택　264
　4. 전통에서 현대까지: 민속 문화의 조정과 재구성　268
　5. 결어　273

제3부　응용인류학과 발전의 딜레마

1장 현대 중국의 사회현실과 응용인류학 연구　279
　1. 도시화와 인구 유동　281
　2. 생태인류학　288
　3. 관광인류학　293
　4. 의료인류학　299
　5. 결어　305

2장 누가 규범과 비규범을 판단하는가:
　　다문화에서의 내발형 발전적 사고　308
　1. 다양한 사회 문화 유형의 공존과 내발형 발전　309
　2. 수렵, 유목, 농경　312
　3. 유동하는 집단과 사회　319

　　3장 환경 연구의 사회 문화관　　　　　　　　　　324

　　　　1. 사회 구조와 환경　　　　　　　　　　　326

　　　　2. 문화 전통-민간 환경 지식　　　　　　　330

　　　　3. 윤리관과 환경　　　　　　　　　　　　337

제4부 세계화와 지역 사회

　　1장 페이샤오퉁 선생의 세 번째 글: 세계화와 지역 사회　　343

　　　　1. 기술성, 인간성 그리고 '3단계 도약'　　　　346

　　　　2. 인류 문화 공생의 심태관(心態觀)　　　　351

　　　　3. 세계화 속에서 한 국가 안의 주변 민족들　　354

　　　　4. '문명 간의 대화'와 '화이부동'의 글로벌 사회　　366

　　2장 세계화와 문명 간의 대화 속 주변의 변두리 민족:

　　　　수렵 채집민의 '자립'과 '한계'　　　　　　　371

　　　　1. 세계화와 문명 간의 대화　　　　　　　371

　　　　2. 주변 속의 변두리 민족: 채집 수렵민 사회의 인류학　　375

　　　　3. 개발과 중국의 소규모 사회　　　　　　387

　　　　4. 소규모 사회로서의 수렵 채집 민족 어룬춘족의 사례　　390

　　　　5. 결어　　　　　　　　　　　　　　　409

　　3장 경계를 넘나드는 인류학과 문화 현장　　　　414

　　　　1. 인류학의 중요한 방향이 될 '경계를 넘는 인류학'　　415

　　　　2. 문화의 현장에 관하여　　　　　　　　421

　　　　3. 과계(跨界) 연구와 '일대일로(一帶一路)'의 안과 밖　　425

　　4장 글로벌 사회와 21세기 해상 실크로드　　　430

　　　　1. 페이샤오퉁 선생의 글로벌 사회 이념과 '일대일로' 전략　　430

　　　　2. 해상 실크로드와 환남중국해(環南中國海) 지역 사회체계　　436

　　　　3. 지역 운명 공동체와 '화이부동'의 글로벌 사회　　444

역자 후기　　　　　　　　　　　　　　　　448

찾아보기　　　　　　　　　　　　　　　　452

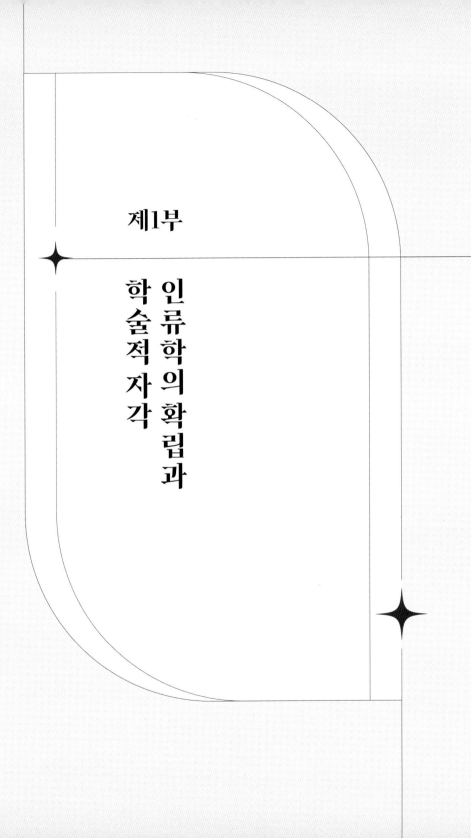

제1부

인류학의 확립과
학술적 자각

1장

비교사회학: 사회학과 인류학의 상호 작용[*]

1960년 처음 남아프리카공화국을 방문한 사회학자 찰스 라이트 밀스(C. Wright Mills, 1916~1962)는 산업 발전 문제 토론회에서 저개발국들이 스스로 자신을 발견해야 한다고 강조했다. 이들 국가와 사회는 유럽과 북미의 발전을 모델로 삼을 것이 아니라 비교 속에서 자신을 발견해야 한다는 것이다.[01] 여기서 말하는 비교는 비교적 많은 분야, 비교적 거시적인 분야에 관련되며, 종적인 비교와 횡적인 비교가 있다. 비교사회학에서 비교의 초점은 바로 '사회'에 있다. 즉 동일한 시공간에서의 서로 다른 사회 혹은 동일한 사회 내부에서의 서로 다른 단체를 비교해 그들의 유사성과 차이성을 설명하고 이를 바탕으로 서로 다른 사회와 문화 간의 공생 논리와 규칙을 통합해 내는 것이다.

제2차 세계대전 후 사회의 격변과 과학 기술, 교통의 발전으로 인류는 다시는 전처럼 서로 동떨어진 세상에서 생활할 수 없게 되었으며,

---

[*]   본문은 『民族研究』 2000年 第4期에 게재되었음.

[01]   Graham Crow, *Comparative Sociology and Social Theory: Beyond the Three Worlds*. Palgrave Macmillan, 1997.

인류의 공간적 거리도 나날이 좁혀지고 있다. 특히 냉전 종식 이후, 원래부터 존재했지만 드러나지 않았던, 민족·종교 등 문화에서 오는 충돌이 나날이 심해지고 있다. 한 연구의 통계에 따르면, 1949년부터 90년대 초까지 민족 간 충돌로 인한 사상자는 약 169만 명으로 국가 간 전쟁에서 사망한 사람의 몇 배에 달한다고 한다.[02] 그런 의미에서 인류 사회는 지금 한차례 '사회의 위기', '문명의 위기'를 맞고 있다. 과학으로서의 비교사회학도 전통적인 연구 영역과 기술을 바탕으로 본연의 연구 영역을 넓혀 현대 사회의 제반 문제를 해결하는 방법을 모색하고, 사회와 문화의 비교 시각에서 인간의 생존과 발전 문제를 해결함으로써 사람들로 하여금 현재와 미래 변화의 궤적에 적응하도록 유도하고 있다. 그러나 이런 문제들에 대한 연구가 진전되려면 먼저 이 학문의 내재적 영역과 이론적 기초로 돌아가야 한다.

1. 비교 방법과 비교 연구

근대 이후 학자들은 줄곧 과학의 본질에 대해 논의해 왔다. 독일의 철학자 라이프니츠(Gottfried Wilhelm Leibniz, 1646~1716)는 일찍이 수학의 본질은 대상이 아니라 방법에 있다고 지적했다. 사회학 연구에서 학문 간의 구별은 연구 대상의 차이에 있는 것이 아니라 연구 방법의 차이에 있다고 인정된다. 따라서 과학의 본질은 그 대상이 아니라 그 방법에 있다고 할 수 있다.[03]

---

02   「社会转型: 多文化多民族社会」, 『国际社会科学杂志』1999年第2期.
03   刘大椿: 『比较方法论』, 中国文化书院, 1987.

인간의 활동에는 일반적으로 목적과 전제(조건), 방법 등 세 가지 요소가 포함된다. 그중에서도 가장 중요한 것이 방법이다. 과학 연구자에게 있어서 연구 방법은 연구의 가치를 상당 부분 결정짓는다.

비교 방법은 이미 새로운 연구 방법이 아니다. 고대 그리스 시대때 일부 학자들은 이미 이를 이용해 그리스와 페르시아의 사회와 문화를 비교했다. 몽테스키외(Charles-Louis de Secondat, baron de La Brède et de Montesquieu, 1689~1755) 등 근대의 사회사상가들도 이 방법을 크게 권장하면서 각 사회의 국민성을 비교하였었다. 그러나 이 방법이 본격적으로 발전한 것은 19세기 후반부터이다. 18, 19세기에 자연과학자들이 자연과학 현상을 연구하면서 비교 방법을 이용하는 풍조가 형성되었는데, 이는 사회과학 연구에도 큰 영향을 미쳤다.

사회학의 원조인 콩트(A.Comte, 1798~1857)는 비교 방법의 영향을 받아 여러 사회 사이의 유사성과 차이를 확인하고 설명하기 위해 비교 연구 방법을 사용하고 소개했다. 콩트는 비교 방법으로 인간 사회를 연구할 것을 강력히 제창했다. 이런 비교 연구 방법은 실증과학의 기초 도구로서 인류의 가장 기본적인 법칙인 진화의 법칙을 발견하는 데 사용할 수 있다고 했다. 물론 이런 사조는 다윈의 학설, 비교언어학 등의 영향과도 무관하지 않다.

일찍이 18세기에 철학자들은 유럽 문명은 기존의 몽매 상태가 발전한 결과라고 인정하였다. 그들의 사상에는 이미 비교 방법의 맹아가 존재하고 있었다. 19세기 사회과학 학술사를 살펴보면 이 시기에 지리, 정치, 철학, 언어, 문화, 법학 등에 관한 비교 연구가 황금기에 접어들었음을 알 수 있다. 특히 인류학 분야에서는 모건(L.H.Morgan, 1818~1881)의 『고대사회』, 타일러(E.B.Tylor, 1832~1917)의 『원시문화』, 바흐오펜

(J.J.Bachofen, 1815~1887)의 『모권론』 등 진화론에 관한 저서가 주류를 이루었다. 이러한 고전적 문화진화론이 의거하고 있는 중요한 방법이 바로 비교 연구 방법이다. 유럽 문화를 중심으로 삼고, 사회의 지리적 분포와 기술 그리고 의식으로 문화의 유사성과 역사의 계보를 추정해 내는 이러한 방법은, 연구 대상의 사회와 환경 기능을 충분히 고려하지 못한 데다 특히 온전한 실증적 연구 방법의 결핍으로 인해 그 결론은 후에 많은 논란을 불러왔다.

물론 19세기에 이런 비교 연구가 성행하게 된 데에는 진화론 외에도 다른 하나의 중요한 원인이 있었는데, 그것은 바로 일부 서양 국가의 식민지 확장과 관련된다. 많은 사회과학 연구자와 일부 선교사, 정부 관원들이 호기심을 가지고 소위 그들이 말하는 미개한 사회에 들어가 조사와 연구를 함으로써 비교 연구가 19세기 사회와 인문과학의 주요 방법 중 하나가 되었다. 그 후 사회학 대가인 에밀 뒤르켐(Emile Durkheim, 1858~1917)과 막스 베버(Max Weber, 1864~1920)는 이런 비교 연구 방법을 경제, 종교, 사회 구조와 사회 변천 등의 연구에 활용했는데, 이들의 연구는 이미 단선적인 진화의 모델을 넘어섰다.

2. 고전 사회학자의 유산: 비교 방법

사회학이라는 학문이 생겨난 이후, 많은 사회학 이론은 서로 다른 사회 범주의 행동 유형의 차이와 유사성에 대한 비교 연구에서 비롯되었다. 이 방면에서 고전 사회학자들의 연구는 좋은 예를 제공한다. 예를 들면 칼 하인리히 마르크스(Karl Heinrich Marx, 1818~1883)의 '인류사회의 모든 사회역사적 시기에 대한 연구', 뒤르켐의 '인류 행위의 법칙성에 대한 해석', 다양성의 특징을 보이는 베버의 비교 연구 등이 그러하다. 이들 세 대가와 동시대 학자들의 중요한 공헌 중 하나는 사회학의 '단위 개념'을 확립한 것이다. 이 공헌은 사람들이 사회현상을 해석하는 기본 변수가 되었으며 비교 분석은 바로 그들의 관념을 발전시킨 것이다.

고전 사회학자의 사상적 기초는 크게 두 가지 측면으로 이루어져 있다. 하나는 사회학의 전통적인 이원 대립적 시각인데, 이를테면 지역 공동체-국가사회, 권위-권력, 신분-계급, 종교적-세속적 등이다. 다른 하나는 전통과 현대의 대비이다. 뒤르켐과 베버의 비교사회학도 이 기초에 기반하여 발전하였다.

1) 뒤르켐의 비교사회학

뒤르켐은 비교사회학의 개척자로서 가장 먼저 비교사회학이라는 명칭을 썼는데 그의 사회학 연구 방법의 핵심 중 하나는 바로 비교 방법이다.

사회 통합의 근원과 성격, 결과에 대한 탐구는 뒤르켐의 경험적 연구 전반을 관통하고 있다. 그의 모든 저서는 일종의 집단의식적 관점을 강조하고 있으며 그의 사회학의 중심 개념은 '사회적 사실'이다. 그는 사회적 사실은 개인의 외적 행위를 통제하는 외래의 힘으로 사람들이 사회의 규칙이나 요구를 위반할 때마다 개인 행위를 통제하는 이런 힘이 작용한다고 보았다. 그는 『사회분업론』, 『종교생활의 원초적 형태』와 『자살론』에서 모두 사회적 사실에 관한 문제를 강조했다.

뒤르켐은 비교사회학은 사회학 그 자체이며, 두 가지 방법으로 사회적 사실을 설명할 수 있는데 하나는 그 기능에 대한 분석이고 다른 하나는 그 역사에 대한 토론이라고 보았다. 사회적 사실의 내적 특성을 분석한 기초 위에서 서로 다른 사회 간의 사회적 사실의 차이점과 유사점에 주의를 돌려야 한다는 것이다. 뒤르켐의 비교 연구 방법을 종합해 보면 주로 다음과 같은 두 가지 면에서 표현된다.

역사학적 비교 방법: 서로 다른 사회 또는 동일한 사회의 시기별 차이에 대해 비교한다. 단일한 역사 사건에 대한 서술이 아니라, 사회학 이론과 관련 있는 역사에 대한 연구에 중점을 두고 있다. 뒤르켐은 역사학은 단일한 역사적 사건이나 개인에 대한 서술을 초월하여 비교의 차원으로 올라가야만 해석 능력을 가지게 되고, 하나의 과학으로 인정되며, 역사학과 사회학에 비교의 방법을 적용할 때 두 학문이 하나로 통합된다고 하였다.

인류학적 비교 방법: 역사적 비교는 시간적 비교이지만 인류학적 비교는 두 개 또는 두 개 이상의 사회 간의 비교이며 또한 공간적 비교이다. 뒤르켐은 사회학 연구는 한 민족의 각각의 특징을 기술하는 것이 아니라, 그러한 특징이 존재하게 된 원인과 그러한 특징이 문화에 어떤 기여와 기능을 하는지 설명하고, 나아가 두 개 혹은 두 개 이상의 사회의 공통성을 발견하는 것이라고 주장한다. 예컨대『사회분업론』에서는 사회연대(social solidarity)에 대해서 동질성의 단순사회는 기계적 연대에 대응되고, 이질성의 문명사회는 유기적 연대에 대응된다고 분석한다. 노동의 분업과 사회 통합을 기능의 관점에서 설명하여, 마치 유기체의 각 분자가 서로 의존하고 협력해서 생존하는 것처럼 사람과 사람 사이도 의존성이 증가하면 협력이 필요하게 된다고 주장한다. 사회에서 개인들이 분업, 합작, 공존할 수 있는 원인은 전적으로 개인을 초월하는 외적인 구속력, 즉 일종의 집단의식인 사회적 사실에서 기인한다.

보는 바와 같이 사회 내부의 비교, 즉 동일한 사회 내부에서 발생한 상이한 사회적 사실들의 비교를 중시하는 것은 뒤르켐 비교사회학의 중요한 기초이다. 뒤르켐의 이러한 주장은 이후 발전한 사회인류학에 큰 영향을 주었다. 첫째, 그가 제시한 기능론적 관점은 현실 사회 현상에 대한 인류학의 분석을 단순화된 진화론적 패턴이라는 인과론의 울타리에서 벗어나게 했으며, 사회인류학의 발전에 중요한 의의가 있다. 둘째, 기능주의의 분석은 사회의 작은 한 부분이 사회 전체에 유지 기능을 행함을 강조한다. 즉 사회적 요소들 간의 상호 관련이 하나의 전체를 구성함에 있어서 가지는 의의를 강조한다. 이러한 시각은 인류학적 총체론의 기초가 된다. 이 두 가지 관점은 영국의 구조기능주의 인류학과 직접적인 관계가 있으며, 어떤 면에서 뒤르켐의 관점은 구조기능주의 인류학의 직접적인 원천이라고 할 수 있다.

2) 베버의 비교사회학

뒤르켐이 사용한 비교 방법과는 달리, 막스 베버의 연구는 관련된 영역이 매우 넓다. 베버의 사회학의 비교 관점은 사실 마르크스를 겨냥해서 나온 것으로, 그는 인간의 행동과 사회 구조의 변혁이 경제적 요인에 의해 설명될 수 있다고 생각하지 않는다. 그가 광범위하게 비교 연구를 진행한 영역으로는 주로 종교사회학, 정치사회학, 경제사회학 세 분야가 있다.[04]

---

04   베버의 관점에 대해서는 다음 저서를 참조. [德] 马克斯·韦伯: 『新教伦理与资本主义精神』, 于晓等译, 三联书店, 1987; [德] 马克斯·韦伯: 『经济与社会』, 林荣远译, 商务印书馆, 1997.

베버의 학술연구의 핵심은 근대 자본주의 및 근대 유럽 이성주의의 성격에 대한 탐구이다. 그의 비교 연구의 의의는 유럽과 기타 지역의 대비를 통해 근대 유럽인의 자각을 촉진하고 심화시킨 데 있다.

베버 사회학의 한 가지 큰 특징은 바로 매우 강한 역사의식을 갖고 있다는 것이다. 즉 비교사학(比較史學)의 일부 방법으로 역사 사회를 연구한 것이다. 그의 학술 연구는 '근대 자본주의란 무엇인가' 또는 '근대 유럽의 이성주의란 무엇인가' 등 문제를 탐구하는 데 초점을 맞추고 있으며, 동시에 근대 유럽과 기타 지역을 비교하였으며, 이로써 자신의 연구 성향을 확립하였다. 그의 비교사회학 연구는 사고와 입론 방식에서 늘 현대의 문제의식에서 출발하되 역사적 사건을 현재와 연결하여 탐구를 진행함으로써 사회학의 실천적 의의를 실현한다. 즉 과거와 현재를 연결해 연구자의 연구가 자연스럽게 현대의 구체적인 문제에 대한 분석으로 들어서게 하며, 이 기초 위에서 인과관계를 밝혀낸다.

베버는 두 가지 인과관계를 언급했는데 바로 역사학적인 인과관계와 사회학적인 인과관계이다. 역사학적 인과관계는 하나의 역사적 사건과 그러한 사건이 발생하게 된 독특한 환경을 보여준다. 사회학적 인과관계는 두 현상 사이의 규칙적인 관계를 설정하려고 시도하며, 정치, 종교, 인구 또는 기타 관련 있는 사회적 요인들로 두 현상 사이의 관계를 설명하려고 한다. 베버는 어떠한 분야의 연구를 하든 모두 근대 유럽으로 주의를 돌렸으며 유럽과 유럽 이외의 나라들을 비교하였는데 이를테면 중국에 대한 연구 등이 그러하다. 그의 비교 연구에서 또 하나의 매우 중요한 측면은 바로 정치, 경제, 문화, 법률, 과학, 종교 등 모든 분야를 연결시켜 비교의 전체적 구조를 파악하는 것이다.

베버는 이상형 개념을 제시하여 이를 연구의 분석 도구로 삼아 개별 사례의 유사점과 차이점을 탐구했다. 이러한 이상형은 유일한 역사적 복합체를 구성하는 다른 요인의 영향을 받지 않고 순수한 형태로 존재하는 사회 시스템 또는 신앙 시스템의 보편적인 특성을 설명한다. 베버의 사회학에서 이상형의 응용은 그의 비교 연구의 기초이다. 이상형이 포함하고 있는 개념은 바로 사회현상이 다양성과 가변성을 띠기 때문에 그 특징의 가장 극단적인 형식에 근거하여 분석할 수밖에 없는데, 왜냐하면 그의 순수한 특징은 영원히 관찰될 수 없기 때문이라는 것이다. 어떤 유형이든지 추상적인 것이면 곧 이상적인 것이다. 이상형이 제공하는 가설들은 사건들 사이의 관련성을 찾고 연관시키는 데 쓰인다.

비교 연구에서 베버는 자본주의 문명 체계에 대한 해석을 결코 세계 각국의 정치, 사회 혹은 경제적 요인에서 찾지 않고, 당시 세계 각국의 종교 윤리 속에서 그 근원을 찾았다. 그는 또한 현대화나 산업화의 기본 조건을 찾은 것이 아니라, 종교 의식과 산업화와의 관련성을 탐구하였다. 그는 개신교 윤리야말로 서구 산업혁명과 자본주의의 연원이라고 주장했다. 비서양 사회에 대한 그의 연구는 서양에 대한 그의 결론을 방증하기 위한 것으로, 그중에는 주관적인 억단이 적지 않다.

이상에서 과학 지식에 대한 베버의 논술은 뒤르켐과 선명한 대조를 이루고 있음을 알 수 있다. 뒤르켐의 사회학은 연구를 할 때 일부 예상을 버려야 한다고 주장했다. 연구자는 모든 선입견에서 벗어나 사회 현실과 비교적 피동적인 관계를 유지해야 한다고 했으며, 아울러 경험적 연구의 중요성을 강조하였다. 만약 그의 주장을 보편적인 방법론 강령으로 삼는다면 일정한 문제가 존재하는데, 그것은 바로 사회화 정도가 높은 사람에게는 자신의 예상을 버리는 것이 절대 불가능하다는 점이다. 베버는 인간이 유한한 사상으로 무한히 넓은 현실 세계를 분석할 때 늘 일종의 가설을 기초로 하며 따라서 현실 중의 적은 부분만이 과학 연구의 대상으로 된다고 했다. 그는 연구자의 가치 예상과 과학 탐구 사이에는 더욱 밀접한 관계가 존재할 것이라고 생각했다.

사회학과 관련된 논제에서 뒤르켐은 심리학 표준과 구별되는 사회학 표준을 확립하고 사회 행위의 독립성을 견지하였으며 사회생활의 본질은 순수한 심리 요소로는 해석할 수 없다고 주장했다. 그러나 베버 사회학의 출발점은 뒤르켐과는 분명히 다르다. 그는 하나의 분명한 심리적 표준을 사회학과 사회 행동에 관한 연구에 포함시켰으며, 사회 행동에 있어서 개인은 스스로의 동기를 가지고 있다고 보았다.

뒤르켐은 일련의 통계 자료를 일정한 '사물'의 표준화된 표현 현상으로 보는 데 편중했으며, 그것은 개인이 이 사물에 부가하는 어떠한 의의와도 다르다고 생각했다. 베버에게 있어서는 하나의 통계 자료는 한 행위자의 주관적 함의의 반영이다. 그러나 사회학의 이러한 비교 연구는 뒤르켐과 베버의 연구와 함께 깊게 들어가지는 못했다.

미국 사회학에서 초기에는 중시되지 않았던 이 방법이 충분히 활용되고 발휘된 것은 사회인류학 분야에서였다. 뒤르켐 이론에서 많은 영향을 받은 사회인류학자 래드클리프브라운(Alfred Reginald Radcliffe Brown, 1881~1955)은 고전사회학 분야의 '비교사회학' 개념을 더욱 체계화하고 구체화하여, 이 분야의 연구가 사회인류학 분야에서 지속적으로 승화, 발전하는 데 공헌하였다. 그는 "인류사회에 대한 과학적 지식을 얻을 수 있는 것은 여러 종류의 사회에 대한 체계적인 고찰과 비교를 통해서만 가능하다. 이와 같은 비교 연구를 우리는 '비교사회학'이라고 부른다. 바로 이러한 사회학 중에서 사회인류학은 그중 한 분야로 볼 수 있다. 만일 혹은 실제로 비교사회학이 하나의 확실한 학문으로 인정된다면,

사회인류학은 그 학문 안에 통합될 것이다."라고 했다.[05] 제2차 세계 대전이 시작된 이후에야 일부 사회학자들이 형세의 필요에 따라 인류학자들과 함께 타문화, 이민족의 사회로 들어가 비교 연구를 하게 되었다.

3. 단순사회 비교 연구부터 복합사회 비교 연구까지

최초에 인류학은 단순사회를 연구 대상으로 하는 학문이었으며, 그 비교도 단순사회 사이에서 진행되었다. 인류학의 발전과 더불어, 특히 제2차 세계대전 이후, 인류학의 연구는 점차 문명사회에 대한 연구로 접어들었고, 그 비교 연구의 시야도 문명사회에 대한 비교 연구의 영역까지 확장되었다. 인류학자 조지 포스터(George M. Foster, 1913~2006)와 로버트 켐퍼(Robert V. Kemper)가 지적한 바와 같이 인류학은 역사상 세 차례의 혁명을 겪었다.

첫 번째는 19세기 중반부터 시작하여 당시까지도 문자 기록이 없었던 원시민족(단순사회)만을 연구하였다. 두 번째는 1920~30년대에 걸친 광둥 펑황촌(廣東鳳凰村)에 대한 대니얼 쿨프(Daniel Kulp)의 조사(1925년), 린드 부부(Robert Lynd and Hellen Lynd)의 중진(中鎭)[06] 조사(1920년) 그리고 페이샤오퉁(费孝通, 1910~2005) 교수의 강촌(江村)[07] 조사(1936년) 등을 대표로 하는 향촌사회에 대한 연구이다.

---

05   [英] 拉德克利夫 - 布朗:『社会人类学方法』, 夏建中译, 山东人民出版社, 1988, p.117.

06   중진(中鎭)은 중국 산시성(山西省) 린펀(臨汾) 지역에 위치해 있음. -역자 주

07   '강촌'은 현 중국 장쑤성(江蘇省) 쑤저우시(苏州市) 우장(吴江) 카이셴궁촌(开弦弓村)이다. -역자 주

세 번째는 1950년대 영국의 사회인류학자들이 아프리카의 도시들을 조사한 것을 표징으로 하며, 이는 또한 현대 도시 사회에 대한 인류학적 연구의 출발점이기도 하다.[08] 인류학자들은 전체적, 다문화적, 진화적 연구를 절묘하게 결합시켜 당대 사회 여러 문제에 대한 인류학적 연구 모델을 만들었다.

사회인류학은 각 사회를 가장 주요한 연구 대상으로 하며, 사회에 대한 비교를 통해서 인류 사회의 보편적이고 기본적인 성격을 밝혀낸다. 그 연구의 핵심은 '사회 구조의 비교 연구'라고 할 수 있다. 사회 구조란 사회에서 사람들의 행위를 규정하는 원칙 또는 규범을 말하는데 한 지역 사회의 사회 구조는 현지인들이 결성한 각종 커뮤니티와 그들이 따라야 하는 각종 제도들을 포함한다. 우리가 말하는 제도란 일련의 사회적 관계를 말하는데, 이 관계는 한 무리의 사람들이 하나의 사회적 목적을 달성하기 위해 함께 생활하는 데서 비롯된다. 집단과 제도로서의 사회 구조는 일정한 원칙에 바탕을 두고 있음을 볼 수 있다. 성별, 연령, 지역, 친족은 모든 인류사회 구조의 가장 기본적인 원칙이 된다.[09] 브로니슬라브 말리노프스키(Bronislaw Malinowski, 1884~1942)는 현대 인류학의 현지조사 방법을 확립하였으며 동시대의 래드클리프브라운은 아주 효과적인 사회 비교의 방법을 창안하였다. 현대 사회인류학은 이 두 사람에 의하여 확립되었다고 말할 수 있는데 이 학문의 기초는 바로 현지조사와 사회 비교이다. 래드클리프브라운은 이렇게 주장한다. "사회인

---

08 尹建中: 「研究都市人类学的若干问题」, 载李亦园编, 『文化人类学选读』, 台湾食货出版社, 1980.

09 [英] 雷蒙德·弗思: 『人文类型』, 费孝通译, 商务印书馆, 1991, p.77.

류학은 비교 방법을 사용해야 하며, 이는 새로운 사회인류학을 이전의 사회인류학과 구별하는 주요 특징이다. 비교 방법이란 바로 자연과학에서의 귀납적 방법을 인류 문화 연구에 응용한 것이다.", "사회인류학은 기본적으로 사회생활의 서로 다른 형식 간, 원시 사회 상호 간, 원시 사회와 역사적 자료가 남아있지 않은 고대사회 간, 원시 사회와 오늘날의 발달된 사회 간의 비교이다."[10]

이러한 서로 다른 사회에 대한 비교 연구 중에서 특히 1940년에 출판된 『아프리카의 정치 제도』와 1950년에 출판된 『아프리카의 친족과 혼인제도』가 가장 독보적인데, 이 두 저서는 사회과학에서의 사회인류학의 독립적 지위를 확고히 다져놓았다.[11] 래드클리프브라운은 두 책 모두에 서문을 썼는데, 전자는 비교적 짧고, 후자는 85쪽에 달한다. 두 번째 책 서문은 혈연, 혼인 조직에 관한 래드클리프브라운의 비교 방법을 집대성한 것이라 할 수 있다. 이 두 책에 수록된 논문의 저자들은 대부분 말리노프스키의 영향을 받았다가 후에 래드클리프브라운의 제자가 된 리처드 리키(Richard Erskine Frere Leakey, 1944~), 메이어 포르티스(Meyer Fortes, 1906~1983), 에반스 프리차드(Sir Edward Evans-Pritchard, 1902~1973) 등으로 이들은 모두 아프리카 부족 사회를 조사한 뛰어난 인류학자들이다.

에반스 프리차드는 『아프리카의 정치 제도』에서 같은 언어와 문화를 가진 지역일지라도 정치 제도의 차이는 종종 발생할 수 있다고 지적

10　　[英] 拉德克利夫 - 布朗: 『社会人类学方法』, 夏建中译, 华夏出版社, 2002, pp.3-4, 137.

11　　*African Political Systems*, ed. By M. Fortes and E. E. Evans—Pritehard, London: Oxford University Press, 1940. *African System of Kinship and Marriage*, ed. By A. R. Radcliffe — Brown and Daryll Forde, London: Oxford University Press, 1950.

하였다. 또 문화가 전혀 다른 사회에서도 동일한 정치구조가 흔하게 나타난다고 하였다. 서로 다른 두 개의 사회에서는, 사회 제도의 한 방면에 어느 정도 유사성이 존재한다 하더라도, 다른 방면에서 반드시 같은 것은 아니다. 사회를 비교할 때 경제 제도, 정치 제도, 친족 제도 등과 같은 것들이 비교 연구의 중요한 내용이다. 여기서 이들 사회인류학자들은 아프리카 8개의 서로 다른 사회에 대한 비교 연구를 통하여 아프리카의 두 가지 서로 다른 사회유형을 제기하였는데, 바로 원시국가(primitive states)와 국가 없는 사회(stateless society)이다. 그리고 『아프리카의 친족과 혼인제도』는 현지조사 방법에서나 사회인류학적 비교 연구에 있어서나 이론적 공적을 쌓는 데 있어서 새로운 경지에 도달하였다.

이 두 권의 대표적인 저서는 아프리카 부족 사회에 대한 미시적 연구의 전형이다. 아프리카 사회에 대한 연구를 통해 다양한 사회를 비교하는 사회인류학의 기본 관점과 방법을 제시한다. 물론 상당히 오랜 기간 이러한 연구는 주로 무문자(無文字)사회 또는 단순사회에 대한 비교 연구에 집중되어 있었다.

래드클리프브라운의 견해는 말리노프스키 이전의 뒤르켐의 영향을 많이 받았으며 심지어 개념과 언어까지도 뒤르켐의 견해를 더 많이 따랐다. 그러나 래드클리프브라운은 이론을 뒷받침하는 직접 조사 자료도 중시하였으며 현지조사와 이론 연구는 분리하여 진행할 수 없다고 주장하면서 그들 간의 밀접한 연관성을 강조하였는데, 이것은 뒤르켐에게는 없는 것이었다.

따라서 사회인류학의 새로운 방법론은 이들 사회인류학자들의 적극적인 활동을 중심으로 확립되었으며, 그 후 20년간은 기본적으로 사회인류학의 황금시대였다.

영국의 사회인류학과 대응되는 미국의 문화인류학은 '박물관을 벗어나 사회과학의 주류로 진입'할 때에 비로소 성숙하게 되었다. 이러한 전환은 주로 1920년대 중반부터 1950년대 중반에 걸쳐 나타났다. 이는 크게 기여를 한 많은 인류학자들의 추진력과 매우 깊은 관계가 있다. 사회비교 연구에서는 개인과 사회에 대한 비교 연구의 방법을 현대 국민성에 대한 연구 분야로 확장하였다.

미국의 인류학자 루스 베네딕트(Ruth Benedict, 1887~1948)는 문화 유형의 관념을 확립하고 이를 문화의 구조와 유형을 연구하는 데 적용했다. 그의 명저『문화의 유형』의 출판은 과학적인 민족성 연구 또는 국민성 연구의 탄생을 상징한다. 제2차 세계대전이 시작되자 수많은 인류학자들이 적국의 국민성 연구에 참여했는데, 가장 유명한 연구자로는 베네딕트, 미드(Margaret Mead, 1901~1978) 외에 클라크흔(Clyde Kluckhohn, 1905~1960), 라이트, 챈트슨 등이 있다. 베네딕트의『국화와 칼』은 바로 이런 연구의 산물이다.[12] 이 책은 현지조사를 바탕으로 일본의 국민성에 대해 아주 세밀한 분석을 했다. 당시 베네딕트를 비롯한 인류학자들은 일본의 천황제 폐지는 엄청난 반발을 부를 수밖에 없다고 봤다. 이 의견이 미국 정부에 받아들여져 1945년 일본이 패전한 후에도 천황제는 폐지되지 않았다.

1945년 이후, 국민성 연구 방면에서 가장 주목을 받은 것은 중국계 인류학자 프랜시스 L. K. 슈(Francis L.K.Hsu, 許烺光, 1909~1999)이다. 그의 중요한 저서로는『중국인과 미국인』,『클랜, 카스트 및 클럽(Clan, Caste, and

---

12   [美] 本尼迪克特:『菊花与刀』, 孙志民等译, 浙江人民出版社, 1987.

Club)』, 『가원-일본의 진수(家元-日本的眞髓)』[13] 등이 있으며, 이 책들은 문명사회에 대한 비교 연구의 명저가 되었다. 머독(G. P.Murdock, 1897~1985)의 『사회 구조』는 20세기에 세계적 범위에서 진행된 사회문화 비교 연구의 고전이다. 머독은 전 세계 250개 사회의 민족지 자료를 바탕으로 통계와 비교 연구 방법을 적용해 그의 친족 이론과 사회 구조의 관계를 논했다.[14]

이 외에도 영국, 일본, 네덜란드, 멕시코 등 국가들의 인류학자들도 주목을 받고 있다. 제2차 세계대전이 끝난 뒤 미국은 '파괴된 전후 세계의 재건'이라는 슬로건을 내걸고 개발 도상국들의 현대화 실현을 돕기 위한 원조를 공언했다. 그리하여 일부 응용인류학자들은 세계 각지로 달려가 인류학 지식으로 낙후된 지역의 운명을 변화시키려고 시도하였다.

인류학과 같은 이런 응용성의 비교 연구는 사회학의 비교 연구에도 자극이 되었다. 그리하여 제2차 세계대전이 끝난 후 비교사회학에 관한 연구가 아주 활발해졌다. 세계 식민 체계가 와해되면서 인류학 연구는 타문화에 대한 연구에서 점차적으로 자문화에 대한 연구로 바뀌기 시작하였고, 자국 내의 일부 현실적인 문제를 탐구하기 시작하였으며, 이로 인해 본토인류학(本土人類學)이 흥기하기 시작하였다. 독립을 이룬 저개발 국가의 인류학은 응용 연구 방면에서 주로 사회 안정, 경제 성장, 인구 통제, 사회 발전, 산업화와 도시화에 따른 문제들을 다룬다.

13　Francis L. k. Hsu, Lemoto: *The Heart of Japan*, Schenkman Publishing Company, 1975.

14　G. P.Murdock, *Social Structure*. Macmillan, 1949.

이것은 사회인류학에 있어서 한차례의 질적 전환이며 특히 비교사회학 분야에서는 사회학과 인류학의 경계를 철저히 허물어트렸다.

어떤 학자들은 미국사회학의 발전을 종합해 볼 때 미국사회학의 최근의 진전은 결코 통계 방법의 진전이 아니라 사회학 비교 연구에 대한 재인식과 재발견의 결과라고 말한다.

상술한 서양 사회의 연구와 대응하여 비서양 사회의 비교사회학 연구, 특히 동아시아 사회의 비교 연구는 어떠한가? 사실 최근까지 동아시아의 사회학자나 인류학자들은 서양의 사회학과 인류학을 이해하는 데 주력해 왔다. 그러나 사회적 경험과 관찰을 바탕으로 사회학적·인류학적 지식을 축적하면서 그들은 서양의 사회학적·인류학적 이론이 반드시 동아시아 사회에 적합한 것은 아니라는 것을 깨닫게 되었고, 자국의 상황에 맞는 이론을 형성할 필요성을 느끼게 되었다. 10여 년 전 미국사회학회 이론위원회는 한 차례의 전문회의를 개최해 동아시아 사회학자들과 '환태평양 대화'를 진행했다. 회의 주최자이자 전문위원회 위원장인 테예칸 박사는 참석자들에게 보낸 편지에서 회의의 개최 이유에 대해 다음과 같이 설명했다.

"대규모의 사회 변천과 사회학의 현대성에 관한 이론 모델은 서양 사회의 과거의 역사적 경험을 기초로 하고 있다는 생각도 들었습니다. 그러나 서구식 현대 사회의 모델을 사용하여 최근 동아시아 사회의 발전 동력을 논하고 설명하는 것은 적절치 않다고 봅니다. 제가 보기에 이 동력은 동아시아를 21세기 현대성의 중심지로 만들 가능성이 큽니다. 이 전망에 비추어 볼 때, 동아시아에서 나타나고 있는 변화를 파악할 수 있도록 사회 이론적으로 시야를 넓히는 것이 절실하게 필요합니다……"[15] 이 방면에서 페이샤오퉁 교수의 사회인류학 사상은 중국에서의 비교사회학의 실천과 연구에 중요한 이론적 기초를 닦아 놓았다.

에드먼드 리치(Edmund Ronald Leach, 1910~1989)는 그의 『사회인류학』에서 두 가지 문제를 제기했다. ① 중국 인류학자처럼 자기 사회를 연구 대상으로 삼는 것이 바람직한가? ② 중국과 같이 광대한 나라에서 개별적인 지역 사회의 미시적 연구가 중국의 전체를 개괄할 수 있는가? 페이샤오퉁은 『중국에서의 인간의 연구』라는 글에서 이 두 가지 문제에 대해 긍정적인 해답을 내놓았다. 그는 인류학자는 자신이 속한 역사적 전통과 현실 상황에서 벗어날 수 없다고 강조했다.[16] 페이샤오퉁은 그의 사회인류학 연구에서 '부분'과 '전체'의 관계를 특히 강조하였는데, 그는 유형 비교의 방법으로 하나하나의 지역 사회 조사를 통해 점차 사회의 전체 모습을 인식할 수 있다고 굳게 믿었다. 그의 유형 비교는 우선 하나의 구체적인 지역 사회의 사회 구조에 대해 상세하게 해부하고, 그 구조가 형성된 조건을 확실히 조사한 후 이 표본의 조건과 동일한지 여부에 근거하여 유형을 분류하고, 마지막에 서로 다른 유형의 지역 사회에 대한 조사와 구조 비교를 진행한다. 이 연구는 발상 자체가 전통적인 인류학 연구 방법을 초월한 것이다.

전통적인 인류학적 연구 방법은 마을이나 지역 사회에 대한 참여 관찰을 통해 그 지역 사회에 대한 상세한 정보를 얻고, 보다 정교한 연구를 통해 완전한 지역 사회 보고서를 얻는 것이다. 이리하여 인류학은

15　李万甲: 「关于东亚社会比较研究的一些思考」, 载北京大学社会学人类学研究所编 『东亚社会研究』, 北京大学出版社, 1993.

16　费孝通: 「人的研究在中国」, 载北京大学社会学人类学研究所编, 『东亚社会研究』, 北京大学出版社, 1993.

지역적인 자료의 세부에 갇혀 전체적인 개관이나 사고에 소홀하게 되었다. 인류학 연구는 단지 조사 대상의 사회·문화생활을 묘사하는 데 그칠 것이 아니라, 그 지역 사회의 사회·문화생활과 연관되어 있는 사상에 관심을 돌려야 하며 그 지역 사회와 그 지역 사회 문화가 전체 사회에서 차지하는 위치를 알아야 한다. 따라서 인류학자들은 지역 사회 연구의 한계를 넘어 보다 넓은 비교의 시야를 가질 필요가 있다.

동아시아에 대한 비교 연구는 최근 몇 년 동안 매우 활발하게 진행되고 있다. 특히 동아시아 경제권의 경제·사회적 발전을 배경으로 한 이른바 '유교문화권' 범주에 대한 고찰과 연구는 동아시아 사회비교 연구의 중요한 계기가 되었다. 예를 들어 한국학자 김일곤(金日坤, 1932~) 교수는 『유교문화권의 질서와 경제』에서 유교문화의 가장 큰 특징은 가족집단주의를 사회질서로 삼는 것이며, 이것이 '유교문화권' 국가들의 경제 발전을 지탱해 온 버팀목이 되고 있다고 지적했다.[17] 한편 프랑스의 현대중국학 전문가인 레옹 교수는 『아시아 문화권의 시대』라는 책에서 동아시아의 경제 번영은 '한자문화권' 유교문명의 부흥과 직결된다고 주장했다.[18]

그러나, 비교사회학 연구가 더 주목하는 것은 전통문화, 즉 유교문화를 기반으로 하는 사회에서 사회 구조상의 이질성 문제이다. 예를 들어 가족주의와 가족구조는 동아시아 사회에 있어서 매우 특징적인 사회 구조의 구성요소이다. 중국과 일본은 '집'을 한자로 '家'라고 동일하게 표시하지만 의미는 많이 다르다. 이러한 이유로, 이 '家'는 동아시아

---

17   [韓] 金日坤: 『儒教文化圈的秩序和经济』, 日本名古屋大学出版社, 1984.
18   [法] 莱恩: 『亚洲文化圈的时代』, [日] 福镰忠恕译, 日本大修馆书店, 1986.

의 사회 기초를 탐구하는 키워드이기도 하다. 같은 한자가 왜 서로 다른 의미를 지니게 되었을까? 이를 알기 위해서는 사회적, 문화적 요소에서 각각의 특징을 탐구해야 한다. 필자는 집, 친척, 동족 개념의 같은 점과 다른 점을 통해 '家'의 개념을 설명하고, 이를 바탕으로 일본의 집, 종족, 촌락 및 사회 구조에 대해 비교를 진행했으며, 더 나아가 중일 양국의 집과 사회의 같은 점과 다른 점을 탐구했다.[19]

이러한 사회 구조의 차이는 두 나라가 서로 다른 현대화의 길을 선택하게 만들었다. 중국의 전통 사회 구조는 일본보다 현대화에 불리한 요소가 더 많다고 할 수 있다. 예컨대 상속제에 체현된 자본의 분산, 집단으로 구성된 혈연 의식, 사회 구성의 관계망 등이 그러하다. 물론 이런 것들은 다만 현대화 과정 속의 내재적 요소일 뿐이다. 이 연구가 중국과 일본의 현대 사회 구조를 인식하는 데 있어서 중요한 이론적 의의와 현실적 의의를 가지는 것은 의심할 여지가 없다. 또한 중국이라는 다민족 사회를 대할 때 우리는 유교가 한족 주변의 소수 민족 사회에 영향을 미침과 동시에 그것이 사회 구조상에서 어떤 특징을 나타내는지, 예를 들면, 위에서 언급한 한족 사회의 家의 관념이 소수 민족 사회 구조에 어떤 영향을 미치는지, 이런 문제를 생각해 보아야 한다. 이와 동시에 우리는 주변 소수 민족 사회에 대한 연구를 통하여 한족 사회 구조의 특징을 더 잘 인식할 수도 있다.[20]

---

19   麻国庆:『家与中国社会结构』, 文物出版社, 1999, pp.178-206.

20   麻国庆:「汉族的家观念与少数民族」,『云南民族学院学报』2000年第2期.

4. 비교사회학의 연구 패러다임

비교사회학에서 '사회 구조'에 대해 고찰할 때 이른바 '사회'라는 단위의 가설이 필요하다. 여기서 말하는 사회는 일반화되고 추상화된 철학적 의미의 사회가 아니라 구체적인 각각의 사회이다. 그것은 공동의 조직에 편입된 인간집단으로 이루어진다. 사회 성원이 되면 당연히 지켜야 할 규범과 일정한 규칙이 있으며, 이것을 통해 기타 단위와 구별되는 단위를 구성하게 된다. 촌락과 같은 소규모의 사회부터 국가와 같이 큰 사회에 이르기까지 모두 여러 종류의 기준이 있다. 페이샤오통 선생의 말처럼 "사회란 바로 집단 내에서 사람과 사람이 서로 협력하는 행위 관계를 가리킨다." 연구의 기초는 개인과 개인, 개인과 집단, 그리고 개인으로 이루어진 집단과 집단과의 관계이다. 이러한 '관계'는 사회(또는 문화)를 구성하는 제 요소 중 변화되기 가장 어려운 부분이다. 예를 들면, 중국 사회는 1950년대 이래 물질, 기술, 정치 이데올로기 등의 측면에서 모두 중대한 변화가 있었다. 그러나 사람들의 일상적인 교제와 사람과 사람 사이의 왕래, 특히 농촌의 사회 구조와 사회관계 등에서는 구조적인 변화가 발생하지 않았다.

그러므로 구체적인 사회에 대하여 비교 연구를 진행할 때 비교 연구의 전제가 되어야 할 것은 우선 연구자가 문제의식을 가져야 하는 것이다. 이질적인 것을 비교하자면 자기와 타자를 구별함과 동시에 자기와 타자를 초월해야 한다. 만일 이런 의식을 가지고 비교 연구를 진행한다면, 사회적 사실의 인과관계를 탐구할 때 비교 연구의 규모가 클수록 함께 고려해야 할 기타 상황들의 범위도 더욱 넓어지게 되며 따라서 광범위한 역사적 지식이 필요하게 된다. 비교 연구에서 가장 중요하고 어려운 점은 경제·정치·법·종교 등 각 분야를 어떻게 상호 연관시킬 것인가, 전체 구조를 어떻게 파악할 것인가 하는 문제이다.

또한 비교는 우선 유형별로 이루어져야 하지만 사회과학이 직면한 문제는 영역 간의 연관성이다. 이 때문에 비교 연구는 유형 간의 같은 점과 다른 점 및 연관성에 주의를 기울여야 하며, 따라서 이는 '추(推)' 자와 '역(域)' 자에 관련된다. 이른바 '推'라는 것은 유형과 유형 사이가 정적인 상태가 아니라 "A 부류의 상황에 근거하여 B 부류를 추론하고 B 부류의 상황에 근거해 다시 A 부류를 추론"하는 이른바 '추기급타, 추타급기(推己及他, 推他及己)'의 동적인 구조임을 강조한다. 그리고 '域'은 이를 바탕으로 학문의 영역과 지역을 넘어 '域' 밖의 새로운 유형을 통합해 내는 것이다. 이와 같은 비교 연구는 그림 1로 표시할 수 있다.

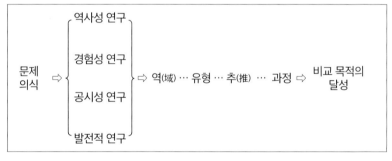

그림1. 비교 연구 분류

총체적으로 사회학과 인류학의 발전으로 비교사회학은 이론과 방법 면에서 한층 더 완벽해지도록 끊임없이 자극받고 있다. 이와 동시에 역사사회학과 지역연구 역시 그 연구 영역의 확장으로 말미암아 점차 비교사회학 발전의 중요한 요소 중 하나가 되어가고 있다. 이 때문에 비교사회학 이론과 실천에 대한 탐구는 문제의식을 출발점으로 하여,

역사적, 경험적, 발전적 관점에서 서로 다른 사회적 사실을 분석하고 연구하며, 그중에서 비교사회학의 합리적인 함의를 인식해야 한다. 이러한 기초 위에, 또한 사회·문화·민족·국가·세계 체계에 대한 개념을 배경으로 삼아, 사회학과 인류학의 경계를 허물고 본 지역에 대한 이해를 가지고 우리의 지식 체계와 개념 체계를 구축해야 한다.

오늘날 세계화와 지역화 및 문화적 정체성과의 관계에 직면하여 비교사회학의 연구 대상은 새로운 의미를 부여받고 있다. 어떤 학자들은 세계화가 서로 다른 문화 간의 경계를 허물고 문화의 다양성을 파괴한다고 주장하기도 한다. 마셜 살린스(Marshall Sahlins, 1930~2021)는 우리는 지금 세계화에 대한 대응책으로 대규모의 구조 전환이 이루어지고 있는 과정을 목격하고 있다고 말한다. 이 과정에서 다양한 문화로 구성된 세계 문화 체계와 일종의 다원 문화적 문화가 형성된다. 그것은 아마존 열대 우림에서부터 말레이시아 제도에 사는 사람에 이르기까지 모두 외부 세계와의 접촉을 강화하는 동시에 각자 자신의 문화적 특징을 의식적으로 드러내고 있기 때문이다.[21] 이 다문화는 바로 일종의 문화에 문화를 더한(문화+문화) 현상이다. 이는 국가 혹은 지역의 문화적 정체성 및 다민족 사회의 민족주의가 부활, 부흥, 재구축의 추세를 보이고 있다는 것이다. 글로벌 시스템 속에 있는 지역 사회나 민족 집단은 문화적으로 종종 동질성과 이질성, 즉 이중적인 특징을 나타낸다. 따라서 세계화 과정에서 나타나는 문화의 동질성과 이질성에 대한 연구에서 비교사회학 이론과 방법은 반드시 중요한 역할을 할 것이다.

---

21 M. Sahlins, "Goodbye to Tristes Tropes: Ethnography in the Context of Modern World History ", *Journal of Modern History* Vol. 65, No. 1, pp.1-25, March 1993.

2장

생산양식의 연결과 당대 민족 연구:
서양 마르크스주의 민족학 평가 분석[*]

마궈칭(麻国庆)·장사오춘(张少春)

1970년대부터 1980년대까지 마르크스주의 민족학[01]의 가치를 정립하고 마르크스주의 민족학이라 불리는 사상체계를 정리하려는 서양 학자들이 끊임없이 있었다.[02] 마르크스주의가 민족학 및 관련 연구에 미치는 영향은, 유물론 등 철학 사상 측면뿐만 아니라, '계급', '이데올로기', '생산양식' 등의 중요한 분석 틀에서도 구현된다. 그중 '생산양식'은 마르크스가 인간 사회 제 형태 중 생산 활동에 대한 개괄로, '자

---

*   본 연구는 2008년도 국가사회과학기금 중대프로젝트인 중앙 마르크스주의 이론 건설과 연구 공정 『민족학 도론(民族学导论)』 교재 편찬의 지원을 받았다. 이 글은 『民族研究』 2014年第1期에 게재되었다.

01   이 글에서 사용하는 민족학은 인류학을 포함하며, 이하 같음.

02   예를 들면: Maurice Godelier, *Perspectives in Marxist Anthropology*, Cambridge: Cambridge University Press, 1977; Maurice Bloch, *Marxism and Anthropology*, Oxford: Clarendon Press, 1983.

본론'에 연구 대상으로 명시되어 있다.[03] 관련 이론은 1950년대의 소수 민족 역사 조사 및 그후의 사회경제형태 연구에 응용되어 중국 민족학 연구의 소중한 경험이 되었다. 이 전통을 계승하기 위해 본문에서는 '생산양식'의 개념사를 정리하여 현재의 중국 민족학 연구에서 추진할 새 경로를 모색하고자 한다.

1. 서양 마르크스주의 민족학의 전경

민족학과 마르크스(Marx, 1818~1883)·엥겔스(Friedrich Engels, 1820~1895) 학설은 관계가 밀접하다. 민족학은 마르크스주의 학설에 확실한 사회적 증거를 제공함과 동시에 마르크스와 엥겔스의 중요한 연구 영역이 되기도 하였다. 마르크스주의의 민족학 사상은 주로 마르크스의 『모르간의 「고대사회」 개요』, 『자본주의 생산 이전의 각 형태』, 『마르크스 민족학 노트』 및 폴란드, 아일랜드 등 민족문제에 관한 그의 일련의 논저와 엥겔스의 『원숭이가 인간이 될 때의 노동의 역할』, 『가족, 사유재산 및 국가의 기원』 등 저서에 집중적으로 나타난다. 이를 바탕으로, 마르크스주의의 지도하에 민족이라는 세계적이며 역사적인 사회현상을 연구하는 학문을 우리는 마르크스주의 민족학이라고 한다. 그 발생의 표징은 『가족, 사유재산 및 국가의 기원』이라는 저서의 출판이며, 소련 소비에트 학파와 신중국 민족학의 연구 실천과 발전을 통하여 형성되

---

03 마르크스는 『자본론』 제1판 서문에서 "내가 이 책에서 연구하려는 것은 자본주의적 생산양식 및 그에 상응하는 생산관계와 교환관계이다." 라고 지적하였다. 『马克思恩格斯选集』 第2卷, 人民出版社, 1999, p.100.

었다.[04]

　서양의 마르크스주의 민족학은 서양 세계의 전통적인 민족학 중 마르크스주의의 이론적 계발을 받고 전개된 연구를 가리킨다. 오늘날 서양의 민족학 담론 체계에서 마르크스주의라고 하면 흔히 생산양식, 계급, 권력, 소외, 물신숭배 등과 같은 일련의 특정 개념과 문화유물론과 같은 특정 이론과 방법론을 제일 먼저 생각하게 된다. 간단히 말해 서양 마르크스주의 민족학은 일정한 연구 경향과 방향을 지니고 있다. 그것은 자본주의의 지배, 불공정한 정치적 관계, 비서양 사회의 문화적 특수성 등의 명제를 둘러싸고 비판과 연구의 이론적 체계를 발전시켰다. 주로 프랑스의 구조주의 마르크스주의 학파, 독일의 프랑크푸르트 학파, 미국의 문화 유물주의 학파, 그리고 영국의 마르크스주의 민족학 등이 있다.[05]

　서양 마르크스주의 민족학의 붐은 전반적인 사회 사조의 변화와 매우 큰 관계가 있다. 1960년대 이후 서양 세계에서는 다양한 형태의 반전(反戰), 반식민주의, 반제국주의 운동이 일어났고 여성운동도 활발해졌다. 이런 배경에서 학술계에서는 학술사에 존재하는 식민주의 경향을 반성하기 시작하였고 마르크스주의는 민족학을 포함한 많은 사회과학의 중요한 사상적 무기가 되었다. 프랑스에서 최초로 나타난 구조주의 마르크스주의는 민족학에 전례 없는 개방성과 신선함을 가져다 주었으며, 이 시기의 마르크스주의적 상상력은 학술 비평의 전환을

04　杨堃:『民族学槪论』, 中国社会科学出版社, 1984, pp.103-149.

05　白振声:「西方马克思主义民族学剖析」,『中央民族大学学报』(哲学社会科学版) 1998 年第1期.

촉진하였다. 1970년대 들어 각종 가두 캠페인이 사라지고 서구의 마르크스주의는 학술 영역으로 후퇴하여 국가·계급·인종·성별 등의 범주를 포괄하는 새로운 개념을 발전시켰다. 신세대 학자들은 마르크스주의의 정치성을 받아들여 '권력'을 민족학 연구의 개념으로 발전시켰다. 이러한 권력이론은 피에르 부르디외(Pierre Bourdieu, 1930~2002)의 실천 이론과 미셸 푸코(Michel Paul Foucault, 1926~1984)의 담론 분석을 거쳐 민족학이 현대 학문으로 자리잡는 데 있어서 막대한 영향을 끼쳤다. 그러나 1970년대 전망이 밝아 보였던 마르크스주의 민족학은 그 뒤 10년 동안 점차 '정치경제학'이라는 이름의 연구로 대표되었다. 이 시기에는 많은 구체적인 경험적 연구 외에도 일련의 중요한 총결산적 저서들이 나타났다.[06]

그러나 우리가 알다시피 총결산적 성과의 출현은 흔히 새로운 연구 성과가 더는 나타나기 어렵다는 것을 보여준다. 마이클 타우시그(Michael Taussig, 1940~)는 1987년에 서양 마르크스주의 민족학의 쇠락의 문제를 제기했다. 그는 정치경제학이 날로 자본주의 사회의 자화상을 그려내는 도구로 전락되어 자본주의식 또는 자본주의화된 분석 패러다임을 형성하고 있다고 인정하였다.[07] 마르크스주의는 일종의 거대담론으로 고립되었고 학자들은 인종, 계급, 성별 등에 대한 담론적 분석 이

06　James W. Wessman, *Anthropology and Marxism*, Cambridge, MA: Schenkman Publishing Company, Inc., 1981. Maurice Bloch, *Marxism and Anthropology*: The History of a Relationship, Oxford: Oxford University Press, 1983.

07　Michael Taussig, "The Rise and Fall of Marxist Anthropology", Social Analysis: *The International Journal of Social and Cultural Practice*, No. 21 (August 1987), pp.101-113. 이 간행물은 1997년에서야 Vol. 번호를 사용하기 시작했다.

론을 더욱 선호하여 보편적인 후기구조주의의 특징을 드러냈다. 1980
년대 후반 사회주의 진영이 해체되면서 이런 추세는 더욱 뚜렷해졌고
마르크스주의는 미래가 없는 낡은 이론으로 취급되어 차별을 받았다.[08]

어떤 학자들은 마르크스주의 사상의 새로운 발굴을 통하여 그의
민족학 사상은 주로 역사적 유물론(『독일 이데올로기』), 자본주의 분석(『자
본론』 제1권), 역사와 정치 분석(『루이 보나파르트의 브뤼메르 18일』)의 세 개 방
면에서 구현된다고 지적하였다.[09] 그러나 이 문제에 대한 여러 학파의
해석은 결코 일치하지 않았고 학자들은 모두 자신이 마르크스주의의
본질을 파악했다고 주장했는데, 어떤 학자는 변증법에 초점을 맞췄고,
어떤 학자는 역사주의를 발전시켰으며, 어떤 학자는 유물론을 계승했
다. 게다가 많은 학자들이 마르크스주의 이론의 체계성을 무시하고 그
중에서 일부 분산된 개념을 뽑아 민족학에 집어넣었으며 그 연구 성과
는 더욱 중구난방이었다. 여기서는 여러 사상들 간의 복잡한 관계를 깊
이 논의하지 않고 간단하게 서양 마르크스주의 민족학의 개략적인 모
습을 그려 보기로 한다. 두 가지 차원의 마르크스주의 민족학이 존재
하는데, 하나는 마르크스로부터 철학적 측면의 이론적 영양을 섭취하
여 전개한 연구로, 민족학의 마르크스주의적 접근(Marxist Approaches in
Anthropology)이라고도 할 수 있다. 다른 하나는 마르크스주의의 대표적
개념과 분석 방법을 계승한 구체적인 연구, 바로 협의의 마르크스주의
민족학(Marxist Anthropology)이다.

---

08 Michael Burawoy, "Truth after Communism", *Theory and Society*, Vol. 29,
No. 2(Apr., 2000), pp.151-174.

09 William Roseberry, "Marx and Anthropology", *Annual Review of
Anthropology*, Vol. 26 (1997), pp.25-46.

전자의 경우, 오로그린(Bridget O'Laughlin, 1943~)[10]은 변증법적 유물주의가 민족학에 새로운 방법론의 틀을 제공한다고 지적했다.[11] 마르크스주의 민족학은 유물론을 중심사상으로, 사회와 문화를 진화의 주요 내용으로 삼는다. 그러나 마르크스 자신은 결코 동시대의 대다수 진화론자들처럼 인류사회에 대한 연구를 단순히 생물 진화의 연속으로만 보지 않았다. 그는 저서에서 시종일관 인류 자체의 생산과 재생산 운동에 근거하여 역사의 발전을 해석할 것을 강조하였다. 어떤 학자는 이를 바탕으로 '변증법적 인류학(dialectical anthropology)'을 확립하려고 시도했을 뿐만 아니라 동명의 간행물을 출간하기도 했다.[12] 사회 토대와 상부 구조에 대한 마르크스의 구분은 민족학에 중요한 영향을 미쳤고, 민족학자들은 주거 양식, 생계 방식 등 생산과 밀접하게 관련이 있는 사회 구조를 사회 토대로 삼았다. 문화생태론자들은 바로 이 프레임에서 영감을 받아 '문화의 핵심'을 기초 구조로 삼으며, 문화의 핵심은 자연환경의 개발과 연결되어 있을 뿐만 아니라 그것은 또한 문화 진화가 이루어질 수 있는 토대가 된다는 점을 지적한다.

레슬리 A. 화이트(L. A. White, 1959~)는 보다 구체적인 기술결정론을 제시했는데, 사회 속의 개체가 사용하는 에너지의 한도를 고찰함으로써 다른 사회와의 차이를 인식할 수 있다고 했다. 화이트가 진화 과정의 총체성을 중시한 것과 달리 줄리언 스튜어드(Julian Haynes Steward,

---

10   『马克思主义思想辞典』, 陈叔平等译, 河南人民出版社, 1994, p.510.

11   Bridget O'Laughlin, "Marxist Approaches in Anthropology", *Annual Review of Anthropology*, Vol. 4 (1975), pp.341-370.

12   Stanley Diamond, "The Marxist Tradition as a Dialectical Anthropology", *Dialectical Anthropology*, Vol. 1, No. 1 (November 1975), pp.1-5.

1902~1972)[13]는 진화 과정의 복합성과 다양성을 강조했다. 이런 차이점에도 불구하고 두 학자는 함께 묶여 문화생태학파로 불린다. 그들 이론의 핵심은 환경적 수요와 사회 제도 사이에는 직접적인 인과관계가 존재하며, 일정한 기술 조건하에서는 사회 속 사람들의 환경에 대한 적응이 각종 사회 제도를 해석할 수 있다고 믿는 것이다. 마빈 해리스(Marvin Harris, 1927~2001)[14]는 이 이론에서 한 걸음 더 나아가 문화를 물질적 힘의 산물로 귀납시킴으로써 유물론적 차원에서 마르크스주의에 호응했다. 해리스의 추진과 살린스의 비판으로 문화생태학이 문화유물론으로 발전한 것에서 마르크스주의의 영향을 잘 볼 수 있다.

협의의 마르크스주의 민족학에 대해, 레이먼드 윌리엄 퍼스(Raymond William Firth, 1901~2002)[15]는 형상적으로 직관적 마르크스주의(gut marxism)와 이지적 마르크스주의(cerebral marxism)로 구분하였다.[16] 전자는 주로 미국 인류학자들을 가리킨다. 그들은 계급 모순, 경제 토대와 상부구조 등에 관한 마르크스의 이론이 당대 세계의 상황을 잘 드러낸다고 생각하며, 서양의 경제, 정치, 식민 패권이 초래한 문제에 대해 선명한 도덕적 열정을 갖고 있다. 후자는 주로 프랑스의 구조주의 마르크스주의 학자들을 가리키는데 그들은 마르크스주의의 기초 위에 이론적

---

13 줄리언 스튜어드에 관해서는 石奕龙:「斯图尔德及其文化人类学理论」, 『世界民族』, 2008年第3期를 참조.

14 마빈 해리스에 관해서는 『文化的起源』, 华夏出版社, 1988을 참조.

15 레이먼드 윌리엄 퍼스에 관해서는 王铭铭:「从弗思的"遗憾"到中国研究的"余地"」, 『云南民族大学学报』, 2008年第3期를 참조.

16 Raymond Firth, *The Sceptical Anthropologist? Social Anthropology and Marxist Views on Society*, London: Oxford University. Press for the British Academy, 1972, pp.1-39.

의의가 풍부한 새로운 문제를 제기하였다.

이 구분을 받아들여 두 부류에 좀 더 학술화된 꼬리표를 달아준 학자도 있다. 쉐리 베스 오트너(Sherry B. Ortner, 1941~)[17]는 1970년대의 마르크스주의 민족학을 '구조주의 마르크스주의'(structural marxism, 프랑스 학자들 외에 영국과 북미 학자들을 추가함)와 '정치경제학'(political economy, 퍼스가 제기한 미국학파에 대해 더욱 명확하게 구분함)으로 나누었다.[18] 이 분류를 계승하여 아래에서 두 학파에 대해 간단하게 정리하였다.

프랑스의 대표적인 인류학자 클로드 레비스트로스(Claude Levi Strauss, 1908~2009)는 인류 역사의 흐름을 지배하는 것은 무의식적 잠재적 요소로서, 이론적 분석과 연구를 통해서만 밝혀낼 수 있다고 주장했다. 그는 그것을 '구조'라고 불렀고, 그 개념 위에 프랑스 구조주의의 인류학 전통을 세웠다. 루이 알튀세르(Louis Pierre Althusser, 1918~1990)[19]는 마르크스주의 민족학의 영향을 더욱 확대하여, '사회 구성'에 대한 이해는 '생산 양식'에만 의존해서는 안 되며, 사회의 몇 가지 구조 조직들 사이의 연결 방식에 주의를 기울여야 한다고 지적한다.

그의 영향으로 학자들은 동일한 지역 사회에서의 사회 구조의 다양성을 인식하게 되었고, 생산양식의 구축은 마르크스주의 민족학의 중요한 목표가 되었다. 이 관점은 이후 학자들의 연구에 큰 시사점을 주었으며, 그 이론적 영향은 프랑스에서 영국, 미국 그리고 다른 지역

---

17 쉐리 오트너에 관해서는 庄孔韶:『人类学经典导读』"序言", 中国人民大学出版社, 2008을 참조.

18 Sherry B. Ortner, "Theory in Anthropology since the Sixties", *Comparative Studies in Society and History*, Vol. 26, No. 1(Jan., 1984), pp.126-166.

19 루이 알튀세르에 관해서는 『读〈资本论〉』, 中央编译出版社, 2001을 참조.

으로 신속히 확산되었다. 그러나 지나치게 구조와 기능을 강조하는 구성은 사회 변천을 해석하는 방면으로만 이 학파의 가치를 제한했으며 자본주의 이전의 사회가 점차 소멸됨에 따라 그 영향력도 쇠퇴하였다.

정치경제학과 구조주의 마르크스주의는 모두 인류의 행위와 역사의 발전 과정은 전적으로 어떤 구조적인 힘에 제약을 받는다고 주장하는데 후자는 그것을 생산양식의 구조라고 생각하고 전자는 자본주의 확장의 필연성이라고 주장한다. 정치경세학파는 자본주의 세계체계 등 정치경제학 명제에 대한 마르크스주의 고전 작가들의 토론을 계승했다. 이 입장을 견지하는 학자들은 사회적, 경제적 지위가 서로 다른 집단이나 사회 사이에 정치적 요인에 의해 형성된 현실적 차이에 주목하며, 한 지역 사회에 영향을 주는 중요한 외적 요인은 자연환경이 아니라 자본주의 제도라고 주장한다. 대표적 종속이론과 세계체제론은 오늘날 세계에서 가장 중요한 것은 한 사회 내부의 계급 문제가 아니라 세계적 범위에서의 중심과 주변의 불평등이라고 인정한다.

안드레 군더 프랑크(Andre Gunder Frank, 1929~2005)[20]로 대표되는 종속이론은 저개발 지역의 발전 문제에 주목하는 반면, 이매뉴얼 월러스틴(Immanuel Wallerstein, 1930~2019)[21] 등이 주장하는 세계체제론은 글로벌 발전 체계의 존재 및 중심 지역이 발전에 미치는 조작 과정을 더욱 강조한다. 이러한 불평등을 출발점으로 하여 통치인류학의 개념과 실천을 비판하고 인류학과 식민주의의 관계를 성찰하는 학자도 있다. 그러나 많

---

20 안드레 군더 프랑크에 관해서는 『白银资本—重视经济全球化的东方』, 中央编译出版社, 2008을 참조.

21 이매뉴얼 월러스틴에 관해서는 『现代世界体系』 第1卷, 社会科学文献出版社, 2013을 참조.

인류학의 글로벌 의식과 학술적 자각

은 후속 연구들이 이론적 유형에 대한 보완과 수정이 이루어지고 있으며, 이 방대한 체계 내에서의 서로 다른 지역의 특수성을 간과하고 있다는 점을 부인할 수 없다.[22]

이상의 글에서 1960~1980년대 서양 마르크스주의 민족학의 발전 과정을 간략하게 정리했는데, 부인할 수 없는 점은 이 학술 유파가 냉전 이후 쇠퇴의 길을 걸었다는 것이다. 현재의 서양 마르크스주의 민족학은 젊은 학자들이 종종 계급과 사회 불공평에 대한 마르크스주의 가정을 바탕으로 그들의 연구를 발전시키지만, 이에 대해 결코 잘 알지 못하고, 마르크스주의 이론 자체의 장단점에 대해서도 관심이 없다는 특징을 보여준다.[23] 마르크스주의는 서양의 여러 세대 사상가들의 발전을 거쳐 당대 사회 이론과 비판 사상의 내적 기초가 되어 당대의 학문 구축에 깊은 영향을 미쳤지만, 마르크스주의 민족학이라는 이름의 연구는 오히려 침체 상태에 빠졌다고 해도 과언이 아니다.

이러한 여러 유파를 종합해 보면, 사회생산은 마르크스주의 민족학이 사회와 문화를 해석하는 중요한 착안점이다. 마르크스주의에서

---

22   Giovanni Arrighi, Beverly Silver, *Chaos and Governance in the Modern World System*, Minneapolis: University Of Minnesota Press, 1999. Chase—Dunn, Christopher K., Hall Thomas D. *Rise and Learned: Comparing World—Systems*, Boulder, Colorado: Westview Press, 1997. Volker Bornschier, Peter Lengyel (Ed.), *Conflicts and New Departures in World Society,* New Brunswick, N. J.: Transaction Publishers, 1994. Andre Gunder Frank and Barry K. Gills. (Ed.), *The World System: Five Hundred or Five Thousand Years?* London and New York: Routledge, 1993.

23   Charles Menzies and Anthony Marcus, "Renewing the Vision: Verdict and Anthropology in the 21st Century: Introduction", *Anthropologica,* Vol. 47, No. 1 (2005), pp.3-6 .

볼 때 물질 자료의 생산과 인간 자체의 생산('종의 번식'을 의미)은 사회생산이라는 모순된 통일체의 두 가지 측면이며, 인류사회의 존재와 발전은 바로 이 '두 가지 생산'의 모순 운동의 결과이다.[24] 그리고 물질과 사회의 생산은 사회 형태마다 각기 다른 특징을 나타내며, 그 사회의 '생산양식'을 구성한다. 이 개념은 마르크스가 『자본론』에서 제기한 연구 대상으로서, 생산력과 생산관계의 변증법적 관계를 내포하고 있으며, 그 사이의 모순은 바로 사회 변천과 문화 발전을 해석하는 중요한 출발점이다. 다음 장에서는 이어서 '생산양식'이라는 개념을 단서로 기존의 연구 성과를 재조명해 보려고 한다.

2. 서양 마르크스주의 민족학 시각에서의 생산양식

마르크스는 '생산양식(modes of production)'의 개념에 대해 명확하게 정의하지 않았다.[25] 생산양식은 특정 역사를 정의하고 관통하는 어떤 기본 관계로 구성된 모델이라고 할 수 있을 것이다. 마르크스는 결정적

---

24 1884년 엥겔스는 『가족, 사유재산 및 국가의 기원』 제1판 서문에서 이렇게 지적했다. "유물론적 견해에 따르면 역사에서 결정적 요소는 결국 직접적 삶의 생산과 재생산이다. 그러나 생산 자체에는 두 가지 종류가 있다. 하나는 생활 수단… 식량, 의복, 주택, 그리고 이를 위해 필요한 도구의 생산이다. 다른 하나는 인간 자체의 생산, 즉 종의 번식이다. 일정한 역사 시기와 일정한 지역 내의 사람들은 그 사회 제도 아래서 생활하면서 두 가지 생산의 제약을 받는다. 한편으로는 노동의 발전 단계에 제약을 받고 다른 한편으로는 가족의 발전 단계에 제약을 받는다." '두 가지 생산' 이론에 대해서는 恩格斯:「家庭、私有制和国家的起源」,『马克思恩格斯文集』第4卷, 人民出版社, 2009, pp.15-16을 참조.

25 陈文灿:「马克思恩格斯关于"生产方式"概念的含义」,『复旦学报』(社会科学版)1982年第4期; 郭树清:「生产的自然形态和生产的社会形式的辩证统一——马克思的生产方式概念」,『中国社会科学』, 1985年第5期.

의의를 가지는 법칙은 넓은 의미에서의 생산기술과 사회관계 간의 상호 작용이라고 보았다. 그는 이 개념으로 사회 형태와 경제 체계, 즉 물질과 사회적 조건을 동시에 포함하는 일종의 집합체를 지칭하였다. 마르크스는 생산양식을 이용하여 인류 역사상의 각 사회 형태를 정리하였는데, 사회 발전의 매 단계는 각각 하나의 생산양식에 의해 주도되었다.[26] 그러나 이것은 결코 한 사회나 문화에 하나의 생산양식만 존재한다는 의미가 아니며, 종종 동시에 여러 생산양식이 서로 공존하고 상호 작용하며 계승되는데, 그중 하나의 주도적인 생산양식이 그 사회나 문화의 기본 특징을 결정한다는 것이다.

　　마르크스가 말한 생산양식은 결코 생산력과 생산관계의 합이 아니라, 양자 사이에 있으면서 그것들을 연결시키는 하나의 범주이다.[27] 생산력과 생산관계의 내적 구조는 '생산양식' 연구의 두 가지 다른 경향을 초래했다. 어떤 학자들은 생산력이 나타내는 기술, 환경, 도구 등 결정적인 요소에서 출발하여 생산관계를 기술 제도에 귀결시키는 경향이 있다. 예컨대 화이트는 문화의 기술적 요소 및 그것이 일정한 사회 내부 구조와 문화 형태에 미치는 영향에 주의를 돌렸으며 사회 진보 중의 기술적 요소에 대한 분석을 통하여 마르크스주의의 생산양식 이론을 세분화하고 서로 다른 기술 조건이 반영되는 생산관계를 논의하였

26　"대체적으로 말하자면, 아시아적·고대적·봉건적인 현대 자산계급 생산 방식은 경제적 사회 형태가 발전한 몇 개의 시대로 볼 수 있다." [德] 卡尔·马克思: 〈政治经济学批判〉序言」, 『马克思恩格斯选集』 第2卷, 人民出版社, 1995, p.33.

27　"생산양식은 개인 간의 상호관계로 나타나기도 하고 무기체적 자연계에 대한 그들의 일정한 실제적인 관계로 나타나기도 하며 노동 방식으로 나타나기도 한다." [德] 卡尔·马克思: 「1857~1858年经济学手稿」, 『马克思恩格斯全集』 第46卷(上册), 人民出版社, 1979, p.495.

다. 심지어 잭 구디(Jack Goody, 1919~2015)[28]는 미국의 같은 분야의 유물론적 학자들보다 한발 더 나아가, 아프리카 국가들의 발전 과정에서 쟁기 및 그에 상응하는 경작 기술의 부족이 정치 조직의 형태를 크게 좌우했다고 구체적으로 주장한다.[29]

어떤 학자들은 생산관계 자체가 처한 사회문화적 차이성에서 출발하여, 생산과 재생산 과정에서의 제도적 요소의 역할을 토론한다. 알튀세르의 중요한 업적 중 하나는 생산양식에 대한 마르크스의 이론을 구조적 인과관계로 발전시킨 것이다. 알튀세르에 의하면 생산양식은 수많은 관계 구조로 이루어진 총체적인 구조 체계이지만, 그 관계 체계는 생산관계의 구조에 종속된다. 그는 노동력, 직접노동자, 소유주 또는 비직접노동자, 생산 대상, 생산 도구와 같은 요소들을 연결시켜야만 인류 역사상 이미 존재했거나 존재 가능성이 있는 생산양식을 규정할 수 있으며, 이러한 결합은 소유권, 점유, 지배, 향유, 공동체 등과 같은 주제의 연구에서만 나타날 수 있다고 주장한다.[30] 그는 1965년에 『마르크스를 위하여』와 『자본론을 읽다』를 출판하였는데, 이 두 저서는 프랑스 마르크스주의를 크게 변화시켰으며, 형성 중에 있는 프랑스 마르크스주의 민족학에 중요한 영향을 끼쳤다.[31] 알튀세르 이후 생산양식은 민족학의 분석 도구로 발전했고, 단지 발전 단계를 정하는 기준이 아니

---

28 잭 구디에 관해서는 『偸窃历史』, 浙江大学出版社, 2009를 참조.

29 Jack Goody, *Technology, Tradition and the State in Africa*, Oxford University Press, 1971, pp.21-38.

30 [法] 路易·阿尔都塞、艾蒂安·巴里巴尔: 『读资本论』, 李其庆、冯文光译, 中央编译局出版社, 2001, p.204.

31 [法] 路易·阿尔都塞: 『保卫马克思』, 顾良译, 商务印书馆, 1984; [法] 路易·阿尔都塞、艾蒂安·巴里巴尔: 『读资本论』, 李其庆、冯文光译, 中央编译局出版社, 2001.

라 인간과 생산 과정을 연결시키는 사회적 관계 그리고 도구, 기술, 지식 등 생산 조직 방식을 다루는 기준이 되었다.

마르크스에 대한 알튀세르의 해석은 프랑스 마르크스주의 민족학에 직접적인 영향을 미쳤다.[32] 모리스 고들리에(Maurice Godelier, 1934~)[33]는 자신들이 발전시킨 것은 조잡하게 나아가는 기계론적 유물론과는 달리 생산양식 이면의 구조적 인과관계를 추구하는 새로운 이론이라고 주장하였다. 그는 호주 원주민과 같은 수렵 채집 사회에서는 경제적 토대와 상부 구조가 친족과 종교에서 동시에 드러난다고 지적한다. 생산관계는 일정한 친족 관계로 나타나며 또한 이러한 관계는 가족 내부에서 집단 차원으로 확산되어 생존 유지를 위해 전개되는 생산 활동의 각 방면에 영향을 미친다.[34] 그 뒤에 집필한 저서에서 그는 마르크스주의의 분석 패러다임을 자본주의 이전 사회에 적용할 수 있는 잠재력에 대해 더 자세히 논의했다.[35] 생산양식에 수반되는 경제 시스템을 고찰함으로써 그는 경제 변천과 밀접하게 연관되는 사회 문화 내용을 기능적 특징으로 보았다. 이러한 특징들은 경제의 발전에 따라 변화되기 때문에 사회 변천을 연구하는 대상으로 삼을 수 있다.

모리스 고들리에와 동시대의 클로드 메이야수(Claude Meillassoux, 1925~2005)는 처음에는 그가 연구한 코트디부아르의 구르인(Gouro)의 사

---

32 Joel S. Kahn, Josep R. Llobera, "French Marxist Anthropology : Twenty Years After", *The Journal of Peasant Studies*, Vol. 8, Issue. 1, 1980, pp.81-100.

33 모리스 고들리에에 관해서는 『礼物之谜』, 青海人民出版社, 1961을 참조.

34 Maurice Godelier, *Rationality and Irrationality in Economics*, New York: Monthly Review Press, 1972.

35 Maurice Godelier, *Perspectives in Marxist Anthropology*, Cambridge: Cambridge University Press, 1977.

회경제적 삶의 기본 특징을 설명하기 위해 마르크스주의 사상을 채택했다. 그는 식민지 사회나 혈연 사회에서 보조적인 지위에 있었던 전통적인 생산양식을 묘사하고, 김매기와 같은 경작 농업과 관련된 노동 방식을 강조하며, 이러한 전통의 기반이 시장 무역과 그 이후의 식민 체제에 의해 약화되었음을 지적한다.[36] 생산양식과 재생산에 대한 그의 연구는 수렵 채집 사회와 농업 사회에서 여성의 의미를 비교한 것에서도 나타났다. 그는 가정 경제가 노동력의 재생산을 보장함으로써 기존의 권력 구조를 공고히 한다고 강조한다.[37]

다음은 에마뉘엘 테레(Emmanuel Terray, 1935~2024)와 피에르 레이(Pierre-Philippe Rey)로 대표되는 이른바 제2세대 프랑스 마르크스주의 민족학자들이다. 테레는 메이라소스의 구르인에 대한 연구 자료를 재검토해 자본주의 이전 사회의 생산양식을 어떻게 수립할 것인가를 중점적으로 연구했고, 알튀세르의 지도하에 혈연사회에 적합한 생산양식 모델을 찾으려 했다.[38] 그는 사회를 하나의 생산양식으로만 인식할 수 있다는 점을 부인하고 동태적 분석을 강조한다. 테레는 구르인 사회를 두 가지 생산양식이 결합된 산물로 봐야만 그들의 식민지 진입 이전 사회 상태를 설명할 수 있다고 주장했다. 하나는 '농촌 부락제' 생산양식이고, 다

36　Claude Meillassoux, "'The Economy' in Agricultural Self—Sustaining Societies: A Preliminary Analysis", in David Seddon ed, Relations of Production: *Marxist Approaches to Economic Anthropology*, London: Frank Cass, 1978, pp.127-157.

37　Claude Meillassoux, *Maidens, Meal and Money: Capitalism and the Domestic Economy*, Cambridge: Cambridge University Press, 1981.

38　Emmanuel Terray, *Marxism and "Primitive" Societies: Two Studies*, translated by Mary Klopper, New York: Monthly Review Press, 1972.

른 하나는 '생산의 혈연 방식'이다. 후자는 사회생활에서의 두 가지 생산양식의 결합을 결정하고 지배하며, 이러한 특수 결합 속에서만 그 사회 구조를 이해할 수 있다.[39]

그 후 1971년, 레이는 콩고인의 세 커뮤니티에 대한 분석을 통하여 장로 계급이 외래 자본주의 생산양식의 압력하에서 재생산을 통제하거나 생산 집단을 재조직하는 등의 방법으로 기존의 생산관계를 유지할 수 있다고 주장하였다. 즉 본토의 혈연 생산양식이 어떻게 적응하는가의 문제이다.[40] 그는 서로 다른 생산양식의 공존에 관해 테레의 상술한 논의가 정태적이라고 비판하였으며, 서로 다른 생산양식이 결합되는 동태적인 과정이 강조되어야 한다고 지적하였다. 이 동태적인 과정은 서로 다른 생산양식의 전환과 교체 중에 반영되는 모순성을 말하는데, 여기에는 생산력의 발전과 생산관계 및 서로 다른 생산양식의 내적 논리 간의 모순이 포함된다.

이로써 프랑스 마르크스주의 민족학의 특징이 점차 뚜렷해졌다. 이 학파는 '생산양식'의 개념을 자본주의 이전 사회의 연구에 도입하여, 이들 사회나 문화에서 생산관계가 친족 제도, 종교, 정치와 연결되어 있음을 지적한다. 자본주의 사회의 생산관계는 경제 활동에 의해 실행되는 반면, 자본주의 이전 사회의 생산관계는 종종 비경제 행위에서의 인간관계를 통해 드러난다. 생산양식은 마르크스주의의 중요한 개념으로서 민족학자들에 의해 "생산관계의 지배로 구성된, 생산관계와

---

39 [英] 莫里斯·布洛克: 『马克思主义与人类学』, 冯利等译, 华夏出版社, 1988, pp.181-182.

40 Pierre-Philippe Rey, *Colonialisme, Neo-colonialisme et Transition au Capitalisme*, Paris, Maspero, 1971.

생산력의 연결"로 해석되었다.[41] 이들 학자들은 구체적인 현지조사 연구를 통해 생산양식을 친족 관계, 후계, 혼인, 교환, 가족 조직 등의 영역에 투영하고, 이러한 사항들의 사회 생산과 재생산 과정에서의 역할을 발굴함으로써 풍부하고 복잡한 사회 상황을 그려낸다. 이로써 생산양식은 더 이상 생산 활동의 개괄에 그치지 않고 그에 대응하는 사회 형태 및 문화 항목과도 관련성을 가지게 되었다.

3. 생산양식의 연결 문제

생산양식 이론 연구는 테레와 레이에서 이미 여러 생산양식의 병존과 전환의 문제에 주목하였다. 1980년대에 이르러, 이 이론에 영향을 받은 학자들의 연구는 자본주의 이전 사회, 특히 수렵 채집 부족 사회에서 농업 사회로 옮겨갔다. 농업 사회의 변천에 대한 논쟁 중 한 가지 쟁점은 자본주의 이전 사회의 계층화와 신분, 전통이 자본주의의 계급 관계로 변할 수밖에 없었는지에 있다. 정치경제학파들은 자본주의 생산양식이 확장되는 과정에서 불가피하게 전통 사회와 문화를 흡수할 것이라고 생각한다.

그러나 프랑스 마르크스주의 민족학자들은 전통적 생산양식의 전환이라는 관점에서 전환사회에 사는 사람들은 자본주의와 전통의 관계 속에서 전환과 절충을 꾀할 것이라고 주장하였다.[42] 어떤 구체적인

---

41   Barry Hindess & Paul Hirst, *Pre Capitalist Modes of Production,* London: Routledge & Kegan Paul, 1975, pp.9-10.

42   Meillassoux, C., "Historical Modalities of the Exploitation and Over-Exploitation of Labor", *Critique of Anthropology*, vol. 13 no.(4), 1979, pp.7-16.

사회 형태에서, 사회 변천에 대해 이해하려면 하나의 생산양식에만 의존할 것이 아니라, 사회 내의 각종 구조 조직 간의 연결 방식, 즉 생산양식의 연결을 통해야 한다.

이 개념은 마르크스가 원시적 축적을 설명하는 중요한 개념으로, 그가 논의한 연결은 두 방면에 존재하는데, 첫째는 서유럽이 자본주의에 진입한 사회 전환이고, 둘째는 자본주의 국가와 식민지의 연결이다.[43] 마르크스는 자본주의 국가와 외부 식민지를 연결시켰고, 이 연결 고리에서의 가치 이동이 자본주의 자체에 미치는 중요성을 강조했다.[44]

알튀세르는 '연결'을 사회적 관계를 반영하는 서로 다른 생산양식 간의 연결 관계로 발전시켰다. 그런데 연결된 이런 성분들은 모종의 메커니즘을 형성하여 상호 간의 교류를 이루지만 각자 자체의 기본 특징을 여전히 가지고 있어 하나의 통일체를 이루지는 못한다. 연결 구조 내에서 각종 생산양식의 관계는 대등하지 않으며, 경제, 정치, 문화에서 지배적 지위를 차지하는 생산양식이 더 큰 에너지를 가지고 연결 관계의 발전을 주도한다. 알튀세르에게 있어서, 이러한 '연결' 관계의 존재는 전체 생산양식의 공존 관계를 지배하고, 전체 생산양식의 현재, 위기와 미래를 지배하며, 또한 전체 생산양식 구조의 법칙으로서 전체 경제 현실을 결정한다.[45] '생산양식'과 '연결'이라는 두 개념을 통해 알

---

43   Thomas C Patterson, *Karl Marx: Anthropologist*, Oxford: Bloomsbury Academic, 2009, pp.128-138.

44   [德] 卡尔·马克思:「所谓原始积累」, 『马克思恩格斯选集』第2卷, 人民出版社, 1995, pp.265-266.

45   [法] 路易·阿尔都塞、艾蒂安·巴里巴尔:『读资本论』, 李其庆、冯文光译, 中央编译局出版社, 2001, p.211.

튀세르의 생산양식에 대한 이론은 비로소 완전하게 드러난다. 오직 단일 생산양식 내부의 여러 가지 다른 모순 속에 깊이 들어가거나 두 가지 생산양식 사이의 여러 가지 다른 구조의 연결 속에 깊이 들어가야만 사람들은 역사의 진행 과정을 진정으로 이해할 수 있다. 이로써 우리는 비로소 생산양식 이론의 두 차원을 파악했다고 말할 수 있다.

이 이론에 영향을 받은 민족학자들은 사회 내부의 다양한 구조의 연결 체계를 구축하여 그들이 연구하는 다양한 사회의 역사 발전을 설명하려고 시도했다. 만약 이런 방식으로 정치경제학파의 각 학설을 분석한다면, 학자들은 대체적으로 두 가지 생산양식을 구축하고 있는데, 그중 지배적인 것은 자본주의 생산양식이고 다른 하나는 비자본주의적 생산양식임을 알 수 있다. 그들은 세계 각지의 현지조사 자료를 통해 두 가지 생산양식 간의 상호 작용을 설명하며, 두 가지 생산양식 각각에 내재된 원리를 고찰함과 동시에 그들 사이에 서로 얽힌 구조가 어떻게 형성되었는지에 대해 논의한다. 직접적으로 말하자면 세계체계이론, 종속이론에서 자본주의 생산양식의 지배적 지위는 어떻게 작용을 하는지, 그리고 다른 생산양식은 이를 어떻게 받아들이고, 적응하고, 거부하는지에 대해 집중적으로 논의하는 것이다. 이러한 '연결'은 구체적인 사실, 즉 상품 유통, 인구 유동, 자본 투입, 기술 도입, 산업 조성, 문화 전파 등을 기초로 형성된 다양한 교류 관계 속에서 성립된다. 정치경제학파의 연구 대상을 요약해 보면, 대부분 자본주의 생산양식이 확립된 세계 전체와 다른 생산양식을 가지고 있는 지역 사이의 연결 지대에 형성되어 있음을 알 수 있다. 이들이 주목하는 사회 문화 콘텐츠는 바로 서로 다른 생산양식의 대결 과정의 산물이다.

시드니 민츠(Sidney Mintz, 1922~2015)와 에릭 울프(Eric Wolf, 1923~1999)는

마르크스주의를 다시 거론한 최초의 미국 인류학자로 농민 문제에 대한 마르크스의 관심을 이어받아 자본주의 사회에서의 농민의 지위 문제를 논의했다.[46] 그들은 지역 사회를 하나의 사회·정치·경제·문화의 역사적 과정으로 여기고, 지역 사회의 관계와 국가·제국 형성 과정에서 발생한 교착을 통해 사회와 문화 차이의 형성 과정을 보여준다. 울프는 마르크스의 생산양식 유형을 자본주의(capitalism), 공납제(tributary), 친족제(kin-ordered), 이 세 가지로 단순화했다.[47] 지방 전통 생산양식의 변천과 각 대륙에서의 자본주의의 확장이라는 두 방면에서 서로 다른 문화, 정치, 사회 환경에 처한 사람들이 이러한 역사적 조우에 어떻게 응답하는지를 고찰했다.

월러스틴은 자본주의가 주변 지역으로 확장되는 과정에서 서구와 비서구의 문화적 분류는 계급과 함께 권력 구분의 메커니즘이 되었다고 지적한다. 이러한 메커니즘은 생산양식 연결의 정치적, 문화적 실천 메커니즘을 구성하여 우리가 이 틈새 지대의 의미 체계에 깊숙이 파고들어갈 수 있도록 가능성을 제공한다.[48] 이러한 중요한 저서들은 후세의 학자들에게 이론적 기초를 제공하였지만, 우리의 더 큰 관심사는 여러 학자들이 이를 기반으로 전개한 민족지 연구이다. 다음으로 생산양

46　Sidney Mintz, "The So – Called World System: Local Initiative and Local Response", Dialectical Anthropology, Vol. 2, No. 4, November 1977, pp.253-270. Eric Robert Wolf, *Peasant Wars of the Twentieth Century*, Oklahoma: University of Oklahoma Press, 1999.

47　[美] 艾瑞克·沃尔夫: 『欧洲与没有历史的人民』, 赵丙祥等译, 上海人民出版社, 2006, pp.93-120.

48　[美] 伊曼纽尔·沃勒斯坦(Immanuel Wallerstein): 『现代世界体系』第1卷, 罗荣渠译, 高等教育出版社, 2000, pp.460-473.

식의 연결이 연구 도구로서 구체적인 연구에서 어떻게 사용되었는지에 대해 논하고자 한다.[49]

정치경제학파가 가장 잘하는 것은 상품의 생산과 유통으로 세계 시스템 내부의 불평등 관계를 전개하는 것이다. 초기 연구는 대부분 플랜테이션 경제, 식민지 무역 등 제국과 지방이 병존하는 대상에 집중되어 있다. 조안 빈센트(Joan Vincent)는 우간다에 대한 연구에서 식민지 정부의 인두세 도입과 재산 관계의 변천, 면화 재배업의 도입이 함께 작용하여 농민 계급이 생기게 되었다고 지적한다.[50] 현지인들은 농장에 들어감으로써 세금과 노동 법안의 규제를 피했을 뿐만 아니라 농장에 충분한 노동력을 제공하게 되었다.

앤 로라 스톨러(Ann Laura Stoler, 1949~)는 동남아시아 수마트라 동부의 농장을 세계 무역, 식민지 경제, 섬 간 교류, 인도네시아 내부 정치, 지역적 문화적 전통, 지역적 특수성 등 여러 요소들의 집합체로 보고 연

---

49 물론 이 저작들만이 중요하다는 것은 아니다. 다만 대체적으로 뚜렷한 단서를 그려낼 수 있기를 바랄 뿐이다. 다른 연구들은 다음과 같다. Peter Worsley, *The Trumpet Shall Sound: A Study of "Cargo" Cults in Melanesia*, New York: Schocken Books, 1968/1970. Joel Kahn, Minangkabau Social Formations: *Indonesian Peasants and the World - Economy*, Cambridge: Cambridge University Press, 1980. Christine Gailey, *Kinship to Kingship: Gender Hierarchy and State Formation in the Tongan Islands*, Austin, TX: University of Texas Press, 1987. John Gledhill, Casi Nada: *A Study of Agrarian Cárdenismo*, Albany: Institute of Mesoamerican Studies, State University of New York, 1991. Rigby Peter, *Cattle, Capitalism, and Class: Ilparakuyo Maasai Transformations*, Philadelphia, PA: Temple University Press, 1992.

50 Joan Vincent, *Teso in Transformation: The Political Economy of Peasant and Class in Eastern Africa*, Berkeley: University of California Press, 1982.

구했다.[51] 이 연구는 지역 내의 네덜란드 식민지 개척자, 말레이의 엘리트, 인도네시아 민족주의자, 자바 노동자, 자바 주택 거주자 등 서로 다른 생산양식을 대표하는 사람들이 서로 다른 역사 시기에 어떻게 상호작용했는지를 보여준다. 시드니 민츠의 『설탕과 권력』은 엄밀한 의미의 민족지는 아니지만 설탕을 생산양식 결합의 연결고리로 제시한다.[52] 산업화 초기의 잉글랜드와 카리브 식민지의 사탕수수 농장에 초점을 맞추어 보면, 설탕 생산은 자본주의와 농장 경영의 두 가지 생산양식만 연결시킨 것이 아니라, 두 가지 생산양식 내부에서 발생한 초기 자본주의의 원시적 축적, 노동자 계급의 형성, 식민 종주국과 식민지 관계, 노예화 생산을 한데 연결시켰다.

이러한 정치경제학적 분석의 틀은 연결 지대에서 나타나는 어떤 특수한 문화 현상을 이해하는 데 사용되기도 한다. 준 C. 내쉬(June C. Nash, 1927~2019)는 볼리비아의 주석 광산 노동자들의 삶에 마르크스주의 이론을 적용하여 폭력 현상의 배후에 있는 구조적 의식을 밝혀냈다.[53] 내쉬는 하나의 농민 사회가 공유하던 지역적 세계관이 어떻게 프롤레타리아 계급의 세계관으로 전환되는지를 연구하면서 세계 시스템 주변 지대의 사회, 경제, 정치 현실을 묘사했다. 그 관심의 중심은, 한편으로는 광산을 생계원으로 의존하면서 다른 한편으로는 광산주의 착취

51 Ann Laura Stoler, *Capitalism and Confrontation in Sumatra s Plantation Belt*, 1870-1979, New Haven: Yale University Press, 1985.

52 Sidney Mintz, *Sweetness and Power: the Place of Sugar in Modern History*, Harmondsworth: Penguin, 1985.

53 June C Nash, *We Eat the Mines and the Mines Eat Us: Dependency and Exploitation in Bolivian Tin Mines*, New York: Columbia University Press, 1979.

와 억압에 불만을 품는 의식 영역의 모순과 이러한 모순이 노동자들의 반발과 문화 생산에 어떻게 영향을 미치는지에 있다.

마이클 타우시그[54]는 인디언의 자연 숭배가 서양 전통의 기독교 지식 체계에 어떻게 반응하고 적응하는지에 대해 논의했다.[55] 그는 마르크스의 작품 속에 나온 사용 가치와 교환 가치의 모순을 농민 사회와 자본주의 사회의 두 가지 서로 다른 생산양식 속에 도입하여 정신 체계의 핵으로 삼음으로써 새로운 역사적 조건하에서 발생한 전통 숭배이 반전을 보여주었다. 인디언들의 하나님과 마귀를 구분하지 않는 자연 숭배에서 하나님과 마귀를 대립시키는 기독교적 신념의 수용에 이르기까지 이 두 가지 생산양식 사이의 긴장과 사람들의 적응을 은유한다. 이와 비슷하게, 아이와 옹(Aihwa Ong)은 말레이시아 공장 여공들의 빙의 현상을 연구하여 자본주의 생산관계에 대한 반영으로 삼았다.[56] 그는 이들 젊은 여성 노동자들을 계급, 성별, 마을, 가족의 작용 속에 있는 일련의 역사적 대상으로 취급하였는데, 그녀들이 귀신 들렸을 때 한 말들은 공장의 생산과 남성 통제에 대한 반항 의식을 보여 주었다.

생산양식의 '연결'은 인류학을 더 거대한 역사적·정치적·경제적 과정 속으로 끌어들였으며, 지역 사회 기반 연구의 한계를 뛰어넘게 했다. 그러나 문제는, 민족학 주제에 대한 이해가 일종의 기능주의에 빠

---

54 마이클 타우시그에 관해서는 「美洲的魔鬼与商品拜物教」, 『西方人类学名著提要』, 2004, p.527을 참조.

55 Michael T Taussig, *The Devil and Commodity Fetishism in South America*, Chapel Hill: University of North arolina Press, 1980.

56 Aihwa Ong, *Spirits of Resistance and Capitalist Discipline: Factory Women in Malaysia*, Albany: State University of New York Press, 1987.

인류학의 글로벌 의식과 학술적 자각

져 자본의 축적, 혹은 값싼 노동력과 원자재의 제공과 같은 자본주의 발전에 대한 비자본주의의 작용을 강조함으로써, 어떤 결정론적 의미를 형성하고 주체로서의 적응과 반동 등 주동적 활동을 소홀히 하는 것이다. 생산양식 연구가 주목해야 할 것은 '연결'의 구조와 과정이며, 이러한 구조 아래에서의 각 방면의 상호 작용을 강조해야 한다. 이러한 연결의 과정과 구조로 인해 생겨난 정치, 사회, 문화 현상은 국가와 국가, 사회와 사회, 국가와 지방 사이에서 발생하며, 또한 사회 변천을 인식하는 효과적인 도구가 되었다. 새로운 연구는 점점 더 특정 지역이나 민족 집단의 민족지 연구에 초점을 맞추고 있으며, 학자들은 민족 집단 관계, 노동력 이동, 이민과 외국 화폐, 가족 형태, 성별에 따른 분업 등 구체적인 연구 분야에 주목하고 있다.

4. 중국 당대 민족학 연구에 대한 계시

앞의 내용을 정리하면, 민족학에서 '생산양식'이라는 개념의 활용은 단일사회 내부의 특정 시공간 조건에서의 생산과 사회 특징을 드러냈다. 1950년대 중국의 소수 민족 역사 조사와 그 후의 사회경제형태 연구가 바로 이러한 작업의 모범이다. 생산 도구와 조직 형태 등 생산 활동의 기본 특징으로부터 출발하여 당시 소수 민족 지역의 사회 활동의 대략적인 면모를 제시하였다.[57] 그러나 다민족 국가로서 민족 간의

---

57 '중국 소수 민족 지역의 4가지 사회경제 형태' 관련 내용은 李绍明: 「我国各民族的 社会经济形态〈民族学概论〉讲座(六)」, 『贵州民族研究』, 1983年第1期를 참조. '경제 문화 유형과 사회 형태' 관련 내용은 林耀华: 『民族学通论』, 中央民族大学出版 社, 1997, pp.271-294를 참조.

왕래는 역사적 조건일 뿐만 아니라 경제 사회 발전의 현실적 구도이다. 따라서 개별 민족에 대한 생산양식 연구는 반드시 '연결', 즉 생산양식 이론의 두 번째 차원으로 나아가야 한다. '생산양식의 연결'은 여러 사회의 상호 연결 또는 사회 내부의 서로 다른 생산양식 간의 구조적 관계를 설명한다.

중국 사회는 전체적으로 1980년대 이후 계획 경제에서 시장 경제로의 중대한 변혁을 겪었으며 서부대개발 이후 이러한 급격한 변화는 서부의 광활한 소수 민족 지역에 더욱 깊은 영향을 주었다. 현대의 경제 활동은 전례 없이 소수 민족 지역 내의 서로 다른 지역, 민족, 문화를 복잡한 경제 교류 활동에 끌어들였다. 따라서 '연결' 속에서만 새로운 관계를 형성하고 새로운 패러다임을 발전시키며 새로운 메커니즘을 구축할 수 있는 기회를 찾을 수 있다. 서로 다른 생산양식의 연결 혹은 갈등의 부분에서 주체와 객체, 지방과 전체, 다원과 일체(一體)라는 복잡한 관계가 충분히 드러나는데, 이것이 바로 민족학 연구를 추진하는 중요한 돌파구이다.

'생산양식'의 연결로 중국 다민족 사회의 현황을 인식하는 것은 반드시 두 가지 차원으로 구분되어야 한다. 하나는 역사적으로 형성된 '민족결합부'로, '연결'이 하나의 역사적 조건임을 보여준다. 다민족 지역 사회 내 유대의 형성에 있어서, 중요한 요소 중 하나는 지연에 기초한 경제 연계이다. 민간 상업 무역 교류를 고리로 하는 전통적인 지연(地緣) 경제 연계는 지역 사회 결합의 중요한 기초이며, 또한 민족 교류와 문화 교류의 중요한 기반이기도 하다. 이러한 민간 경제 교류의 배후에 있는 경제 연계, 사회 통합, 문화 교류, 인적 왕래를 깊이 이해해야만 민족결합부의 역사와 현황을 깊이 이해할 수 있다. 전통적인 지연 경제 연계 유대의 주요 내용은 민족 특색의 수공예품, 종교 상품, 일상생활 물자의 운송과 공급, 그리고 자연자원 개발과 교환 등이 있으며 이를 기초로 다양한 형식의 민족 문화 유대와 복잡한 교류 관계를 발전시킨다.

그러므로 시종일관 각 민족 간의 접촉과 교류, 연대를 문제의 출발점으로 삼고 다민족 지역의 사회 교제와 문화 네트워크에 깊숙이 파고들어 행정 구분과 민족 구분의 경계를 허물어야 한다. 이런 맥락에서 우리는 경제, 사회, 문화상의 '민족결합부'를 특별히 중시해야 한다.

현재 많은 연구들은 민족을 하나의 특정한 경제 및 문화 단위로 삼고, 인위적으로 그것을 독립된 연구 대상으로 구분하는 경향이 있으며, 다수의 민족 인구가 민족 간 상호 교류가 이루어지는 지대에 살고 있다는 점을 간과하고 있다. '민족결합부'를 하나의 학술 단위로 삼으면, 이 개념 아래 민족 경제의 교환, 통합과 삽입, 민족 문화의 차용과 문화 간의 교차 및 접합, 민족 인구의 이동과 교류, 상호 작용이 포함된다는 것을 발견할 수 있다. 인구, 종교, 민속, 상품 등이 지역 범위 내에서 유동성 있게 작용하고, 보다 심층적인 시장 시스템, 종교 네트워크, 사회 조직이 이 유동 과정에서 충돌하고 공존한다. 서로 다른 민족 사회의 '연결'은 사실상 하나의 사회관계의 구축 과정이며, 또는 지리적, 문화적, 정치적 경계를 넘어 사회적 영역을 구축하는 과정이기도 하다.

그러나 '민족결합부'의 경제적·사회적·문화적 연결을 일련의 독립된 점으로 볼 것이 아니라 더욱 중요한 것은 점과 점 사이의 흐름과 확산을 보아야 한다는 것이다. 민족 지역의 급속한 발전은 전통적으로 지연관계에 기반한 사회적 교류권을 깨뜨리고 대규모의 인구 유동 현상을 가져왔다. 이곳의 인구 유동 현상은 단지 도시화로 인한 인구 이동이 아니다. 복잡한 인구 유동 현상은 생태계와 사람들의 심리 상태를 모두 혼란스럽게 하였으며, 인구 유동 자체가 중국의 현재 주요한 사회적 특징이 되고 있다.[58] 서로 다른 집단이 왕래하는 과정에서 어떻게 새롭게 결합하고 유대를 형성하는가는 민족학 연구의 중점이 되어야 한다.

둘째는 소수 민족 사회가 어떻게 전체 시장 경제 체계와 이어지는가 하는 문제이다. '연결'은 또 하나의 현실 구조이다. 츠루미 가즈코(鶴見和子, 1918~2006)는 동아시아 사회가 현대 자본주의 세계 체계에 어떻게 접근했는지, 즉 동아시아 전통 사회가 어떻게 시장 경제의 새로운 싹을 키워냈는지에 대해 내발형적 발전(內發型發展)으로 보았다. 중국의 특수성은 다민족이 공존하는 복잡한 현실에 있기 때문에 전통과 현대의 문제일 뿐만 아니라 전통과 다른 전통의 문제이기도 하다. 페이샤오퉁 선생이 '황하 상류의 다민족 개발구', '양남흥장(兩南興藏)'[59] 등의 구상을 내놓은 것은 시장 경제 발전의 토양을 만들고 한 민족지역에서 다민족이 번성하는 국면이 나타나도록 하기 위해서이다. 그러나 그중의 씨앗 하나가 이미 아름드리 큰 나무로 자랐을 때, 소수 민족 사회의 발전에 있어서 그것은 단지 내발형적 발전 문제일 뿐만 아니라 중국 특색의 시

---

58 麻国庆: 「当代中国的社会现实与应用人类学研究—中国大陆应用人类学现状评述」, 『华人应用人类学』, 2012年第1期.

59 양남흥장(兩南興藏)은 페이샤오퉁 선생의 서부 지역 발전에 관한 전략적 구상 중의 하나로 '양남'은 중국의 서남 지역과 화남 지역을 가리키고 '흥장'은 티베트의 현대적 발전을 이룬다는 목표를 가리킨다. 페이샤오퉁 선생은 동부 지역의 경제 발전 상황을 서남 지역과 화남 지역에 벤치마킹해 오고, 이 두 지역을 발판으로 삼아 점차 티베트 지역의 현대화 발전을 이룬다는 구상을 가지고 있었다. 특히 그는 상품 교류로 티베트 지역의 전통적이고 폐쇄적인 목축업에 자연스러운 변화를 일으키고, 경제를 발전시키는 동시에 티베트 민족 문화 보존에 힘쓰고 민족간의 우호 증진을 촉진시키려고 생각했다. -역자 주

장 경제 체계와의 관계를 어떻게 처리할 것인가에 대한 문제이다.

'다원일체'는 중국 다민족 사회의 기본 구조인데, 여기에서 '다원'이 '일체'에 어떻게 대응하느냐 하는 문제가 제기된다. 이러한 의미에서 상술한 정치경제학파의 연구는 특히 중요한 의의를 가진다.

만약 '일체'를 대표하는 시장 경제 체계를 하나의 과정으로 삼는다면, 바로 시장 경제가 주도하고 있는 규칙, 기술, 관계와 문화가 어떻게 점진적으로 민족 지역에 진입하고, 소수 민족 사회에서 전통적인 종교, 지식, 관습과 어떻게 상호 작용을 하는가의 문제이다. '발전'과 '진보'는 외래 담론 체계로서 시장 경제의 발전관을 반영하고, 국가가 추진하는 일련의 정책으로 표현되는데, 예를 들면 '경작지의 삼림환원', '수력발전개발', '생태이민', '정착화' 등 거시적 정책은 이미 소수 민족의 일상생활에서 중요한 내용이 되었다. 예를 들어 '경작지의 삼림환원' 정책의 시행 이후 바이마티베트족(白马藏人)은 국가의 사회복지체계에 완전히 편입되었고, 대대로 물려받아 전해 내려온 생계 방식이 효력을 잃으면서 정부와 수력발전 기업이 그들의 일상생활 속 지배적인 경제력이 됐다. 그 결과 바이마티베트족의 생활 속 규칙 체계는 복잡한 교차성을 띠게 되었다. 바이마티베트족의 전통적인 지식과 시장 경제 규범, 국가 법체계 사이의 넘나들기(跨越), 교차 및 차용은 현지 사회의 중요한 특징이 되었다.[60]

새로 나타난 규칙 체계는 어떤 소수 민족 사회도 예외 없이 모두 여러 서로 다른 힘의 지배를 받고 있다는 것을 반영하고 있다. 예를 들면 전통적인 목축 지역 사회에서는 농업만이 초원에 타격을 주었지만

---

60   张少春:『一个白马藏族村寨的纠纷与秩序—当代民族交流情境中的社会规则』,
     2011年全国民族学博士生学术论坛会议论文, 中央民族大学, 2011年12月7-9日.

중국 시장 경제의 끊임없는 발전과 더불어 각종 자본의 힘도 목축 지역에서 확산되기 시작하였다. 목축 지역 사회는 전통적인 농업과 목축업 간의 갈등에서 목축업과 공업 간의 갈등으로 바뀌기 시작했고, 초원에는 목축업, 농업, 공업, 이 세 가지 경제 방식이 동시에 존재하게 되었다. 농업, 기계, 자본이 잇달아 목축 지역에 진입한 후, 목축 지역 고유의 사회 조직, 생태 관계, 경제 관계 등에 변화가 생겼다.[61] 이러한 힘의 가장 직접적인 영향은 초원 생태에 대한 파괴이고, 간접적으로는 유목민의 생계 방식, 경제생활, 문화 전승 등에도 매우 큰 영향을 끼쳤다. 이러한 맥락에서 모든 발전 정책의 시행은 중앙 정부, 지방 정부, 시장 엘리트, 농목민 등 다원적 행동 주체가 함께 참여하는 사회적 과정이다.

시장 경제가 횡적으로만 확장되는 것이 아니라는 점에 주목해야 한다. 동부와 서부, 한족과 소수 민족, 시장 경제와 민족 전통의 방면을 제외하고 종적으로도 소수 민족 사회의 일상생활 속으로 깊이 침투한다. 소수 민족은 명목상으로는 국가 정책의 특별한 우대를 받지만, 자신의 각종 조건과 능력의 한계 때문에 그들은 또 끊임없이 주변화되고 있다. 이 과정에서 각 집단의 상황도 차이가 생긴다. 일부는 과거의 정책의 수동적 수용자에서 이미 적극적인 이용자로 변신해 시장 경영을 적극적으로 수용하고 있다. 예를 들어, 차세대 목축민들은 유목 문화의 전통과 사회 조직의 형식을 축산업의 현대적 발전과 접목하여 지역 특성에 맞는 정책 체계와 생산 조직의 모델을 수립하려고 노력하는데 그것은 가족 목장, 협동 경영 또는 공동 경영과 같은 새로운 방식으로 표

---

61   麻国庆、张亮: 「进步与发展的当代表述: 内蒙古阿拉善的草原生态与社会发展」, 『开放时代』 2012年第6期.

현된다.

하지만 이 과정에서 서로 다른 집단의 사람들 사이에는 자원 점유, 규칙 숙달, 사회 네트워크 등의 차이로 소득 격차가 커지고 사회 분화가 두드러지고 있다. 그러므로 민족 현상을 깊이 이해하려면 전체 사회 구조 아래 다양한 계층의 사람들로 구성된 민족 사회를 배치해야 하며 이렇게 해야만 민족 내부의 복잡성과 특수성이 나타날 수 있다.

만약 '민족결합부'를 생산양식이 연결된 공간화라고 본다면, 다른 방향에서 현대 교류 과정 중 소수 민족이 시장 경제 체계에 어떻게 진입하는지는 입체화라고 볼 수 있으며, 이는 국가, 민족 및 민족 내부의 계층화, 구조와 관련된다. 우리는 민족 지역 발전의 복잡성을 토론하는 데 주력한다. 즉 한 사회의 전환은 시장 경제의 제도와 구조 그리고 그것이 발생한 민족 사회의 구조와 논리가 함께 작용한 결과이다. 여기서 역사는 서로 다른 생산양식으로 연결되고 이행되는 과정이 될 수 있다. 이러한 관점은 울프의 역사관과 유사하다.[62] 더욱 민족학적 가치를 지닌 것은 국가사나 민족사가 아니라 시장 경제와 민족 체계가 서로 대립하는 지역의 역사 혹은 양자의 교차 내지는 상호 작용이다. 하지만 이것은 해답이라기보다는 새로운 연구 질문을 던지는 것에 가깝다.

5. 결어

마르크스의 '생산양식'의 개념은 알튀세르를 거쳐 생산양식의 '연

---

62 [美] 艾瑞克·沃尔夫：『欧洲与没有历史的人民』, 赵丙祥等译, 上海人民出版社, 2006, pp.450-453.

결'에 대한 논의를 촉진시켰다. 이 두 개념은 프랑스의 구조주의 마르크스주의 민족학을 자극하였고 또한 정치경제학 연구를 정리하는 하나의 단서가 되었다.

이 이론에서 출발하여, 자본주의 생산양식이 확립된 세계 전체와 다른 생산양식을 가지고 있는 지역의 연결 지대, 국가와 민족의 경계 지대, 예를 들면 경제 개발구, 유동 인구, 민족 경영 방식은 모두 서로 다른 생산관계의 대결 과정의 메커니즘과 실천이라고 볼 수 있다. 이러한 연결 관계는 그 자체로 중국 민족학 분야에서 새로운 시기에 중요한 연구 대상이 되었다. 그 연결 관계는 민족 회랑(民族走廊, 회랑은 두 지역을 연결하는 좁고 긴 지대), 여러 지역에 걸쳐있는 민족집거지 등 공간상의 민족결합부, 소수 민족 인구의 유동과 상품 유동에서 발생하는 특수한 유대와 현상, 도시화와 산업화 과정에 생겨난 각종 개발구·관광구·광산 구역 등 발전 특구, 시장 경제 체제하에 사람들의 일상생활에 새롭게 나타나는 생계 방식 등에 존재한다.

이러한 현상을 인식하고 소수 민족 지역의 시장 경제와 전통 생산 활동 사이의 '연결'을 연구하려면 상품 시장의 발전, 경제 규칙의 실시, 상이한 형식의 자본의 투입, 교육 또는 기술의 전파, 문화 또는 이데올로기의 실천 등의 내용을 분석해야 한다. 시장 경제 체계가 동쪽에서 서쪽으로, 밖에서 안쪽으로, 소수 민족 지역으로 진입하는 과정에서, 모든 문제는 시장 경제와 소수 민족 전통 생산양식이 맞물리는 과정의 문제로 간주할 수 있다. 이 연결의 구조와 관계를 벗어나면 민족 지역에서 일어나는 사회 변천을 제대로 이해할 수 없다.

인류학의 글로벌 의식과 학술적 자각

3장

인류학과 교양교육*

    우선『개방시대(開放時代)』잡지사에서 개최한 '대학과 교양교육' 토론에 참여하게 된 것을 매우 기쁘게 생각한다. 오늘날 중국은 고도성장에 힘입어 대학교 숫자도 우리 대학 교수들의 예상을 뛰어넘어 비약적으로 확장되고 성장하고 있다. 특히 일부 새로운 전공이 설치되었음에도 교수진이 미처 확보되지 않은 상황에서 학생들이 모집되는 경우도 있다. 이런 상황에서 우리는 어떤 교육 이념과 전공 지식으로 학생들을 가르칠 것인가? 최근 몇 년간 대학 개혁에 대한 논쟁과 함께 대학의 이념, 특히 중국 대학의 이념에 대해 당혹감이 더욱 커지고 있다. 만약 어느 날 우리의 후손들이 중국 땅에 있는 중국 대학에 중국인들의 정신 가원(精神家园, 정신적 고향)이 사라지고, '중화위육(中和位育)'의 정신도 없어지고, 남은 것은 오로지 거대한 문화 식민의 담론 체계뿐이라는 것을 발견한다면, 우리는 '우리 자신'의 대학을 잃어버린 것이 아니겠는가?

    이것은 결코 국수주의를 선전하는 것이 아니다. 어떤 의미에서 우

---

*   본문은 『开放时代』 2005年第1期에 게재된 내용을 일부 수정했음.

리의 대학은 아직도 서양 대학의 정신에서 끊임없이 영양분을 섭취해야 한다. 이런 학습은 비교적 장기적인 과정이며 단순한 보여주기식 교육이 아니다. 보여주기식 교육을 하면 문화 식민지라는 수렁에 빠지기 쉽다. 내가 보기에 우리의 대학이 우리 본연의 것과 타자(서양)의 대학 논리를 모두 갖추기 위해서는 교양교육이 매우 중요하다. 이 점은 우리 대학들이 수년간 간과해 온 것이다. 어쩌면 우리 대학들은 오늘날까지도 '대학이 성장한 이유는 유명한 교수가 있기 때문이다'라는 전통적인 엘리트 의식을 추구하고 있으며, 상대적으로 대학 자체의 내부 구조와 교육 대상을 소홀히 하고 있는 것일지도 모른다.

이와는 반대로 서구의 대학에서는 19세기에 벌써 오늘날의 교양교육과 유사한 이념이 제시되었다. 예를 들어 1828년 미국 예일대학교가 내놓은 『예일 보고서 1828』(The Yale Report of 1828)에는 다음과 같이 적혀 있다. 대학의 목적은, 단순히 기능을 가르치는 것이 아니라 폭넓은 지식의 기초를 제공하는 것이며, 어떤 한 분야의 전문가를 만드는 것이 아니라 많은 인재들을 리더할 수 있는 통섭형 인재를 양성하는 것이다. 학생들이 대학에서 얻는 것은 단편적인 지식이나 직업적 기술의 판매가 아니라, 의식의 자극과 확장, 식견의 확장과 명료함이다.

하버드대학교에서는 '교양교육'이 1636년부터 시작되었고 그 후 사회 변천에 따라 큰 변화를 겪었다. 예를 들어 초기의 문학과 성경 위주의 수업에서 학생들의 흥미, 사회적 필요, 문화적 이해와 소통, 과학기술 발전과 관련되는 역동적인 수업 등으로 발전되게 된 것이다. 그 목적은 학생들에게 창의력과 자주성을 길러 주어 '전인적 인간(the whole man)'이 되게 하는 데 있다. 인류학과 교수이자 연구자인 필자는 1998년부터 베이징대학교에서 '인류학개론'이라는 공공선택과목(이후 일반선택

인류학의 글로벌 의식과 학술적 자각

과목으로 변경)을 개설했는데, 이는 베이징대학교에서 교양교육(당시 명칭은 소질교육)을 실시한 이래 비교적 일찍 개설한, 정치 과목 이외의 사회과학 수업 중 하나였다. 다년간의 교육과 실천을 통해 인류학이라는 학과는 학생을 '전인적 인간'으로 양성하는 데 없어서는 안 될 교양과정이란 것을 나는 깊이 깨닫게 되었다.

인류학은 한 세기 이상의 발전을 거쳐 오늘에 이르렀고, 눈부신 성과를 이루었다고 할 수 있다. 인류학 저서와 관련 논문들을 펼쳐보면 젠더, 관광, 개발, 민족 분쟁, 의료, 환경, 난민, 원주민 운동, 민족주의, 식민지 문제 등의 명사들이 끊임없이 우리의 시야에 들어온다. 이런 단어들은 정치학, 경제학, 국제관계, 법학, 사회학 등 다른 사회과학 분야에도 등장함으로써 이들 문제들이 오늘날 인류가 직면한 공통의 문제임을 나타낸다. 특히 9.11 테러 이후, 사람들은 인류 사회가 '사회의 위기'와 '문명의 위기'에 직면하고 있다는 것을 더욱 인식하게 되었다. 이와 같은 세계적 문제가 내포하고 있는 잠재적 위기는 사람들의 경각심을 불러일으키고 있다. 과학으로서의 인류학도 전통적인 연구 분야와 기술을 바탕으로 자체의 연구 분야를 확장하여 현대 사회의 제 문제에 대한 해결책을 모색하고 있다. 인류학자의 연구 대상은 원시 사회와 농촌사회에서 점차 현대 사회로 옮겨가기 시작했다. 사실상 인류학자들은 전체적·다문화적·진화적 연구를 절묘하게 결합하여 현대 사회 문제에 대한 인류학 연구의 모델을 창조했다.

그리고 이러한 문제들에 대한 연구는 인류학의 연구 전통인 '문화'와 '사회 구조' 연구의 기초와 밀접한 관련이 있다. 사회와 문화 분야는 줄곧 국제적으로 통용되는 교양교육 핵심 과정 중 하나였다. 현재의 교양교육 체계에서, 내가 이해하는 바로는 인류학의 학문 특성상 다음과 같은 몇 가지 방면에서 교양교육의 내용과 틀을 한층 더 풍부하게 할 수 있다.

1. 타문화의 이해와 타자 인식

다문화를 연구 대상의 하나로 삼고 있는 인류학은 과거 상당 기간 동안 서로 다른 문화의 독자성을 강조하여 문화상대주의 이론(cultural relativism)을 발전시켰다. 그러나 정적인 관점으로 본다면 문화상대주의 이론은 극단으로 치닫기 쉬운데, 예를 들어 세계화에 직면해 일부 학자들은 세계화가 서로 다른 문화 사이의 경계를 허물고 문화 다양성을 파괴하고 있다고 주장한다. 만일 이러한 비교적 정적인 문화상대주의적 관점에서만 변화하는 글로벌 문화를 바라본다면 인류학자들은 인류가 직면하고 있는 세계화의 문제를 연구하고 포착할 수 없을 것이다. 물론 문화상대주의 이론도 전혀 쓸모 없는 것은 아니다. 인류학은 이러한 상대주의 이론의 기초가 있기 때문에 문화 다양성을 기록하는 방법론적 지침에 불과했던 정적인 문화상대주의 이론을 역동적인 문화상대관에 포함시켜 세계화를 이해할 수 있었을 것이다. 따라서 "부정할 수 없는 정치·경제 권력의 글로벌 구조에 맞서, 상대주의와 해석인류학의 실천적 화신인 민족지는 서양에서 개발되어 여전히 특권적 지위를 차지하고 있는 균질화 관점과 일반화된 가치관 그리고 문화적 다양성을 무시하거나 약화시키는 사회 사조 및 그것들의 현실에 대한 정의에 도전장을 던졌다."

현재 인류가 직면하고 있는 여러 심각한 문제에 대해 독특한 견해가 있는데, 그것은 사회 문화 분야에서 경제, 사회, 문화, 이데올로기 제시스템의 상호 작용을 지속적으로 연구하고, 이러한 시스템들을 인간과 자연환경의 관계 속에서 고찰해야 함을 강조한다. 인류학자들에게 있어서 인류문화는 사람들이 생존과 발전의 문제를 해결할 수 있는 메커니즘이며 사람들이 현재와 미래의 변화에 적응할 수 있도록 도와주는 길이라는 것은 의심할 바 없다. 서로 다른 문화 사이의 빈번한 접촉은 인류가 기술 협력 교류, 국제 협상, 경제 발전 등의 방면에서 문화의 기능을 직시하지 않을 수 없게 한다. 많은 갈등, 마찰, 위기의 출현은 종종 눈에 띄지 않는 문화적 요소와 연결된다. 따라서 인류학자들은 과학적인 문화관을 가지고 문화와 인간을 이해하고, 문화의 시각에서 인간의 생존과 발전의 문제를 해결하고, 현재와 미래의 변화에 적응할 수 있도록 사람들을 이끌어 갈 수 있다고 생각한다. 특히 문명 대화의 틀 속에서 다문화가 공생하고 발전하도록 인류학은 넓은 이론적 실천의 장을 제공할 수 있다.

이러한 지식을 배경으로 다문화 교육 이념은 대학 교양교육의 일부가 되어야 한다. 예를 들어, 미국의 학자 게네라 게이(Genera Gay)는 "다문화 교육 철학의 명확한 설명은 학교 수업의 발전 과정에서 매우 중요하다. … 다문화 교육 철학은 민족 문화의 다양성과 문화적 다원주의가 미국 교육의 중요한 부분이자 단절되지 않는 특징이어야 한다. 학교는 학생들에게 진정으로 문화와 민족적 다양성을 미국 사회의 기준이자 가치 있는 것으로 받아들이도록 가르쳐야 한다."라고 주장한다.[01]

---

01   哈经雄、滕星主编『民族教育学通论』, 教育科学出版社, 2001, p.40.

2. 과학 기술과 인문

1940년대, 중국 1세대 사회학자이자 인류학자였던 페이샤오퉁 등은 현대 서구 산업문명이 중국 전통 수공업 및 사회 구조에 미치는 영향 등에 관한 문제에 대해 깊이 있게 논의했다. 1946년 페이 교수는『인간과 기계-중국 수공업의 미래』라는 글에서 "어떻게 현대 산업에서 사람과 기계의 관계를 회복하고, 기계를 이용할 때 사람과 사람 사이의 올바른 관계를 회복할 것인가" 라는 문제를 제기하면서 기계와 인간의 조화로운 통일, 즉 기술과 문화 사이의 연관성과 조화성의 문제를 강조했다. 당시 기술하향(技術下鄕, 농촌에 내려가 기술을 전수하다.)으로 촉발된 '인간성과 기술성'에 관한 논의를 바탕으로 기술의 발전과 문화의 관계, 특히 중국문화와의 관계에 대해 탐구하였다.

페이 교수는 여기서 이미 기술의 문화적 속성의 문제, 즉 문화로서의 기술과 기술로서의 문화 사이의 내적 통일성의 문제를 은연 중에 우리에게 보여 주었다. 인류학의 이론과 도구들은 기술의 전파 과정과 기술이 초래하는 직접적인 결과에서 서로 다른 문화 집단의 인식과 기호적 의미를 이해하는 데 도움이 된다. 이러한 논의가 철학적·사회학적 의미로까지 올라간 것이 바로 기술적 이성과 인간성 사이의 문제에 대한 논의이다. 이것은 또한 오늘날의 첨단 과학 기술 정보시대에 과학 기술과 인문을 연결하는 중요한 문제이며, 또한 교양교육의 출발점 중의 하나이다.

막스 베버는 일찍이 현대 이성을 도구적 이성(기술적 이성)과 가치적 이성(인문적 이성)으로 구분하고, 사람들의 행동을 그에 따라 도구적 합리성 행동과 가치적 합리성 행동으로 나누었다. 위르겐 하버마스(Jürgen

Habermas, 1929~)는 과학 기술의 진보는 인간에 대한 인간의 통치를 '합리화'하고, 기술을 메커니즘화했는데, 도구적 이성이 만들어낸 전체주의 통치 현상은 바로 인지적 이성과 사회 영역 사이의 병적이고 비이성적인 관계이며, 그것은 사회 영역과 인지적 취지의 합리적 통합을 통해서만 치유될 수 있다고 주장한다. 그는 인간의 교제 행동과 사회의 합리성 문제를 강조하며, 교류를 통해 이성(理性)은 생활에 대한 시스템의 비이성적 통제를 배격할 수 있다고 주장한다. 이와 관련하여 허버트 마르쿠제(Marcuse Herbert, 1892~1979)는 이성과 자유의 개념을 하나로 묶는 자유 이성의 개념을 제시하고, 인간의 잠재력 발휘, 행복한 생존, 권리와 자유에 특별한 관심을 두었다. 어떤 의미에서 이 관념은 과학 기술 이성의 발전에 기초하여 건전한 이성으로 나아가기 위한 필수적인 단계라고 할 수 있다. 이들 사회사상가들은 이성에 대한 토론을 통해 이론적 차원에서 우리에게 기술성과 인간성 사이의 모순, 즉 '기술은 인간성에 위배된다'는 문제를 해결하려고 했다. 이와 관련된 이성의 발전에 대한 성찰의 하나는 구체적인 삶의 차원으로 돌아가 문화의 합리성 관점에서 기술과 문화, 이와 관련된 '진보'의 문제를 논의하자는 것이다. 특히 중국 사회는 '전통적인 농촌사회에서 산업화로의 전환이 채 완성되기도 전에 새로운 단계인 정보화 시대로 진입하였다.' 이러한 사회적 배경에서 기술성과 인간성 사이의 문제를 어떻게 볼 것인가는 확실히 중요한 명제이다.

　인류가 정보 사회, 첨단 기술 시대로 접어든 오늘날에도 '기술과 문화' 또는 '기술과 인간성' 사이의 상호 작용 관계는 여전히 과학 기술과 인문 분야의 주제 중 하나이며, 심지어 첨단 기술 시대에도 어느 정도는 인문 문화 부흥의 추세가 분명히 있을 것이다. 특히 동양 사회에서는 동양 문화의 인문적 특징으로 말미암아 기술(기술성)의 속박에서 벗어나 기술과 문화 그리고 인간성의 유기적인 통일을 이룰 것이다. 『메가트렌드』의 저자 존 나이스비트(John Naisbitt, 1929~2021)는 공저 『하이테크 사고-과학 기술과 인간성의 의미 추적』 중국어판 서문에서 아래와 같이 언급했다. "우리는 중국 문명이 세계에서 유일하게 남아있는 유구한 역사를 가진 문명의 하나로서 고차원적 사유 방면에서 인류에 많은 기여를 할 수 있으리라 믿는다. 예를 들어 중국인의 하늘, 땅, 사람에 대한 견해, 영성, 윤리, 철학과 인간관계에 대한 풍부한 지식은 중국과 중국 문화권의 새로운 부상과 함께 귀중한 문화 전통을 발양하여 세계에 귀중한 '고차원적 사유' 자원을 제공함으로써, 우리가 하이테크 시대에 인간성의 의미를 찾는 데 도움이 될 것이다." 따라서 어떤 의미에서는 문화로서의 기술과 기술로서의 문화의 이념을 세우는 것도 우리가 정보화 사회에 직면하여 세워야 할 기본 이념 중의 하나이다.

마지막으로, 정보화 시대에도 비균등성 현상이 나타나고 있음을 부인할 수 없다. 미국의 경우 선진 컴퓨터와 미디어 장비를 갖추고 있으며, 국제적인 경쟁과 연합을 통해 새로운 유망 산업을 창출하고 있다. 게다가 영어는 일종의 국제 통용 언어로서 무형의 힘으로 미국화된 생활 방식과 소비문화가 전세계적으로 앞서 퍼지게 하였다. 동시에 현실 생활에서 인터넷 세계는 일부 사람들에게만 국한되어 있고 많은 사람들에게 이런 세계는 마치 그들과 관계가 없는 것처럼 보인다. 주변화된 그들은 인터넷 사회에서 정보의 빈곤자일 뿐 아니라, 때로는 세계화 과정의 빈곤자이기도 하다.

3. 생명 윤리의 문제

시험관 아기와 같은 새로운 생식 기술의 출현과 복제 기술의 획기적인 발전은 인간 고유의 가치 판단에 혁명적인 변화를 가져왔다. 사람들은 현재 여러 생명 공학의 획기적 발전이 가져온 인류 자체의 가치, 특히 생명의 윤리적 가치에 대해 많은 곤혹을 느끼고 있다. 특히 혈연 의식이 매우 강한 중국 사회에서 어떻게 전 인류의 관점에서 이 문제들을 이해하고 해석할 것인가? 인류학의 지식 체계는 우리가 이런 문제들을 인식하는 데 도움을 줄 수 있다.

인류학의 친족 연구 역사를 살펴보면, 20세기 중엽의 친족 연구는 영국을 중심으로 발전했다고 말할 수 있다. 미국 문화인류학의 친족 연구는 1960년대 말부터 1970년대에 걸쳐 이루어졌으며 워드 구디너프(Ward Goodenough, 1919~2013), 셰플러(Scheffler) 등과 같은 친족 연구 전문가를 배출했다. 그들은 모두 유명한 다문화 비교 연구 및 인간관계 지역 파일(HRAF) 창시자인 조지 피터 머독(George Peter Murdock, 1897~1985)의 제자이다. 구디너프는 친족 제도에 대한 연구를 전체적으로 파악하기 위해 다문화 비교의 방법을 고수했다. 특히 '친'을 어떻게 정의하는가가 매우 중요한데, '친'에 대한 정의는 사회마다 다르다. 그들은 친족 관계의 보편적인 정의를 구하면서 친자 관계를 생물학적 의미에서 완전히 분리시킨 사회적 친자 관계는 도저히 불가능하다고 판단한다. 그러나 생물학적 친자 관계는 '우리' 서양 근대 과학지식에서만 의미가 있는 개념이다. 사실 서로 다른 사회가 가지고 있는 민속적인 생식 이론, 즉 인간의 생식 행위와 여성의 임신, 생산 문화 관념이 더 중요하다. 이로써 '생물학적인 친족'과 '사회학적 친족'에 관한 인류학적 연구의 의미를 도출할 수 있는데, 이 두 가지는 서로 다른 문화와 사회에서 고유한 방식으로 존재한다.

4. 문화 자원의 보호와 활용: 교육의 힘

여기에서 문화 자원의 정의는 주로 현재와 미래를 포함하여 인류가 역사적으로 창조한 물질적·비물질적 문화 전부를 가리키며, 그 형식과 내용은 사람들이 인정하는 역사, 심미, 예술 및 인류학의 다문화적 의미에서의 보편적인 가치를 가지고 있다. 이 문화 자원의 가치는 일찍이 국제 사회의 주목을 받았다. 1972년 10월 17일부터 11월 21일까지 파리에서 열린 제17차 유네스코 총회에서 '문화유산보호에 관한 국제협약'이 채택되었는데, 이 협약에서 문화유산은 주로 유물, 건축, 유적 등을 포함하여 물질적인 문화유산으로 편향되어 있었다.

2001년 제31차 유네스코 총회에서 채택된 '세계 문화 다양성 선언'은 문화 다양성이 인류의 공동 유산임을 강조하고 문화 다양성과 인권, 개발, 민주주의, 문화권리, 문화정책, 국제협력 및 정부, 기업, 민간사회와의 관계를 구체적으로 서술하였다. 2003년 10월 17일 제32차 유네스코 총회에서 채택된 '무형문화유산 보호 협약'에서 '무형문화유산'은 공동체나 집단, 때로는 개인이 문화유산으로 간주하는 다양한 구전 전통, 축제 행사, 공연 예술, 의례, 지식과 기능 및 관련 도구, 실물, 공예품 및 문화 공간을 가리킨다. 여러 공동체와 집단은 그들이 처한 환경, 자연과의 관계, 역사적 상황의 변화에 따라 전승된 무형문화유산을 끊임없이 창의적으로 계승시키고, 동시에 그들 스스로가 일종의 정체성과 역사적 감각을 가지게 함으로써 문화적 다양성과 인류의 창조력을 촉진시킨다.

이 세 협약에 명시된 문화유산, 문화 다양성, 무형문화유산의 보존과 지속 가능한 발전이 오늘날 전 인류가 주목하는 주제 중 하나임을 알 수 있다. 그리고 이러한 문화 자원의 보호와 활용에서 교육의 힘은 필수불가결한 것이다. 특히 중국은 초·중·고등학교에서 문화유산 보호에 대한 교육이 부족하기 때문에 현재 청년 세대의 이러한 의식은 상대적으로 희박하다. 대학의 교양교육에서 이런 유형의 교과 과정을 소홀히 하면 국민의 문화 자원 보호의식 함양에 부정적인 영향을 미칠 수 있다. 모두가 알다시피 이웃 나라 일본의 문화 자원 보호와 활용은 세계적으로 인정받고 있으며, 그 유형문화재(물질문화)와 무형문화재(비물질문화)의 보호는 이미 매우 완전한 시스템을 갖추고 있다.

2001년~2003년 2년간 일본학술진흥회의 연구원으로서 일본 사회 문화 전통의 보호, 계승, 창조의 문제점을 특별히 살펴본 결과, 일본 민간 기관이 문화 전승에 매우 적극적인 역할을 담당하고 있다는 점에 깊은 감명을 받았다. 예를 들면, 오키나와의 삼현금은 원래 중국에서 전해진 것이지만, 오늘날 오키나와의 작은 마을에서든 시골에서든 다양한 유파의 삼현금 교실을 볼 수 있으며, 이러한 전통 악기는 이미 사람들의 생활의 일부가 되어 있다. 민간의 힘뿐만 아니라 학교 교육도 매우 중요한 역할을 담당한다. 메이지 유신 이후 일본의 향토 문화 교육은 매우 중요한 학교 교과 과정이었으며, 오늘에 이르기까지 학교 교육에는 지방의 문화 전통 및 문화 기능에 대한 교과 과정이 반드시 설치되며, 이러한 교육을 통하여 문화가 전승되어 간다.

물론 이러한 선순환은 일본의 메이지 유신 이후 문화유산 보호 입법과 민주 문화, 지역 문화 진흥 정책과 관련이 있으며 또한 일본의 학계 및 민간 학술 단체가 추진한 민속학 운동과도 관련이 있다. 일본은 민족 국가의 틀 속에서 궁극적으로 민속 교육을 국민 교육과 유기적으로 연결시켰다. 이는 우리가 참고할 만한 점이다. 물론 일본의 민속 교육이 일본 군국주의, 민족주의에 어느 정도 큰 영향을 미쳤다는 점은 부인할 수 없고, 반드시 경계해야 할 부분이다.

5. 실천적 학문으로서의 인류학

인류학은 실천성이 매우 강한 학문으로서 인류학의 현지조사 방법과 비교 연구 방법 등은 줄곧 이 학문을 건립할 수 있는 기초였다. 우리 중산대학교 인류학과에서 현지조사는 학부생에서 석사생, 박사생 양성에 이르기까지 수업과 졸업 논문의 가장 중요한 요소이다. 고고학 전공 학부생들은 거의 한 학기 동안 고고학 발굴 실습을 해야 하고, 인류학 전공 학부생들은 반드시 교수의 지도하에 주로 소수 민족 지역에서 1개월 이상 현지조사를 해야 하며, 석사과정 학생은 논문을 위해 3개월 이상 현지조사를 해야 하고, 박사과정 학생은 현지조사를 10개월 이상 해야 한다. 현장 실습은 학부생들의 대학 4년 과정에서, 그들에게 가장 깊은 영향을 주고 독립적인 사고를 길러 주는 중요한 수업의 일환이라는 것을 우리는 다년간의 수업을 통하여 체득할 수 있었다.

1989년에 내가 데리고 실습을 했던 반 학생들은 현재 비록 서로 다른 직장에서 일하고 있지만, 대학에서의 모든 훈련 중 현장 실습이 그들의 실제 업무에 매우 큰 영향을 주었음을 오늘날까지도 매번 말하곤 한다. 나는 아직도 중산대 86학번 민족학 전공 학생들을 데리고 야오족 (瑤族) 마을에서 실습하던 광경을 잊을 수 없다. 첫날 조사를 마치고 돌아왔을 때 대부분 학생들은 조사 노트를 어디서부터 어떻게 써야 할지 몰라라 했고 문장도 매끄럽지 못했다. 비록 그때는 인터넷이 없는 시대였지만 학생들은 평소 과제는 무난하게 통과되었다. 현지조사 리포트는 참조할 텍스트도 없이 오로지 자신의 관찰과 인터뷰 내용에 근거해 만들어야 했으니 그 어려움은 가히 짐작할 수 있을 것이다. 그러나 한 달이 넘는 현지조사 작업 끝에 이런 문제들은 다 해결되었고, 학생들은 자신의 눈으로 사물을 관찰하고, 자신의 손으로 사회의 모든 면을 기록하는 방법을 배웠다. 만약 이 현지조사가 대학 교양교육과 연계될 수 있다면, 인문계 학생들이 사회를 확실히 이해하는 데 직접적인 의의가 있다고 할 수 있다.

물론 인류학이 다루는 영역은 매우 광범위하며, 여기서는 단지 개인적인 체험에 대해 말했을 뿐이다. 전반적으로 현재 대학의 교양교육은 아직 체계적이지 못하지만 교수들은 자기가 원하는 과목을 모두 개설할 수 있다. 하지만 대부분의 과목이 개론적인 것에 치우쳐 있으며, 심지어는 금기서화(琴棋書畵)[02] 식의 인상마저 준다. 이것은 우리의 교양교육이 관련 교과목의 통폐합이나 구조적인 배치 등이 부족함을 나타낸다. 그러나 이런 문제들이 존재하기 때문에, 오늘 여기서 이 주제에 관한 논의를 진행하게 된 것이다. 타당하지 않은 점은 삼가 지적하여 바로잡아 주기를 바란다.

---

02 금기서화는 거문고를 타고 바둑을 두며, 글씨를 쓰고, 그림을 그리는 따위의 귀족 계층의 교양을 드러내는 고상한 취미를 가리킨다. 현재 전문적이지 않고 맛보기 식으로 두루 배운다는 의미로 쓰인다.-역자 주

4장

중국 인류학의 학술적 자각과 글로벌 의식*

1. 중국 인류학의 학술적 자각과 학문 수립

중국 인류학의 정체성을 논의하려면 반드시 중국 인류학 발전의 맥락으로 돌아가야 한다. 초기 우원짜오(吳文藻, 1901~1985)를 주축으로 하는 옌징학파 또는 북방학파는 처음부터 자체의 특징을 형성하였는데, 그것은 바로 인류학이 매우 강한 사회학적 경향을 띠게 된 것이다. 이런 경향으로 인해 현재 베이징 소재 일부 대학교의 인류학 전공 개설 역시 사회학 쪽에 치우쳐 있다. (물론 이러한 현상의 형성은 다른 여러 요인의 영향도 받았다.) 중국 남방 인류학은 다른 특징을 나타낸다. 1920년대 말 푸

---

* 2010년 6월 10일 오후, '중국 인류학의 현지조사와 학문 규범' 워크숍 개막 전날 중산대학교 인류학 학과장 마궈칭 교수가 베이징 하이뎬 서점(海淀图书城) 상다오 카페(上岛咖啡厅)에서 인터뷰를 갖고 중국 인류학의 당면한 주요 문제와 미래의 발전 방향에 대한 견해를 밝혔다. 중국사회과학원 궁하오췬(龔浩群) 박사가 인터뷰 내용을 정리한 것이 본문의 기본 텍스트가 되었다. 서남대학교 톈쳰(田阡) 박사, 중국사회과학원 양춘위(杨春宇) 박사 등이 인터뷰 전 과정에 참여했다. 본문은 『사상전선(思想战线)』 2010년第5期에 게재되었다.

쓰녠(傅斯年, 1896~1950)은 중산대학교에 역사언어연구소를 설립할 때 맨 먼저 인류학팀을 설립하였으며 스루궈(史祿國, 1887~1939)를 팀장으로, 양 청즈(楊成志, 1902~1991)를 팀원으로 삼았다. 이들은 인간의 자연적 속성과 문화적 속성을 동시에 강조하는 종합적인 인류학적 전통을 형성하였 다. 이는 현재의 단순한 남방파, 북방파의 구분 및 북방파는 한족 연구 를 중심으로 하고 남방파는 소수 민족 연구를 중심으로 한다는 인식과 는 다르다. 물론 연구 대상으로 보면 이런 특징이 있는 것이 맞지만, 학 문 방향으로 보면 남방 인류학은 종합성을 강조한다. 즉 체질인류학과 문화인류학이 융합되어 있다. 남방 인류학은 중산대학교뿐만 아니라, 초기의 중앙연구원과 샤먼대학교를 포함하며, 이들은 자신들만의 연구 특징을 형성했다.

페이샤오퉁 선생이 일찍이 받은 교육은 종합적인 훈련으로, 생물 적 속성과 문화적 속성을 종합적으로 고려하는 것이다. 이는 또한 중 국 인류학의 중요한 기초이기도 하다. 왜 종합적인 연구가 중요하다고 하는가? 예를 들어, 서양 인류학에서 영장류의 인류학 연구는 필수적 인 부분이다. 현재 인류학적 접근법의 가장 큰 문제는 인터뷰를 강조하 고 관찰을 소홀히 하며, 겉으로 보기에는 모두 관찰에 참여하는 방법을 사용하고 있지만 실제 관찰 내용은 매우 적다는 것이다. 하지만 영장류 연구는 상대방과 대화를 할 수 없기 때문에 비언어적 행동을 관찰하는 데 매우 큰 비중을 둔다. 어떻게 관찰하고, 어떻게 대상을 따라 뛰어다 니고, 어떻게 분류하는지 등은 방법론적으로 학생들의 훈련에 매우 중 요하다. 인류학의 궁극적인 목표는 인류의 보편성과 특수성을 발견하 고, 이를 바탕으로 인류 사회의 미래 방향을 구성하는 것이다. 인간의 원초적 상태를 연구할 때 영장류 연구는 인간의 본성에 대한 인식을 제공한다. 이러한 인류사회 이전의 사회진화에서 발견할 수 있는 인간 자체의 특수성의 원초 상태는 인간 본성의 인식, 인간 행위의 연구, 초기 사회의 이론 연구에 도움이 되며, 인류학 사회 이론의 기초와도 밀접한 관계가 있다. 이러한 연구에서의 자연적 속성은 사회적·문화적 의미를 부여받기 때문에 매우 중요한 부분이다.

또 다른 중요한 부분은 체질인류학 연구이다. 인류학의 기술적 방법과 특수성이 상당 부분 간과되고 있다는 점에서, 이 분야의 훈련 부재는 매우 안타까운 일이다. 사실 페이샤오퉁 선생의 넓은 사유의 틀에는 체질인류학적 사고방식의 영향이 스며들어 있다. 선생의 석사 논문은 군 부대 내 중국 화북 지역 사람들의 체질을 측정한 것으로, 그는 논문에서 중국인의 체질 특성에 대한 구분을 제시하였다. 반세기 이상 지난 후 많은 학자들은 선생을 사회학적 성향의 인류학자로 규정하고 있는데, 이는 사실상 선생의 과거 연구를 무시하는 것이다. 페이샤오퉁 선생이 왕퉁후이(王同惠, 1910~1935)와 함께 중국 야오족 지역에서 실시한 체질인류학 조사나 『계행통신(桂行通訊)』[01]에 실린 체질에 관한 글 등에는 모두 체질인류학에 대한 그의 사상이 드러나 있다. 후에 그는 판광단(潘光旦, 1899~1967)과 중국 서족(畲族)의 문제를 토론할 때도 이 자료들을 사용했다. 인간의 자연적 속성과 체질적 특성에 관한 페이샤오퉁 선생의 연구는 종종 홀시되고 있지만, 사실 이 방면의 그의 연구는 비교적 명확하다.[02]

오늘날 체질인류학과 의료인류학의 관계는 매우 밀접하다. 의료인

---

01 費孝通: 「桂行通讯」, 『費孝通文集』 第1卷, 群言出版社, 1999, pp.304-360.

02 費孝通: 「分析中华民族人种成分的方法和尝试」, 『費孝通文集』第1卷, 群言出版社, 1999, pp.276-280.

류학은 단순히 서양의 개념에 따라 논할 것이 아니라 중국인의 전통적인 체질적 특성을 고려해서 논할 필요가 있다. 서로 다른 지역 사람들의 특수한 구성, 생물학적 속성이 질병, 건강, 문화와 도대체 어떤 관계가 있을까? 그들 사이에는 일정한 상관관계가 있다. 자연적 속성에 치우친 연구 방식이 어떻게 문화적, 생태적 배경과 결합되어 논의될 수 있는지에 대한 인류학적 개념이 있어야 한다. 이와 관련된 문제는 과학주의가 인문주의와 어떻게 결합되는가 하는 것이다. 좡쿵사오(庄孔韶, 1946~) 교수는 「'호랑이 날'의 인류학적 발견과 실천」에서 문화 행위가 어떻게 사람들이 마약을 끊을 수 있도록 도와주는지 말하고 있는데, 그중에 의학 개념은 과학주의이고, 인류학 개념은 인문주의이며, 인문주의의 의식 전통이 마약을 끊을 때 어떤 역할을 하는지를 보여주고 있다.[03] 다시 말하면, 과학주의는 만능이 아니며 인문주의도 매우 중요하다. 즉 과학주의는 일정한 범위 내에서 효과적이지만, 다양한 문화 집단을 대상으로 할 때는 특별한 문화 개념의 개입이 필요하다.

인류학에서 가장 전통적이고 독특한 연구 분야는 친족 연구이다. 전통적으로 자연적 속성의 기초인 혈연과 인척을 지나치게 강조해 왔는데, 이 체계는 지금 큰 도전에 직면해 있다. 민족 연구에서 민족이 실체인지 허상인지에 대한 논의가 있었고, 친족 연구에서도 비슷한 문제가 있었다. 전통적인 실체론과 그에서 파생된 친족 관계 모델은 도전에 직면해 있다. 사회마다 '피'의 개념이 완전히 다르기 때문이다. 친족 관계의 확장은 모두 이 관념의 영향을 받게 된다.

구디너프(Goodenough)는 친족 관계가 전통적인 친족 관계의 생물학

---

03   庄孔韶: 「"虎日"的人类学发现与实践」, 『广西民族研究』 2005年第2期.

적 속성을 초월하여 지연, 이해관계, 지역 문화 관습과 유기적으로 연결되어 있음을 발견하였다. 이는 친족 연구에 대해 성찰하게 하였으며 매우 중요한 전환점이 되었다.[04] 서로 다른 문화와의 비교를 통해, 생물학적 속성에 기초한 전통적인 친족 관계가 모든 사회에 꼭 적합한 것은 아니라는 것을 알 수 있다. 일본은 가옥이 옥호(屋號)로 전승되는데, 가옥의 주인이 친족인지 아닌지는 전혀 중요하지 않다. 중국의 분가가 집안의 분열을 초래하는 것과 달리 옥호라는 틀은 영원한 것으로 결코 깨지지 않는다.[05] 현대 생식 기술 혁명으로 생겨난 대리모 등의 문제는 혈족의 개념과 생명 윤리를 완전히 초월하여 전통적인 친족 연구에서 강조되는 생물학적 속성에 도전하며, 현대인의 가치 판단과 사람들이 받아들이는 문화 관념과 연결된다. 친족 관계 연구에서 생물학적 속성과 문화적 속성은 하나로 융합된다. 이것이 바로 인류학에서 강조하는 '문화적 자연', 즉 자연은 문화적 속성을 가지고 있다는 말이다.

자연에 대한 인지 체계와 생태에 관한 지식 방면에서, 우리는 과학적 지식과 민속적 지식을 구축하며 이 두 가지 체계는 이원적인 틀로 구분되는데, 이러한 구분은 사실상 과학주의적 구분이다. 민간 지식 체계는 인류가 서로 다른 생태 환경 속에서 축적해 온 자연에 대한 인식을 담고 있으며, 바로 오늘날의 생활과 밀접하게 관련되어 있다. 개발인류학에서는 선입견이 개입된 개발관과 과학주의가 전통적인 지식체계를 소홀히 한 사례가 많다. 현재의 인류학 연구는 현실 문제에 비교

---

04 Goodenough, Ward Hunt, *Description and Comparison in Cultural Anthropology*, New York: Cambridge University Press, 1981.

05 麻国庆: 『家与中国社会结构』, 文物出版社, 1999.

적 많은 관심을 가지고 있지만, 자원인류학, 민족동물학, 민족식물학, 민족생태학과 같은 인류학의 전통 영역은 현재 우선적으로 연구되어야 할 과제이다. 이 부분은 바로 자연적 속성과 문화적 속성을 결합시키고 있는데 이때의 자연은 이미 순수한 자연이 아니다. 철학에서 논의되는 핵심 명제의 기초는 '자연은 순수한 자연'이라는 것이지만, 인류학에서는 자연이 어떻게 문화적 자연으로 변화하는지를 다룬다.

이와 같이 학술 발전사에 대한 전반적인 성찰에 근거하여, 나는 중국 인류학의 학문 발전은 다섯 가지 방면의 문제를 다루어야 한다고 생각한다. 첫째는 인류학 자체의 구축 및 인류학과 다른 학문 간의 관계이다. 이는 수업 전반에 걸친 기획과 인재 양성 등 문제와 관련된다. 둘째, 전 세계적으로 인류학 학문 연구의 초점, 그리고 중국 인류학의 현 위치와 재평가이다. 이것은 현재 중국 인류학이 처한 전반적 상황이다. 그 핵심은 국제 문제가 국내화되고 국내 문제가 국제화되는 오늘날, 중국 인류학이 연구하는 문제는 작은 문제가 아니라 세계 체계로 확대되는 문제로, 전통적인 중국 인류학 연구와 매우 큰 차이를 가지고 있다는 것이며, 이것이 바로 핵심적으로 논의해야 할 문제 중 하나이다. 중국 1세대 학자들이 보여준 문제의식, 배운 것을 응용하는 인류학, '인민을 향해 나아가는 인류학' 등 이러한 체계에서 새롭게 생각해야 할 점은 무엇인지 총체적으로 고려할 필요가 있다.

셋째, 중국 연구의 지역적 격차를 정리해야 한다. 지역적 격차는 경제적 격차에서 기인하며, 연구상의 지역적 특성도 있다. 중국 연구의 지역성과 민족성은 매우 전통적인 명제인데, 예를 들면 서남 연구, 서북 연구, 화남 연구, 화북 연구 등이며, 현재는 또 해외 연구 등을 포함한 특별한 지역들이 새로 추가되었다. 정리해 보면 특징들을 발견할 수 있을 것이다. 그렇다면 이러한 특징들은 어디가 특별한지, 어떻게 파악해야 하는지를 탐구해야 한다.

넷째, 포스트모던 서구 인문주의와 과학주의의 대화가 비서구사회로 들어갔을 때, 비서구사회에서 어떻게 반영되는지를 탐구해야 한다. 실제로 이런 평가의 체계는 아직 갖춰지지 않았다. 베네딕트 앤더슨 (Benedict Anderson, 1936~2015)의 『상상된 공동체: 민족주주의의 기원과 보급에 대한 고찰』[06]에 대해서는 많은 논란과 토론이 있지만 '상상된 공동체'라는 개념은 특별한 학문적 의미를 갖고 있으며, 중국에 있어서 이 사고는 전통적인 인류학에서의 실체론적 사고방식을 넘어 구축론과 실체론이 어떻게 조화되고 대화할 수 있는가에 대한 문제를 제기하고 있다. 또 예를 들면, 살린스는 마르크스의 학설을 일부 수용한 학자로서, 초기에는 문화와 진화의 관계에 관심을 가졌고, 또한 신진화론의 중요한 대표자이기도 했다. 후에 그는 초기 연구를 성찰하고, 세계화의 과정에 직면하여 문화가 어떻게 구축되는지에 대해 논의하기 시작했다. 그의 논의는 실제로 여러 방면에서 글로벌 시스템의 변화 과정에서 전 세계적인 문제를 포착했다. 이는 이미 어느 한 국가에서만 나타난 문제가 아니라, 아프리카, 라틴아메리카, 동남아시아, 중국에 이르기까지 모두 이 문제를 가지고 있으며, 모두 세계화의 배경 아래 지역적인 가치 창조가 이루어져야 하는 것이다. 세계화와 로컬리티, 그리고 로컬리티가 세계화에 어떻게 대응하는지에 대한 개념은 국가와 민족의 개념을 뛰어넘는 이론적 초점 중 하나다.

06　[美] 安德森: 『想象的共同体: 民族主义的起源与散布』, 吴叡人译, 上海人民出版社, 2005.

다섯째, 동양과 서양의 전통적인 구분 방식으로 인해 나타난 문제점들을 성찰한다. 동양은 흔히 중국을 중심으로 한 동아시아로 대표되고(물론 인도 등 남아시아는 또 다른 하나의 동양이다.), 유럽으로 대표되는 서양의 이원적 서술 모델은 오늘날 도전에 직면해 있다. 중국과 서양의 몸(身)과 마음(心)의 관계에 관한 토론을 예로 들면, 일반적으로 서양에서는 플라톤(Platon, B.C.427~B.C.347)에서 데카르트(Descartes, René, 1596~1650)에 이르기까지 심신이원론을 강조하였고, 중국의 유교사상은 천인합일(天人合一), 심신일체(身心一體)의 우주관을 강조하였기 때문에 자연히 일체의 개념과 분리의 이원론적 개념으로 동양과 서양을 논하게 되었다. 이것은 또한 서구의 사회집단 모델과 중국의 자기중심 모델, 혹은 개인주의와 집단주의의 이원적 사고 등 초기의 논의와 관련된다. 이 논의 자체는 19세기 이후 거대한 인문과학적 가치판단에서 산생된 것이다. 19세기 이래 서양과 동양을 제외한 원주민 사회는 무시되어 왔으나, 최근 피지 등 지역에 대한 연구 결과 피지 사람들 역시 몸과 마음이 하나라는 것을 강조하고 있으며, 일부 원주민들의 우주관은 중국 전통 철학의 우주관과 비슷한 것으로 밝혀졌다.[07] 따라서 동양과 서양으로만 양분된 이면에는 지금까지 무시되어 온 문자가 없는 무문자(無文字) 사회에도 우주관과 철학적 사고 체계가 존재한다는 것을 알 수 있으며, 이는 다시 사고해 볼 만한 대상이다. 현재 중국 학자들의 인간관에 관한 논의는 서양을 참조로 하는 경우가 많은데, 이런 토론 방식에는 많은 문제가 존재한다.

07　[日] 河合利光: 「身体与生命体系―南太平洋斐济群岛的社会文化传承」, 姜娜译, 『开放时代』2009年第7期.

2. 중국 인류학 발전의 학제간 연구

2006년말, 중국예술인류학회 설립대회에서, 나는 사무총장으로서 회의를 주재했다. 회의에서 중국예술연구원의 류명시(刘梦溪, 1941~) 선생은 그가 일찍이 한 컬럼비아대학교 인류학 교수에게 인류학이 도대체 인문사회과학에 어떤 기여를 하였는지에 대해 질문했더니, 그 교수는 20세기 전 세계 인문사회과학의 진보는 인류학이 없었다면 불가능했을 것이라고 대답했다고 말했다. 1992년에 나는 베이징대학교에서 고(故) 위웨이차오(喻伟超, 1933~2003) 국가역사박물관장의 공개 강좌를 직접 들었다. 위웨이차오 선생의 논의의 핵심은 인류학이 인문사회과학에 미치는 영향이었다. 그는 모르간의 진화 학설로부터 마르크스, 엥겔스의 공산주의 학설, 지그문트 프로이트(Freud, Sigmund, 1856~1939)의 정신분석학, 구조주의와 해석학의 발전은 모두 인류학의 영향을 받았으며 포스트모더니즘 사조 역시 인류학과 밀접한 관계가 있다고 지적했다. 인류학은 전 세계 사회과학에 큰 기여를 했다.

그러나 이와는 반대로 우리는 인류학이 다른 인문사회과학으로부터 어떤 이념을 받아들여 학문 발전을 자극할 수 있을지 생각해 보아야 한다. 중국 연구를 보기로 하자. 중국 연구의 내용은 매우 다양하며 중심과 주변의 문제, 무문자사회와 문자사회의 문제, 한족 사회의 유교 전통 등이 있다. 왜 중국 특히 한족 사회 연구에 학제간 개념이 반드시 필요한가? 인류학의 전통적인 이론 모델로는 한족 사회를 해석하기가 어렵다. 왜냐하면 한족 사회는 상당히 복잡한 문명 사회인데다 그 역사적 변곡점이 매우 강하고 자체의 체계화된 철학적 사고를 가지고 있기 때문이다. 어떻게 역사 자료와 철학적 사고를 이용하는지가 바로 중국 인류학의 특색이 되었다. 중국에서 역사인류학의 발전은 바로 이러한 실제적인 수요에서 비롯된 것이다. 즉 역사관에 대한 관조와 철학적 인식론에 대한 사고가 결합된 것이다. 이것은 중국 한족 사회 연구에서 빼놓을 수 없는 중요한 기초이다.

동아시아 사회의 일원으로 한족과 다민족으로 구성된 중국사회에서의 인류학 연구에는 3가지 차원의 문제가 있다. 첫 번째 단계에서 강조하는 것은 강력한 유교 문명의 전통에 직면하여 인류학이 유교 문화와 어떻게 잘 대화하는가 하는 것이다. 여기서 말하는 것은 한족 사회의 연구를 가리킨다. 두 번째 단계에서 생각해 봐야 할 점은 동아시아 사회, 특히 한국, 일본, 베트남에서 유교 문화가 이들 사회에 큰 영향을 주었는데 이 유교적 전통이 정착된 이후 각 지역 사회 구조의 차이로 인해 나타난 서로 다른 현상에 대한 이해가 필요하다는 것이다. 예를 들어, 일본은 유교의 '충'의 개념은 수용하고 '효'의 개념은 수용하지 않았다. '효'의 개념은 '충' 아래에 완전히 포함되었는데, 이러한 관념은 가족이라는 조직의 특수성을 가져왔다. 이는 인류학적 연구의 문제의식을 불러온다. 세 번째 단계는 한 국가 내의 다민족 사회의 구성에 관한 것이다. 다민족 사회의 구성은 중국에서 매우 특색이 있으며, 대부분의 소수 민족은 모두 유교 문화의 영향을 받았다. 궁유더(龔友德, 1943~) 선생의 『유학과 윈난 소수 민족』,[08] 윈난대학교 무지훙(木霽弘, 1963~) 교수의 「한당시기의 윈난 유학」[09]은 모두 유교 사상이 소수 민족에 미친 영향에 대해 이야기한다. 또한 프랜시스 L. K. 슈는 『조상의 그늘 아래

---

08   龔友德: 『儒学与云南少数民族』, 云南人民出版社, 1993.

09   木霽弘: 「汉唐时期的云南儒学」, 『思想战线』 1994年第6期.

(Under the Ancestors' Shadow)』에서 바이족(白族)의 유교 체계와 사회 문화에 대한 연구를 발표했고, 나는 몽골족(蒙古族)이 유교 체계를 받아들인 후에 일어난 사회 문화 변천을 조사했다.[10] 또 한 가지는 중국의 이슬람 체계는 유교 문화의 영향을 깊게 받아 많은 저명한 '회유(回儒, 이슬람계 회족 유자)'를 배출했다. 이를 통해 중국의 민족 연구에서 유교 체계도 매우 주요한 기초가 된다는 것을 알 수 있다.

그러므로 다민족 중국사회의 연구는 우선 큰 줄기의 문화전통을 보아야 하는데, 이 문화전통은 확산성을 가지고 있다. 확산성에는 두 가지 내용이 포함되어 있다. 하나는 상하 관계로, 한족 사회 내부의 대전통과 소전통에 해당하며 상층으로부터 하층에 이르는 것이고 둘째는 중심이 주변에 주는 영향으로, 주변 사회가 이 체계를 어떻게 받아들이는가 하는 것인데 이 점이 바로 중국 사회인류학의 특징을 구성하고 있다. 베이징대학교 백 주년 개교기념일 때, 리이위안(李亦园, 1931~2017) 선생이 페이샤오퉁 선생에게 중국 인류학 연구의 중요한 영역은 어디인지 물었다. 페이샤오퉁 선생은 두 가지를 강조했다. 첫째는 중국 문화의 지속성을 어떻게 고려할 것인가 하는 문제이다. 둘째는 중국인의 사회관계 결합의 기초를 주의해야 하는데, 예를 들면 친족 관계가 중국 사회관계와 조직에 미치는 영향이다.[11] 이 두 가지는 바로 내가 이야기하는 '전통의 관성과 사회적 결합'이라는 두 개념의 발단이며, 이 두 범주는 중국 사회인류학 연구의 중요한 기초를 이룬다.

---

10 麻国庆: 「农耕蒙古族的家观念与宗教祭祀—以呼和浩特土默特左旗把什村的田野调查为中心」, 载[日]横山广子『日本国立民族学博物馆报告别册』, 2001.

11 费孝通: 「中国文化与新世纪的社会学人类学—费孝通、李亦园对话录」, 载『费孝通文集』第14卷, 群言出版社, 1999, pp.379-399.

중국에서 연구를 진행할 때 학문의 종합성이 매우 중요하다. 인류학은 학제간 연구와 밀접한 관계가 있다. 일찍이 1994년에 내가 일본에 유학했을 때, 동경대학교 인류학은 전통적인 인류학 연구가 큰 문제에 직면하고 있음을 제기하였고, 학제간 연구를 강조하였으며, 초영역(超領域) 문화 연구를 제기하였다. 초영역 연구는 한편으로는 학문의 분야를 초월하고 다른 한편으로는 지역을 초월하는 것, 즉 지역연구와 학제간 연구를 한데 결합하는 것으로, 인류학의 발전 방향의 하나이다. 인류학은 생겨날 때부터 종합적인 속성을 가지고 있으며, 이러한 종합적인 속성은 학문의 발전에 대한 사고를 이끌 수 있다. 지금까지 중국 대학에는 지역연구(area studies) 과정이 없었는데, 바로 이 지역연구 안에서 학제간 대화가 가능하다.

인류학은 궁극적으로 인류 생존 가치 이면의 보편성과 특수성을 설명해야 하는데, 이러한 요구의 이면에는 인간과 문화에 대한 성찰이 있다. 인류학 담론 체계는 세계적인 담론 체계이다. 예를 들어 궁하오췬(龔浩群) 박사의 태국 연구처럼, 나는 비록 태국에 가 본 적이 없지만 박사의 연구를 이해할 수 있다. 우리가 강조하려는 본토화 인류학과 글로벌 인류학과의 대화는 여러 가지 다른 방식을 포함하고 있다. 그중 한 가지 방식은 인류학을 완전히 국가별 인류학으로 만들 수 있다고 생각하는데, 나는 줄곧 이 개념에 찬성하지 않았다. 인류학 자체의 기초가 인류의 전체성(整体性)과 특수성에 있기 때문이다. 무엇을 연구하든 인간 자체에 대한 인식으로 돌아가야 한다. 따라서 모든 연구는 자기주의적일 수 없으며, '본토인류학은 바로 중국 담론의 인류학'이라는 생각은 절대로 통하지 않을 것이다. 본토화는 일리가 있지만, 지나친 본토화는 학문 전체의 기초를 완전히 무시할 수 있다. 이른바 본토화란 중국 사회 내부의 역사, 문화와 철학적 사상 축적이 어떻게 인류학 연구에서 다루는 주제가 되는가를 말한다. 이것이 핵심이다. 본토화라고 해서 인류학의 전체 학문적 담론을 배척하고 혼잣말을 하는 것이 아니다.

3. 중국 인류학 연구의 글로벌 의식

세계화의 배경 속에서 '유동'은 글로벌 인류학의 핵심 개념 중 하나가 될 것이다. 중국 광저우(广州)는 유동적인 국제화 대도시로서, 인구의 유동 과정은 광저우를 전 세계 인류학의 중요한 실험실로 만들 수도 있다. 잠정 통계에 의하면 광저우의 아프리카 인구는 30만 명이고 농민공(農民工)[12]은 더 많으며 광둥성에 원래 있던 소수 민족이 100여만 명, 유입된 소수 민족이 400만 명 정도가 있다. 광저우의 인구 유동 현상은 글로벌 시스템이 중국에서 어떻게 표현되느냐의 문제를 반영한다. 그래서 샤오펑샤(萧凤霞) 교수는 중국 연구는 여전히 과정의 문제이며, 즉 과정으로서의 중국을 어떻게 생각하느냐의 문제라고 생각한다.[13]

1990년대 초반 일본 교토대학교 동남아연구센터 교수들이 '세계단위(世界單位)'라는 개념을 제시했는데, 이는 국가·민족·지역을 아우르는 새로운 공통의 인식체계를 의미한다. 예를 들어 마창(马强) 박사가 연구

12　농민공은 호적은 여전히 농촌에 둔 채 도시에 들어와 농업 이외의 생산 노동에 6개월 이상 종사하는 노동자를 말한다. 광의의 농민공은 호적지 부근의 향진에서 비농업 생산에 종사하는 노동자도 포함한다. 농민공은 도시와 농촌으로 나뉘는 중국 이원 체제에서 나타난 특수한 집단으로, 열악한 생활환경 속에서 힘들게 노동을 하면서 중국의 산업화와 도시화에 큰 기여를 하였다. 농민공 관련 여러 가지 사회적인 문제는 중국 학계, 언론계, 정부의 큰 관심을 받고 있다. -역자 주

13　이 과정에서 국경을 넘어선 '세계단위'가 형성되고 있거나 이미 형성되었다.

한 '자마트(Jamaat)[14]-움직이는 정신 공동체'는 아프리카, 아랍, 동남아시아, 광저우에서 온 이슬람 신자들이 광저우에서 어떻게 종교 활동을 하는지에 초점을 맞추었다.[15] 세계화의 배경에서 경계(국가 경계, 민족 경계, 문화 경계)를 넘은 집단이 있다. 그들이 서로 만났을 때 어떤 면에서 동질감을 느끼게 되는지, 이러한 사람들의 결합이 사실 '세계단위'이다. 샹뱌오(项飚)는 최근 근대 중국인의 세계에 대한 인식 변화와 중국 일반인의 세계관 등을 논하며 중국인의 세계에 대한 인식 체계의 변화를 다루었는데, 엘리트 차원의 변화는 물론 사실상 서민들도 변화했음을 볼 수 있다.[16] 이런 상황에서 인류학자들이 현지조사를 통해 변화하는 중국의 '세계' 의식을 보여 줄 필요가 있다.

내가 보기에 유동, 이민, 세계단위라는 개념이 중국 인류학이 세계로 나아가는 중요한 토대를 구축할 것이다. 초기의 인류학계를 돌이켜 보면, 아프리카 연구에서 많은 대가들이 배출되었고, 라틴아메리카 연구에는 로버트 레드필드(Robert Redfield, 1897~1958)와 레비스트로스, 동남아시아 연구에는 클리포드 기어츠(Clifford Geertz, 1926~2006), 인도 연구에는 루이 듀몬트(Louis Dumont, 1911~1998) 등이 있었다. 그렇다면 현대의 중국 연구는 과연 어떤 분야에서 국제 인류학의 서사 범주에 들어갈 수 있을까?

---

14 자마트(Jamaat)는 중국 무슬림들이 늘 사용하는 용어로 '무리', '단체', '집단', '커뮤니티', '파벌', '동아리' 등 뜻으로 쓰인다. 광의의 자마트는 학계에서 사용하는 '커뮤니티' 개념과 아주 유사하다. -역자 주

15 马强:『流动的精神社区—人类学视野下的广州穆斯林哲玛提研究』, 中国社会科学出版社, 2006.

16 项飚:「寻找一个新世界: 中国近现代对"世界"的理解及其变化」,『开放时代』2009年第9期.

나는 이 돌파구가 아마도 중국 연구와 동남아시아 연구의 근접 지대에서 나올 것이라고 생각한다. 바로 윈난(雲南)처럼 과계민족(跨界民族)[17]이 살고 있는 결합지대에서 좋은 연구 성과가 나올 가능성이 높으며, 인구수가 적은 과계민족 연구도 마찬가지로 좋은 연구 성과가 나올 가능성이 높다. 왜냐하면 서로 다른 이데올로기 속에서 살아가는 과계민족의 생존 상황이 '냉전' 이후의 인류학과 이데올로기의 연관성에 대응되기 때문이다.

일반적으로 '냉전'이 끝나면 이데올로기가 사라질 것이라고 생각하지만, 문제는 그렇게 간단하지 않다. 여러 방면에서 이데올로기가 강화되는 추세이다. 물론 여기서 말하는 이데올로기는 전통적인 개념이 아니며 사람들의 정신세계와 문화적 동질감 등도 포함한다. 이렇게 강화되는 과정에서 같은 민족이지만 서로 다른 문화적·정치적 동질감을 갖게 되는데 이런 연구들은 제2차 세계대전 이후의 세계 체계에 대한 인식 이론을 풍부하게 한다. 동시에 서로 다른 민족의 결합부는 중국 내에서도 인류학, 민족학의 새로운 사상을 연구하는 곳이 될 것이다.

사실 페이샤오퉁 선생이 창도한 '민족 회랑(民族走廊)' 연구는 일찍부터 다민족 결합부의 문제에 주목하였다. 오늘날 우리는 민족적 경계 개념으로 논의하지만, '결합부'는 중국에서 예를 들면 몽골족-한족 결합부, 한족-티베트족 결합부, 유목과 농경 결합부 등 특별한 역사적·문화적 함의가 있다.

그렇다면 세계화와 지역화의 문제에 대한 인류학자들의 공헌은 무

---

17 과계민족이란 공통의 언어, 민족감정, 문화, 종교, 신앙 등을 가지고 있는 동일 민족으로서 두 개 혹은 그 이상의 여러 나라에 거주하고 있는 민족을 뜻한다. -역자 주

엇일까? 국제 대도시로서의 광저우의 국제 이민 문제는 세계화와 지역화, 그리고 '경계를 넘는 인류학(越界的人類學)'의 개념에 대응할 수 있다. '경계를 넘는 인류학'은 중국에서 생겨날 가능성이 아주 많다. 하나는 의식 형태의 분류이고, 다른 하나는 유동과 경계의 넘나들기로, 이 두 방면에서 발생할 수 있다. 인류학 연구는 반드시 세계적 배경과 연결되어야 한다. 그래야만 세계가 무엇이고, 세계의 다양성 구도가 어떤 것인지, 이런 문제에 답할 수 있다.

구체적인 분야로 돌아가서, 페이샤오퉁 선생의 세 편의 글로부터 시작해 보기로 하자. 1991년에 나는 페이샤오퉁 선생을 따라 우링산(武陵山) 지역에 가서 조사를 진행했다. 베이징에서 창사(長沙)로 가는 기차 안에서 페이샤오퉁 선생은 자신이 평생 두 편의 글을 썼는데, 한 편은 한족 사회에 관한 것이고 다른 한 편은 소수 민족에 관한 것이라고 말했다. 나는 그가 말년에 세계화와 지역화라는 대문장을 남겼다고 생각한다. 중국 인류학의 전체 틀을 놓고 볼 때, 이 세 편의 글은 중요한 기초이다.

첫째, 현재 중국과 세계 인류학 간의 이론적 대화 지점은 매우 제한되어 있으며 한족 사회 연구에서 대화가 불충분한 상황을 형성하고 있다. 1세대 학자들의 논리 방식을 초월하여 글로벌 시스템 형성에 있어서의 한족 사회의 특수성을 해석하는 것은 사실 많은 어려움에 봉착하였다. 우리는 전통적인 영국 인류학이 사회 구조 연구를 강조한다는 것을 알고 있다. 포테스(Meyer Fortes, 1906~1983)가 아프리카 연구를 할 때 그는 문화 전통과 사회 구조 사이에는 필연적인 연관성이 있으며 사회 인류학은 문화 전통을 소홀히 하고 있다고 지적하였다. 포테스는 당시 베버의 연구, 나카네 지에(中根千枝, Nakane Chie, 1926~)의 일본 연구, 페이샤

오퉁 선생의 중국 연구를 언급했다.[18]

서양 인류학 연구의 양대 전통인 사회적 전통과 문화적 전통은 상호 분리되는 경향이 있다. 포테스는 이 두 가지 전통을 통일하려고 했지만, 무문자사회 연구에서는 다소 역부족이었다. 그러나 문자가 있는 문명사회에 대한 연구에서 페이샤오퉁 선생과 린야오화(林耀华, 1910~2000) 선생은 비교적 일찍이 두 전통의 결합을 이루었다. 이 점은 중국 인류학의 큰 특색이 되어야 하며, 전 세계와 대화할 수 있어야 한다.

둘째는 민족 연구 문제이다. 중국의 민족 연구 문제는 오늘날에 이르러 국제 담론으로 변모하였는데, 우리는 두 가지 방면으로 해석할 수 있다. 첫째는 순수하게 인류학의 학문적인 차원에서 민족의 특수한 속성을 해석하는 것인데, 예를 들면 린야오화 선생이 제시한 경제 문화 유형은 비록 그가 소련 민족학의 영향을 받아 경제가 의식을 결정한다는 것을 강조했지만, 이 사상은 중국의 민족 경제 문화 생태를 구분하는 데 매우 큰 기여를 했다. 둘째는 페이샤오퉁 선생이 제시한 '다원일체' 구도는 중국이 다민족 국가로서의 합법성과 합리성을 구축하는 데 해석의 틀을 제공하였다. 이 두 가지 이론은 중국 민족 연구의 양대 기초이다.

외국 학계는 중국 민족 연구에 대해 몇 가지 견해를 가지고 있다. 첫 번째 견해는 1986년 말 『미국 인류학자』에 발표된, 호주 학자 바흐드와 페이샤오퉁 선생의 대화를 상기할 필요가 있다. 바흐드는 중국 민

---

18   Fortes, M "Some Reflections on Ancestor Worship in Africa", in Fortes, M. and G. Dieterleneds. *African Systems of Thought: Studies Presented and Discussed at the Third International African Seminar in Salisbury, December 1960*, London: Oxford University Press, 1965.

족학이 이데올로기의 영향을 받아 현지의 문화 체계를 소홀히 했으며, 민족 식별은 국가주의 색채가 매우 짙다고 비판했다. 페이샤오퉁 선생은 중국이 민족 식별을 할 때 스탈린의 개념을 완전히 기계적으로 그대로 적용한 것이 아니라 수정하여 자기만의 특색을 가졌다고 답했다. 민족 식별 시기에 중국 민족학 연구는 특수한 시기의 특수한 성향을 형성하였는데, 그 유산은 바로 우리의 연구가 어떻게 중국의 특징과 학문적 특징을 결합시키면서 이데올로기의 제약을 완전히 받지 않는가 하는 것이다.[19]

이와 관련된 두 번째 질문은 중국의 민족은 모두 국가 이데올로기 안에서 '창조된 민족'이라는 것이 핵심적인 견해이다. 우리는 이 견해에 대해 단순히 전부 부정하거나 전부 긍정할 수는 없다. 왜냐하면 중국의 모든 민족의 구성은 중국의 역사와 문명 과정과 유기적으로 연결되어 있기 때문이다. 이 민족들은 분리된 것이 아니라 상호 작용하는 관계이다. 중국의 민족 문제를 단순히 '창조', '허구' 또는 '구축'의 개념으로 논하는 것은 매우 위험하다. 따라서 우리는 실체론과 구축론을 민족 연구에 어떻게 적용시킬 것인가에 대해 새로운 사고를 제기할 필요가 있다.

사실 지금까지 민족 집단의 경계에 대한 것도 그렇고, 민족 문제에 대한 것도 그렇고, 구축론과 실체론은 두 개의 주요한 경향이었다. 중국의 민족 연구에서 실체론과 구축론은 모두 그것들의 결합 지점을 찾는다. 실체 중의 구축과 구축 중의 실체, 결합하여 생각할 수 있는 많은

---

19   費孝通: 「经历·见解·反思—費孝通教授答客问」, 『費孝通文集』第11卷, 群言出版社, 1999, pp.143-205.

관계가 있다. 이와 같이 민족 연구에서 국가인류학(national anthropology)과 토착인류학(native anthropology)은 국제담론에서 완전한 대화 지점을 가지고 있다. 민족 연구에서 바로 국가인류학이 맡은 역할이 반영되고 있다. 국가인류학은 전 세계의 다른 국가들이 다민족 사회 문제를 다루는 것과 연결되는데, 다민족 사회 문제에는 이로 인해 생겨난 복지주의, 정착화, 민족문화의 재구성 등 문제가 포함된다. 이는 중국인류학의 큰 특징을 이룬다. 현재 나타나고 있는 민족 연구 문제에 대해 인류학은 국가 담론과 세계 체계의 관계를 재고해 볼 필요가 있다. 이것은 또한 국내 문제가 국제화되는 한 경로이다.

비록 국가인류학과 토착인류학 이 두개의 개념이 최근 십여 년간의 서양 인류학 담론에서 비교적 주목을 받고 있지만 만약 이러한 개념을 중국 인류학의 틀에 포함시킨다면 우리는 최근 백 년간의 중국 인류학 발전의 특색 중 하나가 바로 토착인류학과 국가인류학의 특징을 반영하고 있음을 발견할 수 있다. 페이샤오퉁 선생의 연구는 이 두 분야의 집대성이다. 그의 세 편의 글은 사회, 민족, 국가, 세계가 서로 연결되고, 서로 인과관계를 이루고, 부분과 전체의 관계가 되는 방법론적 틀 속에 넣고 연구함으로써 서양 인류학의 고유한 학문적 분류를 초월하여 자신의 인류학적 방법론을 형성하고 인류학의 학문적 시야를 확장시켰다.

민족 문제에 관하여 외국 학자들은 국가인류학의 본질과 근본 문제를 잡지 못했다. 나는 다음 몇 가지 측면이 포함되어야 한다고 생각한다. 첫째는 정적으로 볼 때, 중국 민족의 풍부한 다양성은 서로 다른 유형의 사회를 망라한다. 둘째는 동적으로 볼 때, 민족 유동성과 관련하여 서양 인류학과 효과적인 대화를 할 수 있다. 셋째는 학자들이 문화 유형으로 소민족에 대해 논의하고 문제 민족으로 대민족에 대해 논의하는데, 이것은 다소 문제가 있다.

현재 외국의 중국 연구는 두 가지 성향을 보여준다. 하나는 문화에 치우친 성향으로, 서남 지역 민족의 문화 유형에 대한 논의가 그러하다. 다른 하나는 티베트족이나 무슬림 등 큰 민족을 문제 민족으로 놓고 논의하는 것이다. 이는 인류학과 민족학의 두 가지 성향, 즉 정치적 성향과 문화적 성향을 반영한 것이다. 그러나 어떤 성향이든, 모든 민족 연구는 민족의 역사적 정체성을 바탕으로 논의되어야 하며, 어떤 민족을 정치적 민족으로 바라보는 선입견을 버리고 그 문화 본위로 돌아와야 한다는 점을 강조해야 한다. 상당수의 연구자들은 중국 민족을 논의할 때 민족 간의 상호 작용성, 유기적 연계성, 공생성을 무시하고 모든 민족을 분리된 개체로 연구하면서, 모든 민족이 상호 작용 속에서 공생관계를 형성한다는 것을 망각한 일종의 분리주의 경향에서 문제를 논의한다. 이것이 바로 '다원일체' 개념이 중요한 이유이다. 다원은 분리를 강조하는 것이 아니라 현상을 표현하는 것일 뿐이다. 그 핵심은 다원 속의 유기적 연결체로서 일종의 공생 속의 다원이지 분리 속의 다원이 아니다. 나는 '다원일체' 개념의 핵심은 사실상 민족 문화의 다원화와 다 함께 공유하는 시민의식의 수립을 동시에 강조하는 것이라고 생각하는데, 이것은 다민족 중국 사회의 주제일 것이다.

셋째, 중국 인류학이 어떻게 해외 연구에 진출하느냐의 문제인데, 이는 중국의 부상 및 경제 발전과 밀접한 관련이 있다. 우선 해외 연구 자체를 중국의 세계 이해 체계 속에 넣어야 하는데, 이는 세계 현실에 대한 관심과 직접 자료의 점유로 세계를 인식하는 표현방식이다.

다음으로, 중국과 세계의 관계를 강조한다. 예를 들면, 중국 기업의 아프리카 진출에 대해 서양이 제기하는 중국의 아프리카 신식민주의 문제에 어떻게 반응할 것인가? 인류학은 어떠한 특별한 견해를 내놓을 것인가? 또 이국과 타문화에 대한 인식에서 어떻게 중국인의 관점에서 세계를 인식할 것인가? 근대 이래 해외에 나간 중국인들은 이미 세계에 대한 견해들을 일부 축적하였는데, 이 인지 체계와 오늘날 우리 인류학의 해외 사회 연구를 어떻게 연결시킬 것인가? 즉 중국인의 고유한 해외에 대한 인식 체계를 어떻게 인류학의 학문적 담론 체계로 전환시킬 것인가를 말한다. 그리고 외교가의 노력과 판단을 어떻게 인류학의 명제로 바꿀 수 있을까 하는 것이다.

마지막으로 해외 연구는 중국과의 유기적인 연관성을 강조해야 한다. 예를 들어, 두웨이밍(杜維明, 1940~)이 '문화 중국'이라는 개념을 제시했는데, 인류학은 어떻게 대응할 것인가? 또한 해외 연구에서는 반드시 과계민족(跨界民族)을 중시해야 한다. 이 분야의 연구는 중국과의 상호 작용성 형성에 기여한다. 이밖에 중국인의 해외 이민 문제, 예를 들면 무역, 시장 체계의 문제, 새로운 해외 이민자들의 현지 생활 상황 등에 모두 관심을 가져야 한다. 동시에 중국에 사는 외국인들에 대한 연구도 사실 해외 민족지 연구의 일부이다. 해외 민족지는 쌍방향이어야 한다. 중국에 사는 한국인, 베트남인, 아프리카인 그리고 중국에서 시민권을 가지지 못한 난민들도 모두 해외 민족지의 일부로 구성해야 한다. '해외'는 쌍방향성을 의미하며, 국가에 국한되지 않는다. 해외 민족지 연구는 다양성을 가져야 한다.

4. 현장 작업과 학문적 윤리 문제에 관하여

현장은 인류학과 학생들의 훈련의 기초이며, 현지조사는 학생 양성에 있어서의 성인식이라 할 수 있다. 이는 가장 보편적인 연구로 돌아간다는 것을 의미하며, 이러한 전통적인 연구는 중요하다.

현지조사 중에 나타나는 문제에는 몇 가지 경향이 있다. 첫째는 현지조사의 윤리적 가치 판단의 문제이다. 만약 현지조사가 단순히 실천과 행동에 대해 논의하는 것이라면 현지조사의 학문적 의의는 의심 받게 될 것이다. 둘째로, 많은 현지조사는 사회학적 조사가 아닌 사회 조사에 불과하며 현지조사 대상에 속하는 사람들의 사상과 세계관을 염두에 두지 않고 있다. 현지조사 과정 자체는 사유의 인류학으로서 성립된 것이지 결코 자료의 인류학으로서 성립된 것이 아니다.

프랜시스 L. K. 슈는 일찍이 『클랜, 카스트 및 클럽』에서 공동체 연구는 단순히 공동체 사람들의 생활 상태를 조사하는 것이 아니라 그들의 사상을 발견하는 것이며, 하나의 생활 형태가 생겨난 까닭은 배후에 하나의 사상 체계가 뒷받침하고 있기 때문이라고 주장하였다.[20] 셋째, 표면적으로 포스트모더니즘 인류학을 받아들이고, 인류학의 가장 전통적인 현장 경험을 중시하지 않고, 현장의 자료를 과도하게 추상화하여 현장이 이미 현장 자체가 아니라 연구자의 이론 체계로 변해버렸다. 이는 바로 "연구자의 주관적 경험 축적과 연구 성과 사이의 관계"라는 포스트모더니즘 인류학의 매우 흥미로운 명제와 관련된다.

또한 자연스럽게 앞에서 서술한 "토착인류학 연구는 자민족 학자

---

20   許烺光: 『宗族·种姓·俱乐部』, 华夏出版社, 1990.

의 자민족 연구를 포함한다"는 명제와도 관련된다. 일본의 야나기다 구니오(柳田国男, 1875~1962)는 줄곧 일국민속학(一国民俗學)을 강조해 왔는데, 일국민속학의 체계 속에서 일부 학자들은 문화민족중심주의 틀에 빠져들 수 있다. 그런데 바로 문화민족주의적인 사고방식이 현장의 진실성에 영향을 미친다. 그런 의미에서 가치 중립은 어떤 면에서는 신화이다.

넷째는 현장 경험에 대한 성찰은 식민지 경험에 대한 성찰을 말한다. 일본이 중국을 점령하고 있는 동안 행했던 '만철조사(滿鐵調查)'[21]가 대표적이다. 만약 추적 연구를 한다면 식민주의 인류학 연구의 기초에 대해서 다방면으로 고려해야 하는데, 식민지 인류학 연구 경험에 대한 성찰, 식민주의와 근대 인문사회과학 제 학문 간의 관계에 대한 성찰 등을 포함해야 할 것이다.

동시에 질적 연구의 체계는 현지조사 방법과의 결합이 절실히 필요하며, 이는 사회학과는 매우 다르다는 점도 강조되어야 한다. 사회학은 실증에 들어가기 전에 가설이 이미 선행된다. 인류학에 가설이 필요한가, 문제의식이 먼저 있는 것인가, 아니면 현장 관찰을 통해 문제의식이 드러나는 것인가? 이것은 줄곧 풀기 어려운 문제였다. 우리가 장시간의 현지조사를 강조하는 이유는 바로 장시간의 현지조사를 통해 연구자들에게 현지인의 사상 체계에 대해 정리를 하도록 환기시키고

---

21 남만주철도주식회사(南滿州鉄道株式会社)의 약칭 만철(滿鐵)은 중국 동북 지방에 존재했던 일본 제국의 국책회사이다. 1906년 러일전쟁의 강화 조약인 포츠머스 조약에 의해 러시아로부터 양도받은 철도 및 부속지를 기반으로 설립되었으며, 1945년 일본 제국의 패망으로 제2차 세계 대전이 끝날 때까지 존재했다. 대체적으로 철도 사업에 주력했으나 광업, 제조업 등 광범위한 분야에 걸쳐 사업을 전개한 복합 기업의 성격을 띤 만주 식민화의 핵심 기관으로 기능하였다. -역자 주

인류학의 글로벌 의식과 학술적 자각

이후에 현지인의 사상 체계에서 토론할 문제의식을 찾아내게 하려는 데 있다. 사실상 이러한 문제의식의 정리는 곧 인류의 지식 체계에 대한 기여이다. 왜냐하면 아무런 틀도 없는 기초에서 대상의 사상 체계, 우주관, 인간관을 찾아내는 것이지, 어떤 이론적인 개념을 가지고 정제하는 것이 아니기 때문이다. 후자는 마치 바구니가 하나 먼저 있고 그 속에 자료를 한 조각씩 담아 나가는 것과 같다. 이렇게 하면 조각난 자료들이 바구니에 담겨 겉으로는 하나의 전체를 이룬 듯 하지만 사실은 해당 지역 사회의 전체성을 말살하는 것이다.

이론적 차원에서 보면 현지조사 자체가 매우 중요한 방법과 방법론의 문제와 관련된다. 내가 「방법으로서의 화남: 중심과 주변의 시공간 전환」을 쓸 때[22] 많은 사람들이 이 제목이 문구도 통하지 않는다고 생각했지만, 사실 나는 나 자신의 논리적 방식이 있다. 모리스 프리드먼(Maurice Freedman, 1920~1975)의 종족에 대한 연구는 이미 동남 지역 한족 사회 연구의 패러다임이 되었다.[23] 그는 후기에서 매우 중요한 명제를 언급했는데, 바로 '중국 사회의 연구가 어떻게 커뮤니티를 초월하여 지역연구에 들어갈 수 있는가'이다. 많은 다른 나라 학자들이 중국 화남(華南) 지역의 사회를 연구하면서 화남 연구는 이미 어느 정도 중국 사회 연구의 방법론의 중요한 기초를 형성하였는데, 나는 바로 이런 의미에서 문제를 논의했다. 화남 연구에는 또한 정적, 동적, 유동적인 서로 다른 범주들이 모두 포함될 수 있다. 어떤 의미에서 인류학의 전통적인

---

22 麻国庆, 「作为方法的华南: 中心和周边的时空转换」, 『思想战线』 2006年第4期.

23 Maurice Fredman, *Lineage Organization in Southeastern China*, University of London: Athlone Press, 1958.

커뮤니티 연구가 어떻게 지역연구에 진입하는가는 방법론의 확장이다.

방법론과 관련된 또 다른 문제는 민속 개념이 어떻게 학문적 개념으로 전환되는가 하는 것이다. 1980년대에 양궈수(杨国枢, 1932~2018) 선생과 차오젠(乔健, 1935~) 선생은 중국 인류학, 심리학, 행동과학의 본토화에 대해 토론했다. 당시에는 '관계, 체면, 인정'과 같은 개념만 논의되었지만, 중국 사회에는 아직도 많은 사람들에게 없어서는 안 될 민간의 개념이 있다. 예를 들어, 우리가 어떤 사람이 '예의를 안다'고 말할 때, '예의를 안다'는 것은 어떤 면에서 표현되는가? 배후에 있는 관념은 무엇인가? 그리고 우리가 어떤 사람이 매우 '인의(仁義)'적이라고 말할 때, '의(義)'는 어디에 있는 것일까? 또 예를 들어, 티베트족의 집의 이름과 친족 관계는 매우 연관이 있으며, 또한 골계(骨系, 한 조상에서 비롯된 혈연 관계를 뜻함)를 통해 친족 관계의 원근(遠近)을 반영한다. 이러한 민속 개념에 대해서는 부단히 발굴해야 한다. 또 예를 들면 일본 사회는 '의리(義理)'를 강조하는데, 의리는 어떻게 학문적 개념으로 전환되는가? 의리는 우리의 인정, 관계, 체면과 마찬가지로 중요하지만, 그것은 종적 사회의 특징을 보여준다. 그러므로 민속 개념과 현지 사회 개념은 학문적 개념으로 얼마든지 상승할 수 있다.

이것은 다문화 연구의 방법론적 문제와도 관련된다. 페이샤오퉁 선생이 말했듯이, "들어갈 수도 있고, 나올 수도 있어야 한다."는 것이 바로 우리가 논의하는 '타자'적 안목이나 다문화 연구이다. 중국 사회를 제대로 알려면 현지조사를 확대해야 한다. 현장 경험은 여러 곳에서, 여러 방면으로 하는 것이 중요하다. 민족지에 대한 신뢰도가 낮은 까닭은 민족지의 개인적 색채가 짙고 검증이 불가능하기 때문이다. 그런데 앞에서 논의한 인류학 이론의 틀로 돌아가서 인간과 문제 영역 사이의 관계 상태로 돌아가면 이런 문제는 존재하지 않는다.

현지조사와 관련하여 인류학의 학문적 윤리의 문제도 있는데, 이 문제는 매우 중요하다. 2002년 미국 인류학 협회 연례 회의의 의제 중 하나는 '인류학의 현지조사 윤리'였다. 윤리 문제의 기원에 대해 이야기할 때 브라질의 야노마미족 사회 연구를 빼놓을 수 없다. 야노마미족은 열대 우림에 사는 수렵 민족으로서 전환기적 변화 과정 중에 현지 사람들의 질병, 신체적 변화, 문화적 적응, 생태 변화 등 여러 가지 상황이 매우 복잡했다. 의료인류학의 많은 고전적 이론들이 여기에서 기원한 한편, 이 사회에 대한 연구는 인류학의 윤리적 문제와 관련되기도 한다. 두 번째 윤리 토론 사건은 태국에서 벌어졌다. 인류학자는 원주민들에게 국가 이념에 따라 산 위에서 다른 곳으로 이주할 것을 권고했는데, 그렇다면 인류학자가 조언할 때 근거로 삼았던 윤리적 판단 기준은 무엇인가? 진보와 문명에 대해 다시 사고해 볼 필요가 있다. 나는 어룬춘족을 연구할 때 "무엇이 진보인가? 수렵에서 농업으로 전환하는 것이 진보인가?"라는 문제를 제기했다.[24] 인류학자들이 농업이 선진적이라는 이념을 무분별하게 현지에 주입한다면 인류학 학술 윤리에 어긋나는 것이다. 비록 국가 이념 속에 이러한 욕구가 있기는 하지만, 인류학자들은 객관적으로 문제를 토론해야 한다.

학술 윤리의 구성은 인류학 자체의 사명 및 인류학의 논리 방식으로 돌아가야 하며, 그것이 드러내는 사회 진실성의 원칙은 현지인의 관념에 따라 문제를 보아야 한다는 것이다. 이를테면 개발은 합리적인가

24　麻国庆: 「开发、国家政策与狩猎采集民社会的生态与生计—以中国东北大小兴安岭地区的鄂伦春族为例」, 『学海』 2007年第1期.

하는 명제가 있다. 경제학자들은 개발을 논할 때 비용과 효율성 문제를 따지고 경제학은 이익의 극대화를 추구하지만 인류학은 그렇지 않다. 인류학적 사고 자체가 현지인의 생존 상태와 발전의 한계로 되돌아가야 한다. 발전에는 한계가 있다는 것이 발전 이념에 대한 인류학의 하나의 중요한 인식이다. 때로는 발전하는 것이 발전하지 않는 것보다 못하며, 지나친 이익 추구는 문제를 초래한다. 이밖에 인류학적 사유 중 한 가지 중요한 점은 총체성도 고려한다는 데 있다. 그것은 생태 문제, 시속가능한 발전의 문제, 적응의 한계 문제 등을 포함한다. 인류학적 사고에서 문화의 연속성은 사회의 존재와 발전에 매우 중요하다고 보는데, 이는 기타 다른 학문과는 다른 점이다.

인류학의 글로벌 의식과 학술적 자각

5장

일본 인류학의 발전과 전환[*]

　현대 일본 인류학의 형성과 발전, 전환에 대해서는 역사의 발전 맥락에서 고찰해야 하며, 각 단계별 인류학의 특징도 시대적 사회 배경 아래 논의해야 한다. 특히 제2차 세계대전 이전, 일본 인류학이 학문 확립과 연구 진행 중에 이데올로기 측면에서 드러낸 제국주의와 식민주의의 속성을 살펴볼 필요가 있다. 필자는 일본 인류학의 발전을 세계 인류학 발전이라는 큰 맥락에서 고찰했다. 즉, 일본 인류학과 근대 서양 인류학의 관계를 고찰하는 한편, 아시아의 극히 적은 식민지배국 중 하나인 일본의 인류학이 주변국에 미친 영향, 특히 동아시아 국가에 미친 영향을 고찰했다.

　일본 인류학의 발전은 크게 네 단계로 나뉜다. 초기, 중기, 현대 초기, 현대 등 네 시기이다.

---

[*]　본문은 필자가 페이샤오퉁 교수가 주최한 프로젝트 "당대 사회인류학의 이론과 방법"(교육부 인문사회과학 '9차 5개년' 중대 프로젝트) 중 해외인류학에 관한 연구 중 일부이다. 이 글은 한 번도 발표된 적이 없는데, 삼가 이 글로 이미 우리 곁을 떠나신 은사님을 기념하고자 한다.

1. 초기 일본 인류학(1884~1945년)

일본인류학회의 설립(1884)과 학회지 『인류학 저널』의 발행(1886)은 일본 인류학의 형성을 의미한다. 초기 일본 인류학은 인종학을 핵심으로 하여 의학, 고고학, 민속학, 인종학, 체질인류학 간의 상호 융합과 상호 작용을 통해 다양성의 통일을 이루었다. 그 후, 상술한 학문들은 다시 독립하기 시작하고, 이와 동시에 인문과학으로서의 인류학이 등장하기 시작했는데, 그 대표적인 학자는 츠보이 쇼고로(坪井正五郎, 1863~1913), 도리이 류조(鸟居龙藏, 1870~1953) 등이다. 특히 도리이 류조는 현지조사 방법을 도입했다. 도리이 류조를 중심으로 한 이 시기의 일본 민족학자들은 동아시아와 태평양 일대의 섬에 대한 조사를 진행했다. 이 시기의 연구가 일본 군부와 밀접한 관련이 있기 때문에, 일본 인류학은 창건 초기부터 제국주의와 식민주의라는 낙인이 찍히게 되었다. 동시에 이 시기의 인류학은 이론과 방법에 있어서 서양 인류학, 특히 유럽 인류학의 영향을 받았다.

이 단계의 후기에, 일본 인류학의 인종학 연구는 한층 더 체계화 및 조직화되었는데, 그 중요한 상징은 바로 1932년의 일본민족학회의 설립, 대학 내 인류학 전문 연구기관의 설립 및 전문적인 인류학 연구팀의 출현이다. 당시 일본 인류학은 이론적으로는 같은 시기의 인류학 구조기능주의의 영향을 깊이 받았으며, 실천적으로는 응용과학으로 취급되었다. 일본 군국주의의 확장에 따라, 식민지에 대한 인류학의 실증적 연구가 더욱 강화되었는데 특히 중국 타이완, 중국, 조선반도와 남양군도에 대한 연구가 이 시기의 주류를 이루었다. 전쟁 기간에 일본 인류학은 전쟁의 수요에 부응하기 위해 민족 연구소, (재단법인)민족학협회, 만철조사위원회, 태평양학회(1941), 학사원 동아시아민족조사실(1940), 도쿄대학교 동양문화연구소(1943), 몽골 선린협회 서북연구소(1944)와 같은 많은 관련 연구기관을 설립하고 활동을 조직했다.

이 조직들은 전쟁 기간에 일본 민족학자들과 기타 학자들이 진행한 조사와 연구를 통하여, 현지조사에 입각하여 많은 조사 자료를 축적하였다. 조사자의 주관적인 의도나 성과에 관계없이, 가장 큰 동기는 '식민지 지배'에 대한 복무였다는 점을 부인할 수 없다. 그러나 당시의 조사 자료 중 일부는 전통적인 사회 구조를 인식하고 이해하는 데 중요한 자료가 되었다.

일례로, 일본의 중국 침략 전쟁 기간 동안 진행한 만철조사부의 성과 중 인류학과 가장 관련이 깊은 것은 1940~1943년 사이에 허베이성과 산둥성을 중심으로 동아시아연구소와 공동으로 진행한 화북 농촌의 '중국 농촌 관행 조사'이다. 이 연구 성과는 1950년대에 일본에서 『중국 농촌 관행 조사』 6권으로 출판되었다. 이 조사는 그 범위가 매우 넓다. 비록 가족 구성의 실태 조사라 할지라도 "가족 구성원 수, 주거 상황 및 기타 외적인 구성에만 초점을 맞추지 않고 가족 내부의 권위 관계와 규범의식에 더 주목하여 법률적 관습 조사를 통해 중국 사회의 특성을 파악한 것이 이 조사의 특징이다."[01] 한족에 대한 조사 이외에도 몽골족(蒙古族), 후이족(回族), 만주족(滿族), 먀오족(苗族), 리족(黎族), 어룬춘족(鄂伦春族) 등 중국의 많은 소수 민족에 대한 조사 보고서를 남겼다. 이 시기 일본 인류학은 제국주의, 식민주의와 하나로 융합되어 일본 군국주의의 하나의 도구가 되었다. 식민주의와 일본 인류학에 대한

---

01   中国农村惯行调查刊行会编『中国农村惯行调查』全 6卷, 岩波书店, 1981.

연구는 일찍이 인류학자들의 관심을 불러일으켰는데, 예를 들면 일본 나카오 가쓰미(中生勝美, 1956~) 교수의 연구가 대표적이다.[02] 중국의 일부 학자들도 이 문제에 대해 관심을 갖고 연구를 시작했는데, 저우싱(周星, 1957~) 교수의 연구가 바로 그 예이다.[03]

2. 중기 일본 인류학 (1945년~1970년대)

일본 인류학의 두 번째 단계인 중기는 전후 일본 인류학의 전환기 라고 할 수 있다. 이 시기에는 다음과 같은 몇 가지 특징이 있다.

(1) 군국주의 시대의 인류학에 대해 조정하고 성찰하기 시작했다.

(2) 침략 전쟁 시기의 일부 조사 자료를 정리, 연구 및 출판했다. 『중국 농촌 관행 조사』는 바로 이 시기의 중요한 성과이다. 도쿄대학교 니이다 노보루(仁井田陞, 1904~1966) 교수는 『중국 농촌 관행 조사』 자료를 이용하여 권위와 종족 의식이 결합된 화북 농촌 가장의 사회적 역할에 대해 논술하였는데, 직접 조사자의 연구와 달리 그의 연구의 가장 큰 특징은 『중국 농촌 관행 조사』를 문헌 자료로 활용하고 서로 다른 시대 와 지역의 기타 자료를 조합하여 역사적 문맥 속에서 포착하여 완전한 시스템을 구축했다는 것이다.[04] 우치다 도모오(内田智雄, 1905~1989)는 '중국 농촌 관행 조사'의 직접적 참가자로서 가문, 분가, 종족에 대해 자세히 연구하였다.[05]

---

02 [日] 中生勝美編『殖民地人類学的展望』, 风响社, 2000.

03 周星: 「殖民主义与日本民族学」, 『民族研究』 2000年第1期.

04 [日] 仁井田陞: 『中国的农村家庭』, 东京大学出版社, 1952.

05 [日] 内田智雄: 『中国农村的家庭和信仰』, 弘文堂, 1970.

하타다 다카시(旗田巍, 1908~1994)의 연구는 촌락 공동체 및 촌락 내부의 결합에 초점을 맞추고 있지만, 촌락 내에서의 가족 체계의 역할에 대해서도 유익한 탐구를 하였다.[06] 히라노 요시타로(平野义太郎, 1897~1980)가 촌락 조직인 '회(會)', 묘회(廟會) 및 종족에 대해 진행한 연구는 화북 촌락 사회의 결합 원칙을 인식하는 데 중요한 참고점이 되었다. 그는 일본이 중국을 침략했을 때 만철조사부의 책임자 중 한 사람으로서 화북 농촌에서 비교적 오랜 기간 동안 현지조사를 했다. 이를 바탕으로 그는 1943년『북지 촌락의 기초 요소로서의 종족과 촌묘』[07]를 출판하였으며, 처음으로 중국의 종사(宗祠)와 촌묘(村廟)를 일본의 우지가미(うじがみ, 氏神), 진수(ちんじゅ, 鎮守)와 비교하였다. 그는 중국에서는 첫째, 혈연 집단의 사당과 지연 사회의 촌묘가 촌락의 발전 과정에서 일본처럼 자연스럽게 융합되지 않았고 각각 독립적으로 존재한다고 보았다. 둘째, 한족의 조상 숭배는 단지 가문의 조상 숭배일 뿐, 일본처럼 민족의 보편적인 조상으로서 숭배하는 것이 아니라고 보았다. 나아가 그는 일본의 신사(神社)는 제사를 통해 국가와 긴밀하게 결합하는 반면, 중국의 촌묘는 성황당과 하늘의 옥황상제와 연결된다고 생각한다. 후쿠타케 다다시(福武直, 1917~1989)의 『중국 농촌 사회 구조』라는 책에서도 만철조사부의 자료를 많이 사용하였다.[08]

(3) 이 시기에 유럽과 미국의 인류학 이론의 영향을 한층 더 많이 받았다. 예를 들어, 문화인류학으로 명명된 인류학은 미국의 영향을 받

06　[日] 旗田巍:『中国农村和共同体理论』, 岩波书店, 1970.

07　[日] 平野义太郎:「作为北支村落的基础要素的宗族和村庙」,『支那农村惯行调查报告书』第一辑, 1943.

08　[日] 福武直:『福武直著作集』第9卷, 东京大学出版社, 1976.

아 미국 문화인류학 분야의 문화 개념과 문화 상대주의의 관념을 적극적으로 받아들이기 시작했다. 미국의 영향과 함께 '사회'를 핵심으로 하는 영국 사회인류학의 영향도 받았다. 일본 국내 연구와 일본 농촌사회학이 유기적으로 결합되어 일본 농촌사회에 대한 연구 성과가 대량 출판되었다. 일본의 인류학자들은 국내에 대한 조사를 진행하는 것과 동시에 식민주의의 영향에서 벗어나기 시작했다. 특히 1950년대 이후 순수 연구자의 신분으로 일본 밖에서 현지조사를 히기 시작했다. 예를 들면 카와키타 지로(川喜田二郎, 1920~2009)는 네팔의 저지대와 고지대 문화에 대해 고찰했고, 나카네 지에(中根千枝, 1925~2021)는 인도와 히말라야 산맥 서부에 대해 조사와 연구를 진행했다.

(4) 대학에 완벽한 인류학과 체계를 구축하였다. 예를 들면 도쿄대학교의 문화인류학, 도쿄도립대학교의 사회인류학, 난잔대학교의 인류학 등은 저마다의 특색이 있다. 이 시기, 특히 1960년대 이후 일본 경제의 고도성장, 일본 기업의 해외시장 확장, 각종 해외 연구비의 대폭적인 증가 등으로 인해 일본 인류학자들이 세계 각지에 대한 조사와 연구를 시작하면서 일본 인류학의 또 하나의 황금기를 맞이하게 되었다. 이 상황은 지금까지 지속되고 있다.

3. 현대 초기의 일본 인류학

현대 초기는 일본 인류학 발전의 세 번째 단계로, 1970년대 이후부터 1990년대 중반까지이다. 그 특징은 다음과 같다.

(1) 연구가 더욱 세밀해졌다. 동남아시아의 산악 민족, 농촌사회, 타

이완의 소수 민족 등에 관한 연구에서 주목할 만한 연구 성과를 거두었는데, 대표적인 저서로는 스에나리 미치오(末成道男, 1938~, 현재 동양대학교 사회학부 교수)의 『타이완 아미족의 사회조직과 변천』(도쿄대학교 출판회, 1983)과 『베트남의 조상 제사-조곡(潮曲)의 사회생활』(도쿄대학교 동양문화연구소 보고서, 일본 풍향사, 1998) 등이 있다.

(2) 연구 분야가 더욱 다양해지고 실천 및 응용에 대해 중시하게 되었다. 생태인류학, 교육인류학, 의료인류학, 개발인류학, 영상인류학, 정치인류학, 도시인류학, 관광인류학 등 인류학 분과들이 모두 큰 발전을 이루었다.

(3) 포스트모던 인류학이 출현하여 인류학 연구의 중요한 분야가 되었다. 국민 문화의 형성과 전통문화의 재생, 문화의 생산과 소비에 대해 연구를 진행했는데, 그 성과로는 일본 국립민족학박물관 인류학 교수이자 동남아시아 연구 전문가인 다무라 가쓰미(田村克己, 1949~)가 편찬한 『문화의 생산』과 같은 저서가 있다.

(4) 인류학 교육의 종합적 특징이 나타났는데, 그것은 바로 지역연구(area studies)와 초영역 문화 연구(Interdisciplinary Cultural Studies)를 중시하는 것이다. 일본 도쿄대학교는 1996년에 교양학부의 문화인류학, 비교문학·비교문화, 표상문화론 등 3개 전공을 통합하여 '초영역 문화과학' 전공이라고 부르고 영문으로는 Interdisciplinary Cultural Studies으로 표기하였다. 이런 분류 자체가 큰 논란을 불러일으켰고 일본 학계도 이에 대해 의견이 엇갈렸다. 이 '초영역'의 개념은 문화인류학에 있어서 두 가지 의미를 지닌다.

첫째는 지역을 초월한다는 의미를 지닌다. 문화인류학의 연구 방법에서 중요한 하나는 지역의 횡단면에 대한 연구인데, 다문화 연구가 바로 이 분야의 대표적인 연구이다. 또한 지역의 개발과 민족 및 민족 집단의 유동에 따라 인류학자의 연구도 그들을 따라 서로 다른 지역으로 이동하면서 추적조사를 실시하게 되는데, 이러한 조사는 때로 국경을 초월하기도 한다. 예를 들면 중국인에 대한 연구, 필리핀인에 대한 연구 등이 그러하다.

둘째, 연구 영역의 경계를 넘나드는 문제이다. 문화인류학은 근대 서양의 기존의 인문과학과 사회과학 중에서 비교적 늦게 나타난 학문이라고 말할 수 있다. 그것은 단순사회 및 미분화된 사회(Undifferentiated society)를 연구할 때부터 전체론적 방법을 강조하기 시작했다. 이런 방법의 강조는 그 자체로 이미 연구 영역의 경계를 넘나든다는 의미를 지닌다. 사실상 많은 연구에서 서로 다른 학문 연구 영역을 넘나들게 되는데, 예를 들면 관습법을 연구하려면 법률과 교차되고 원조와 개발 문제를 연구하려면 경제학 및 국제관계학과 연계해야 한다. 따라서 인류학은 서로 다른 학문의 경계를 쉽게 넘나들며 특유의 연구 시각과 방법을 사용한다는 인상을 주는데, 어쩌면 이러한 특징이 바로 국제 사회과학의 연구 경향일 수 있다.

사실 이 학문의 소속에 대한 논의 자체로도 이 문제를 설명할 수 있다. 도쿄대학교의 학과 개혁, 즉 세 전공을 하나로 통합한 것의 출발점이 인류학을 인문과학에 접근시키려는 경향을 보여주는 것이다. 사실 우리가 인류학 연구 결과를 자세히 살펴본다면 학자들마다 연구 성향이 달라서 어떤 학자들은 인문과학 쪽에 가깝고, 어떤 학자들은 사회과학 쪽에 가까우며 또 어떤 학자들은 인문과학과 사회과학 사이에 있음을 알 수 있다. 이 역시 인류학의 초영역성을 보여주는 것이기도 하다.

상술한 세 시기의 구체적인 내용은 일본민족학회의 이름으로 출판된, 일본 민족학과 문화인류학의 역사와 현황에 관한 세 권의 연구 저서에서도 찾아볼 수 있다. 첫 번째 저서는 1964년에 일본민족학회 창립 30주년을 맞아 펴낸 것으로, 책 제목은『일본 민족학의 회고와 전망』이다. 두 번째 저서는 1984년에 펴낸『일본의 민족학: 1964~1983』이고, 세 번째 저서는 1996년에 출판된『일본 민족학의 현재: 1980년대에서 1990년대까지』이다.

이 책들의 시기별 관심사로부터 일본 민족학과 문화인류학의 발전 맥락을 볼 수 있다. 1964년에 발간된『일본 민족학의 회고와 전망』은 첫 번째 부분에서 민족학 이론의 발전에 대해 단지 역사민족학, 사회인류학, 물질문화, 문화론, 민속학 등 다섯 분야로 나누어 서술했을 뿐이다. 그런데 20년 후인 1984년에 나온 책에서는, 첫 번째 부분의 민족학의 제 분야에서 종교인류학, 경제인류학, 정치인류학, 법률인류학, 심리인류학, 교육인류학, 도시인류학, 언어인류학, 상징인류학, 인지인류학, 생태인류학, 의료인류학, 영상인류학, 예술인류학, 여성연구 등을 포함한 20개 분야를 다루고 있다. 1990년대 중반에 출판된 책에서는, 민족학 연구 부분에서 인류학을 여러 분과로 나누어 서술하던 80년대의 방법을 배제하고, 일본 학자들의 연구가 집중된 문제의식을 바탕으로 분류하고 있는데 상징공간론, 도시민속학·제사 공간, 일본 중세기 역사연구, 일본 민중사 연구, 사회 구조론·가족 연구, 공동체 제사 연구, 민족 집단성, 신화, 음식문화, 컴퓨터의 민족학 등이 들어 있다. 이것은 학문의 연구 주제가 더욱 집중되고 성숙되었음을 의미한다.

이 세 시기, 특히 1950년대 이후에는 일본의 경제 발전과 함께 해외 사회에 대한 조사와 연구가 일본 인류학의 주류가 되었으며, 일본 본토에 대한 연구는 주로 오키나와에 집중되었다. 우리는 일본 민족학·인

표1. 1990년 이전 『민족학 연구』에 게재된 논문의 지역 분포

단위: 편

오키나와	아이누	조선	중국 타이완	예티 오피아	중국	북아시아	동남 아시아	남아시아	서아시아	유럽	아프리카	북 아메리카	중앙 아메리카	남 아메리카
2	12	2	21	8	4	12	4	1		3		1		
3	6	2	9	11	10	13	10	2			4	1	1	1
17	6	1	1	6	8	18	9	1	1	5	8	3	1	2
3	22		20	1	7	5		3		5	9	1	1	
	9	1	2	1	7	6	14	6	1		4	1	1	2
8	7	2	1	5	5	6	3	3		5	12	1	1	1
2	1	2	1	5		5	16	3	1	3	2	2	1	1
3	1	6	1	5	1	2	10	1		5	1	1	1	2
9	1	2	6	5	1		9	1			4	1	1	2
3	2	2		2		1	6	2		8	3	1	1	1
2	1	1	1	5	1	1	3	3	1		9	1	1	1
52	68	20	61	54	44	62	77	24	2	11	38	12	4	7

설명: 일본의 인구가 많은 민족에 대한 연구 누문 395편은 이 표에 포함되지 않았다.

인류학의 글로벌 의식과 학술적 자각

류학의 권위있는 간행물에 게재된 스에나리 미치오 교수의 논문에서 이 특징을 알 수 있다. 현지조사 지역에 따라 통계 정리한 『민족학 연구』게재 논문의 연구 상황[09]은 표1을 참조하기 바란다.

4. 현대 일본 인류학(1990년대 중기부터 지금까지)

이 시기에 학문의 발전과 수요에 따라, 일본민족학회는 2003년에 문화인류학회로 명칭을 변경하였으며, 학회의 간행물도 『민족학 연구』에서 『문화인류학 연구』로 바뀌었다. 그 특징은 세계화 과정에서 이원적 모델과 영역에 대한 사고와 같은 인류학원론은 주로 주관주의와 객관주의 인식 모델의 대립, 개인주의와 전체주의 방법론의 대립으로 표현된다. 이로 인해 사람들은 사회학의 각 학파를 이항 대립 중의 한편으로 단순하게 분류하는데, 이런 방법은 추상적이고 공허해 보인다.

피에르 부르디외(Pierre Bourdieu, 1930~2002)는 이원적 패러다임을 넘어서려는 과정에서 '장 이론(field theory)'을 채택하여 사회 구조를 인식했다. 즉 현실 세계가 개인의 의식과는 독립된 객관적 관계로 존재하고 장 역시 이러한 객관적 관계들로 구성된 네트워크라고 생각하며 보편주의와 디자인주의(設計主義)의 문제 또한 논의하기 시작했다. 오랜 기간 동안, 일본 학계는 서양의 담론 체계에서 사고해 왔다. 그런데 최근 몇 년간 동아시아 국가, 특히 중국과 한국의 경제가 빠르게 발전하고 동아시아 여러 나라들 사이의 경제적, 문화적 교류가 날로 더 빈번해지면서 일본 인류학자들은 점차 자신의 주변에 무궁무진한 연구 자원을 가지

09　约瑟夫·库拉伊那編 『日本民族学的现在』, 新曜社, 1996, p.14.

고 있는 거대한 문화의 보고가 있다는 것을 깨닫게 되었다.

게다가 그 보고는 같은 동아시아 지역에 속해 있기 때문에 일본과 문화적으로 필연적인 관계가 있으며, 따라서 동아시아의 다른 나라 문화를 연구하는 것은 자신의 문화를 이해하는 데에도 도움이 되었다. 그래서 일본의 인류학자들은 동아시아의 지식공동체와 문화적 가치에 대해 다시 생각하고 기존의 연구에 대해 반성하게 되었으며 현재 나타나는 다양한 사회 변천에 대한 전반적인 파악과 함께 본토 사회에 대한 연구에도 더욱 관심을 가지게 되었다. 구체적으로 다음과 같은 몇 가지 방면에서 나타난다.

1) 식민지 인류학에 대한 성찰과 전망

탈식민주의 논의에서 비롯된 문제는 다음과 같은 몇 가지 측면으로 정리할 수 있다. ① 문화를 말할 권리는 누구에게 있는가? ② 민족지 내부의 권위는 어떻게 구축되었는가? ③ 본토 문화와 타문화의 경계를 만드는 요소와 실천은 무엇인가? ④ 현대 사회에서 나타나는 문화적 차이를 설명하기 위해서는 어떤 말과 태도가 가장 적합한가? ⑤ 문화의 개념은 어느 정도까지 받아들여지는가? 국가, 언어, 문화, 민족, 사회 단위로 제도화된 문화인류학은 이러한 문제들의 연구에서 중요한 역할을 담당한다.

2005년 12월, 일본 국립 민족학박물관에서 식민주의 인류학과 인문사회과학 회의가 열렸다. 회의 기간에 각국 대표들은 식민지 인류학 문제에 대해 자유롭게 각자의 학술 견해를 발표했다. 예를 들어, 츠루미 타로(鶴見太郎, 1965~)의 「전쟁 중의 일본 민속학과 동아시아」, 네덜란드 학자 피트 펠스(Pete Pels)의 「인류학은 식민지 인류학으로부터 무엇을 배웠는가」, 나카오 가쓰미의 「GHQ(연합군 최고사령부)의 인류학자」, 시미즈 아키토시(清水昭俊, 1942~)의 「안다만 군도-식민지주의, 제국주의, 민족주의, 탈식민지주의와 인류학적 미개주의의 교차점」, 한국 학자 전경수(全京秀, 1949~)의 「일제하의 인류학자와 군사외교관이 세운 민족학」, 미국 학자 프라센지트 두아라(Prasenjit Duara, 1950~)의 「만주국의 민족과 인류학」 등이 있다. 필자도 이번 회의에서 「일본어로 쓴 어룬춘족 민족지」라는 제목의 연구 보고를 발표했다.

식민지 시대에 일본이 중국 타이완과 조선에서 진행한 인류학과 관련된 조사와 연구는 두 개의 학파를 형성하였는데, 바로 '타이베이 인류학파'와 '경성 인류학파'이다. 한국 학자 전경수는 일찍이 이 문제에 대해 「식민지 제국대학의 인류학적 연구-경성제국대학과 타이베이 제국대학의 비교」[10], 「일본의 식민지·전쟁 인류학-타이베이제국대학과 경성제국대학의 인맥과 활동을 중심으로」[11] 등과 같은 글을 쓴 적이 있다. 일본 학자 나카오 가쓰미가 쓴 『식민지 인류학의 전망』[12]은 일제 식민지하의 각 식민지·반식민지 국가들의 인류학과 민족학의 발전 상황, 일본 인류학자들의 연구 상황, 그리고 최근 몇 년간 일본의 식민지 연구와 관련된 이론 발전 상황을 자세히 소개하고, 현재의 인류학자들이 현지조사와 문헌 자료에서 본 일본의 식민지 지배, 전쟁, 점령의 역사적 사실을 어떻게 이해하고 응용해야 하는지를 탐구하고, 당대 인류학자들에게 식민지 인류학 연구를 중시할 것을 호소했다.

---

10   [日] 岸本美绪编『东洋学的磁场』(岩波讲座"帝国"日本的学识 3), 岩波书店, pp.99-134.

11   『思想』, 岩波书店, pp.73-91.

12   [日] 中生胜美编『殖民地人类学的展望』, 风响社, 2000.

식민주의 시대에 대한 연구에서 인류학과 역사학의 결합은 매우 중요한 수단이다. 예를 들면, 쿠리모토 에이세이(栗本英世, 1957~) 등이 편찬한 『식민지 경험: 인류학과 역사학의 시각』은 정복과 저항, 개발과 현지 사회의 관계, 혼혈과 문화의 융합 등을 다루고 있다. 이 방면에서 가장 권위 있는 저서로는 이와나미 서점이 2006년에 내놓은 8권짜리 시리즈인 '제국 일본의 학지(學知)'를 꼽을 수 있는데, 제1권은 『'제국'의 계보』, 제2권은 『'제국'의 경제학』, 제3권은 『동양학의 자기장』, 제4권은 『매스미디어에서의 '제국'』, 제5권은 『동아시아의 문학·언어 공간』, 제6권은 『지역연구로서의 아시아』, 제7권은 『실학으로서의 과학 기술』, 제8권은 『공간의 형성과 세계 인식』이다. 이 시리즈는 일본 강점기 식민지의 정치, 경제, 사회와 문화 등을 인식하는 데 중요한 학술적 의의가 있다.

　　이 문제에 대한 논의에서 탈식민주의를 어떻게 성찰할 것인가의 문제는 줄곧 중요한 사고 방향이 되었는데, 예를 들면 오타 요시노부(太田好信)의 『근대에 대한 민족지의 개입-문화를 말할 권리는 도대체 누구에게 있는가?』, 스기시마 케이시(杉島敬志, 1953~)가 편찬한 『인류학 실천의 재구성-탈식민주의 전환 이후』 등이 있다. 식민주의를 성찰하는 동시에 많은 학자들은 이를 바탕으로 침략과 인류학, 군대의 인류학 등에 주목한다. 그중 타나카 마사카즈(田中雅一, 1955~) 교수의 논문 「군대 문화인류학의 연구 시각-미국의 인권 정책과 초국가주의」는 문화인류학의 시각에서 군대를 연구하고 주로 일본 미군기지에서 벌어지는 일들을 분석한다. 그는 군대에 대한 연구는 두 가지 의미가 있다고 생각한다.

　　첫째는 군대를 연구 범위에 포함시킴으로써 사람들로 하여금 사회를 더 폭넓게 이해할 수 있게 한다. 군대와 일반 사회와의 차이점과 역사적 영향 관계를 연구하는 것이 이 연구의 주요 착안점이다.

둘째는 미군뿐만 아니라 국가 군대가 과거 초국가주의적 행위를 했다는 사실이 문화인류학에 미치는 영향이다. 저자는 이에 대해 각각 논술했다. 우선, 역사적으로 혹은 현대에 미군에서 흑인 병사들이 겪은 차별을 열거해 미국의 인종 편견과 같은 문화적 가치관이 군에 미치는 영향을 설명한다. 다음으로, 세계화를 배경으로 한 군대의 초국가주의 적 특성을 설명한다. 미군 기지는 그들의 출장지일 뿐, 기지 안의 생활 은 완전히 미국식이다. 그러나 미군 기지가 지역 사회와 완전히 단절된 것은 아니다. 군대는 사회·문화적 맥락으로부터 분리될 수 없다. 문화 인류학은 양자의 관계를 연구하는 시점을 부여했다.[13]

2) 자체 사회인류학 연구에 대한 고찰

문화인류학은 타문화에 대한 이해를 목적으로 출발하였으나, 탈식 민주의 비판 사조 등의 영향으로 인류학은 식민주의의 하수인으로 간 주되는 한편, 타문화에 대한 이해는 조사지 현지인의 관점을 무시한 것 으로 인식되기도 하였다. 그리하여 인류학자들은 점차 연구의 시각을 자신이 살고 있는 사회로 옮겨갔고 이로부터 자신의 사회에 대한 인류 학 연구가 번성하기 시작했다. 사실 인류학이 하나의 학문으로 성립되 기 수십 년 전부터 일본에는 이미 자신이 속한 사회를 전문적으로 연구 하는 학문인 민속학이 있었기 때문에 일본 자국 사회인류학 연구는 오 랜 역사적 전통을 가지고 있다. 일본에서 이 문제에 가장 먼저 관심을

---

13 [日] 田中雅一: 「軍队文化人类学的研究视角—美国的人权政策与超国家主义」, 京
都大学人文科学研究所『人文学报』 2004年第90号.

기울인 사람은 스에나리 미치오 교수이다. 그는 초기 논문인 「고향인류학」에서 비교적 일찍 동아시아 사회의 인류학 문제를 다루었다.

2002~2005년에 동아시아 출신의 일부 인류학자들이 나카니시 유지(中西裕二) 교수가 주최하는 일본의 과학 연구비 보조금 후원을 받아 자체 사회인류학 연구 수립에 관한 기초적인 연구를 수행하였다. 주요 연구 성과는 수십 편에 달하는데 주요한 세 가지 문제는 자체 사회인류학 연구의 이론 문제, 각 나라의 인류학·민속학과 자체 사회인류학의 위상, 현지조사와 자체 사회인류학자 및 외국 인류학자이다.

대표적인 연구 성과로는 다음과 같은 것들이 있다. 나카가와 유리(仲川裕里)의 「자체 사회가 현지조사의 대상이 되었을 때-자체 사회인류학의 장단점에 대한 재고」, 「'우리'와 '그들'의 이분법을 뛰어넘어-자체 사회인류학의 역사와 전망」, 류정아이(刘正爱, 1965~)의 「공간, 역사와 정체성-푸젠성 만주족에 관한 조사 보고서」, 타무라 카즈히코(田村和彦)의 「중국의 자체 사회인류학 연구-1980년대 이후 및 1930년대 후반의 학위 논문으로 본 현지조사지의 선택과 응용성」, 나카니시 유지의 「자체 사회란 무엇인가」, 브레멘(Jan van Bremen, 1946~)의 「유럽의 일본 연구와 자체 사회인류학 연구」 등이 있으며, 필자도 이 연구 과제에 참여하여 「자체 사회 연구와 중일 비교 연구」의 시각에서 사고해 보았다.

3) 민족 집단과 민족 개념에 대한 재성찰

(1) 다양한 민족과 분쟁하는 민족

오늘날에도 민족 전쟁, 부족 전쟁은 여전하다. 체첸 민족 분쟁, 르완다의 후투족과 투치족의 대립, 팔레스타인인과 유대인의 무력 충돌, 아이누족과 이누이트인 등이 이끈 원주민 운동 등이 그것이다. 이러한 분쟁과 운동의 당사자인 ××민족, ××부족, ××종족, ××족, ××인이라는 호칭이 일본 학자들의 흥미를 끌었다. 그 이전에는 일본의 신문, 주간지, 종합잡지나 백과사전에서도 이 몇 가지 개념을 구분하는 기준이 거의 없었다.

(2) 민족의 본의로 회귀

일본어의 '민족'은 다의적이고 애매한 개념으로, 영어의 'ethnic group', 'nation'과 독일어의 'volk'를 모두 가리킬 수 있다. 따라서 먼저 '소수 민족'이라는 개념을 명확히 할 필요가 있다. 일반적으로 국민의 권리를 똑같이 누리는 국민국가(nation state)를 '전체'라고 하며, 이 중 지배적인 지위를 차지하는 다수 민족에 비해 그 수가 적은 민족 집단을 소수 민족이라고 한다. 일본 인구의 95% 이상이 야마토 민족(大和民族)이고, 나머지 5%의 소수 민족은 아이누족(阿伊奴族), 류큐족(琉球族), 산와(山窩) 등이다.(이러한 민족 구분 방법에 대해서는 아직 논란이 있다.)

일본 정부는 국제인권규약을 바탕으로 제출한 유엔 보고서에서 일본의 소수 민족은 아이누족만을 지칭한다고 밝히고 있다. 일본에서 민족이라는 개념은 일본 신화의 기원설과 민족의 영속성을 뒷받침하지만, 예로부터 고유한 개념이 아니라 일본 근대사, 즉 19세기 중엽에 개국통상을 요구하는 유럽 국가들의 압력과 함께 시작되어 다소 유럽 색채를 띠게 되었지만, 일본의 '민족' 개념은 유럽을 모방하고 유럽에 대항하는 과정에서 20세기에 들어와서 형성되었다. 일본 메이지 시대의 대표적인 국어사전인 『언해(言海)』에서는 '민족'은 '인민의 종족'을 의미한다고 밝히고 있으며, 쇼와 시대의 『대언해(大言海)』에서는 민족은 단일한 정치공동체 속에서 공통의 역사 문화와 고국의 모든 구성원들로 구성되며 문화적·정치적 유대를 가진다고 정의하고 있다.

(3) 민족과 국가 정치 형태 간의 유기적 연계: 민족의 독립성은 국가의
틀 안에서 성립된다.

'일본 민족' 개념의 형성 시기는 일제가 아시아에서 전쟁을 일으
킨 시기와 거의 일치한다. 전후 일본의 많은 정치·사회·학술 용어는 유
럽 선진국으로부터 들어왔는데, 특히 독일 서적을 번역할 때 '네이션
(nation)'이라는 단어는 '인종'의 의미를 띠는 경우가 많았다. 19세기 후
반 일본은 선진국이 되기 위해 노력하는 과정에서 유럽의 새로운 패권
국인 독일을 배우면서 '민족'이라는 개념이 독일적인 색채를 띠게 되었
다고 할 수 있다.

쇼와 초기부터 일본에서는 '민족' 개념이 갑자기 크게 제창되었고,
또한 일본 신도사, 정신사, 일본 신화의 기원 등 학설이 대두되었고 그
후의 전쟁으로 인해 이 시기의 '일본 민족' 개념은 민족 우월성의 색채
가 짙어졌으며 내부 존엄화·절대화와 외부 통섭화라는 이중적 성격을
띠게 되었다.

(4) 민족의 독립성은 주로 문화적 측면에서 나타난다.

긴 역사의 흐름 속에서 정당, 심지어 국가도 모두 수명이 짧고 오
직 민족만이 영원한 것이다. 민족의 영원한 뿌리는 민족 문화에 있다.
문화는 인간이 창조한 것이지만, 인간은 동일한 문화를 창조할 수는 없
다. 인간이 창조한 서로 다른 유형, 서로 다른 패턴의 문화는 인간을 서
로 다른 문화 특징을 가진 집단, 즉 민족으로 만들었다. 하나의 민족이

'민족'이 되는 데 있어서 가장 기본적인 것은 자신의 고유한 문화를 형성하는 것이라고 할 수 있다. 문화는 민족의 것이고 민족은 문화를 담는 그릇이다. 한 민족이 일단 자신의 문화를 잃으면, 곧 더 이상 순수한 독립 민족이 아니다.

4) 이민과 월경(越境)의 인류학

15세기부터 20세기까지 지속된 식민지 확장은 서양인들이 아시아, 아프리카, 라틴아메리카로 유입되는 형태로 전개되어 왔으나, 20세기 후반에는 아시아, 아프리카, 라틴아메리카 인구가 서양 산업사회로 대거 유입되는 형태로 나타났다. 이러한 대규모 인구 이동은 인구 유입국의 민족 다양화, 문화적 마찰 등의 문제를 갈수록 심화시켰다. 이러한 급격한 변화에 직면하여 인구 이동의 원인, 성질, 의미를 규명하는 이론과 그에 기초한 개혁이 시급했다. 문화인류학자들도 최근 몇 년간 이민 문제에 관심을 갖고 국경을 넘나드는 이동 인구의 증가 현상과 그 변화가 문화에 미치는 영향을 탐구하는 '월경인류학'을 만들어 냈다. 월경인류학에서 주목하는 것은 단순히 물리적인 인구의 이동뿐만 아니라 인구의 이동이 기술, 사상, 문화의 이동을 수반한다는 것과 이러한 이동이 국제적인 매체와 글로벌 기술의 발전을 촉진하는 중요한 요소라는 것이다.

일본에서는 일반적으로 이러한 전세계적으로 범위 내에서 인구·물질·정보·자본 등이 국경을 넘는 이동을 '국제화'라고 한다. 이 국제화 과정에서, 특히 1970년대 이후, 일본에서는 '해외 여행의 대중화' 현상이 나타나 일본 경제의 고도성장을 보여줌과 동시에 일본의 관광인류학을 촉발시켰다. 1980년대에는 이시모리 슈조(石森秀三, 1945~), 야마시타 신지(山下晋司, 1948~) 등이 관광인류학 공동 연구를 시작하였고, 1990 년대에는 인류학자들이 독특한 시각으로 관광문화인류학 연구과제에 대한 입문서와 탈식민주의 시대의 문화 변화와 관광의 관계를 다룬 연구서들을 출간하였다. 예를 들면, 야마시타 신지 등이 펴낸『관광인류학』(신요사, 1996), 야마시타 신지의『발리 관광인류학의 수업』(도쿄대학교 출판회, 1999), 하시모토 카즈야(桥本和也, 1947~)의『관광인류학의 전략-문화의 판매 방법』(세계사상사, 1999), 존 어리(John Urry, 1946~2016)의『관광의 눈빛-현대 사회의 오락과 여행』(카부토 히로쿠니加太宏邦 역, 호세이대학교 출판국, 1995) 등이 있다.

5) 연구 내용이 다양해지고, 다양한 국가와 지역에 대한 연구가 더욱 풍부해졌다.

이 시기에는 전통적인 인류학의 4대 연구 분야인 친족과 사회조직, 종교와 의식, 정치와 법, 경제와 발전에 대한 연구가 지속적으로 진행된 것 외에 매우 중요한 것은 연구 분야가 점점 더 다양해졌다는 것이다. 이는 전세계적으로 인류학의 변화와도 연관되는데, 예를 들면 생태, 신체, 포스트모더니즘과 탈식민주의 인류학 등에 대한 논의가 점점 더 많아졌다. 제30회(1996)부터 제42회(2008)까지의 일본문화인류학회의 회의 논문, 제60권 4호(1996년3월)부터 제73권 2호(2008년6월)까지 일본문화인류학회 간행물『문화인류학연구』(원제『민족학 연구』)에 게재된 논문의 통계에서 이를 알 수 있다.(표2, 표3 참조).

표2. 1996-2008년 한국문화인류학회 총회 회의 논문의 내용 분류 상황 통계

단위: 편(주제연구분류 제외)

학목\연도	친족 및 사회성별	종교 및 종교 의식	경제 인류학/개발 연구	정치 인류학	법률 인류	포스트 모더니즘 인류학	탈식민주의 인류학	의학 인류학	예술 인류학	역사 인류학	환경 인류학	언어 인류학	체질 연구**	전체 합계
1996	19	23	4	15	0	1	0	4	5	0	0	5	0	86
1997	30	28	10	8	1	2	0	3	8	0	1	4	3	106
1998	22	28	7	7	1	3	1	5	4	0	2	3	2	94
1999	26	36	13	10	1	0	1	4	10	1	1	1	1	129
2002	14	35	8	18	0	2	2	5	7	1	2	5	3	112
2003	24	35	9	23	3	1	0	4	6	0	2	1	4	121
2004	12	33	9	24	5	1	1	8	8	1	4	8	3	141
2005	18	29	7	16	2	1	0	7	7	0	5	2	4	123
2006	38	45	17	6	2	0	1	21	21	3	2	1	0	176
2007	45	44	22	24	4	8	1	14	14	3	4	6	2	204
2008	34	50	41	32	2	6	0	21	21	5	3	0	0	237
합계	282	386	147	183	21	25	7	96	111	14	26	36	22	1529

* 연구 분야를 중요 분류 기준으로 정함
** 등 각 분야별 중요 회의, 공동 발표회, 토론회도 구분됨

표 3. 1996~2008년 일본문화인류학회 대회 논문의 지역 분포 현황 통계

단위: 편

지역 / 요도	아시아						아프리카	오세아니아③	유럽	남미	북아메리카	비교연구④	기타⑤	합계
	중국①	일본②	한국	동남아	남아시아	기타지역								
1996	13	20	4	12	4	0	4	6	1	4	6	0	36	110
1997	16	27	5	16	7	3	8	11	2	6	6	0	22	129
1998	16	26	3	11	4	2	6	7	5	5	7	2	32	126
1999	20	24	4	24	6	10	7	10	9	9	6	5	43	169
2002	13	10	6	16	7	4	4	5	2	2	7	2	29	112
2003	16	24	4	20	4	2	11	8	5	10	6	2	36	148
2004	13	18	6	14	10	4	4	11	6	9	9	3	34	141
2005	21	31	4	20	11	4	10	5	9	5	14	1	68	203
2006	21	14	6	33	13	4	11	17	6	7	7	3	41	183
2007	28	28	4	35	14	10	16	15	10	9	8	3	42	222
2008	33	40	4	41	17	9	22	26	18	10	10	6	132⑤	368⑥
총계	210	262	50	242	97	52	103	121	70	66	80	32	526	1543

* 현지조사 지역을 중요 분류 기준으로 삼아 각 분과 회의, 공동발표회, 토론회에서 발표된 주제를 모두 별개의 논문으로 통계화하였으므로 논문 총 편수와 내용별 분류의 합계가 다르다.

① 홍콩, 마카오, 타이완 및 중국계 거주민 사회 연구 포함. ② 아이누, 오키나와 및 일본인 연구 포함. ③ 하와이 제도 연구 포함.

④ 학문사 연구, 이론 연구, 이민 연구 및 기타 현지조사 지역을 확정할 수 없는 연구 포함. ⑤ 민족지 영상 작품 포함. ⑥ 민족지 영상 작품 포함.

인류학의 글로벌 의식과 학술적 자각

우리는 거의 2,000편의 논문에 대하여 통계 분석을 진행하였는데 이 논문들의 연구 내용은 아주 다양하였으나 인류학의 전통적인 연구 분야는 줄곧 중요한 위치를 차지하고 있었다. 관련된 다른 분야의 논문을 정리하면 아래와 같다.

(1) 정치와 법인류학

「중국 민족 자치 지역 한족 주민들의 행동-내몽골 자치구를 실례로」, 「변방의 정치-에스토니아 VOLL 지역의 지역주의 운동」, 「식민지주의와 일본 민족학(4)」, 「민간 예술의 민족주의와 식민지주의-국민 문화 형성의 시도와 좌절」, 「역사의 정치학: 페루의 인디언 이미지와 잉카주의」, 「토지 소유권의 신화적 '정당성'-파푸아뉴기니 부이족의 사례」, 「현대 원주민의 토지 소유권 의식 및 신화의 부활-아넘랜드 동부 학살 전설의 의미」, 「누가 나찰(羅刹)인가-도바바타크족 '추장'의 특징에 관한 고찰」, 「식민지 행정장관의 눈에 비친 카나리아 중부 민족」, 「니우에섬의 토지제도」, 「씨족으로부터 '미국 본토'까지-알래스카 아사바스카 사람들의 포틀래치(夸富宴)에서 나타나는 정체성」, 「포스트모던 인류학의 대가-동양 연구와 정체성의 정치학」, 「오세아니아 남부의 추장제 사회의 지속과 변화」, 「쿡 제도의 마니히키 섬과 라카항가 섬의 추장 승계 문제」, 「통가의 신체 이미지와 지도적 지위」, 「서사모아의 추장제」, 「피지 비티레부 섬의 추장제」, 「피지 중부 군도의 지도적 지위의 지속과 변화」, 「피지 레캄바 섬의 현 체제의 유지」, 「캐나다계 일본인의 세 세대의 민족적 정체성-EIQ 분석법을 사용하여」, 「싱가포르의 말레이 개념과 다민족 사회-바비안족 향우회」, 「과테말라의 범마야 문화 운동」 등이 있다.

(2) 친족 조직과 사회적 성별

「남자의 정조(貞操) 의무설에 대한 논쟁과 성별」, 「촌락 사회에서의 여성 집단-하치조 섬의 농촌 부녀회」, 「태국 동북 농촌의 겸업화와 성별」, 「주민참여형 소규모 프로젝트와 젠더-코스타리카 아레날 환경보호구역의 사례 조사」, 「파푸아뉴기니 마누스 섬 서편의 가요 문화-여성의 참여가 춤에 가져다준 문화적 혁신을 중심으로」, 「Madiha족 여성들의 집단 갈등」, 「넷실릭 이누이트족의 성별에 관한 고찰」, 「필리핀 일로코스의 위탁 양육-기본적 특징과 이주사에서의 적용 과정」, 「한국 '군위안부'와 유교사회」, 「베트남 촌락의 연령 계단 특징-ㄱ조직을 중심으로」, 「어느 여성 원주민의 절제된 생활사-호주 서부 원주민의 생활사 연구」, 「쓰촨 농촌의 결혼 유형 변화-데릴사위와 멀리 시집가는 여성」, 「'배제'와 '포섭'-한국 사회 문중의 변화」, 「아그니인(Agni)들의 민속 지식 중 출신과 생식의 관계」, 「영웅서사시 <장거알(江格尔)>에서의 모자·부자 관계의 비교」, 「미크로네시아 야푸 섬의 혼외 출산 현상-사생아 명명법을 중심으로」, 「인구 희소 사회의 조상」, 「쿡 제도 만가이아 섬의 인명」, 「태국의 여성 개발 방법과 여성의 경제적 역할에 관한 논술」, 「인도네시아의 개발 정책과 농촌 여성-발리의 수공예품 생산」, 「삼림 보호와 성별-네팔의 사례」, 「미낭카바우족의 태반 처리에 관한 성별 관념」, 「인도 남부의 신인도주의와 성별」, 「튀르키예 면화 채집 계절의 노동과 성별 관계」, 「아그니인(코트디부아르)의 공간과 삶에 대한 인식」, 「젠더적 시각을 바탕으로 전개되는 상속 의식에 대한 연구-여성은 상속자인가?」, 「북태평양 연안 문화권의 사회 구조에 관한 비교 연구」 등이 있다.

(3) 종교와 의식

「아마미오시마의 석신 신앙」, 「일본의 화전경작 의례」, 「이바라키현의 마조 신앙」, 「공물과 정령-필리핀 비사야 제도 시키호르 섬 민속지」, 「프랑스인 가톨릭 선교사들의 도해(圖解) 선교」, 「보이지 않는 진실을 향한 도약-찰리스족의 샤먼」, 「중국 서북 농촌 묘회가 보여준 사회적 응집력」, 「복잡다단한 민속 종교-필리핀 세부시 푸젠 출신 중국인의 조상 관념의 변천」, 「중국 장시성 완자이현 나신(儺神)의 탄생제」, 「네팔 장례 의례의 변화와 편차」, 「마르카의 이슬람 개혁과 그 사회적 배경」, 「성인 사당(聖人廟) 참배 관행-에티오피아 남서부 무슬림 오로모인의 사례」, 「장례에서 드러나는 지역 지식의 동력-시가현 다카시마군 마키노정 오자치우치의 사례」, 「자메이카 라스타파리교의 음식 관념」, 「20세기 후반 하와이인의 기독교 수용」, 「성지의 구조-브라질 구세교 성지」, 「상례에 나타난 동족·친척·이웃 관계-메이지 말기부터 다이쇼 초기의 전국 조사 분석」, 「오키나와 미야코지마 전통 제사의 사회 교육적 기능-이케마도로 이주한 사회적 네트워크를 중심으로」, 「오키나와 미야코지마 작화(繪圖) 소설의 의미」, 「한국 제주도의 영등할머니-방문신 의례에 관한 비교 연구」, 「토루(土樓)에 사는 커자(客家) 사람들의 거북신 신앙」, 「북수마트라 섬 동해안에 정착한 이주 촌락민 도바인의 개장(改葬) 묘혈」, 「인도 달리트 민중들은 기독교를 어떻게 받아들였는가」, 「루오족의 장례 의식」, 「피그미족 정령 의례에서 나타난 남성적인 표현」, 「쿠바 아프리카교 문화를 생기 있게 한 아프리카계 신자들」, 「개종(改宗)과 사회문화적 변천-탄자니아 남서부 킹가족의 사례」 등이 있다.

⑷ 경제인류학과 개발

「고산 먀오족(苗族)의 생계-사례에 따른 분석」, 「일본 서남부의 덫 수렵」, 「해상 풍도(海上豊島)에 사는 어민 부부-근대 뱃사람의 등장과 사회문화의 변화」, 「'후이수이' 먀오족(苗族)의 생계 형태의 변천」, 「신화, 토지, 씨족」, 「시아파에 의한 사회 개발-파키스탄 북부의 사례」, 「소비에트 해체 이후 시베리아 순록 사육업의 재편 과정」, 「현대 일본 대중문화의 창조-유기농업의 사례」, 「소 귀에 새겨진 표지판과 고유 명칭에서 드러나는 민족사와 가축 관리 간의 관계-수단 동부 바누 아미르족의 사례」, 「빈번한 식사-타비트베아소스(키리바시)의 사례」, 「일본 초기 벼농사자들은 쌀을 어떻게 요리했는가」, 「화경 경작법의 전승과 일본」, 「마다가스카르 남서부의 어업과 농사의 생계 패턴」, 「가나의 코코아 생산과 토지제도」 등이다.

⑸ 언어와 교육인류학

「사라진 짝수와 사라질 수 없는 짝수-캐나다 이누이트족 방언의 변화 차이와 그 사회 문화적 배경」, 「원주민 언어의 부흥 운동-마오리어, 하와이어의 사례」, 「중국 조선족의 민족적 지위와 변화-대학 교수들을 대상으로 한 설문조사를 중심으로」, 「한국의 초등학교 교과서에 나타난 '장유유서'의 원리-부모와 자녀의 대화에서 나타나는 서로 다른 대우를 중심으로」, 「일본어로 인류학을 연구하다」, 「타문화 체험의 현장 실습-도호쿠 대학의 실험」, 「문화인류학의 '효용'을 가르치다」, 「인간의 학문과 인류학적 방식」, 「민족 문화 속에서의 교육 연구의 가능성과 과제」, 「교육심리학에서 학습까지의 사회이론-교육과 현대 인류학」, 「교육인류학의 이론화-미시적·거시적 협력 모델의 제안」, 「환경

교육과 민족학」 등이다.

(6) 의료인류학

「이야기되는 '교육'-병원의 민족지(2)」, 「사회문화적 인지공간으로서의 진료실」, 「소아종양 전문의가 환자에게 정확한 상태를 알려주는 행위를 어떻게 볼 것인가」, 「한국 기독교의 호스피스: '미소'와 '안락사'」, 「네팔 서부 DOSA의 개념」, 「식물의 이용 및 의료 식품을 통해 본 중국 이민자의 문화적 전승-태국 북부의 윈난 출신 이민자의 사례」, 「재생산적 건강 권리란 무엇인가」, 「불임의 의료인류학 연구와 재생산적 건강의 권리」, 「일본인의 출산 관념의 발전 궤적-재생산적 건강 권리에 대한 재인식」, 「타이완 아미족 무당」 등이 있다.

(7) 도시인류학

「중국인 사회의 도시화와 종교 부흥-싱가포르의 서낭 신앙」, 「도교 신자들의 발생-싱가포르 중국인들의 문화적 정체성」, 「오스트레일리아에 온 이민자들의 문화적 변천」, 「멕시코 오아하카주 산마르틴 마을의 가톨릭 성자: 도시 이주자들과의 관계」, 「인도네시아 이슬람교도 유학생이 경험한 일본 (2)-일본인과의 관계」, 「1930년대부터 1960년대까지의 고베 유대인 공동체의 변천」, 「캐나다로 돌아온 2세들의 정착 과정 및 정체성에 대한 고찰」, 「브라질계 일본인의 혼인 관계」, 「브라질계 일본인이 일본을 보다」, 「미국계 아프리카인이 일본을 보다」, 「재일 베트남인이 일본을 보다」, 「계승된 의식동원(醫食同源)[14] 사상 및 문화-필리

---

14   의식동원(醫食同源)은 질병 치료와 식사는 인간의 건강을 유지하기 위한 것으로, 그 근

핀 마닐라의 중국 푸젠인 이민 사례」, 「중국 해외 귀국자의 '동양적 관습' 판단-'일반적인' 관점에서 보다」, 「정체성의 표현, 확인 및 창조- 온두라스 무슬림의 사례」, 「아르메니아 민족 문화의 정체성과 문화 유지 전략-레바논의 아르메니아 공동체 사례」, 「도시계획 NPO와 도시 민속학-지진 후 재건한 고베」, 「도시 명절 제사의 다양성과 확산성-도쿄의 전제(佃祭)」, 「도시 명절 제사의 발생과 변화」, 「고쿠라 기온 타이고(小倉祇園太鼓)가 보여주는 도시의 창조성」, 「뜻과 형식의 상충-가스가와카미야온마즈리(春日若宮祭)」, 「고베제의 과거, 현재와 미래」 등이다.

(8) 관광과 예술인류학

「관광을 통한 '전통 인형' 재창조」, 「문화의 지역화와 탈지역화: 문제 제기」, 「발리의 전통 진흥 정책」, 「발리의 인도 중심주의」, 「중화민족의 '전시 공연(展演)'-베이징 중화민족원」, 「북아메리카 알래스카 가문비나무 국가역사공원의 하이다인디언과 트링기트인디언 토템 기둥」, 「'파워밴드' 느낌-파푸아뉴기니의 팝송」, 「동일본의 민속 무용 아와오도리」「홍콩 모금 퍼레이드 '문화'-소규모 자선단체의 전략」「'아이누 공예의 역사적 변천과 사회적 함의' 연구」, 「오키나와 다케토미섬 전통문화의 의식화-도시건축물 보존과 민간예술운동」, 「이와테현 엔노스토리텔링 명수의 실천」, 「민속 예능 실천 속에서의 보존과 관광-미부의 화전식(花田植)」, 「역사의 붕괴: 왁스프린팅 산업의 근대사」, 「춤추는 민족 -하와이 오키나와식 몽란분 춤을 사례로」 등이 있다. 이밖에 우리는 일본문화인류학회의 권위지인 『문화인류학 연구』에서도 그 연구 성

원이 동일함을 이르는 말이다.-역자 주

표4. 1996-2008년 일본문화인류학회 학술지 『문화인류학 연구』논문 내용 통계

단위: 편

항목\연도	사회인류학	종교인류학	경제인류학과 개발연구	정치인류학	법률인류학	포스트모더니즘 인류학	탈식민주의 인류학	의학인류학	도시인류학	환경인류학	생태인류학	역사인류학	교육인류학	심리인류학	문화인류학	기타	합계
1996	4	1	1			1					1	1			5		14
1997	4	4					3			1		1			5	1	19
1998	9	1	1	1		1						1			4		18
1999	4	1	2	1		1	1				4				4	1	19
2000	2					4	6								5		17
2001	5			4		1					4				5		19
2002	1				1			8				4			2		16
2003	5	4	2		1	4								3		2	21
2004	5	1				3		1	1	1	1	3			3		19
2005	6	2			1			5						1	2	1	18
2006	4	1	1			1			2			2			4		15
2007	4					7			1	1		1	1		3		18
2008							1	2		1	1	1			1		7
합계	53	15	7	6	3	23	11	16	4	4	11	14	1	4	43	5	220

*연구 분야를 중요 분류 기준으로 정함

표5. 1996~2008년 일본 문화인류학회 학술지「문화인류학」연구 지역별 연구 논문 상황 통계

단위: 편

지역 / 연도	아시아						아프리카	오세아니아③	유럽	남미	북아메리카	비교연구	기타④	합계
	중국①	일본②	한국	동남아	남아시아	기타지역								
1996	2	2		3	1		3				1		2	14
1997		4	1	3	2		2						5	17
1998		6		2	2		1	1					6	18
1999				2	3	3	3		4	2		1	1	19
2000	2	2		5	1		2				1		4	17
2001	1	5		1			4	5	1	1			1	19
2002	1	1	1	1		1	3	1	1	1			5	16
2003		1	1	1	1	1	4		1	1		2	8	21
2004	3	1	1	2	1		1		2	1	1		8	21
2005		4		1	1		2	1	1	1	1		6	18
2006		4		1			2				1		7	15
2007		6		2			3				1		5	17
2008	2			1	2		2						1	8
총계	11	36	4	25	14	5	32	8	10	7	6	3	59	220

* 주요 보할 기준으로는 논문 직업 영역이 포함됨.

① 홍콩, 마카오, 대만 지역 및 해외 중국인 사회 연구를 포함함. ② 아이누, 오키나와 및 해외 일본인 연구를 포함함.

③ 하와이 제도 연구를 포함. ④ 한문사 연구, 이론 연구, 이민 연구 및 기타 조사 위치를 확정할 수 없는 특수 주제 연구는 이 범주에 속함.

인류학의 글로벌 의식과 학술적 자각

과의 특징을 볼 수 있다. 1960년대 이후 일본의 인류학은 줄곧 해외 연구에 관심을 가져 왔고 원식민지 국가에서의 연구가 주를 이루었으나, 1990년대에 이르러 연구 지역이 상대적으로 일본 본토로 집중되었고 일본 본토 연구가 주목을 받게 되었다. 제60권 4호(1996년 3월)부터 제73권 2호(2008년 6월)까지 일본문화인류학회 간행물『문화인류학 연구』논문 현황에 대한 필자의 통계에서 이를 알 수 있다. 그중 일본 연구, 동남아시아 연구, 아프리카 연구 비율이 비교적 높다.(표4, 표5 참조).

표4와 표5의 논문 분석을 통하여 연구 영역이 광범위하고 지역이 다양함을 알 수 있다. 그 연구 내용은 주로 다음과 같은 지역에 집중되어 있다.

(1) 아시아

일본 본토 연구를 포함한 90편 이상의 논문이 있는데, 예를 들면 아래와 같다. 「중국 근대의 표현과 일상의 실천-더훙 다이족의 장례 풍습 개혁」, 「중국 후베이성 농촌의 데릴사위 제도 사례에서 본 종교의 규범과 개인의 선택」, 「'낭(饢)'에 관한 중국 신장 위구르족의 음식 문화」, 「광둥 주강 삼각주에서 본 공산당 정책 하의 장례식 문화 변화와 계승」, 「중국 포양호에서 가마우지를 키우는 어민들의 직업 환경 변화에 대한 이중 대응」, 「다람살라 타운에 형성된 '티베트 문화'-티베트 오페라 <라모>와 쉐둔 축제의 기술(記述)과 언어에 관한 고찰」, 「사라져가고 있는 약탈혼 실태-히말라야 산지 민족의 담론 실천에 관한 '근대' 교차」, 「라오스 남부 온족 마을의 '치가포' 점복-촌락 사회의 상징적 투쟁」, 「인도네시아의 사례-개발과 혁명의 설법」, 「인도네시아 람풍주 푸비안인 사회의 결혼 의례의 사례를 중심으로-관습과 문화에 대하여 논함」, 「포스트 유토피아 시대의 인도네시아 국가와 플로레스 전통 촌락의 변화」,「카자흐스탄계 유목민의 사례-중앙아시아의 유제품 가공 시스템을 논함」,「악마의 신의론(神義論)-태국 산악인 라후족의 기독교와 토착 정령」,「정치와 말-현대 한국 정치 문화의 '오해'」,「분만의 근대화 정책 중의 '전통적' 산파-인도 TBA 훈련의 가치와 실천에 대하여」,「인도 구자라트주 쿠치현 전통 옷감의 사례를 통해 천을 생산하는 인도인과 무슬림의 사회적 관계를 논함」,「당사자의 공동체, 권리, 시민의 공공 공간-차용론의 새로운 단계와 오키나와 기지 문제를 논함」,「이토만 어민들의 바다 알아가기-삶의 문맥 중 '인간의 지식'을 논함」,「'민족 문제'의 부재: '류큐 문제 처리'에 관한 역사인류학」,「시미즈 시의 축구 보급 과정으로부터 민족주의의 계기가 된 지방 스포츠 운동을 논함」,「아키타현의 실외 단조(鍛造) 대책-실외 단조의 생존 전략을 논함」,「서도계(書道界) 제도와 역학-현대 일본 서도협회와 전람회에 관한 고찰」,「통제는 흥분을 일으킨다-아키타현 가쿠노다테, 히키야마 전통의식의 연속(延續) 메커니즘을 논함」,「형제의 결합과 생계 전술-근대 오키나와 야도리(屋取)의 전개와 세대에 대하여」,「'올바른' 종교에 관한 정치-말레이시아 사바주, 사라왁인 사회의 공식 무슬림의 체험」,「필리핀 지방 도시의 의료 주술 행위로부터 친밀한 타자를 논함」,「소비에트 시대 우즈베키스탄의 '거지'-도시 하위 문화의 무슬림과 공통성에 대하여」,「'산신(拉祭)'의 본질-동남아시아 대륙 산악인의 민족 귀속 인식의 유연성에 대하여」,「약탈혼-티모르 남부 더튼 사회의 폭력과 화해에 관한 고찰」,「열등감을 넘은 선현의식(選賢意識)에 대한 일본인 본토인류학자의 자문화 연구」,「'본토인류학'의 또 다른 가능성을 논함-구로다 토시오와 신불의 조화로 본 인류학의 이해」,「일본인이 영어로 일본을 말할 때-'민족지의 3자 구조'에서 독자·청중」,「프롤로그-본토인류학의 사정거리」

인류학의 글로벌 의식과 학술적 자각

(2) 아프리카 관련 논문 30여 편

「피지의 인도인 사회에 대하여-사탕수수 재배 지역의 사례를 중심으로」, 「관습혼을 어떻게 회고할 것인가-케냐 루히아족 사회의 매장 공소 기록 분석」, 「변방 개척의 인류학-지쿠유족 이주 사회 재편」, 「시장 경제와 목축의 소비 패턴-케냐 중북부 가정 경제의 사례」, 「자궁에서 농토까지-가나 남부 개척 이민사회의 종교 실천 변화를 논함」, 「정령의 유통-가나 남부 종교 제사의 쇄신과 원거리 거래에 관하여」, 「물체로서 말하는 운명-가나의 점복 주술 세계의 구성에 관하여」, 「약제(藥劑) 유통의 정치에 관하여-가나 남부의 약제 정책과 화학 약품 판매에 관하여」, 「현대 이보족 사회의 왕의 탄생-민족 문화에 관한 새로운 담론과 역사 인식」, 「식민지 경험의 본토화-비집권적인 이보족 사회의 권위자에 관하여」, 「이민자도 원주민도 아닌-아프리카계 사람들의 민족적 정체성에 대하여」, 「문화 전통의 진실성과 역사 인식-섬과 토지에 관하여」, 「화폐의 의미를 변화시키는 방법-카메룬에 관한 고찰」, 「농작물 자원의 인류학-에티오피아 남서부 소수 민족의 다양한 작물의 동태」, 「단조(鍛造) 장인을 통해 보는 사회 전망-에티오피아 남서부 단조 장인의 생존 전략」, 「에티오피아 남서부 농촌 사회의 사례로부터 소유와 분배의 역학을 논하다」, 「크리올인의 문화 공간 식민지 탈피 전략-마르티니크의 상반된 공간 인식에 대하여」 등이다.

(3) 유럽과 아메리카의 논문 20여 편

주로 다음과 같은 것들이 있다. 「원주민의 사회 문서 재활용 과정의 성립과 토지 소유 제도에 대한 영향-20세기 전반기 볼리비아의 법정

대리인 운동의 사례에 기초하여」, 「집 짓는 여자들-멕시코 농촌의 사회 변화와 성별」, 「자본주의에 대한 대항이 생겼을 때-스페인의 지역 통화 (通貨) 캠페인」, 「어둠에 대항하는 미래-튀르키에 이스탄불의 지진과 공동체」, 「프랑스 경영자의 실천-주체성의 해석에 대하여」 등이 있다.

⑷ 인류학 연구의 새로운 시각과 성찰

이 방면의 논문은 60여 편이며, 다음과 같은 분야로 귀납될 수 있다.

① 인류학 이론의 대화와 성찰: 「인류학이란 무엇인가?」, 「우주에서 자연으로-인류학 근대론의 시도」, 「미개한 인격, 문명한 인격」, 「인류학 연구 방법 비교로서의 재검토-서문을 대신하여」, 「통괄된 비교-문에 들어선 후 앞으로 나아갈 수 있을까?」, 「비교의 불행」, 「인류학은 'at hometown'-지역 사회에 공헌하는 일본 인류학에 관한 제 문제」, 「서론-인류학 현지조사의 외연과 전망」, 「대화의 현장, 협업의 현장-개발 원조와 인류학의 '실천' 형식」, 「우직한 민족지-저작권, 무형문화재, 자원 봉사자」, 「표상, 개입, 실천, 인류학자와 현지의 관계-서문을 대신하여」.

② 매스컴과 인류학의 연구: 「미디어, 인류학, 타문화 표상 서(序)」, 「미디어 인류학의 사정거리」, 「일본 텔레비전 프로그램에서의 미디어 표상」, 「텔레비전 프로그램과 민족지의 비교-타문화의 표준화를 논함」, 「미디어에 의해 생겨난 대면 성격의 개별적 관계-어느 라디오 방송국 프로그램 청취자들의 '집회'에 관하여」

③ 의료, 신체, 성별: 「차이점 파악-당뇨약 사용시 사람과 과학 기술의 관련성」, 「인도네시아 사례에서 본 개발과 혁명의 담론」, 「개발의 두 가지 기억」, 「본토의료의 실천에서 민족 의료까지-근대 의료와의 교차를 중심으로」, 「작위의 전문성-나이지리아 전통 의료의 전문직

화에 관하여」, 「마술과 신체-케냐 해안 지역의 번역 영역」, 「민족 의료의 점유에 관하여」, 「종교란 무엇인가? 」, 「인류학의 젠더 연구와 남녀 평등주의」, 「이탈리아의 '이질적' 성차별 메커니즘의 재사고를 통한 또 다른 남녀 문제 논의」, 「변이의 공동체-혼인 이론을 넘어서」, 「신체 자원이란 무엇인가-특집 서(序)」, 「민속예능 계승에서의 신체 자원의 재분배-니시우라의 덴가쿠 시론」, 「신체 기법의 연구 시각-다시 읽는 모스의 '신체 기법론'과 무술반의 사례 연구」, 「현대화와 샤머니즘 실천에서의 신체」, 「차이의 반복-캐나다에서 실천의 기억과 신체」, 「'간호'의 인류학-특집 서문」, 「유방암 환우회 지도자들에게, 간병이란 무엇인가」, 「감잎을 따서 생활하다-표준화를 넘어서」, 「장애를 없애기에서 장애를 벗어나기까지-근대 일본의 시각 장애인들의 '채 꾸지 못한 꿈'을 비추다」 등이 있다.

④ 기술과 문화: 「프롤로그-과학 기술을 향한 인류학」, 「기계와 사회집단의 상호 구성-태국 농촌의 기계 기술의 발전과 직업 집단의 형성」, 「매개체로서의 생산기술의 개발과 수용 과정」, 「지진학, 실천, 네트워크-튀르키예 지진 관측에 대한 인류학적 관찰」, 「산업 지향 생태학-산업과 노동 연구의 인류학적 시각」 등이다.

⑤ 역사, 공동체와 국가 구성: 「공동체 개념의 이탈과 재건」, 「사람과 사람 사이의 다른 연결고리-프랑스 파리 교외의 마그레브계 이민 2세들의 다민족 공동체」, 「한국 제주도의 생활 경험으로부터 공동체 생활 원리의 혼동과 창조를 논함」, 「지금 왜 역사를 연구해야 하는가(서문을 대신하여)」, 「현재를 이해하는 데 필요한 역사 연구」, 「역사 속의 세계화-폴로 주 북부의 식민지 시기와 현대의 노동 형태」, 「어느 불완전한 역사-20세기 쿠바의 정신과 물질의 시간」, 「국가 정책과 근대 문제 해

결」, 「글을 배우고, 지식을 쌓고, 고향을 이해하다-소비에트 시대 시베리아의 문화 건설에 관하여」, 「일본 근대화 과정에서 안전 신화의 정치학-순직에 휘말린 권리 관계와 담론의 구축을 중심으로」, 「공동체성의 근대 상황-발리의 화장 의례 실시 체제의 변화에 대해」, 「박물관의 공개성 이론에 관한 난제-호주 토착 주민의 실천과 가능성」, 「에스키모인의 공동체 형성 운동-인류학 실천의 한계와 가능성」, 「중간 집단론-사회구성원이 되는 출발점부터 복귀까지」, 「통치의 결사(结社)와 이데올로기-차이 배제의 실천에 관한 고찰」, 「현대 사회 협회의 유토피아-프랑스와 필리핀 협동노조의 사회적 위치」, 「민주주의와 불충분한 도덕 정치-중간 집단의 현대적 가능성에 관한 고찰」, 「집에서의 현지조사」, 「지역에서의 학습, 지역에서의 연결-우지시 문화인류학의 활동과 교육 실천」, 「제사 의례에서 본 대학·지역·인류학의 역할-아카시시 이나즈메 신사의 가을 제사 조사를 예로」 등이 있다.

6) 현대 일본 인류학의 중국 연구

앞의 글에서 말했듯이, 일본의 인류학, 민족학은 유구한 중국 연구 전통을 가지고 있는데, 그중 1950년대 이전의 연구는 주로 일본의 침략 전쟁과 연결되었다. 1980년대에 이르러 중국의 개혁개방과 함께 많은 학자들이 중국에 와서 인류학 현지조사를 진행할 수 있었는데, 그 연구는 주로 아래와 같은 몇 가지 방면에 집중되어 있다.

(1) 민족주의 인류학에 대한 성찰과 '재방문' 연구

앞서 언급한 바와 같이 식민주의의 반성을 바탕으로, 중국 침략 시대에 수행한 '중국 농촌 관행 조사'를 기반으로 일부 '재방문' 연구를 수행하였다. 예를 들어, 1990년에 나카오 가쓰미는 만철조사촌 중 하나인 산둥성 리청현 렁수이거우를 추적 조사하여, 1950년대 이후 이 마을의 사회 변천과 마을의 권력 구조, 특히 가계 내 종족을 중심으로 분석과 묘사를 하였다.[15] 1989년, 이시다 히로시(石田浩, 1946~2006)는 『중국 농촌 관행 조사』를 바탕으로 자신의 현지조사와 결합하여 화북 농촌 사회의 경제 구조 특징에 대해 연구, 분석하였다.[16] 그러나 이시다 히로시의 연구는 주로 농촌 경제의 발전에 치중되어 있으며 농촌 사회 구조에 대한 연구는 부족하였다.

그 외에, 미국의 일부 학자들은 『중국 농촌 관행 조사』를 이용하여 비교적 영향력이 있는 저서를 집필하였는데, 예를 들면 황중즈(黃宗智, 1940~)의 『화북의 소농 경제와 사회 변천』과 같은 것이다.[17] 황중즈의 연구에 의하면 전통적인 화북의 농촌마을은 대부분 다성촌(多姓村)이고 종족 조직이 발달하지 못했으며 활동은 자연촌(自然村)의 범위에 국한되어 있다. 자연촌 내에는 일반적으로 정권 구조가 모두 내생적(內生的)이면서도 상대적으로 폐쇄적이며 이러한 구조는 자연촌의 종족 구조에 뿌리를 두고 있다. 이러한 정권 구조에서, 종족 내의 분쟁은 종족에서 가장 신망이 높은 자가 조정하고, 종족 간의 분쟁, 촌락의 공공 사무 및 외부와의 교섭은 각 종족의 지도자가 '수사(首事)' 회의를 구성하여 협의하여 처리한다. 황중즈는 여기서 중요한 사실을 지적하였는데, 그것

---

15   [日] 中生勝美: 『中国村落的权力结构和社会变迁』, 亚洲政治经济学会, 1990.

16   [日] 石田浩: 『中国农村社会经济结构的研究』, 晃洋书店, 1989.

17   黄宗智: 『华北的小农经济和社会变迁』, 中华书局, 1986.

은 화북의 촌락은 종족의 정권과 촌락의 정권은 분리되어 있지만, 촌락 정권의 수립은 또 종족 정권의 지지가 필수적이라는 것이다. 1970년대 미국 학자 라몬 H. 마이어스(Ramon H. Myers, ?~2015)는 '중국 농촌 관행 조사' 중 4개 마을의 자료를 이용해 근대 농촌 경제-마을과 농가 경제가 어떻게 조직되고, 어떻게 기능을 행사하며, 어떻게 시간에 따라 변화하는가를 연구하고, 중국의 토지 문제에 대해 토론을 벌였다.[18] 프레신짓트 두아라(Prasenjit Duara)도 『중국 농촌 관행 조사』를 이용하여 문화, 권력, 국가의 시각에서 촌락의 다양한 사회적 관계와 권력의 문화적 네트워크를 탐구하고 나아가 촌락과 국가의 관계를 명확히 하였다. 그의 연구는 『문화, 권리와 국가』[19]라는 저서에 구체적으로 반영되어 있다. 상술한 많은 연구에서 연구자들이 더 주목하는 것은 촌락 자체의 구조적 특성이다. 특히 하타다 다카시, 황중즈, 프레신짓트 두아라 등은 친족 관계와 마을의 분화에 주목했다. 다만 그들의 연구는 친족 관계를 구성하는 가족과 종족의 내적 메커니즘을 구체적으로 고려하지 않았다. 이러한 연구는 기본적으로 두 가지 경향을 반영하고 있다. 일본 학자들은 단지 촌락 자체의 구조적 특성만을 고려하고 묘사에 초점을 맞추고 있지만 이론적 체계가 부족하고 특히 공동체와 전체 사회의 유기적인 연관성에 대해 더 많이 연구하고 조사하지 않았다. 황중즈와 프레신짓트 두아라의 연구는 국가 정권과 촌락의 관계만 강조하고, 민간 사회의 규범이 전체 사회에 미치는 영향에 대한 고려는 결여되어 있다. 필자는 일찍 이 연구를 한족 사회 인류학 연구 중의 만철(滿鐵) 연구 학파로 귀

---

18   [美] 马若孟: 『中国农民经济』, 史建云译, 江苏人民出版社, 1999.

19   杜赞奇: 『文化、权力与国家』, 王福明译, 江苏人民出版社, 1996.

납한 적이 있다. 한편 일본에서는 전쟁과 현대 사회의 기억의 관점에서 전쟁이 지역 사회에 미치는 영향을 사고하는 학자들이 있는데, 그중 재일학자 녜리리(聶莉莉, 1954~)의 『중국 민중의 전쟁에 대한 기억-일본 세균전의 상흔』[20]이 가장 대표적이다.

(2) 한족 사회의 인류학 민족지 보고가 끊임없이 쏟아져 나오고 있다.

일본 연구자들은 한족 사회 연구에 대한 깊은 동양학 전통을 가지고 있다. 또한 사회사적 시각에서 연구를 진행하는 것도 전통적으로 일본의 한족 사회 연구의 기초이다. 예를 들어, 1940년 가토 조켄(加藤常賢, 1894~1978)의 『지나의 고대 가족 제도 연구』, 1943년 모로하시 데츠지(諸橋轍次, 1883~1982)의 『지나 가족제』, 1952년 오야마 히코이치(大山彦一)의 『중국인의 가족제도 연구』, 1968년 모리야 미츠오(守屋美都雄, 1915~1966)의 『중국 고대의 가족과 국가』, 마키노(牧野, 1905-1974)와 시미즈 모리미츠이(淸水盛光, 1904~1999)의 『지나 가문의 해체』, 『중국 종족 공공 재산 제도 고찰』 등이 있다. 촌락 제도와 지방자치에 관해서는 와다세이(和田清, 1890~1960)가 1939년에 쓴 『중국 지방 자치 발달사』, 마츠모토 젠카이(松本善海, 1912~1974)가 1977년에 쓴 『중국 촌락 제도사 연구』, 시미즈 모리미츠이가 1951년에 쓴 『중국 향촌론』 등이 있다. 특히 타나카 잇세이(田仲一成)의 촌락 제사와 종족에 대한 연구는 최근 몇 년간 중국 촌락 사회의 제사 의례를 연구한 대표적인 저서이다.[21] 그러나 이 연구들은 주로 역사에 대한 서술과 표현에 초점이 맞춰져 있다. 이를 바탕으로 『중국

---

20 聶莉莉: 『中国民众的战争记忆—日本细菌战的伤痕』, 明石书店, 2006.

21 [日] 田仲一成: 『中国的宗族和戏剧』, 东京大学出版社, 1985.

농촌 관행 조사』 등 중국 한족 사회에 대한 이해와 인식을 결합하여 현대 한족 사회의 민족지를 써내는 것도 일본 학계가 꾸준히 달성하고자 하는 목표이다. 그러나 조건의 제한으로 많은 일본 학자들의 이 방면의 현지조사는 타이완과 홍콩에 집중되어 있었고 1980년대 이후에야 비로소 조금 달라졌다. 와타나베 요시오(渡辺欣雄, 1947~) 교수의 『풍수의 사회인류학-중국과 주변 사회의 비교 연구』(일본 풍향사, 2001), 세가와 마사히사(瀬川昌久, 1957~)의 『키자(客家)-화남 한족의 정체성과 그 경계』(일본 풍향사, 2001), 『족보-화남 한족의 종족, 풍수와 이주』(일본 풍향사, 1996), 요시와라 카즈오(吉原和男), 스즈키 마사타카(鈴木正崇), 스에나리 미치오가 편찬한 『'혈연'의 재구성-동아시아의 부계 구조와 동성 연합』(일본 풍향사, 2006) 등이 있다.

상술한 일본 학자들의 연구 외에, 일본에서 인류학 박사 학위를 취득한 일부 중국 학자들의 연구 주제도 다수 한족 촌락 사회 연구에 집중되어 있다. 녜리리의 『류보(刘堡)-중국 동북 지방의 종족과 그 변천』(동경대학출판회, 1992)이 첫 번째 일본어 저서이다. 한민(韩敏) 박사의 안휘성 이촌에 대한 연구는 인류학의 문화연구와 사회연구의 전통을 유기적으로 결합하고 시공간을 뛰어넘어 진행하는, 전통과 현대가 접목된 촌락 민족지 연구이다. 그는 사회 구조의 연속성을 강조하는데 이 관점에는 굳어진 문화 전통이 이미 사람들의 생활 습성이 되었다는 생각이 내포되어 있다. 특히 사회주의 혁명 후 촌락사회의 다양한 단계에서의 사회문화의 생산과 생활 실천에 대한 서술은 우리로 하여금 프랑스 구조주의와 마르크스주의의 논쟁 문제를 다시 생각하게 한다. 이 책은 일본 동양학의 토대 위에서 서양·일본·중국 인류학의 훌륭한 전통을 이어받아 중국인 스스로 완성한 한족 사회에 관한 훌륭한 민족지 논저라고 할 수 있다.[22] 친자오슝(秦兆雄, 1962~)이 박사논문을 바탕으로 출판한『중국 후베이 농촌의 가족·종족·결혼』(일본 풍향사, 2005), 그리고 판훙리(潘宏立, 1960~)의『현대 중국 동남 지역의 한족 사회-민난 농촌의 종족 조직과 그 변천』(일본 풍향사, 2005), 샤오훙옌(蕭红艳)의『중국 쓰촨 동부 농촌의 가족 과 결혼-장강 상류 유역의 문화인류학 연구』(일본 경우사, 2000) 등이 있지 만, 상기 연구는 주로 친족과 사회 조직의 틀 속에서 전개되었다.

또한, 일본의 젊은 신세대 학자들은 중국의 여러 대학에서의 유학 을 통해 자체 현지조사를 마쳤다. 예를 들면, 차이린(음역 이름)의『팅강 유역의 지역 문화와 커자(客家)-한족의 다양성과 일체성에 관한 고찰』 (일본 풍향사, 1995), 이지마 노리코(饭岛典子)의『근대 커자(客家) 사회의 형 성-외부 호칭과 내부 호칭 사이에서』(일본 풍향사, 2006) 등이 있다.

(3) 중화민족 다원일체(多元一体) 구도에서의 소수 민족 연구

20세기 중엽 초기, 일본은 중국의 주변 소수 민족에 대하여 연구를 진행하여 비교적 많은 조사 보고서와 자료를 남겼다. 도리이 류조로 대 표되는 인류학 선구자들은 20세기 초반부터 중국 서남 소수 민족 지역 을 깊이 조사하였으며, 동북과 내몽골 지역의 몽골족 유목사회에 대해 서도 고찰하였는데,[23] 이는 일본 인류학자들의 중국 소수 민족 연구의 효 시라고 할 수 있다. 이것을 시작으로, 일본의 중국 침략 전쟁 당시 일본 의 민족연구소와 관련 기관은 중국 각지에서 많은 민족학 조사를 했다.

---

22 韩敏:『一个皖北村庄的社会变迁与延续—对革命和改革的反应』, 陆艺龙译, 江苏 人民出版社, 2007.

23 [日] 末成道男:「鸟居龙藏和中国民俗学」,『中国21』第6集, 1999.

중국의 다민족 사회에 대한 연구에서, 바로 페이샤오퉁 선생이 제시한 중화민족의 다원일체 구도의 특징 때문에, 다민족 사회 속의 한족 사회에 대한 인류학 연구로서 한족만을 연구하는 것은 턱없이 부족하며, 반드시 한족과 주변 소수 민족 사회 및 한족 문화의 영향을 받은 동아시아 사회와의 상호 작용 관계도 고려해야 한다. 1980년대에 이르러, 일본의 민족학 인류학자들은 중국 서남 지역 민족들에 대한 조사와 연구를 진행하였는데, 당시 출발점은 일본 문화와 서남 지역 민족 문화 사이의 관계를 탐구하려는 시도였으며, 이로부터 조엽수림(照葉樹林, 상록활엽수림) 문화에 대한 논의가 촉발되었다. 한편, 시라토리 요시로(白鳥芳郎, 1918~1998)를 대표로 하는 학자들은 화남·서남 민족학과 동남아시아 사이의 관계에 대한 토론을 벌였는데, 이 연구의 성과는 일본 중국대륙고문화연구회가 편찬한 『중국대륙고문화연구』(합본 1~10, 일본 풍향사, 1995)에 나타난다. 당시 저명한 학자들이 참여해 집필한 이 총서는 민족·역사를 중심으로 고고·신화·민담·언어·미술 등의 지역적 연구를 다룬 것으로 오늘날 '화남 민족학·대륙 동남아 연구'를 논의하는 기초 학술저서가 됐다.

1990년대 들어 일본의 중국 소수 민족에 대한 연구는 어느 한 민족이나 민족 집단의 역사적 궤적만을 따로 떼어 고려하지 않고 그 민족의 변천을 주변 민족, 특히 한족과의 상호 작용 속에 두고 고찰하였다. 예를 들어 다케무라 다쿠지(竹村卓二, 1930~2008)로 대표되는 학자들은 민족 정체성의 관점에서 한족과 인근 여러 민족의 관계를 논하기 시작했는데, 그 성과는 주로 『국립민족학박물관 연구 보고 별책』 제14호(1991)에 나타나 있다. 다케무라 교수는 1980년대 중반 화남 야오족(瑤族)을 여러 차례 시찰하고 동남아 야오족과 비교 연구하면서 화남 각 민족의 '한족 동화' 현상에 주목했는데, 그 성과는 그가 편집한 『의례·민족·경계-화남 각 민족의 '한족 동화' 현상』(일본 풍향사, 1994)에 구현된다. 그는 중국 남부에 거주하는 야오족·먀오족(苗族) 등 소수 민족이 자신의 정체성을 유지하면서 한족과 공존하는 현상을 집중 조명해 민족별 의례 차원에서 '민족 경계'의 복잡다변성과 유지 과정을 검증했다. 이를 바탕으로 다케무라 다쿠지의 제자인 쓰카다 시게유키(塚田誠之, 1952~)교수도 스승의 견해를 지속 발전시키고 있으며, 그가 편집한 『민족의 유동과 문화 동태-중국 주변 지역의 역사와 현재』(일본 풍향사, 2003)는 중국 내몽골·윈난·베트남 등 광범위한 지역의 사례를 통해 민족의 흐름과 그에 따른 문화적 변화를 고찰한 논문집이다. 그는 또한 하세가와 키요시(長谷川淸)와 함께 『중국의 민족 표상-남부 인류학·역사학 연구』(일본 풍향사, 2005)를 공동 편집하여 중국 남부와 그 주변의 각 민족이 어떻게 자민족과 타민족의 경계를 정하는지 논하고 '민족'이라는 개념의 오늘날의 기반을 탐구하였다. 그의 대표적인 저서로는 『쫭족(壯族) 사회 연구-명나라 이후를 중심으로』(일본 제일서방, 2000)가 있다.

중국 소수 민족에 대한 연구를 살펴보면 국가는 민족문화의 변천과 직접적인 관련이 있다. 필자는 일본 국립민족학박물관에서 했던 강연에서 국가주의의 민족학 또는 인류학의 개념을 언급한 바 있는데, 이는 중국 민족학의 큰 특징이다. 이 점에 대해 일본의 많은 학자들도 주목하고 있다. 특히 요코야마 히로코(橫山廣子, 1953~)가 주최하고 필자가 참여한 '중국 민족문화의 동태와 국가를 둘러싼 인류학' 연구 과제는 국가·민족·문화적 상호관계 등 측면에서 소수 민족의 사회문화적 변천의 궤적을 보여준다.(『국립민족학박물관 조사보고서』 20집, 2001) 그리고 나가타니 치요(長谷千代子, 1970~)의 『문화의 정치와 생활의 시학-중국 윈난성 더

홍 다이족의 일상적 실천』(일본 풍향사, 2007)은 살수절 등 명절 축제에서 나타나는 국가와 민족의 문제를 언어적, 비언어적 관점에서 연구했다.

이러한 연구는 한족과 소수 민족의 관계를 이론적으로 어떻게 요약할 수 있을까? 재일 중국인 사회인류학자 왕숭싱(王崧興, 1935~1995) 교수는 이를 중화문명의 주변과 중심 이론, 즉 "네가 나를 보고, 내가 너를 본다"는 문제로 승화시켰다. 그의 주제 중 하나는 바로 주변에서 한족의 사회와 문화를 어떻게 바라볼 것인가 하는 문제이다. 이 '주변' 개념은 중국의 소수 민족 지역에 국한되지 않고 사실상 중국의 타이완, 홍콩 및 일본, 한국, 베트남, 오키나와 등 주변 국가와 지역을 포괄한다. 그는 특히 한족의 사회와 문화를 보려면 한족 주변 사회나 한족 사회 내부에서 한족과 일정한 접촉과 상호 작용을 하는 이민족의 관점에서 봐야 한다고 강조했다.(스에나리 미치오 편저, 『중원과 주변-인류학적 현장의 관점에서 보다』, 일본 풍향사, 1999)

물론 서로 다른 여러 민족에 관한 연구에는 많은 논문과 보고가 있으므로 여기에서 일일이 열거할 수는 없다.

이제 일본 인류학계에서는 일본 인류학에 대해서도 성찰하기 시작했다. 그들은 국제 네트워크에서의 일본 인류학이 주변 국가와 지역, 특히 아시아에서 대화를 전개해야 한다고 지적했다. 예를 들면, 가족·친족, 신분과 카스트, 도덕과 예의, 법과 권력, 육체와 정신, 문명의 질서관(중화·인도·서유럽의 비교), 이민자, 민족 집단성, 민족정책, 역사관, 인류학 지식의 역사, 식민지 경험 등을 지역의 맥락에서 파악하는 것이다.[24] 어떤 학자들은 일본의 인류학이 응용 연구 방면에서 규모와 깊이

24　[日] 清水昭俊: 「日本的人类学—国际的位置和可能性」, 杉岛敬志编 『人类学实践

가 부족하다고 생각한다. 일본의 정치학자, 경제학자들은 동남아시아 각지에 진출해 짧은 기간 동안 실시한 조사에서 괄목할 만한 업적을 남겼고, 일본 정부와 유엔 아시아극동경제위원회(ECAFE) 및 세계 은행에 영향을 미치는 인물들이 다수 배출됐다.

그러나 인류학자들은 동남아시아에서 오랜 시간 현지 공동체에 살면서 세심한 관찰과 조사를 진행하고 현지 언어도 열심히 공부해 매우 영향력 있는 연구 저서들을 출간했지만 순수 학문 연구에서는 이 학과의 생존을 고려해야 한다. 즉, 이론적 연구를 기반으로 응용 분야의 연구를 지속적으로 추진해야 한다. 1997년 1월 베이징대학교에서 열린 제2회 인류학 고급심포지엄에서 차오젠(喬健, 1935~) 교수도 필자에게 인류학을 응용하는 것이 인류학 연구에 매우 중요하며 이는 학과의 존폐에 관한 문제라고 언급했다. 이를 위해서 인류학 연구는 '정책과학'의 필요성에 주의를 기울이고 현실 사회와 문화인류학의 관계를 연구해야 한다. 최근 20여 년간 경제학, 정치학, 법학 등 사회과학의 각 분야에서 정책통 유형의 연구자들이 많이 배출되었다.

그러나 인류학은 그에 비하면 아직 상아탑의 상태에 있다. 제2차 세계 대전 이후, 세계 각지는 비약적으로 발전하였으며, 특히 개발도상국은 이러한 발전과 개발이 서로 밀접하게 연관되어 있다. 그런데 개발 자체가 인류와 문화의 문제와 관련되며, 개발의 전제는 바로 타문화에 대한 이해이다. 인류학이 고유의 방식만을 고수한다면 학문의 발전이 제약될 수 있다. 이는 비서구 사회의 인류학뿐만 아니라 서구의 인류학도 동일하게 직면한 문제이다.

的再构筑』, 世界思想社, 2001.

6장

───●───

또 하나의 타자:
영장류 사회 연구가 인류학에서 가지는 가치*

    2002년 내가 도쿄도립대학교 사회인류학연구과 객원 부교수로 있을 때 당시 주임이었던 오쓰카 가즈오(大塚和夫, 1949~2009) 교수는 한 토론회에서 교토대학교 스가와라 카즈요시(菅原和孝, 1949~)가 갓 펴낸 『감정적 유인원=인간』[01]을 들고 그 책이 최근 일본 인류학의 인간성 논의에 지대한 영향을 준 저서라고 추천했다. 나는 곧 그 책을 샀고, 인류학의 '감정' 연구가 어떻게 영장류 연구와 결합되어 인류의 본질을 더 잘 파악할 수 있는지를 보았다. 그 책에서 저자는 현지조사를 바탕으로 하는 인류학자들은 주로 타자의 행위 공간에 대한 기술을 하게 되는데, 인간 이외의 또 다른 타자는 영장류라고 언급한다. 그리고 이 특별한 타자는 우리 인간처럼 사회와 문화를 가지고 있으며, 또한 우리 인간처럼 풍부한 감정 세계를 가지고 있기 때문에 저자는 '='를 사용하여 유인원과 인간을 동일시한다. 우리는 현지조사 외에도 현대 인류학의

---

*   본문은 『广西民族大学学报』 2011年第6期에 게재되었음.

01   [日] 菅原和孝: 『感情猿＝人』, 弘文堂, 2002.

연구 방법 중 또 다른 중요한 방법이 비교 연구라는 것을 알고 있다. 영장류 '사회'에 대한 연구는 그 내부에서 비교해야 할 뿐만 아니라, 우리 인류와도 직접 비교되어야 한다.

예를 들어 우리 인간사회는 무리를 지어 사는 '군거(群居) 사회'인데 영장류 사회도 마찬가지이다. 그들은 모두 '억제', '지배', '복종', '의존' 등의 행위를 통해 사회의 구성과 지속성을 유지한다. 그들의 세계에서 희로애락, 질투, 정서, 표정 등 몸과 마음의 세계는 어떤 방식으로 표현될까? 인류 문화 가운데 수렵 채집 사회와 같은 이동성 사회는 그 사회 구성에서 영장류 사회와 많은 유사점을 가지고 있다. 이것은 학계에서 선사시대의 고고학 유적 연구를 다룰 때 늘 수렵 채집 사회의 사례와 비교하여 해석하는 이유이기도 하다.

인류학 교수 및 연구에 종사하는 사람으로서, 나도 전형적인 수렵 사회였던 중국의 어룬춘족에 대해 장시간 조사와 연구를 진행했다. 수렵 사회에 대해 제대로 체험을 하고 나서 다시 영장류 행위에 관한 연구 성과를 읽어보면 친근감을 느끼게 된다. 학생들에게 수업을 할 때 매번 수렵 사회에 대해 이야기할 때마다 나는 인류의 기원으로 따지면 약 400만 년이고 우리는 그중 399만 년 동안 수렵 채집 시대에 살았다고 말했던 기억이 난다. 그래서 수렵 채집 사회의 연구는 우리가 인간의 본질, 사회의 형성, 사회적 분업, 인간과 자연의 조화로운 관계를 인식하는 데 중요한 의의를 가진다. 그러나 이 사고를 또 다른 타자인 원숭이 사회에 놓고 비교해 본다면 우리의 시야는 더욱 넓어지고 상술한 문제에 대한 사고도 더욱 깊어져서 인간성의 본질을 더 잘 이해할 수 있을 것이다.

1. 영장류의 사회문화와 행위

사실 내가 초기에 고고학을 공부할 때, 모두 '노동이 인간을 창조한다'는 학설을 그대로 사용했고, 종종 고전 작가의 어록에 대해 토론했는데, 예를 들어 인간의 본질은 두 가지 측면을 포함하는데 하나는 인간과 동물의 차이이고 다른 하나는 인간과 인간의 차이와 같은 것들이다.[02] 도구 제조와 노동으로 인간과 동물의 본질을 구별한 것은 당시의 과학 연구 맥락에서 타당성이 있었다.

그러나 1960년대 이후 새로운 학문인 '영장류학'의 탄생과 발전으로 인류는 19세기 이래 인간의 본질에 대한 논의에 대해 새로운 생각을 갖게 되었다. 예를 들어, 문화는 한때 인간과 다른 영장류의 차이점을 논의하는 중요한 표지 중 하나였는데, 나중에 영장류 행동학 연구를 통해 유인원도 문화가 있다는 것이 밝혀졌다.

예를 들어 섭식 행동에 대한 연구와 토론이 상당히 많은데 우리가 잘 알다시피 침팬지는 가는 나뭇가지를 사용하여 흰개미를 잡아먹는다. 그러나 온천에 몸을 담그는 일본 원숭이의 행동은 그 섭식과 관련이 없다. 3년여 전 교토 국제일본연구센터에서 『후(猴), 원(猿), 인간-인간성의 기원을 생각하다』의 저자 장평을 처음 만났을 때 온천과 일본 문화에 대한 이야기를 나누었던 기억이 난다. 당시 그는 곧바로 화제를 원숭이에게로 돌려, 일본원숭이들이 어떻게 온천욕을 하는지에 대해 연구한 적이 있는데 원숭이들이 온천욕을 하는 습관은 주로 모자간에 전수하는 방식으로 전해져 내려온다고 했다. 이를 바탕으로 그는 「일

---

02   [德] 马克思: 『1844年经济学哲学手稿』, 人民出版社, 2000, p.131.

본원숭이 온천 문화 행위의 전수」라는 글을 썼는데 현지 매스컴의 큰 관심을 불러일으켰다. 그리고 매스컴의 전파를 통해 그곳은 원숭이의 온천욕을 보러 오는 인기 관광지가 되었다.

그밖에 노동, 도구 제조, 언어, 사회성 등과 같은 새로운 논의도 많다. 예를 들어, 동물이 둥지를 틀고, 구멍을 뚫고 굴을 파며, 먹이를 찾아 새끼에게 먹이는 것도 일종의 노동이며, 침팬지가 낚싯대를 만들어 개미굴의 흰개미를 잡아먹고, 나뭇잎 스펀지를 만들어 나무 구멍의 물을 빨아먹는 것도 도구를 만들어서 한 것이다. 언어에 대해 말하자면, 동물은 비록 사람의 말을 할 줄 모르지만 발성, 동작, 표정, 냄새, 초음파 등의 방식으로 정보를 전달할 수 있는데, 사실 인간과 비교한다면 일종의 비언어적 행위일 것이다. 사회성에 대해 말하자면 개미, 꿀벌, 기러기 등 많은 동물들이 안정적인 군집 생활을 하고 엄격한 조직 규율을 가지고 있어서 사회적 동물이라고도 불린다.

사실 영장류의 사회적, 문화적 행동에 대한 논의는 일본의 저명한 인류학자이자 영장류학인 이마니시 킨지(今西錦司, 1902~1992) 박사로 거슬러 올라간다. 나는 어룬춘족에 대한 조사와 연구 과정에서 일본의 동양문고, 도쿄대학교 동양문화연구소 등에서 일본의 전쟁 전과 전쟁 중의 대소흥안령에 대한 조사 자료를 살펴보던 중 이 일본 학자의 이름을 보게 되었다. 그 후 중국 내몽골과 동북에 대한 그의 많은 현지조사 보고서를 읽었다. 2002년 2월 내가 도쿄도립대학교에 있을 때 교토대학교에서 이마니시 킨지 교수의 탄생 100주년을 기념하기 위해 교토대학교 도서관에서 그를 위한 기념 전시회를 개최한다는 것을 알게 되었다.

나는 특별히 도쿄에서 교토로 달려가 이 전시회를 관람하였는데, 관람하면서 이 학술 대가에 대해 더 깊이 이해하게 되었다. 그의 연구는 인류학과 생태학뿐만 아니라 생물 세계, 특히 영장류학에까지도 깊이 있게 이르렀으며 심지어 많은 학자들은 이마니시 킨지가 독립적인 학문, 즉 생물사회학을 창시했다고 말한다. 그가 보기에 생물 세계를 구성하는 '가장 기본적인 구성 단위'는 '종(種)'이다. 그는 종에 의해 형성된 사회를 '종사회(種社會)'라고 부르고 동식물 세계에도 나름의 사회적 구성이 있음을 분명히 했다. 이를 바탕으로 그가 영장류 연구에 크게 기여한 부분은 문화와 인격론이다. 이마니시 킨지는 문화인류학, 프로이트 정신분석학, 신프로이트 학설을 많이 읽고 흡수했으며 이후 칼 구스타브 융(Carl GustavJung, 1875~1961)의 분석심리학을 받아들여 다양한 분야의 연구 성과를 영장류 사회에 대한 연구에 적용했다. 앞서 언급한 일본원숭이 무리의 사회문화 현상은 거슬러 올라가면 이마니시 킨지 연구팀이 최초로 발견한 것이다. 일부 학자들은 미국의 영장류학이 심리학과 문화인류학을 기반으로 발전한 반면, 일본의 영장류학의 특징은 동물학에서 인류학으로 전환한 것이라고 결론 지었는데, 이런 특징은 오늘날에도 일본 영장류 연구의 기초 중 하나이다.

이런 학문적 배경을 바탕으로 이마니시 킨지는 1967년에 교토대학교 영장류연구소를 설립했다. 당시 일본은 도쿄 올림픽(1964년)을 막 개최하였고 국내 경제가 급속한 발전 궤도에 진입함과 동시에 사람들의 시야가 더욱 국제화되어 학문적으로 유럽과 미국을 따라잡으려는 사상적 원동력이 형성되었다. 이마니시 킨지 교수는 제8회 영장류 연구회에서 "모든 학문 분야 중 일본이 서구를 추월할 가능성이 가장 높은 것은 영장류학입니다. 그것은 서구에는 유인원의 자연적 분포가 없지만 우리 나라에는 유인원이 있을 뿐만 아니라 민간 문화에도 유인원에 대한 소박한 지식이 있기 때문입니다. 일본은 이런 자연적·문화적 장점을 살려 종합적인 영장류연구소를 만들어야 하며, 장래에 반드시 세계를 선도할 수 있을 것입니다."라고 했다.

그해 5월 일본의 노벨 물리학상 수상자인 도모나가 신이치로(朝永振一郎, 1906~1979)는 이마니시 킨지의 제안을 일본 내각총리에게 제출하면서 종합적 기초연구소를 조속히 설립할 것을 건의했다. 일본 정부는 이듬해 법안을 통과시키고 1967년에 교토대학교 영장류연구소를 설립했다. 이마니시 킨지의 학문적 발자취를 통해 나는 교토대학교 영장류연구소가 현재 세계에서 최고이고 아시아에서 유일한 종합 영장류 학술연구기관으로 주로 영장류(인간 포함)에 대한 종합적인 연구를 통해 인류의 기원과 인간성 형성의 생물학적 기초를 이해한다는 것을 알게 되었다.

이마니시 킨지 탄생 100주년 기념 전시회를 보고, 나 역시 영장류의 연구와 인류학 사이의 밀접한 관계를 체득했다. 앞에서 언급한 『감정적 유인원=인간』 등의 열독을 통해, 나는 이 학문이 인류학 연구에 있어서 중요하다는 것을 점점 더 확신하게 되었다. 인간의 생물적 속성과 문화적 속성을 연구 대상으로 하는 인류학은 문화와 사회를 대상으로 하는 사회문화인류학으로 완전히 돌아갈 수는 없으며 독립성을 가져야 한다. 2004년 9월, 나는 일본에서 베이징대학교로 돌아온 직후에 중산대학교 인류학과에 오게 되었는데, 생물인류학 연구팀이 하나 있어야 하겠다는 생각이 계속 들었다. 내가 중산대학교 인류학과 석사과정을 밟고 있을 때, 펑자쥔(冯家骏, 1930~) 선생과 황신메이(黄新美, 1967~) 선생에게 '인체해부학'과 '체질인류학'을 배웠는데, 비록 내가 그 후에 이 방면의 연구에 거의 종사하지 않았지만, 오늘날까지 이 학과의 훈련은 내가 사회문화 연구에 종사하고 학제간 지식을 받아들이는 데 있어서 모두 은연중 작용을 하고 있다.

나는 줄곧 생물인류학은 인류학 전공의 주요 기초 교과목이며 학생들의 과학적 소양, 과학적 사고 방법, 과학적 연구 능력을 양성하고 향상시키는 데 있어서 중요한 역할을 한다고 생각하고 있다. 생물인류학은 인류의 자연 속성(human nature)을 연구하는 학문이다. 인류의 생물학적 변이에 주목하는 연구를 통해 과학적이고 규범적인 이론과 사실을 바탕으로 인류의 기원, 진화, 생물학적 다양성 등 인류학에서 관건이 되는 문제를 탐구한다. 해외 대학, 특히 서구 대학의 인류학과에는 기본적으로 모두 생물인류학 전공이 개설되어 있는데 예를 들면 미국 하버드대학교 인류학과, 영국 케임브리지대학교 인류학과 등이 그러하다.

일본, 독일 등의 인류학 전통에서도 인류의 생물학적 특징과 영장류학에 대한 연구를 매우 강조하여 각각 독일 막스플랑크 진화인류학연구소와 일본 교토대학교 영장류연구소 등 종합적인 연구기관을 설립하였다. 생물인류학의 이론, 원리 및 방법은 오랫동안 사람들의 지속적인 연구에 대한 관심을 강력하게 유도하고 인간의 본성과 생물학적 특성에 대한 지속적인 탐구에 영감을 주었다. 중산대학교 인류학과는 전통적으로 인간의 생물학적 속성에 대한 연구를 중요시해 왔지만 주로 체질인류학의 범주에 속하며, 만일 영장류 행동 연구에 종사하는 학자들이 동참해 준다면 이 분야에 큰 도움이 될 것이다.

2. 영장류 연구와 인류학

인생에 인연이 있듯이 학문도 그러한 듯하다. "계월영재통, 원제형

입풍(桂月影才通, 猿啼迴入風, 달 그림자 막 지나가니 원숭이 울음소리가 바람에 실려 오는구나)"라는 시구가 있듯이, 마침 내가 어떻게 그런 인재를 영입할까 생각하고 있을 때, 일면식도 없는 장펑(张鹏, 1978~)의 편지를 받았다. 편지에서 그는 자신이 있는 교토대학교의 영장류 연구 전통으로 봐서 자신이 귀국하면 인류학과에 가는 것이 가장 적합하다고 생각한다고 밝혔다. 어쩌면 정말 인연이 있었는지, 2008년 말에 나는 교토 국제일본 연구센터에서 개최하는 회의에 참석하게 되었는데, 교토대학교의 한 캠퍼스에서 멀지 않았다. 나는 메일로 장펑에게 그날 저녁에 내가 있는 곳에 와서 이야기를 나눌 것을 희망한다는 내용의 답장을 보냈다. 그날 밤 그는 약속 시간에 맞추어 왔고 우리는 처음으로 원숭이에 관한 이야기를 나누었다. 우리는 이백의 시구 "양쪽 언덕 기슭의 원숭이 울음소리 그치지 않는데 일엽편주는 이미 겹겹한 산을 지나네(兩岸猿聲啼不住, 輕舟已過萬重山)"에 나오는 '원숭이(猿)'와 이백의 다른 한 시구 "치우융 강가의 수풀에는 흰원숭이가 많은데 그 날고 뛰는 모습이 마치 흰 눈이 흩날리는 것 같구나(秋浦多白猿, 超騰若飛雪)"에 나오는 '흰원숭이(白猿)'는 어떤 종류의 원숭이인지부터 시작해서 내가 일찍이 가 본 적이 있는 푸젠성 제천대성묘(齊天大聖廟), 심지어는 '猿'과 '猴'의 차이와 그들의 행위 및 인간과의 관계(일본원숭이가 온천욕을 한다는 것도 그날 밤 처음 들었다.)까지 날이 밝을 때까지 이야기했다. 물론 가장 많이 이야기한 것은 역시 그가 연구하는 중국 황금원숭이(中国金丝猴)와 일본원숭이(日本猴)에 관한 것이었다.

아직까지 기억에 생생하게 남은 것은 장펑이 친링(秦岭)에서 야생 황금원숭이의 사회생태를 연구하던 시절 처음에는 원숭이를 만나기 어려웠지만, 반년 동안 야외에서 원숭이 종적을 찾아다닌 결과 원숭이

무리가 더 이상 그를 피하지 않게 되어 매일 만날 수 있었다는 이야기이다. 그는 원숭이마다 생김새가 다르다는 것을 발견하고 원숭이들에게 이름을 붙여 주었는데, 그중 가장 예쁜 암컷의 이름은 '위안롄(圓脸, 둥근 얼굴)'이었다. 나를 더욱 포복절도하게 한 것은 그가 일본에서 조사를 하고 있을 때 젊은 암컷 원숭이 한 마리가 그를 첫사랑의 표적으로 정하고 그에게 짝짓기 신호를 보냈고, 그는 자기가 알고 있는 원숭이의 습성에 근거해 수컷 일본원숭이의 공격을 피했다는 것이다.

그는 나에게 매번 야외에 나가면 몇 달 동안 깊은 산속에서 생활해야 하는데, 전화도 없고, 식사나 목욕을 하는 데 모두 어려움이 있다고 말했다. 나는 그에게 원숭이에 대한 연구는 관찰을 많이 해야 하는데, 원숭이는 말을 할 줄 모르기 때문에 예리한 관찰력을 가져야 하며, 인류 사회를 연구하는 문화인류학자는 이러한 훈련을 강화해야 한다고 말했다. 나는 또 어떤 인류학자가 '쓸쓸한 인류학'이라는 말을 쓴 적 있는데 사실 영장류 학자들이 하는 연구가 더 쓸쓸하다고 말했다. 왜냐하면 종종 몇 개월 또는 더 오랫동안 언어 교류를 할 수 없기 때문이다. 영장류 연구는 연구 개체에 대한 장기적인 관찰을 강조한다. 연구자가 원숭이와 직접 대화를 나눌 수 없기 때문에 관찰 대상의 행동 등의 데이터를 장기간 기록하여 연구 대상과 다른 개체간의 사회적 관계를 분석해야만 한다. 이런 연구 방법은 인류학과 동일하다.

그러나 현재 인류학과 학생들은 인터뷰에 너무 의존하여 연구 대상자에 대한 장기적인 관찰의 중요성을 간과하고 있다. 이런 점에서 인류학과 영장류학은 연구 방법에서도 상호 보완할 수 있는 측면이 많다고 생각한다. 장펑과의 대화에서 나는 처음으로 영장류의 기본 지식을 알게 된 셈이다. 장펑이 신이 나서 야외에서의 경험을 이야기하는 것을 들으며, 나는 이 젊은이가 영장류 연구에 대해 집요한 열정과 고생을 두려워하지 않는 정신을 가지고 있고 이렇게 하다 보면 장래에 반드시 큰 성과가 있을 것이라는 확신이 들었다. 그 당시 그는 이미 외국의 유명한 영장류 연구지에 십여 편의 영문 논문을 발표했으며 그중 다수는 SCI 논문이었다. 나는 그에게 중산대학교 인류학과에 와서 일하라고 제안했다. 2009년 초 장평은 중산대학교의 '100인 프로젝트'를 통해 인류학과에 초빙되어 중국 인류학계의 첫 영장류 연구학자가 되었다.

2011년 3월, 일본 대지진 며칠 전, 나는 이마니시 킨지 교수에 대한 존경심을 안고, 장평의 안내하에 교토대학교 영장류연구소를 방문했다. 나는 그제서야 그 연구소가 교토에 있지 않고 나고야 아래에 있는 이누야마라는 외딴 마을의 교외에 있다는 것을 알게 되었다. 알고 보니 그가 나를 만나러 교토에 오는 데 몇 시간이나 걸렸던 것이다. 나는 그들의 여러 연구기관과 실험실을 방문했고 수십 마리의 고릴라와 수백 마리의 일본원숭이를 보았다. 또한 고릴라와 사람의 숫자에 대한 순간 기억 능력을 비교하는 것도 보았다. 결국 인간이 졌다. 나도 시도해 봤지만 형편없이 지고 말았다. 물론 연구소 옆에 있는, 전 세계의 다양한 원숭이들을 모아 놓은 세계에서 가장 큰 원숭이 공원을 방문한 것도 잊을 수 없다.

이 조사를 통해 당시 이마니시 킨지 교수가 교토대학교 영장류연구소를 설립하여 학과 시스템의 확립과 영장류학 발전을 위한 토대를 마련했음을 더 알게 되었다. 인간도 600여 종의 영장류 중 하나이며, 비인간 영장류(猿猴, 원숭이)는 인간과 아주 가깝고 조직 구조, 면역, 생리, 신진대사 및 행동 면에서 인간과 매우 유사하여 의학 생물학 연구, 약물 실험, 인류학 및 심리학 연구에서 대체할 수 없는 모델 동물이다. 현재 일본 영장류학은 서구와 구별되는 독특한 연구 방법을 형성했으며 200명에 달하는 학자를 양성했는데 대부분이 교토대학교 영장류연구소를 졸업했거나 동 연구소에서 교육을 받았다. 40여 년의 발전을 거쳐 영장류연구소는 일본의 전국 공동 이용 연구소 및 국제교류 기초연구소가 되었으며 연구 방향은 분류학, 심리학, 지능, 사회학, 인류학, 행동학, 질병 모델, 생리 및 생화학, 실험 동물 등 다양한 분야로 확장되었다. 매년 평균 1600만 달러의 정부 예산을 받아 '21COE 생물 다양성 프로젝트', 'HOPE 프로젝트', '생물 자원 센터 건설'과 같은 대형 과학 연구 프로젝트를 수행한다.

연구소에는 백여 명의 일본, 미국, 프랑스, 독일, 중국의 영장류 전문가와 학자들이 있는데 영어, 일본어 및 기타 학술 논문 4,000여 편을 발표하였다. 교토대학교에는 현재 일본과 외국 학자 80여 명이 영장류 연구를 하고 있다. 2005~2008년에만 연간 500만 달러 이상의 정부 연구비를 지원받아 영문 SCI 논문 100편 이상을 발표했다. 3년 동안 Nature, Science, Current Biology, Molecular Evolution과 같은 저명한 국제 저널에 24편의 논문을 발표하고, 국제 심포지엄을 18회 개최했으며 약 200명이 해외 조사를 실시하고 일본 국내외 다양한 분야의 학자들에게 체계적인 과학 연구 및 교류 플랫폼을 제공하고 일본 영장류학의 발전 기반을 마련했다.

3. 영장류 연구로 본 인류의 문화

나중에 더 자세한 이해를 통해 나는 영장류학이 새로운 학제간 연

인류학의 글로벌 의식과 학술적 자각

구 분야라는 것을 분명히 알게 되었다. 영장류학은 제2차 세계대전 이후에 시작되어 서구와 일본에서 빠르게 발전했다. 2006년 국제영장류학회의 통계에 따르면, 현재 전 세계적으로 7,000여 명의 영장류학 학자들이 40,000여 편의 영문 연구 논문을 발표하였는데, 그중에는 Nature에 게재된 746편의 글과 Science에 게재된 982편의 글이 포함되어 있다.

영장류학의 급속한 발전에 따라, 하버드대학교, 케임브리지대학교, 교토대학교와 같은 외국의 많은 대학교의 인류학과와 생물학과에서 영장류학 교육을 전개하고 있다. 영장류학은 인류학과 생물학의 지식을 융합하여 학문 이론의 교차와 연구 방법의 개선에 도움이 되고 연구에 대한 사람들의 지속적인 관심을 유발하며 인간의 본성과 생물학적 특성에 대해 끊임없이 탐구하도록 계발하는 데 도움이 된다. 이러한 인류학의 기본 지식, 개념, 규칙 및 연구 방법은 학교의 모든 전공 학생들이 전공 과정 및 기타 과학 기술을 학습하는 기초일 뿐만 아니라 학생들의 과학적 소양, 과학적 사고 방법 및 과학 연구 능력을 양성하고 향상시키는 데 있어서 중요한 부분이다.

현재 유럽과 북미의 많은 유명 대학들은 모두 영장류학 연구센터 또는 연구실을 설립하였는데, 예를 들면 미국 국립보건원(NIH)이 지원하는 8개의 국립영장류동물연구센터, 독일 막스플랑크 진화인류학연구소, 일본 쓰쿠바대학교 영장류연구센터와 교토대학교의 영장류연구소 등이다. 미국은 국내에서 태어난 실험용 원숭이 이외에 매년 2만 마리 이상의 실험용 원숭이를 수입하고 있고, EU는 매년 1만여 마리, 일본은 매년 5천 마리 이상을 수입하고 있다. 생물의학 연구의 심도 있는 발전과 함께 비인간 영장류 모델의 적용은 분명히 더욱 확대될 것이다. 2010년에 미국 국립보건원은 원숭이 연구에 대한 투자를 더욱 늘릴 계획이며 EU는 모든 신규 약품을 영장류 모델 동물의 실험을 거치도록 강제하는 법을 제정할 계획이다. 이것들은 모두 영장류 연구가 지속적이고 더 활발하게 진행될 것임을 시사한다.

그러나 유럽과 북미의 영장류 연구가 제한되는 주요 이유 중 하나는 영장류 자원의 부족인데, 이는 유럽 대륙과 북미 대륙에 원숭이의 자연 분포 지역이 없기 때문이다. 원숭이가 있는 국가는 멸종 위기에 처한 원숭이를 보호하기 위해 대부분 엄격한 보호조치를 취하는데 그 수준이 국가의 전략자원을 보호하는 높은 차원이다. 최근 몇 년 동안 영장류가 자연적으로 분포하고 있는 국가들을 위주로 태국, 말레이시아, 한국 등 나라에도 '영장류 연구 센터'가 속속 설립되었지만 이러한 기관은 영장류학 교육 기반이 부족하고 사실상 실험 동물의 번식 기관일 뿐 기본적으로 독립적인 연구 및 교육적 기능이 부족하다.

나는 장평을 통해 중국은 세계에서 영장류 자원이 가장 풍부한 나라 중 하나이며, 영장류 8개 속 24개 종이 있으며, 주로 광둥, 광시, 하이난, 윈난, 구이저우 등 남방 성(省)에 분포한다는 것을 알게 되었다. 또한 중국의 원숭이 농장은 매년 20,000마리 이상의 영장류 동물을 수출하거나 재수출하며 공급량은 전 세계 공급량의 60%를 초과한다. 중국의 영장류 연구도 한창 시작되고 있는데, 2002년에 중국과학원은 베이징에서 처음으로 '제19회 국제 영장류학 대회'를 개최하여 중국의 영장류 연구를 적극 추진하는 발전 방침을 제시하였다. 동시에 정부는 환경과 종(種) 보호에 대한 투자를 늘리고 원숭이와 관련된 40개 이상의 국가급 자연 보호 구역을 설정했다.

그러나 현재 중국 영장류학의 주된 문제는 영장류 연구와 교육 기반이 약하다는 것이다. 한편으로, 우리는 원숭이에 대한 지식이 거의

인류학의 글로벌 의식과 학술적 자각

없다. 중국의 대부분의 원숭이 종은 멸종 위기에 처해 있지만 우리는 원숭이의 수, 행동 생태 및 형태 체질에 대한 기초 데이터가 부족하다. 다른 한편으로, 우리의 영장류 실험 관리와 생명공학 연구는 뒤늦게 시작되었고 기존의 번식 기술이 외국의 신기술과 접목되지 못하여 국제 무역에서 막대한 손실을 입는 경우가 많다. 장펑이 2년 전 그의 지도교수인 와타나베 구니오(渡辺邦夫, 1947~) 교수와 함께 펴낸『영장류의 사회적 진화』[03]와 이번에 펴낼『후(猴), 원(猿), 인간-인간성의 기원을 생각하다』는 중국 영장류학 관련 중문 교재의 공백을 메울 뿐만 아니라 관련 학과에서 구체적인 관리 및 연구 부서를 포함하여 원숭이의 본성을 더욱 이해할 수 있는 좋은 학문적 기초를 제공하였다.

4. 결어

학문적 맥락에서, 저자가『후(猴), 원(猿), 인간-인간성의 기원을 생각하다』에서 논한 영장류의 기원, 분류, 생태, 행동, 사회, 문화, 심리, 질병, 유전, 생명 윤리와 보호 등 여러 방면의 지식을 다시 살펴보면, 인간과 원숭이가 어떤 차이가 있는지를 더욱 분명하게 알게 될 것이고, 또한 오랫동안 풀리지 않은 인류의 수수께끼를 풀어내는 데 도움이 될 것이며, 동시에 우리가 인류의 사회 진화, 인간성의 기원과 본질을 다시 인식하는 데도 도움이 될 것이다. 저자가『후(猴), 원(猿), 인간-인간성의 기원을 생각하다』에서 말했듯이, "인간은 오랜 진화의 결과이다. 신체의 세포 조직은 생명의 기원 시대의 흔적을 드러내고, 태생적 수유의

---

03   张鹏、[日] 渡边邦夫:『灵长类的社会进化』, 中山大学出版社, 2009.

특징은 포유류 시대의 흔적이며, 발달된 시각과 유연한 두 손은 영장류 시대의 흔적이고, 남녀의 분업 노동과 가정 생활은 원시 수렵 채집민 시대의 흔적이다. 우리의 신체, 유전자, 행동 등 많은 특징들이 영장류 조상들의 유산을 물려받았으며, 이를 바탕으로 수백만 년 동안 자연환경에 적응하는 과정에서 일정한 변화를 가져왔다."

저자는 영장류학의 새로운 시각에서 인간성의 기원을 탐구하고, 전 세계 사람들의 공통성과 그 생물학적 본질을 설명하고자 한다. 이 사고방식은 우리가 흔히 접할 수 있는 일반적인 인류학 책과 다를 수 있으며, 이러한 차이는 인간이 생물성과 문화성의 복합체라는 특성을 진정으로 구현하고 있으며 독자들에게 생물 진화의 관점에서 자신을 이해하는 새로운 사고를 제공할 수도 있다.

이 원고를 통독하면서 나는 교토대학교 스가와라 카즈요시 교수가 저술한 『감정적 유인원=인간』에서 등호를 써서 유인원과 사람을 같은 위치에 놓고 감정 등 행동과 심리 연구를 하는 학문적 논리가 어디에 있는지 더욱 깨닫게 되었다. 사실 장펑 박사는 인간으로서의 감정을 원숭이에 대한 연구와 애정에 자연스럽게 투입했던 것이다.

나 역시 동료로서 장펑에 대해, 그의 가족을 포함해서, 점점 더 많이 알게 되었다. 2002년에 장펑의 부친이 사망했을 때, 가족들은 줄곧 그와 연락이 닿지 않다가 3일이 지나서야 현지 마을 사람들의 도움으로 겨우 그에게 집안의 부음을 알렸다. 나와 장펑이 처음으로 교토에서 만남을 가졌던 날도 장펑은 만나자는 나의 메일을 받고는 병원에 입원해 있는 부인에게 미처 알릴 틈도 없이 곧장 역으로 달려갔다고 한다. 이 일은 후에 그의 부인 린나가 말해 줘서 알게 되었다.

이것이 바로 과학을 추구하는 일반 학자의 태도이다. 그가 유학하고 연구에 종사한 교토대학교 영장류연구소의 설립자인 이마니시 킨지 교수와 그 후의 학자들이 이토록 눈부신 연구 성과를 낼 수 있었던 배경에는 과학에 대한 추구와 헌신적인 정신이 있었다. 이것은 또한 우리가 함께 노력해야 할 부분이기도 하다.

제2부

사회와 문화의 자화상

1장

문화인류학으로 보는 단순사회의 교환

교환은 인류 사회생활의 기본 측면이다. 단순사회에서 교환은 개
인과 집단 간에 관계를 맺는 가장 기본적인 방법이다. 교환 이론의 창
시자인 프랑스 인류학자 마르셀 모스(Marcel Mauss, 1872~1950)가 지적한 바
와 같이, 선물 교환의 중요한 의의는 사람들을 연결하는 데 있으며, 이
러한 교환은 경제 제도에서 정치, 종교 및 사회로 확대될 수 있다.[01] 단
순사회에서 교환은 서로 다른 문화적 의미를 부여 받았으며, 그것은 단
순사회가 지속되는 중요한 요소 중 하나이다.

1. 경제적 교환과 상징적 교환

1957년 경제사학자 칼 폴라니(Karl Polanyi, 1886~1964)[02], 인류학자 콘래

---

01 [美] 乔纳森·H.特纳: 『现代西方社会学理论』, 范伟达主译, 天津人民出版社, 1988,
    p.308.

02 K. Polangi, *Trade and Market in the Early Empires*, Glencoe: The Free Press,
    1957.

드 아렌스버그(Conrad Arensberg, 1910~1997), 경제학자 칼 피어슨(Karl Pearson, 1857~1936)은 컬럼비아대학교에서 그들이 토론했던 내용을 『초기 제국(帝國)에서의 교역과 시장』이라는 책으로 엮었다. 폴라니는 이 책에서 인류의 경제적 분배 제도를 호혜적 교환, 재분배 교환, 시장 교역 세 가지로 분류했다. 이른바 호혜적 교환이란 사회적 의무를 물품과 노동력 교환의 바탕으로 삼는 것을 가리키며, 그 목적은 물질적인 이득을 취하는 데 있지 않다.

이 제도는 단순사회(또는 원시 사회)에서 가장 흔하게 볼 수 있다. 재분배 교환은 주로 정치 조직이 발달한 사회에서 볼 수 있는데, 그 사회나 부족의 사람들이 일정한 물품이나 노동력을 사회의 지도자나 부족의 추장에게 모아놓은 다음, 지도자나 추장이 아낌없이 은혜를 베푸는 방식으로 사회 전체에 재분배한다. 시장 교역의 동기는 물질적 최대 이익을 추구하는 데 기반하며 교역의 진행은 시장의 물품 및 용역 수급 변동에 영향을 받는다. 폴라니는 이 세 가지 제도가 사회를 통합하는 가장 중요한 힘이라고 지적한다. 폴라니의 세 가지 분류 방법은 경제 현상을 연구하는 데 가치 있는 분석 도구를 제공하지만, 단점도 매우 뚜렷하다.

폴라니는 독단적으로 세 가지 분배 제도를 세 종류의 사회(원시 사회, 고대 제국 및 현대 사회)에 귀속시켰는데, 사실 그것들은 모든 사회에 보편적으로 존재하는 것이다. 시장 경제가 통제하는 현대 사회에서도 호혜와 재분배 제도는 흔히 볼 수 있다. 원시 사회에서는 호혜와 재분배 제도가 주를 이루었지만 시장 교역도 없었던 것은 아니다.

호혜적 교환 제도를 가장 잘 설명한 것은 말리노프스키가 남해의 섬 문화 특징을 가진 집단인 트로브리안드 섬 주민에 대해 진행한 유명한 인류학적 연구이다.[03] 그는 '쿨라(Kula)'와 '김왈리(GimWali)'라 불리는 교환 제도를 관찰했다. 이것은 둥근 고리 모양으로 연결되어 있는 섬(大圈島)에 사는 부족사회 개체들 사이의 폐쇄적인 교환 관계이다. 두 제도는 모두 서로 증여하는 형태이지만 표현 방식이 다르다. 김왈리는 일상생활 물품인 생선과 감자를 교환하고, 쿨라는 명성과 상징적 가치를 나타내는 물품을 교환한다. 쿨라에는 두 가지 물품이 교환되는데, 하나는 붉은 조개로 만든 목걸이이고, 다른 하나는 흰 조개로 만든 팔찌이다. 전자는 교역권의 시계 방향으로, 후자는 역 방향으로 교환이 진행되어 자연스럽게 쿨라환(Kula ring)을 형성한다. (그림 1 참조).[04]

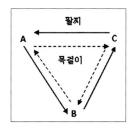

그림1. 쿨라 교환 시스템 모델

쿨라 교환 외에도 그들은 다른 섬 사람들과 일부 무역을 하는데, 이것은 순수한 상업적 행위로 가격을 협상할 수 있다.

또한, 트로브리안드 섬 주민들에게도 재분배 현상이 나타나는데, 그들은 추장에게 매년 2만 광주리의 감자를 꼭 주어야 한다. 사실, 추장은 일 년에 그렇게 많은 양을 소비할 수 없고, 오랫동안 보존할 수도,

---

03   [日] 山口昌男: 『文化人類学入門』第二章"交換的经济人类学", 岩波书店, 1982.

04   [英] 马林诺夫斯基: 『西太平洋的航海者』, 梁永佳、李绍明译, 华夏出版社, 2002.

대량 판매할 수도 없기 때문에, 사람들에게 아낌없이 분배할 수밖에 없다. 재분배 제도는 추장의 지위를 굳건히 하는 하나의 수단이다.

이상의 내용으로부터 단순사회에서는 경제 행위가 다른 사회 행위와 기능적으로 얼마나 밀접하게 관련되어 있는지를 알 수 있는데, 그들이 상호 호혜적 교환 행위에서 추구하는 것은 최대한의 물질적인 이득이 아니라 사회적이고 의례적인 명성과 가치의 만족이다. 이런 교환은 경제적 교환이라기보다는 상징적 교환이다. 따라서 말리노프스기는 '쿨라환'과 같은 영구적인 사회 모델은 긍정적인 기능을 가진 현상으로 볼 수 있으며 그 결과는 개인의 심리적 요구와 사회 통합 및 사회 통합의 사회적 요구를 충족시키고 비경제적 동기의 교환 네트워크를 형성한다고 생각했다. 그들의 경제 행위의 목적은 인간관계를 유지하거나 의무와 책임을 다하는 데 있다. 단순사회에서 제도적 기반이 되는 친족 관계의 형성 역시 교환이라는 형식을 바탕으로 한다.

2. 교환과 친족 관계

모스는 교역을 사람들을 연결하고 집단 구조를 안정시키는 중요한 수단으로 보았다. 그러나 그는 마지막 단계에 이르지는 못했다. 왜 교환 관계가 이처럼 중요하고 사회활동의 축이 되며 형식도 변하지 않는 것일까? 그는 인간 사회에서 교환은 각 부분 간의 결합을 결정하는 일반적인 수단이라고 했다. 사회생활에는 상품, 서비스, 정보, 여자 네 가지 교환 단계가 있다. 우리는 경제구조를 이용하여 상품과 서비스의 교환 법칙을 설명하고, 언어 구조를 이용하여 정보 교환의 법칙을 설명하며, 친족 구조를 이용하여 여성 교환의 순환 법칙을 설명한다. 그래서 레비스트로스는 『친족의 기본 구조』라는 책에서 친족 제도의 기원과 기능은 교환의 다른 형태라고 지적한다.

단순사회에서 여자는 단순히 생물적 욕구를 충족시키는 데 사용되는 자연물일 뿐만 아니라, 동시에 문화적인 가치도 부여된 존재이다. 여자의 교환은 일종의 대응법칙에 따른 것인데 근친상간을 금지하는 것이 바로 대응법칙이다. 자기 집단 내의 여자와 결혼하는 것을 금하는 것은 다른 사람과 교환하기 위한 것이다. 자기 집단의 여자를 시집 보내고, 대신 다른 집단의 여자를 한 명 돌려받아야 한다. 따라서 인류는 사회 조직의 기반이 되는 교환 제도를 구축하지 않으면 안 되었고, 이로부터 친족 제도가 나타나게 되었다. 레비스트로스는 친족 제도의 기능은 결혼의 가능성과 불가능성을 규정하는 것, 즉 여자를 교환하는 방식을 규정하는 데 있다고 보았다.

세계사에서 야만 부족은 외부와 결혼을 하는 것과 몰살당하는 것 사이에서 선택을 해야 하는 일이 반복되어 왔다. 석기시대 수렵 채집 공동체-부계 성격의 공동체가 서로 여자를 교환하는 것은 서로 평화롭게 공존할 수 있도록 하기 위함이다. 공동체 내의 모든 남자들은 다른 공동체의 여자와 결혼해야 했고 따라서 공동체 구성원들이 결혼하려면 반드시 다른 공동체에 의존해야 했다. 이리하여 공동체 간에 혼인 관계가 형성된다. 그들은 혼인 단체를 형성하고 혼인 교환 체계를 구축했다.

단순사회에서 여성을 체계적으로 교환하는 것은 안정과 공급의 신뢰성 등의 이점이 있으며, 이것이 종종 유일하게 가능한 교환 형태였다. 쇼쇼니족(Shoshone)[05]은 한 집안의 자녀가 다른 집안의 자녀와 결혼하는데, 이 자매교환은 가장 간단하고 쉬운 형태의 결혼교환이다. 이런 누이 바꿈은 A그룹의 남자가 그들의 누이를 B그룹의 남자에게 주고, 다시 B그룹 남자의 누이를 데려오는 방식으로 이루어진다.

아주 원시적인 수렵 채집 단계에서는 지역군(地域群)이 여전히 작은 수렵군이었으며, 두 개의 부족은 A1, A2, A3, …, An과 B1, B2, B3, …, Bn 등의 많은 지역군으로 구성되어 있다. 하나의 지역군은 n개의 지역군과 교환을 진행할 수 있다. A1은 동시에 B1, B3, B5와 교환할 수 있고, B1은 A1, A3와 교환할 수 있다.[06] 이를 유추해 보면 일련의 호혜적 교환 관계가 성립되는 것을 알 수 있다.

이러한 교환혼은 수렵 채집 생태계에서, 그리고 수렵 채집 공동체를 지역군으로 하는 경우에 유효하다. 실제로 호주 원주민의 상황이 이를 증명한다. 따라서 우리의 석기시대 조상들은 집단 간 여성 교환을 통해 살아남았는지도 모른다.

이것은 레비스트로스가 제기한 직접 교환의 형태, 즉 한정 교환(有限交換)을 대표하기도 하는데, 인류학자들은 이를 대칭적 교환이라고 부른다. 이런 시스템은 집단을 4개, 8개, 16개 등으로 나누어 증대되며, 증대된 후에도 계속 직접 교환을 진행한다. 이 제도는 인구가 비교적 적고 교환 집단의 수도 그리 많지 않은 경우에 적합하고, 크고 복잡한 사

---

05   아메리카 인디언의 한 종족으로, 인구는 약 7,500명이다. 서(西)쇼쇼니·북(北)쇼쇼니·윈드리버 쇼쇼니 및 여기에서 갈라져 나온 코만치 등 4부족(部族)으로 나뉜다. 원래는 연어(鰱魚)잡이와 야생의 근경(根莖)·종자류(種子類) 채집 및 작은 동물 수렵 생활을 하였다. 주거는 간단한 원추형의 초옥(草屋)으로 사회조직도 작은 집단으로 구성되었고, 백인과의 접촉 후 말 등을 사육하였다.-역자 주

06   美罗宾·福克斯 (Robin Fox): 『亲属与婚姻』, 王磊译, 台湾黎明文化事业公司, 1979.

회에서는 실행하기가 매우 어려울 수도 있다. 한정 교환은 가장 원시적인 교환 형식이며 일반적으로 실행 범위가 비교적 좁다.

친족의 또 다른 기본 구조는 보편적 교환, 즉 일반 교환이다. 이러한 사회는 모친측 교차사촌혼과 부친측 교차사촌혼[07]을 구별하고, 혼인의 대상은 모친측이나 부친측 한쪽으로만 제한하며, 다른 한쪽은 강제하지 않는다. 이러한 결혼 제도는 단일 계통 사회에서 보편적으로 존재하며, 교환하는 단위도 2의 배수로 한정되지 않으며, 외부 혼인 집단이 3개 이상만 있으면 일방적인 교차사촌혼 제도를 유지할 수 있다. 여자들을 서로 다른 혼인군 사이에서 순환적으로 교환할 수 있도록 하는데, 이런 교환은 간접적인 교환, 쌍방향이 아닌 단방향 교환, 비대칭적인 교환이다.

이러한 보편적인 교환은 단지 단방향 교차사촌혼만을 실행하기 때문에, 모친측 교차사촌혼과 부친측 교차사촌혼 두 가지 유형으로 나눌 수 있다. 이 둘의 차이점은 교환 방향이 다를 뿐만 아니라 기본적인 운영 과정도 다르다. 모친측 교차사촌혼의 혼인 방향은 영원히 고정되어 있는 반면, 부친측 교차사촌혼의 혼인 방향은 두 세대가 교대로 이루어진다.

---

07 교차사촌혼(交表婚, Cross-cousin marriage)은 혼인 형식의 일종이다. 씨족사회에 존재하며 일방적(단방향) 교차사촌혼과 대칭적(쌍방향) 교차사촌혼으로 나뉜다. 단방향 교차사촌혼은 또 모친측 교차사촌혼과 부친측 교차사촌혼으로 나뉜다. 모친측 교차사촌혼은 남자가 외삼촌의 딸과 결혼하는 것을 가리키고, 부친측 교차사촌혼은 남자가 고모의 딸과 결혼하는 것을 가리킨다. 대칭적(쌍방향) 교차사촌혼은 남자가 외삼촌의 딸이자 동시에 고모의 딸이기도 한 여자와 결혼하는 것을 가리킨다.
교차사촌혼 이외에 평행사촌혼(平表婚, parallel cousins)도 있다. 평행사촌혼은 평행표친혼(平行表亲婚)이라고도 하는데 남자가 고종사촌이나 외종사촌과 결혼하는 것을 가리킨다.-역자 주

이런 결혼 제도는 아시아, 호주, 아프리카 등 세계 많은 곳에서 그 유례를 찾아볼 수 있다. 아시아에서, 이런 풍습은 동남아시아의 많은 부족에 존재한다. 이 풍습은 인도의 아삼주와 미얀마의 카친, 치루, 쿠키 등 부족에서 모두 확인된다. 인도네시아의 리오족이 두드러진 예이다. 중국 윈난성 서북부의 두룽족(独龙族)과 전캉현(镇康县)의 더앙족(德昂族)은 모두 이런 결혼제도를 보존하고 있다.

위의 분석에서 보듯이, 우리는 집단 간의 여성의 이동과 영구적인 혼인을 통해 집단 간의 관계를 통합하는 메커니즘의 작용으로 교환과 친족 체계를 이해한다. 그뿐만 아니라 비록 모두 교환되는 것이지만 여성의 교환과 물품과 노동력의 교환에는 근본적인 차이가 있다. 여성은 생물학적 개체, 즉 다른 생물학적 개체가 자연적으로 번식해 낸 자연적인 산물인 반면 물품과 노동력은 생산물, 즉 기술자가 문화적 측면에서 만든 사회적 산물이다. 따라서 문화적 패턴에 따라 정해진 각 집단은 사실상 문화적 대상을 교환한다. 그래서 "결혼 교환은 자연과 문화 사이에서 조절하는 역할을 하고, 문화와 자연은 최초에는 분리된 것으로 간주된다. 이 연합은 문화 시스템으로 초자연적인 원시 시스템을 대체함으로써 인간이 조종하는 제2의 자연, 즉 매개화된 자연을 창조했다."[08]

3. 단순사회의 교환에 대한 평가

단순사회에서 생산은 주로 기본적인 생활 수요를 충족시키기 위한 것으로 잉여생산물이 나타나면 종종 정치적·종교적 비경제 활동을

---

08   [法] 列维·斯特劳斯: 『野性的思维』, 李幼蒸译, 商务印书馆, 1987, pp.145-146.

초래한다. 친족 관계는 이런 사회에서 사회적 관계를 결정하지만, 교환은 종종 상호 관계를 포함한다. 예를 들어, 우리가 말하는 한정적 교환과 일반적 교환은 결혼의 형태와 관련이 있으며, 이는 오늘날 우리 사회 사람들 사이에서 이루어지는 교환이나 선물 교환(贈物交換)과는 완전히 다르다. 교환에 화폐가 개입되면 모든 가치가 화폐로 환원되며, 시장 경제의 수립은 수량화를 전제로 한다. 이러한 사회에서는 매매의 교환이 중심적인 위치에 있고 경제적 교환이 중요하지만 단순사회에서 이루어지는 교환은 사회적 교환·상징적 교환의 의미가 중요하다. 이런 상징적 물품의 교환은 사람들의 심리 과정에 큰 의의를 가진다.

또한 일정한 사회 문화, 사회 구조도 교환 관계에 큰 영향을 미친다. 예를 들어 인도네시아 플로레스 섬의 리오족 사회에서 교환은 사회적 유대를 더욱 강화하기 위한 것이다. 모친측 교차사촌혼은 금지되어 있으며 일반 교환은 하지 않는다. 따라서 이러한 관계의 집단에서 결혼은 교환의 매개체로 작용하지 않으며, 교환은 교류를 더욱 강화하기 위해 소규모 범위에서 이루어진다.

또한 단순사회에서 선물(贈物)은 두 가지 형태가 있다. 여성이 남성에게 가져다 주는 쌀, 술, 직물은 모두 여성이 생산한 것이며, 남성이 여성에게 답례로 주는 물소 등의 동물과 칼은 남성 자신의 활동과 관련된 것이다. 따라서 남성에 관한 물품은 남자 쪽에서 여자 쪽으로, 여성에 관한 물품이나 여성의 상징을 띠고 있는 물품은 여자 쪽에서 남자 쪽으로 넘어간다. 여기서 물품은 단순히 우리가 뜻하는 바의 물품일 뿐만 아니라 이원 대립의 뜻을 나타낸다. 즉 인류 사회의 구성은 남성과 여성을 기반으로 하고 그 물품도 남성 물품과 여성 물품 두 부분으로 구성되어 있다는 의미이다. 리오족은, 그들의 세계관에서는 실제로 사물을 모두 '이건 여성이고 이건 남성이다'라는 두 가지로 분류하고 있다.[09] 이를 통해 이러한 경제적 가치가 있는 물품이 단순사회에서는 종교적·의례적 의미를 지니고 있음을 알 수 있다.

『종교생활의 원초적 형태』에서 뒤르켐이 지적한 바와 같이, "사회 활동의 한 형태일 뿐 여전히 종교와 분명하게 결합되지 않은 것이 바로 경제적 활동이다. 경제적 가치는 일종의 힘 또는 효력이다. 우리는 힘의 관념이 종교에서 유래되었다는 것을 알게 되었다. 또한 더 풍부한 것은 초자연적인 신성한 힘에 신성한 가치를 부여할 수 있는 것이다. 따라서 경제적 가치관과 종교적 가치관은 분리될 수 없다."[10]

민족지를 기록한 문헌을 우리가 유심히 살펴본다면 다양한 교환을 발견할 수 있다. 특히 단순사회에서는 경험적 또는 실질적인 가치 단위가 의례 또는 의식(儀式) 단위로 전환된다. 예를 들어, '포틀래치(potlatch)'[11]에서는 다른 사람에게 물품을 주는 것으로 자신의 사회적 지위를 높인다. 물품을 받는 사람들은 물품의 실용적 가치를 무시하고, 주는 사람도 자신의 지위를 높이기 위해 실용적 가치를 포기한다. 물품이 완전히 파괴된 상태에서 물품의 실용 가치는 사라지고, 사회적·의식적(儀式的)·의례적 가치로 완전히 바뀐다. 여기서 우리는 각종 재부가 의례적·의식적 가치로 전환되어 그 사회의 실용적·경험적 가치를 초월한 것을 볼 수 있다. 마치 다량의 고구마를 저장해 놓은 채 일부러 사용하지 않는 것과 같다는 것을 볼 수 있다. 이러한 가치관은 결혼과 같은

---

09   [日] 山口昌男: 『文化人類学入门』第二章 "交換的经济人类学", 岩波书店, 1982.

10   上海社会科学院宗教研究所编『宗教研究论文集』, 1986.

11   포틀래치는 미국 북서부 컬럼비아 강 유역의 아메리카 인디언(치누크)로 '식사를 제공하다' 혹은 '소비하다'는 뜻이다. -역자 주

사회관계에도 일정한 영향을 미친다.

　　단순사회에서 교환의 개념은 현대 사회의 교환 개념과 상당히 다르며 경제적 교환·상징적 교환·결혼의 교환이 상호 연관되어 하나로 결합되어 있음을 알 수 있다. 그것은 특정 문화의 사회, 즉 구조적 모델이 인간의 경제적 동기와 심리적 행동의 반영임을 나타낸다. 따라서 단순사회의 교환은 완전한 문화 체계에 놓고 살펴보아야 하며, 그래야만 명확하게 이해할 수 있다.

2장

신체의 다원적 표현: 신체인류학적 사고[*]

1. 이원론으로부터 일원론·순환론까지: 신체의 자연과 문화

19세기부터 확립되기 시작한 인문사회과학의 기초는 흔히 신성함과 세속, 지역 공동체와 사회, 전통과 현대, 신분과 계급, 자연과 문화 등 이원적인 틀에 얽매여 있다. 신체 연구도 플라톤에서 시작하여 데카르트를 거쳐 헤겔에 이르기까지 몸과 마음을 이원 대립의 시각으로 논의하는 등 초기에는 이원론에서 벗어나지 못하였다. 특히 데카르트는 심신이원론을 극대화하여 발전시켰는데 그의 명언 "나는 생각한다. 고로 존재한다"는 그의 심신관을 형상적으로 보여준다. 인간은 영적인 존재이다. 플라톤의 신체에 대한 경멸에 더하여 데카르트의 눈에 비친 영혼과 신체는 완전히 분리되고 대립되어 있다. 인류학의 신체 연구는 자연과 문화를 초월한다. 사상과 신체의 이원적 대립의 개념은 다른 문

---

*   이 글은 『广西民族大学学报』 2010年第3期에 게재되었음.

화의 현장 자료를 바탕으로 현지 사회의 신체 표현에 대해 논의한다.

인류학의 많은 이론적 출발점과 연구 명제는 모두 '자연과 문화' 또는 '생물적 속성과 문화적 속성'의 관계에 대한 사고에서 비롯된다. 인간의 생물적 속성과 문화적 속성은 이원적 대립의 개념이 아니라 문화 속의 자연과 자연 속의 문화가 서로 보완되는 개념이다. 신체 자체의 연구는 이 양자의 통일이다. 예를 들어, 일본 학자 유아사 야스오(湯淺泰雄, 1925~2005)는 『영혼과 육체에 대한 탐구-신비한 동양 심신관』에서 심신 문제를 중심으로 육신관(肉身觀), 수행, 심신의학(心身醫學) 등의 측면에서 동양 신체관(身體觀)의 특질과 의의를 요약하면서 동양(인도·중국·일본)의 신체관(수행·육신관)의 가장 두드러진 특징은 '심신의 합일'을 강조하여 수행 실천에 따라 심신의 관계가 변화될 수 있음을 미리 설정하는 것이라고 지적하였다.[01]

신체 연구는 생물학적 속성과 문화적 속성을 결합한 연구라고 할 수 있다. 예를 들면, 많은 민족은 종, 뼈, 정액 등을 남성의 상징으로 삼고, 대지, 육체, 피, 월경혈 등을 여성의 상징으로 삼는다. 그러나 민족마다 친족 계보를 해석하고 인식할 때 이 공통의 신체적 상징에 대한 문화적 해석이 다르며 각각의 사회적, 문화적 특성을 보여준다.

또한 인류학자들은 신체가 통과의례를 거치면서 자연성으로부터 사회문화성으로 전환되는 과정으로부터 신체·인간·자연·사회문화 간의 관계를 생각하며, 또한 개인의 신체 건강, 통증의 상태 그리고 사회문화적인 은유로부터 질병이 발생하는 사회적 메커니즘을 탐구한다.

01　［日］汤浅泰雄: 『灵肉探微—神秘的东方身心观』, 马超等编译, 中国友谊出版公司, 1990.

또 다른 예로 '종'의 개념은 원래 생물학의 핵심 개념이지만 다양한 문화적 배경에서 일정한 문화적 의미를 부여받고 문화의 사회적 속성을 가지게 된다. 인류의 양성(兩性) 관계의 결합과 종의 번식은 그 자체는 생물학적 속성이지만, '종'에 대한 사회의 관념은 종종 일종의 문화적 기호를 함축하고 있다. 이 '종'의 관념은, 중국에서는 조상 관념과 상호 보완적인 것으로, 바로 후대 관념이다. 또 다른 예로 피지에서는 신체가 사회문화와 우주가 조화를 이루는 소우주이며, 인간과 사회문화는 모두 자연의 운행과 그 운행 법칙에 의해 지배된다고 본다. 중국어 번체자 '기(氣)'에는 쌀 '미(米)' 자가 들어있는데, 이는 쌀을 삶는 과정에서 증기(가스)가 생겼다가 식으면 물(액체)이 되고 얼면 얼음(고체)이 되는 일종의 '기' 순환 과정을 뜻한다. '기'는 신체, 물질, 비물질적 형태의 차이를 초월하여 순환하는 생명력의 일종으로 기분[02](심리), 날씨(자연), 요사한 기운(종교), 질병의 기운(의료) 등도 신체, 종교, 의료, 자연 중 생명 순환의 한 부분이다. 같은 이치가 피지 문화에도 적용된다. '기'에 해당하는 피지어 불라(BULA)는 일상 인사 용어이자 자연, 사회, 문화, 인체의 경계를 넘어 순환하는 생명력으로 피지인들에게 인식되고 있다.[03]

---

02 일본어로는 '気持'이다.

03 [日] 河合利光:「身体与生命体系—南太平洋斐济群岛的社会文化传承」, 姜娜、麻国庆译,『开放时代』2009年第7期, pp.129-141. 더 자세한 내용은 아래 저서를 참조. 河合利光:「生命观的社会人类学—斐济人的身体」,『性别差异与生活系统』, 风响社, 2009.

2. 사회적 신체: 친족 연구의 전환과 사회 구조의 은유

신체 문제에 일찍이 관심을 가졌던 인류학자 마르셀 모스는 신체에 관한 두 편의 후기 논문, '인간의 관념'(1938)과 '신체의 기술'(1935)에 관한 논문에서 자아와 개인의 사상은 사회에 의해 구성되며 역사의 변화에 따라 변한다는 것을 강조한다. 동시에 그는 습성의 무의식적인 측면에도 주목했다. 예를 들면, 마오리족 어머니가 딸에게 전통적인 방식으로 걷도록 가르치는데, 처음에는 완전히 의식적으로 가르치고 배우는 것이지만 나중에는 배운 것이 무의식적인 신체 습관으로 고정된다. 그의 이 연구는 메리 더글라스(Mary Douglas, 1927~2007)에게 분명하게 영향을 주었다. 메리 더글러스는 신체를 자연의 상징으로 보고, 물질적 신체보다 사회적 신체에 더 관심을 가졌으며 사회적 위험과 신체적 상징 사이의 일치성을 찾는 데 초점을 맞추었다. 또한 모스 사상의 또 다른 부분인 '신체의 기술'은 비교사회학 분야의 모스의 후계자 피에르 부르디외에 의해 계승되었다.[04]

신체의 사회성은 친족 관계에 기반을 두고 있다. 예를 들어, 인간의 친족 관계의 기초가 되는 친자 관계는 생물학적 친자 관계로부터 독립되어 나온 사회적 친자 관계이며, 이러한 관점은 고전 인류학에서 구조 기능주의 인류학의 친족 연구에 이르기까지 기본적으로 일맥상통한다. 그러나 오늘날 사람들은 우리가 자주 강조하는 혈연 관계의 중요성이 현대 사회에서 심각한 도전을 받고 있음을 인식하고 있다. 입양 관계에서처럼 양부모는 혈연과 마찬가지로 동등하게 중요시된다. 물론 많은

---

04   [美] 安德鲁·斯特拉桑:『身体思想』, 王业伟、赵国新译, 春风文艺出版社, 1999.

친족 제도에서 가정이나 가호(household)에서 자연적이고 생물학적인 관계가 우선한다.

사회에 따라 친족 관계의 분류, 원근 및 친족 관계를 정의하는 기준도 다르다. 족보의 개념은 어느 사회에나 존재한다고 할 수 있지만 임신, 태아 발달, 자녀와 부모의 관계에 대한 관념에는 큰 차이가 있다. 특히 새로운 생식 기술(new reproductive technology)의 발달로 인한 이러한 문제는 시험관 아기, 대리모(surrogate mother) 등과 같이 점점 더 복잡해지고 있다. 최근 일부 국가와 지역에서는 난자를 사고파는 기관까지 생겨났다. 이런 상황에서 전문가들은 물론 사회 전체가 생명의 윤리적 가치를 확립할 것을 호소하고 있다.

우선, 사회인류학의 관점에서 보면 모든 족보와 친자 관계의 구성은 문화적인 것이고, 둘째, 지금까지 인류학자들이 연구한 사회에서 이러한 문제를 해결할 수 있는 돌파구를 찾을 수 있다. 예를 들어, 인공수정을 고려할 때 친부모와 양부모를 구별할 필요가 있으며 이러한 어휘는 인류학에서 쉽게 얻을 수 있다. 바로 생물학적 아버지와 사회학적 아버지가 그것이다. 이 한 쌍의 개념은 많은 사회적 관습을 이해하는 핵심요소이다.

자넷 카스텐(Janet Carsten)은 『친족 관계 이후(After Kinship)』에서 많은 친족 연구 문헌을 검토하고 가옥, 성별, 친족, 인간관 등의 개념을 논의했으며 자연과 문화의 이분법을 버리고 지역성 차이를 중시하며 완전히 새롭고 상대적인 친족 제도에 대해 이해하기를 희망한다. 예를 들어, 그가 연구한 말레이인들은 어머니는 아이의 혈액 공급원이고 아버지는 뼈의 공급원이지만 오랫동안 함께 살면서 자손을 낳으면 부부의 피가 천천히 섞인다고 믿는다. 신체는 성별화되어 있지만 변화할 수 있

고 공통적인 속성을 가질 수도 있다.[05]

인류학은 '자연적'인 신체가 사회 구조의 은유가 되는 방식에 매우 주의를 기울인다. 신체의 사회성에 대한 탐구는 또한 인류학의 '사회 구조' 연구의 중요한 하나의 영역을 이룬다. 신체는 기술 및 사회적 실천으로 간주되거나 사회 문화를 담은 상징 체계로 간주되며 사회 분류 메커니즘, 계층 구분 및 사회적 인간의 구축 등과 밀접한 관련이 있다. 예를 들어, 루이 뒤몽(Louis Dumont, 1911~1998)의 『호모 히에라르키쿠스: 카스트 제도에 관한 에세이』[06]는 인도 카스트 제도의 계층성과 다양한 역사적 시기의 모습을 보여준다. 뒤몽의 논의는 카스트 체계의 이념적 원칙, 즉 힌두교 특유의 청결함과 불결함의 분류 체계에 중심을 두고 있다. 양자의 대립은 브라만과 불가촉천민이라는 두 극단적 범주에서 가장 분명하게 드러나는데, 이 대립은 계층의 기초이다. 왜냐하면 계층에서 청결함은 불결함보다 고상하기 때문이다. 그것은 또한 격리의 기초가 된다. 왜냐하면 청결함과 불결함은 반드시 분리되어야 하기 때문이다. 그것은 또한 분업의 기초가 된다. 왜냐하면 청결한 직업과 불결한 직업은 분리되어야 하기 때문이다.[07]

동시에 인도의 사회 계층 원칙에는 혼인, 음식, 직간접적인 신체 접촉 규정과 같은 다양한 신체 표현 형식이 있다는 것을 논증했다. 즉 구조적인 비접촉성이 인도 카스트 제도의 기초를 이루고 있다. 신체는 힌두교도의 정신세계와 인간관의 표현을 담고 있으며, 사회적 위계 구조

---

05   Janet Carsten, *After Kinship*, Cambridge University Press, 2003, pp.71-75.

06   [美] 杜蒙: 『阶序人—卡斯特体系及其衍生现象』, 王志明译, 远流出版公司, 1992.

07   [美] 杜蒙: 『阶序人—卡斯特体系及其衍生现象』, 王志明译, 远流出版公司, 1992, p.108; [英] 爱德蒙·利奇: 『文化与交流』, 郭凡等译, 中山大学出版社, 1990.

의 기초이자 사회적 분류의 은유가 된다.

3. 신체의 정치와 권력 은유

신체의 사회성 논의와 밀접한 관련이 있는 개념은 '신체 정치'인데, 신체 정치에서 '신체' 개념은 어느 정도 사회적 신체의 표현 형태이다. 여기서 신체는 수동적인 수용자의 개념인데, 이는 모든 신체 훈육과 통제가 사회적 힘을 기반으로 하기 때문이다. 신체가 통제되는 것은 사회적 힘의 결과이며 사회 구조와 문화의 은유적 표현이기도 하다.

마거릿 록(Margaret Lock, 1936~)은 신체 정치에 대한 토론에서 "신체 정치란 개체와 집단 신체의 계획, 규제 및 통제를 말하며, 이는 생식 및 성(性) 영역, 일과 여가, 질병 및 기타 이상 상태에 존재하며 포스트구조주의 사조와 관련이 있다."라고 지적한다.[08] 이 주장은 사실 오늘날 신체 연구의 많은 명제를 드러낸다. 포스트모더니즘 시대에 신체 연구의 새로운 방향은 신체가 서로 다른 집단에서 어떻게 구축되는지 비교하는 것이다. 이는 발언권, 지역성, 연구자의 입장, 인구에 대한 재분류 및 분류, 식민주의와 탈식민주의, 문화민족주의를 재고하고 자신의 사회연구의 방향을 반영하는 등과 관련된다. 전통적인 신체 연구가 사회적·문화적 구성에 더 치우쳤다면, 푸코는 신체를 권력과 결합시켜 신체정치학을 창안했다.

---

08 Margaret Lock, "Cultivating the Body: Anthropology and Epistemologies of Bodily Practice and Knowledge", *Annual Review of Anthropology*, Vol. 22.1993, p.8.

푸코의 『광기의 역사』, 『감시와 처벌』, 『성의 역사』 등 여러 저서에는 풍부하고 다채로운 신체 사상이 담겨 있다. 교도소 제도에 대한 그의 고찰은 유비쿼터스 권력의 신체에 대한 훈육을 보여 주었다.

물론 다양한 훈육 권력이 존재하는데, 이러한 권력들은 신체를 길들여서 유용하게 만들려고 하며 반복적으로 자신의 뜻대로 신체를 개조시키고 자신들에게 필요한 신체를 만들고 생산한다. 그가 주목한 것은 바로 이런 '신체 정치(body politics)'이다. 그가 논의하는 권력은 신체의 모든 측면에 깊숙이 침투해 있으며, 성별, 국가 이데올로기, 소비 시대 등과 얽혀 있다. 이 방면의 논저들은 식민지, 혁명, 사회 복지, 고령화, 여성 해방, 성(性) 정치 등에 대해 다룬다. 웨인 파이프(Wayne Fife)는 푸코의 '훈육 사회'와 '신체 권리' 개념을 적용하여 영국 선교사들이 파푸아뉴기니 사회에서 기독교적 정의에 적응하고 식민 통치에 봉사하기 위해 새로운 도덕적 신체를 창조하는 과정을 밝혀냈다.[09]

4. 중국의 신체 연구와 인류학적 시각

중국의 신체 연구는 무의식 중에 자신의 전통과 특성을 형성했다. 현재 연구는 주로 인간관으로서의 신체관과 신체사(身體史) 연구 분야에 집중되어 있으며 철학·문학·역사학·인류학 등 학문의 기초를 통합한 것이 특징이며, 주로 서양의 심신 이항대립에 대한 반성과 비판을 바탕

---

09 Wayne Fife, "Creating the Moral Body: Missionaries and the Technology of Power in Early Papua New Guinea", *Ethnology*, Vol. 40. No. 3, 2001, pp.251-269.

으로 중국의 유교와 도교의 영향하에 있는 전통적인 심신 통일의 전체관을 강조한다.

1) 신체관에 관한 연구

두웨이밍(杜維明, 1940~)은 1985년에 '체지(體知)'[10]의 개념을 제안하여 중국의 심신 문제에 대해 완전히 새롭게 해석을 했으며, 두웨이밍이 제안한 '체지'의 덕성지지(德性之知)라는 유교의 전통적인 의미는 유교 지식론의 발전에 새로운 사고방식을 제공했다. 한편으로는 서양의 몸과 마음, 주체와 객체, 도덕과 지식 등 이원적 대립론에 응답하였고, 다른 한편으로는 유가적 지식론의 발전에 새로운 사고방식을 제시하였다. 이 개념은 철학계와 인류학계에서 장기간의 논의를 촉발시켰는데, 예를 들어 『체지(體知)와 인문학』에는 다양한 학문적 관점에서 체지와 전통 인문학의 관계를 해석하는 여러 편의 글이 수록되어 있다.

1990년대 이후 타이완 학계는 중국의 신체관 연구에 주목하기 시작했다. 양루빈(楊儒賓, 1956~)이 편집한 『중국 고대 사상의 기론(氣論)과 신체관』에는 중국 신체관과 서양의 심신 이원론의 차이에 초점을 맞춘 20편의 신체관 연구 논문이 수록되어 있다.[11] 저우위천(周与沉)의 『신체: 사상과 수행-중국 경전을 중심으로 한 다문화 관조』는 중국의 신체관에 대해 전면적인 철학적 사고를 하고 있다. 책에서는 중국 경전 사상 중의 심신에 관한 논술과 수행 실천을 정리하고, 중국 신체관의 기본 특징을 부각시키며, 중국의 심신 전통이 새롭게 발전하는 길을 성

---

10   杜维明:『杜维明文集』(第五卷), 武汉出版社, 2002.

11   杨儒宾编『中国古代思想中的气论与身体观』, 巨流图书公司, 1993.

찰하였다. 또한 피와 살로 이루어진 몸(形)을 외부에서 내부에 이르기까지 층층이 기술하고, 마음(神)의 여러 층면을 다루었으며, 지(知), 정(情), 지(志), 성(性)에서부터 혼백(魂魄), 기화(氣化) 등 심신 전체 구조에 이르렀다.[12] 이 책은 중국 신체관의 연구 측면과 경로를 확장했다. 양루빈은 『유가(儒家) 신체관』에서 맹자의 유가 신체관의 도덕 규범적 의의를 탐구하였다.[13] 차이비밍(蔡璧名, 1965~)의 『신체와 자연』은 고대 의학 서적을 통해 중국 전통 신체관을 살펴보고 있다. 즉 신체와 마음은 서로 연결되어 있기 때문에 신체를 논할 때 신체와 마음이 서로 융합된 상태로 신체를 말해야 하며, 마음을 논할 때에도 단순히 마음으로 마음을 논하는 것이 아니라는 것을 설명하고, 완전한 양생의 도를 탐구했다. 또한 삶의 과정을 단계별로 나누어 생리학적 및 병리학적 관점에서 신체의 정상적·비정상적 변화와 남녀 성별의 차이에 따른 체질 차이를 고찰했다. 저자는 신체가 유기적인 생명체로서 인문화(人文化)의 영역으로 확장되며 천지와 서로 통한다고 생각한다. 황쥔제(黃俊杰)도 이 분야에서 상당한 연구 업적을 남겼는데, 그의 논의는 주로 '신체정치론'과 '신체 은유' 방면에 집중되어 있다. 예를 들면 「중국 고대 사상사 중의 신체정치론: 특질과 함의」, 「고대 유가(儒家) 정치론 중의 신체 은유 사유」, 「신체 은유와 고대 유가(儒家)의 수양 공부」 등의 논문이다.[14] 황쥔제는 중국 고대 신체정치론의 수신(修身)·치국(治國)으로부터 추론된 도덕 철학적 성격을 강조하며 정치와 신체의 은유적 관계 등을 밝힌다.

---

12   周与沉: 『身体: 思想与修行—以中国经典为中心的跨文化观照』, 中国社会科学出版社, 2005.

13   杨儒宾: 『儒家身体观』, "中央研究院"中国文哲研究所, 2003.

14   黄俊杰: 『东亚儒学史的新视野』, 台北喜马拉雅研究发展基金会, 2001.

2) 신체와 역사

중국에서는 신체를 역사적 맥락 속에 두는 연구가 특히 돋보인다. 신체사의 출현은 또한 신체가 역사, 종교, 정치, 철학, 문학 및 전통 민속과 교차하는 다학제적 상호 작용의 결과로 나타난다. 특기할 만한 것은 타이완의 신체 연구가 상당한 성과를 거두었다는 점이다. 1990년대 이후, 타이베이 '중앙연구원'의 조직하에 1992년에 '질병, 의료 및 문화' 세미나 그룹을 구성하고 1999년에는 『신사학(新史學)』 제10권 제4기에 『신체의 역사』라는 특별호를 출간했으며 2002년에는 '의료 및 문화 학술 심포지엄'을 개최하였는데 모두 신체에 관한 논문들을 집중적으로 다루었다. 비록 현재 중국 학계의 신체 연구가 상대적으로 뒤쳐져 있기는 하지만, 관련 시도는 나날이 증가하고 있다. 다음은 각각 신체 기관의 역사, 군중 생명의 역사, 신체관, 젠더 역할 등 몇 가지 방면[15]으로 나누어 간략히 살펴보겠다.

신체 각 기관은 중국 수천 년 특유의 역사 문화에 물들어 이미 문화의 기호와 역사의 축적물이 되었다. 일찍이 1930년대에 민속학자 장사오위안(江绍原, 1898~1983)은 『두발, 수염, 손발톱-그들의 풍속에 관하여』에서 중국 역사 문화 중 인체, 특히 두발, 수염, 손발톱 등에 대해 한 차례 고찰을 진행하였다. 여성의 전족과 머리 모양에 관한 연구는 최근 몇 년 동안 큰 주목을 받고 있으며 관련 연구 성과도 많다. 예를 들어, 리즈강(黎志刚, ?~2021)은 그의 논문집에 실린 논문 「상상과 민족 조성: 근대 중국의 헤어스타일 문제」에서 유교 문화 시스템 내에서 헤어

---

15   侯杰, 姜海龙 공저의 『신체사 연구 의론』에서는, 신체 기관의 기능사(功能史), 생명 배려의 역사, 신체 시각(視角)의 역사, 종합 신체 역사 네 방면으로 분석했다.

스타일의 차이는 미학적 필요에서 비롯된 것일 뿐만 아니라 화이(華夷), 즉 한족과 소수 민족의 경계라고 지적하였다. 청나라 초기의 '체발령(剃髮令)'[16]으로부터 태평천국 때의 '축발령(蓄髮令)'[17], 그리고 신해혁명 후의 '전변역복(剪辮易服)'[18]까지, 헤어스타일에 대한 까다로운 요구의 이면에는 복잡하고 감춰져 있는 역사가 흐르고 있다. 이 밖에 양녠췬(杨念群)의 「과학 담론에서 국가의 통제까지-여성의 전족이 '아름다움'에서 '추함'에 이르기까지의 역사에 대한 다원적 분석」, 양싱메이(杨兴梅)의 「관념과 사회: 여성 전족의 미추와 근대 중국의 두 세계」, 왕민안(汪民安)의 「우리 시대의 머리카락」 등이 이 분야의 대표적인 연구이다. 신체사 연구는 사회 성별사(性別史) 연구 분야와 연관되어 있는데, 출산의 역사, 성의 역사에 대한 논의가 바로 그러하다. 이러한 유형의 연구는 장주

---

16 체발령(剃髮令)은 청나라 초기에 내린 법령으로, 모든 남자들이 만주족의 머리 모양대로 머리를 밀고 머리를 땋으라는 법령이다. 청나라 초기의 머리 모양은 머리를 거의 다 밀고 뒤통수에 엽전 크기만큼만 머리를 남겨 땋는 것이었다. 이는 머리를 자르지 않는 한족 사람들의 전통과 상반되었기에 큰 반발을 불러일으켰으나 '머리카락을 기르면 머리가 남지 않을 것이니 머리를 남겨두려면 머리카락을 자르라(留发不留头, 留头不留发)'고 하여 머리카락을 자르지 않는 자는 사형에 처했다. 또한 복장도 만주족의 복장을 입게 했는데 이를 체발역복이라고 한다. 체발역복은 청나라 정권을 공고히 하고 200여 년 동안 한족에 대한 지배를 유지하는 데 매우 중요한 역할을 했다. -역자 주

17 축발령(蓄髮令)은 태평천국 운동 때 태평군이 내린 법령으로 청나라의 변발을 거부하고 머리를 기르라는 것이다. 태평천국 운동은 청나라 함풍 원년에서 동치 3년(1851년-1864년) 사이에 일어난 농민전쟁으로 청나라를 반대하고 외국의 침략을 반대하였다. 변발을 거부하고 머리를 길렀기에 청나라에서는 장발적(長髮賊)이라고 불렸다. -역자 주

18 전변역복(剪辮易服)은 갑오전쟁 이후 중국에 나타난 것으로, 변발을 자르고 서양식 현대 복장을 입을 것을 주장하는 사회적 조류를 가리킨다. 신해혁명 이후에는 혁명당원들이 주도적 역할을 하였다. -역자 주

산(蔣竹山)의 「여체(女體)와 전쟁-명청 염포지술(厭炮之術) '음문진(陰門陳)'[19] 재론」, 쑹샤오핑(宋曉萍)의 「폭주하는 여성 정치학」, 류샤오핑(刘小枫)의 「무거운 육신-현대 성윤리의 서사 위어(緯語)」와 같은 것들이 있다.

여기서 특별히 강조해야 할 것은 황진린(黃金麟)의 『역사, 신체, 국가-근대 중국의 신체의 형성(1895~1937)』이라는 책이 비교적 대표적이라는 것이다. 저자는 근대 중국에서 신체가 겪은 변화를 차례로 신체의 국가화, 신체의 법권화(法權化), 신체의 시간화, 신체의 공간화로 요약하는데, 이 네 가지 변화의 이면에는 근대 중국이 자본주의 세계 체계에 편입되면서 민족·국가적 위기 속에서 구축된 신체 정치화가 있다.

3) 신체 연구로 본 다민족 중국사회

중국에서 신체 연구는 인류학 문화 연구 전통과 사회 연구 전통의 중요한 접점이며 동시에 국가와 사회 연구 프레임워크의 연결점 중 하나이며 또한 '나'와 '타자', 자문화와 타문화 간의 상호 이해와 인식 과정의 중요한 연결 고리이자 근현대 중국 사회 문화의 변천을 이해하는

---

19 염포지술(厭炮之術) 음문진(陰門陳)은 명청 시기에 적군의 총이나 대포가 위력을 발휘하지 못하게 저주하던 방법을 가리킨다. 명청 시기에 총이나 대포가 있었으나 명중률이 높지 않았다. 군인들은 총이나 대포의 기능을 향상시키거나 조준을 잘하려고 노력하는 대신 닭이나 양 등 가축을 잡아 대포에 제사를 지내는 등 미신적인 방법으로 명중률을 높이려고 하였다. 반대로 적군의 명중률을 낮추기 위해서도 엽기적이고 미신적인 방법으로 저주하였는데 이것을 염포술이라고 한다. 그중 가장 흔히 사용한 방식은 부녀자들이 나체 상태로 적군의 대포가 명중하지 못하게 크게 욕을 퍼붓고 동시에 소, 양, 개 등의 머리를 적진에 투하하는 것이었는데 이를 음문진이라고 했다. 이런 염포술은 심지어 아편전쟁 때에도 사용되었다. 아편전쟁 후에도 군인들은 염포술에만 의지하고 조준을 제대로 하지 않았는데 이는 갑오전쟁 실패의 한 원인이 되었다. -역자 주

키워드 중 하나이다. 외국 신체인류학의 기본 사고방식은 중국의 구체적인 사회·문화·민족적 배경과 결합하여 논의되어야 한다. 저자는 다음과 같은 문제가 특정 연구 영역을 확장할 수 있다고 생각한다. ① 대전통의 이념이 소전통과 유기적으로 결합하고 민간 현장의 신체적 관념과 대화한다. 위에서 언급한 바와 같이 우리는 사상적 층면에서 많은 신체관 연구의 기초를 축적했는데, 이러한 전적(典籍) 속의 신체관은 대부분 대전통 문화의 직접적인 표현이다. 소전통적인 민간 사회의, 특히 민간 지식 중의 신체관, 예를 들면 풍수와 인간의 신체 관계-골, 기, 혈액 및 출산 관계, 친족 관계 등에 관해서는 더욱 심도 있는 논의가 필요하다. 시민사회가 어떻게 신체, 마음, 인간관, 기 등을 체득할 수 있는지에 대해서는 사실 인류학적 실증 연구를 할 수 있다. ② 신체로부터 민족을 고찰한다. 다민족이 공생하는 중국 사회에서는 민족마다 신체에 대한 자체의 특별한 인식이 있다. 신체의 내적 속성과 외적 특징에 대한 이해는 하나의 표식으로 전환되어 민족 정체성과 그 유지의 표지가 되었으며, 민족 문화의 생산과 재창조에서 중요한 매개체로 작용한다. 우리는 종종 현실과 표식을 혼동하며 신체의 내적 속성과 외적 특성을 단순화하여 민족 집단 간의 경계와 표식으로 삼고 표식을 현실의 표징이 아닌 진실로 간주한다. 이 때문에 인류학자들은 현실에 발을 디디고 진정으로 현장에 들어가 진위를 식별하여 진짜를 남겨야 한다. 동시에 각 민족의 '신체'에 관한 연구는 민족 문화의 변천과 민족 간의 상호 작용을 탐구하는 중요한 시각이기도 하며, 신체의 각도에서 중심과 주변, 나와 타자의 상호 관계를 고찰할 수도 있다.

중국의 혁명과 개혁 과정에서 신체는 매우 중요한 접점이었다. 예를 들면 혁명의 신체로서 그 배후에 신체와 관련된 부착물, 예를 들면 복장, 헤어스타일 등에는 '계급'의 의미가 많이 부여되어 있는데, 거기에는 '문화대혁명' 시기의 남녀 구분이 없는 복장도 포함된다. 또 다른 예로, 개혁개방 이래 도시의 농민공(農民工) 집단의 신체적 소비, 항쟁, 감정 등에 대해서도 또 하나의 새로운 서술 담론을 구성했다.

결론적으로 인류학의 신체 연구는 동적 연구이며 세계, 국가, 민족, 문화 등을 연구의 참조로 삼는다. 인류학자가 대범하게 연구를 하려면 반드시 독립적인 연구 태도를 가지고, 현재의 사회 사조와 맞닿을 수 있는 연구를 해야 한다. 현대의 발전과 세계화 물결로 오늘날의 신체 연구는 풍부하고 다양한 연구 추세를 보여준다. 다음 네 편의 글은 서로 다른 현지조사로부터 온 것으로 신체 연구의 다차원적인 시각을 반영한다.

5. 신체 연구에 관한 네 편의 글의 특징과 의미

인류학의 전통적인 연구 방법은 현장에서 타자를 관찰하고 이해하며 자신을 성찰함으로써 인간성과 문화에 대한 전반적인 이해에 도달하는 것이다. 칼럼에 실린 네 편의 글[20]은 인류학의 기본 이념을 적용하여 현장 작업에 입각한 신체 연구를 진행하는 인류학적 탐구의 시도라고 말할 수 있다.

친족 및 친족 관계에 대한 연구는 인류학이라는 학문의 핵심적인

---

20 李锦: 「父亲的"骨"和母亲的"肉"—嘉绒藏族的身体观和亲属关系的实践」;
    秦洁: 「"下力"的身体经验: 重庆"棒棒"身份意识的形成」;
    冯智明: 「身体的象征与延续: 红瑶还花愿仪式研究—以龙胜金坑小寨为例」;
    汪丹: 「白马藏人猪膘肉食体验的文化解读」.

연구 내용이다. 친족 연구에서 '친'을 어떻게 정의하는가가 매우 관건이지만 '친'에 대한 정의는 사회에 따라 다르다. 서로 다른 사회의 고유한 민속적 생식 이론, 즉 인간의 생식 행위, 여성의 임신 및 출산 문화 관념도 매우 중요하다. 리진(李錦, 1952~)의 글은 상세한 현지조사 자료를 사용하여 중국 남서부 티베트족의 한 갈래인 자룽(嘉绒) 티베트족의 신체관과 친족 관계의 의미를 정리하여 보여 준다. 그가 논의한 '생물학적 친족'과 '사회학적 친족'은 그 이면에 민속 지식 체계의 중요한 내용을 내포하고 있으며, 이러한 연구 방향은 사실상 지식인류학 연구의 중요한 측면이다.

지식인류학적 시각에서 친족 연구를 수행하는 것은 친족 연구의 고유한 틀을 넘어설 수도 있으므로 특별한 의미를 가진다. 티베트족 사회의 연구에서는 실체로서의 신체에 대한 관심이 적다. 티베트 불교가 주류 문화로 자리잡으면서 윤회 사상이 지배적이 되었기 때문이다. 티베트 불교의 교리를 보면, 윤회의 의미는, "하나의 현상이 생기고 동시에 다른 현상이 멈추는 것"[21]이며, "그 생명과 생명 사이에 서로 연결되는 것은 결코 하나의 실체가 아니라 가장 미세한 차원의 의식이라고 믿는 것이다."[22] 그러나 일반 티베트인의 경우 불교도로서 받아들여지는 윤회 관념은 주로 의식의 연속을 기반으로 한다. 그런 의미에서 윤회는 낡은 몸이 사라지고 영혼이 새로운 몸으로 가는 것을 의미한다. 이 기본 관념으로 인해 티베트 사회의 사람들은 일반적으로 육체는 영혼의

---

21 [美] 索甲仁波切: 『西藏生死之书』, 郑振煌译, 中国社会科学出版社、青海人民出版社, 1999, p.111.

22 [美] 索甲仁波切: 『西藏生死之书』, 郑振煌译, 中国社会科学出版社、青海人民出版社, 1999, p.110.

집일 뿐이라고 생각한다. 영혼의 끊임없는 순환에 대한 사람들의 높은 관심 속에서 육체는 상대적으로 무시된다. 따라서 과거의 연구자들은 티베트족 사회에서 실체로서의 육체와 그 상징이 갖는 의미에 대해 덜 주목했다.

그러나 만약 우리가 티베트족의 사회 구성 과정에 눈을 돌린다면, 티베트족의 신체관을 중시하지 않을 수 없다. 인류학 사회 구축 이론에 따르면 혈연으로 형성된 사회 조직은 일반적으로 사회의 가장 기본적인 단위이다. 비록 대부분의 연구자들이 티베트 사회의 혈통 개념이 결코 그 사회 구성의 관건이 아니라고 생각하지만,[23] 사람들은 또한 유전 물질에 대한 이해로써 '골계(骨系)'의 역할을 무시할 수 없다는 것을 발견했다. 따라서 낸시 레빈(Nancy Levine)의 골계에 대한 연구는 티베트족의 혈통 체계를 이해하는 데 중요한 성과가 되었다.[24] 이 네 편의 논문에서 리진의 연구는 아버지의 '뼈'와 어머니의 '살'에 관한 자룽 티베트족의 신체관이 생물학적 유전에 관한 그들의 지식 체계일 뿐만 아니라 친족 관계 실천의 이론적 기초이기도 하며 동시에 티베트 사회 가족 관계의 생물학적·사회적 특성을 드러낸다는 것을 상기시킨다.

다른 학문들의 신체에 대한 연구와는 달리 인류학은 신체를 사회적 상징의 일부로 이해하는 경향이 있다. 1960~70년대부터 신체를 사

---

23 巴伯若·尼姆里·阿吉兹: 『藏边人家—关于三代定日人的真实记述』, 翟胜德译, 西藏人民出版社, 1987, p.125.

24 Levine Nancy, *The Dynamics of Polyandry: Kinship, Domesticity, and Population The Tibe Border*, Chicago: University of Chicago Press, 1988. 그 중 골계(骨系)에 관한 부분은 중국에서 아래와 같이 발표되었다. 格勒: 「"骨系"与亲属、继嗣、身份和地位—尼泊尔尼巴 (Nyinba)藏族的"骨系"理论」, 赵湘宁、胡鸿保译, 『中国藏学』1991年第1期.

인류학의 글로벌 의식과 학술적 자각

회적 상징으로 보는 신체 상징 이론은 신체인류학의 주요 사조를 대표했다. 펑즈밍(冯智明, 1982~)의 논문 「신체의 상징과 지속: 홍야오(红瑶)의 환화원(還花願)[25] 의식 연구-룽성진캉사오자이(龙胜金坑小寨)의 사례」는 광시성 룽성현 야오족(瑶族) 홍야오(红瑶) 지파를 연구 대상으로 삼고 신체 상징 이론을 적용하여 '신체'를 중심으로 새로운 각도에서 자식 얻기와 병 치료 기능을 겸비한 '환화원' 의식의 내포적 의미에 대해 고찰하고, 그것이 갖고 있는 신체적 상징과 지속적인 의미를 밝혔다. 이는 서양 신체인류학의 연구 전통을 계승했을 뿐만 아니라 중국 신체 실증 연구를 강화했으며 의식 연구의 새로운 시도이기도 하다.

심신의 이원적 대립 양식을 넘어서기 위해 논문은 마거릿 록의 '심성신체(心性身體)' 개념을 도입하여 전체적 시각으로 신체가 물질성(육신성, 肉身性) 밖에서 구현하는 사상적 속성을 드러냄으로써 '신체'의 의미와 가치에 대해 성찰한다. 홍야오 '환화원' 의식에 나오는 세 가지 신체 이미지, 즉 꽃, 골혈(骨血, 골육), 생명 연장의 분석을 통해 '자연'적 신체가 의식을 거쳐 문화(사회) 속성을 가진다고 보고, 홍야오의 생명관과 인간관의 핵심적 특성인 지속성을 강조한다. 논문은 홍야오의 사례를

---

25 홍야오(红瑶) 환화원(還花願)은 야오족의 한 지파인 홍야오 사람들이 애기를 점지해 준 꽃의 신에 드리는 감사의 제례 의식이다. 홍야오는 여자들이 붉은색 의상을 착용하기에 홍야오로 불린다. 여자들은 모두 머리를 길게 기르는데 기네스북에 기록된 '세계에서 제일 긴 머리'의 소유자도 홍야오 여성이다. 화퍼(花婆, 꽃의 여신)는 홍야오 사람들의 생육을 관장하는 여신으로, 홍야오 사람들은 화퍼가 하늘에서 큰 꽃나무숲을 관리하며 모든 인간은 화퍼가 꽃나무에서 꽃을 따서 인간세상에 보내준 것이라고 생각한다. 그래서 아기를 낳은 후에 꽃을 보내준 데 대한 감사의 제례 의식을 하고, 자녀가 병을 앓을 때에도 화퍼의 보우를 비는 의식을 하는데 이 의식을 환화원이라고 부른다. 이밖에도 매년 음력 2월 2일 화퍼의 탄생일에는 생육과 출산을 비는 제례 의식을 행한다. -역자 주

사용하여 생명 전환 의식과 혼란 의식(儀式) 중의 신체적 표현을 연구하고 인류학에 관심이 있는 사람에게 생물학적·문화적 이중 속성과 그 관계에 대한 사고 방법을 제공한다.

신체 연구의 부상은 1970년대의 여성주의 운동의 발흥, 자본주의 소비문화의 고조가 인간의 신체에 미치는 충격 및 상품화 과정과 밀접한 관련이 있으며, 이러한 사조의 영향으로 신체 연구는 여성의 신체에 초점을 맞추어 이루어졌으며, 논의의 주제도 신체 정치, 출산한 경험이 있는 신체, 신체 훈육 등을 중심으로 이루어졌다. 남성의 신체는 연구에서 제외되거나 저조한 모습을 보이고 있으며, 또한 신체의 상품화 과정에 대한 연구도 미미하다. 친제(秦洁)의 논문은 위의 두 가지 부족한 점을 보완했다. 특히 친제는 충칭의 농민공 집단에 대한 연구에 신체 감지(感知)를 통합하여 사람이 어떻게 물질적인 신체를 사용하는지, 어떻게 감지 채널을 통해 적극적으로 신체 기술을 획득하고 그것을 사용하는지에 대해 논의했다.

'방방(棒棒)'이라 불리는 산성(山城) 충칭의 직업 짐꾼들은 강한 체력이 생계를 위한 뚜렷한 특징인데, 그들에게 신체는 생존의 도구이자 수단이며, 또한 '고통'과 '고단함'을 체험하는 물질적 존재이며, 또한 사회의 텍스트적 의미를 새기는 매개체이다. 체력을 특징으로 하는 산성 '방방'의 생계 과정은 신체 기술의 생성·전시 공연으로 볼 수 있으며, 신체 경험의 획득과 실천을 보여주는 대표적인 사례이다. 논문 「힘을 쓰는 직업 짐꾼의 신체 경험-충칭 '방방'의 정체성 형성」은 충칭 '방방'을 사례로 하여 진행한 신체 경험 이론 연구의 지속이자 확장이다. 논문은 신체 경험의 시각에서 '방방'의 노동 과정 중 신체 경험과 신분 의식의 연관성을 고찰하고, '방방'의 신분 의식은 신체 경험의 산물이자 사회 이데올로기의 제약의 결과이며, '방방'의 신체 경험과 사회 양자가 공동으로 힘을 쓰는 신체와 낮은 신분을 구축한다는 것을 제시한다.

왕단의 글은 티베트 문화의 동쪽 끝 지역에서 티베트족, 창족, 한족 문화가 충돌할 때 어떻게 '신체'로 민족 간의 경계를 논의하는지에 대한 응답이다. 중국에서는 일반적으로 신체의 외부적 특성으로 서로 다른 문화를 구분하는 경향이 있다. 즉 민족 간에 서로 외부적 특성을 '관찰'하는 것이다. 그러나 왕단의 논문은 이와는 달리 신체의 감지(感知) 능력에서 출발하고 신체와 사물의 상호 작용에 입각하여 음식의 맛을 민족 간 경계와 인간관계를 탐구하는 매개체로 사용하고 있어 아주 새로운 시도라고 할 수 있다.

3장

아프리카에서 동아시아로: 친족 연구의 보편성과 특수성*

인류학은 한 세기 이상의 발전을 거쳐 오늘에 이르러서는 그야말로 오색찬란하다고 할 수 있다. 오늘날의 인류학 저서와 관련 논문들을 들춰 보면 젠더, 관광, 개발, 민족 분쟁, 의료, 환경, 난민, 원주민 운동, 민족주의, 식민지 문제 등의 명사가 끊임없이 우리 눈에 들어온다. 이러한 어휘는 정치학, 경제학, 국제관계, 법학, 사회학 등 다른 사회과학 분야에서도 동시에 나타난다. 이것은 이러한 문제들이 오늘날 인류가 직면하고 있는 공통의 문제라는 것을 보여준다. 그리고 이러한 문제들에 대한 연구는 인류학의 연구 전통인 '문화'와 '사회 구조' 연구가 기초가 된다.

단순사회에 대한 전통적인 연구는 종종 사회 구조를 정적 조직 형태로 간주하는데, 만약 그것을 개방적이고 동적인 사회 연구 안에 놓는다면 많은 문제가 발생할 수 있다. 상당 기간 동안 친족 제도에 대한 연

---

*   이 글은 『社会科学』 2005年第9期에 게재되었음.

구는 매우 침울한 상태에 있었다. 그렇다고 해서 친족 관계 연구가 막바지에 이른 것이 아니고 연구 대상이 옮겨 간 것이다.

예를 들어, 1950년대 후반 영국 사회인류학의 중심지는 아프리카에서 동남아시아, 동아시아, 남아메리카 등으로 영역이 옮겨졌으며, 친족 제도의 이론으로는 '연대 이론'이 번성하였으며, 단지 계승 그 자체에 그치지 않고 '계승' 이론에 대한 구체적인 해석을 끊임없이 제시했다. 아프리카 연구의 정적 패턴에서 어느 정도 벗어나, 친족 제도의 주된 연구 대상은 더 이상 상대적으로 폐쇄적인 전통 사회에만 국한되지 않고, 문명사회·산업사회가 점차 중요한 연구 대상이 되어 친족 관계의 과정, 네트워크 구조 및 친족 관련 분야에 관심을 가지기 시작했다. 친족 관계와 사회조직이 서로 다른 사회에서 어떤 내재적 구조와 기능적 특징을 가지는지 탐구하고 급격한 사회 변천 속에서 어떻게 역할 조정을 하고 적응을 하는지 논의하였다. 특히 자연과 문화, 사회와 국가를 참조로 친족과 그 관련 결혼과 가족이 사람들의 정치, 사회, 경제 등의 행위에 어떻게 영향을 미치는지 현대 친족의 관계와 창조(혈연의 재구성과 같은) 등이 나타내는 특성(특히 고유의 혈연, 관계 개념을 넘어서 기술, 가치, 법률 등을 기반으로 구축된 새로운 유형의 친족 관계)은 현대 인류학의 친족 연구에서 사고해야 할 중요한 문제가 되었다. 연구의 추세에 있어서도 구조에서 과정으로의 전환, 범주에서 관념 형태로의 전환이 나타났다. 인류학 분야에서는 주로 아프리카에서 온 친족 연구 이론, 특히 혈연, 가계, 후계자, 종족, 조상 제사 등에 관한 이론이 동아시아에서 어떻게 전환되었는지 연구하고 있다.

1. '사회 전통'으로서의 친족 연구와 '문화 전통'을 결합한 친족 연구

1950년대 메이어 포르티스는 사회문화인류학의 연구를 두 개의 전통으로 나누었다. 하나의 전통은 '사회적'인 것으로, 이와 관련된 대표적인 인물은 주로 헨리 제임스 섬너 메인(Henry James Sumner Maine, 1822~1888), 토머스 모건(Thomas Hunt Morgan, 1866~1945), J. F 맥리넌(John Ferguson McLennan, 1827~1881), 그리고 전통적인 구조기능주의를 연구하는 계승자들이다. 또 다른 전통은 '문화적'인 것인데, 대표적인 인물과 학파는 에드워드 버넷 타일러(Edward Burnett Tylor, 1832~1917), 제임스 조지 프레이저(James George Frazer, 1854~1941), 보아스 학파(Boasian School)이다. 포르티스는 친족에 대한 연구는 사회의 전통이라고 했다.[01]

인류학의 역사를 살펴보면, 미국 인류학은 인디언 문화와 정책에 대한 연구를 바탕으로 점차 발전해 왔으며, '문화'의 가치에 대한 관심 등이 그의 중요한 특징이 된다. 미국의 인류학과 비교할 때, 유럽의 인류학 특히 영국의 인류학은 인도, 아프리카, 태평양 지역의 식민지와 직접적인 관련이 있으며, 그 연구 분야는 '사회 구조'에 관한 연구가 핵심이다. 이 두 가지 연구 대상은 인류 사회를 해석하는 두 가지 분석 틀을 반영하기도 한다.

인류학의 탄생 이후 결혼, 가족, 친족 및 친족 관계에 대한 연구는 줄곧 이 분야의 핵심 연구 내용이었다. 오늘날의 인류학자들은 인류학자에게 속하는 아주 분명한 주제가 있다면 그것은 바로 친족 관계이며,

---

01   M. Fortes, *Social Anthropology at Cambridge since 1900.*Cambridge University Press, 1953, pp.11-14.

또한 다문화 친족 관계의 제목과 관련된 문제들은 인류학의 핵심 분석 개념·이론·방법의 역사적 발전을 이해하는 관건 중 하나임을 벌써부터 깨닫고 있었다. 마치 로빈 폭스(Robin Fox)가 "인류학에 있어서 친족은 철학에서의 논리나 예술에 있어서의 누드처럼 학문의 기본적인 훈련이다."라고 한 것과 같다. 특히 제2차 세계대전을 전후해 인류학의 친족 관계 연구는 절정에 달했고, 사실상 독립된 연구 분야가 되었다. 물론 당시 이러한 연구는 주로 태평양의 섬들과 아프리카의 단순사회에 대한 연구에 집중되어 있었다. 이러한 비교적 폐쇄적인 단순사회에서 친족 관계에 대한 연구를 통해 현지의 사회 구조를 밝힐 수 있고 나아가서는 새로운 사회 이론을 창안하거나 확장시킬 수 있다.

우리는 영국의 일부 인류학자들이 아프리카 친족 조직에 대한 연구에서 1940~50년대에 풍성한 성과를 거두었다는 것을 알고 있다. 당시의 연구는 비교적 전형적인 '사회 전통'을 반영했다. 1940년과 1950년에 각각 출판된 『아프리카의 정치 제도(African Political Systems)』와 『아프리카의 친족과 결혼 제도(African System of Kinship and Marriage)』는 사회과학에서 사회인류학의 독립적인 지위를 확고히 다지게 했다. 이 두 책에 수록된 각 논문의 저자는 대부분 말리노프스키의 영향을 받았으며, 후에 래드클리프브라운의 제자가 되었는데, 그들은 모두 아프리카 부족 사회를 조사한 우수한 인류학자들이다. 그중 아이작 샤페라(Isaac Schapera, 1905~2003), 글러크먼, 리처드, 메이어 포르티스, 에반스 프리차드, 네이더, 이 여섯 명의 학자들은 두 책의 집필에 모두 참여했다. 특히 『아프리카의 친족과 결혼 제도』는 현지조사와 이론에서 모두 매우 높은 수준에 이르렀다. 에반스 프리차드는 『아프리카의 정치 제도』에서 같은 언어, 문화 지역에서도 정치 제도가 다른 경우가 많다는 것을 이야기한다. 문화가 완전히 다른 사회에서 같은 정치 구조가 나타나는 경우도 종종 있다. 또한 서로 다른 두 개의 사회에서 비록 사회 제도의 어느 한 방면에서 일정한 유사성이 존재하더라도 기타 다른 방면은 다를 수 있다. 서로 다른 사회를 비교할 때, 경제 제도, 정치 제도, 친족 제도 등은 비교 연구의 중요한 내용이다. 여기에서 이 사회인류학자들은 아프리카의 서로 다른 8개 사회에 대한 비교 연구를 통해 아프리카 사회의 두 가지 다른 유형인 원시국가(Primitive States)와 국가 없는 사회(Stateless society)를 제시했다.

대표적인 이 두 권의 저서는 아프리카 부족 사회에 대한 전형적인 미시적 연구이다. 책에서 아프리카 사회에 대한 연구를 통해 각각의 다른 사회를 비교하는 사회인류학의 기본 관점과 방법을 서술하였다. 물론 상당 기간 동안 이러한 연구는 주로 무문자사회나 단순사회에 대한 비교 연구에 집중되어 있었다.

그러나 위에서 언급한 저자 중 '사회적 전통'인 친족 제도 연구와 '문화 전통'인 신앙, 종교 의식 관련 연구를 결합시킬 수 있는 사회인류학자로는 메이어 포르티스를 꼽을 수 있다.

포르티스는 아프리카 가나 트레인족의 종교 제도에 대해 연구할 때 그들의 사회 조직과 분리해서는 종교 제도를 이해하기 어렵다고 생각했다. 「아프리카 부족 사회의 조상 숭배」라는 글에서, 그는 조상 숭배가 아프리카 종교 체계의 현저한 특징이며, 조상 숭배는 이미 가나 트레인 족의 사회 생활 전반에 광범위하고 깊게 침투해 있다는 점에서 중국과 고대 로마의 사회와 동일하다고 보았다. 그는 조상 숭배가 성행하는 사회에서는 이 신앙이 이미 가족, 친족, 후계자와 같은 사회적 관계와 제도 속에 뿌리를 내리고 있다고 강조한다. 그는 조상 숭배를 사회 구조와 연관시켜 자기 나름의 정의를 내렸다. 조상 숭배는 일련의 종교적 신념과 의례로 구성되는데, 이러한 신념과 의례는 사회적 행동 규칙에 상응한다. …… 권리와 의무가 서로 보완되어야만 권위가 유지될 수 있다. 이러한 사회에서는 권위와 권력이 친족 관계와 후계자 관계에서 파생된 사회적 관계를 통해 만들어지고 행사된다. …… 그런 의미에서, 조상들은 사회 구조의 영구적인 연속성을 상징한다.[02]

이 논문과 관련된 연구에서, 그는 막스 베버의 『중국의 종교』, 프랜시스 L. K. 슈의 『조상의 그늘 아래』, 린야오화의 『금익-근세 중국에 관한 사회학적 연구』, 프리드먼의 『중국의 종족과 사회』, 『중국 동남부의 종족 조직』, 1960년대 서양 인류학자들의 중국 타이완 한족에 대한 조사 보고서, 일본 학자들 특히 나카네 지에의 『일본 사회의 인간관계』 등의 문헌을 이용해 그가 연구한 아프리카 사회를 오랜 역사와 문자를 가진 중국과 일본의 조상 숭배와 간단하게 비교했다. 조상 숭배가 생겨난 사회적, 문화적 이유를 설명하면서, 그는 이러한 사회들이 기술적, 경제적, 정치적, 지적인 체계가 유사하기 때문이 아니라고 보았다. 그는 이어서 에드워드 타일러의 종교 체계에 대한 정의와 연결하여 조상 숭배는 주로 그 사회, 특히 가족 차원에서의 사회적 관계 구조의 '연장'이라고 했다. 조상 숭배는 실생활에서 주로 '집'을 중심으로 이루어지므로 조상 제사에 대한 연구는 이와 직결되는 사회 구조 속에서 파악해야 한다.

---

02 "Some Reflections on Ancestor Worship in Africa" in Fortes, M. and G. Dieterlen eds. *African Systems of Thought: Studies Presented and Discussed at the Third International African Seminar in Salisbury, December 1960.* Oxford University Press. 1965.

물론 그의 비교 연구에서 중국이나 일본과 같은 사회에서의 조상 숭배와 사회 구조의 유기적인 연관성에 대해서는 깊이 있는 연구가 이루어지지 않았다. 그러나 그가 제시한 조상 숭배와 사회 구조의 관계 차원은 우리가 동아시아의 사회 구조를 다시 파악하는 데 직접적인 이론적 의의를 지닌다.

그러나 1970년대 이후 문화인류학의 일부 연구에서는 조상 및 조상의 제사는 그 자체의 고유한 상징 영역에 존재하는 행위이며 사회 조직과 반드시 연관되는 대상은 아니라고 주장한다.[03]

그런데 필자가 보기에 양자 사이에는, 특히 동아시아의 사회 연구와는 직접적인 연관이 있다. 적어도 "조상은 사회 구조의 영구적인 연장을 상징한다"는 포르티스의 견해는 현재의 동아시아 사회에서는 구체적인 사실이다. 정확히 말하자면, 동아시아의 전통적인 사회 구조가 지속될 수 있었던 중요한 기반은 조상 관념과 조상 숭배였다.

동아시아 사회의 인류학 연구가 포르티스가 조사한 아프리카의 무문자사회와 크게 다르다는 것은 말할 필요도 없다. 동아시아 사회에는 상응하는 가치 체계, 즉 유교 문화가 존재한다. 유교 문화에서의 '효'의 관념은 조상의 제사와 사회 구조가 서로 관련되고 지속되는 문화 이데올로기이다. '효'의 관념에 대응하여 포르티스가 연구한 아프리카 사회에서는 조상 숭배에 '피에타스(pietas)'라는 문화 관념이 존재한다.

또한, 한족 사회인류학의 중요한 대표 인물인 프리드먼의 한족 사회 종족 모델에 대한 연구는 문자가 없는 아프리카 사회를 기반으로 종족 이론에 대한 반성과 검증에서 출발했다는 것은 잘 알려져 있다. 동

---

03   渡边欣雄主编『祖先祭祀』, 日本凯风社, 1989, p.15.

시에 그는 '문화'와 '사회'의 전통을 결합해 중국 사회를 연구할 수 있는 대표적인 인류학자 중 한 명이다.(프리드먼에 대한 소개는 이미 많은 논문에 발표했으므로 여기서는 더 이상 지면을 할애하지 않겠다.)

이러한 연구의 특징은 동아시아 사회의 인류학 연구에서 더욱 통합될 수 있었다. 특히 중국과 동아시아의 가족제도 연구에서 '문화'와 '사회 구조'의 연구 경향은 이미 하나로 융합되었다.

사실 일찍이 1930년~40년대에 중국의 탁월한 인류학자들은 서양의 인류학 전승을 받아들여 중국 사회의 가족과 조상 제사를 연구할 때, 잠재의식 속에서 이미 '문화'와 '사회 구조'의 종합적인 연구에 관심을 기울였다. 양쿤(杨堃, 1901~1998)의 박사학위 논문『조상 제사』, 린야오화의『의서종족(義序宗族)』,『금익(金翼)-근세 중국에 관한 사회학적 연구』, 페이샤오퉁의『생육제도(生育制度)』, 프랜시스 L. K. 슈의『조상의 그늘 아래』 등은 문화 의식으로서의 조상 제사와 사회 구조의 기초가 되는 가족, 종족 간의 내적 연관성 및 전반 중국 문화와의 관계에 대해 상당한 관심을 기울이고 있다. 이를 바탕으로 동아시아 사회의 친족 제도 연구에서 더욱 주목하는 것은 대전통문화, 즉 유교문화를 기반으로 하는 사회에서 사회 구조적 동질성 문제는 동아시아 연구의 중요한 전통이어야 한다는 것이다. 가족주의와 가족 조직, 친족 네트워크와 사회 조직, 민간 결사(結社)와 민간 종교 조직 등은 동아시아 사회에서 매우 특징적인 사회 구조의 구성 요소이다.

예를 들어, 중국, 일본, 한국 모두 같은 한자로 '집(家)'을 표시하지만, 그 내용은 전혀 다르다. 이 때문에 '집'은 동아시아 사회의 기초를 탐구하는 키워드이기도 한데, 왜 같은 한자가 다른 의미를 나타내는 걸까? 우리가 익히 알고 있는 일본의 '동족(同族)', 오키나와의 '문중(門中)',

한국의 '문중(門中)', 중국의 '종족(宗族)' 등이 대표적인 예이다. 조상 또는 조상 제사는 자체의 독특한 방식으로 동아시아의 특정 사회 구조와 상징적 의례 속에 존재한다. 특히 조상의 그늘 아래에서 조상에 대한 기억을 통해 집단의 사회적 정체성이 강화된다. 동아시아에서는 특히 지난 20년 동안 '조상'을 중심으로 종족, 동족, 문중이 '전통적' 사회 조직으로서 표현하는 행동과 의식이 부활하고 심지어 재창조되는 추세를 보이고 있다.

2. 민속생물학적 친족과 사회학적 친족

이른바 '민속생물학'은 원칙적으로 인간 이외의 동식물의 어휘로 인간의 행위를 해석·비유·은유하는 것이지만, 어떤 어휘는 인간과 동식물만이 공유하는 것은 아니다. 사회학적 친족이란 주로 생물학적 의미를 넘어선 친족을 말한다. 친족은 혈연, 혼인 또는 입양 등의 관계로 연결되어 있는 사람으로 배우자, 직계혈족, 방계혈족, 직계인척, 방계인척 및 입양관계에 있는 사람을 포함한다. 법률은 친족의 범위를 매우 명확하게 규정하였으며, 그 규정은 나라마다 서로 다르다. 특히 상속 문제와 관련될 때 민법의 조항은 매우 엄격하게 규정되어 있다.

친족의 종류에 대한 법률적 구분은 나라마다 다르다. 독일·프랑스 법은 혈족만 인정하고 인척·배우자는 친족에 포함되지 않으며, 일본법은 혈족·배우자·인척을 친족으로 규정하고 있다. 중국법은 친족을 혈족, 인척 및 배우자 세 가지 범주로 분류한다. 친족 관계는 사회적으로 인정받는 혈족과 인척을 포함한 가계 관계를 말하며 입양 관계도 포함한다. 우리의 일상생활에서 친족 관계에는 크게 두 부류가 있는데, 바

인류학의 글로벌 의식과 학술적 자각

로 혈족과 인척이다. 혈족은 자연 혈족과 법률상 의제(擬制) 법정 혈족 두 가지 유형이 있다. 자연 혈족은 같은 조상을 두고 혈연관계가 있는 친족이고, 법률상 혈족은 자연적인 혈연관계는 없으나 법률에 의해 자연 혈족과 동일한 권리와 의무를 가지고 있는 것으로 확인되어 준혈족이라고도 한다. 인척은 혼인 관계에서 생겨나지만, 배우자는 제외된다. 인척은 다시 혈족의 배우자, 배우자의 혈족, 배우자의 혈족의 배우자로 나뉜다. 모든 사회에서 친족 관계는 중요한 역할을 한다.

친족에 관해서 우리는 어휘 차원에서 한층 더 해석할 수 있는데, 예를 들어 영어의 kinship은 일반적으로 중국어에서 친족으로 번역한다. 친족에 해당하는 단어는 kin 또는 relatives이고, kinship은 혈연과 결혼이 결합된 관계이며 다소 추상적인 개념이기도 하다. 중국어에는 -ship에 해당하는 단어가 없어 표현하는 데 큰 불편함이 있다. 그래서 kinship은 kinship and marriage와 같이 혈연관계가 중요한 역할을 한다.

사람의 분류는 전체를 기반으로 하는 범주형과 개체를 중심으로 하는 관계형으로 총괄할 수 있다. 예를 들어 'OOO집 사람들'의 분류, '큰아버지', '아주머니' 등의 분류가 있다. 전자는 사회를 전체화하여 여러 개의 서로 다른 부분으로 나누는 것으로, 이러한 분류를 '범주'라고 한다. 동아시아 사회, 예를 들면 중국, 일본, 한국 사회에서의 '집'과 같은 친족 집단, 촌락과 취락(聚落)과 같은 지역 집단, 그리고 부족·민족과 같은 큰 집단이 범주의 분류에 속하는 것들이다. 후자의 분류 방법은 누군가를 '큰아버지', '아주머니' 등의 호칭으로 지칭하는 것으로 개인의 관점에서 사람을 분류하는 것이다. 이 분류는 또한 이웃, 친구, 친척 등과 같은 '관계' 유형으로 요약될 수 있다. 그리고 친족이나 친족 집단을 더 분류하면, 공동의 조상까지 거슬러 올라갈 수 있는 '출계 집단

(descent group)'과 개인을 중심으로 친족 관계를 가진 사람들로 형성되는 '친족(kindred)'으로 구분된다.

인류의 친족 관계의 바탕이 되는 친자 관계는 생물학적 친자 관계로부터 독립된 사회적 친자 관계이며, 이러한 관점은 고전인류학에서 구조기능주의 인류학의 친족 연구에 이르기까지 기본적으로 일맥상통한다. 그러나 오늘날 사람들은 우리가 흔히 강조하는 혈연관계의 중요성이 현대 사회에서 심각한 도선을 받고 있다는 것을 깨달았다. 입양 관계와 유사하게 양부모와 혈연은 동등하게 중요한 것으로 간주된다. 물론 많은 친족 제도에서는 가정이나 가호(household)에서 자연적이고 생물학적인 관계가 우선이다.

저명한 인류학자 에반스 프리차드는 아프리카 수단의 누에르족 (Nuer)에 대한 연구에서 조상과의 관계가 정치적으로 중요한 사회에서는 생물학적 아버지를 라틴어 genitor로, 사회적 아버지를 pater로 나타낸다는 것을 발견했다. 누에르족의 영혼 결혼(ghost marriage)에서 혼인 관계는 배우자 한쪽의 사망으로 끝나지 않는다. 죽은 남편에게 아이를 낳아주지 않은 과부는 애인을 사귈 수 있고, 그 사이에서 태어난 아이는 명의상 전 남편의 아이가 된다. 죽은 남편은 자식이 생기고 아이의 사회적 아버지(pater)가 되는 것이다. 과부의 애인은 아이의 생물학적 아버지(genitor)이지만 혼인계약에서 인정하는 신분은 없다.[04] 생물학적 아버지와 사회적 아버지에 대한 이 개념은 사실 친족의 본질론적 문제와 관련되어 있다. 초기 연구에서는 생물학적 친족이 특히 강조되었고 사회

---

04   Evans-Pritcjard,E,E. *The Nuer, 12tj Printing*, Oxford: Oxford University Press, 1980.

적 친족에 대해서는 거의 주의를 기울이지 못했다.

사회적 친족(social kinship)에 대한 논의는 래드클리프브라운의 친족 관계에 대한 정의에서 비롯되었다. 래드클리프브라운은 부부(법률적으로 인정되는 부부 관계), 부모와 자녀, 형제자매 등 세 가지 관계를 기본적인 가족 단위로 삼고 친족 체계의 구조적 단위라고 불렀다.[05] 이 세 가지 관계 중에서 그는 친자 관계를 특히 강조하는데, 이러한 연대적 관계를 바탕으로 관계의 그물망이 무한히 확대된다. 예를 들어, 그는 『사회인류학 방법』이라는 책에서 이러한 연대의 관계를 특히 강조한다. 그는 "서로 다른 부락과 목축군(牧群)의 사람들은 친족 계통을 통해 연결되어 있다. 사람들은 친족 관계에 따라 자신과 사회적 접촉이 있는 모든 사람들을 가까이 하거나 멀리 하는데, 그들이 어느 부락 혹은 목축군에 속하든 간에 상관하지 않는다. 친족 구성원의 확정은 씨족 남성 구성원 간의 관계를 포함하는 실제 가계도를 기반으로 한다. 친족 내의 모든 사람은 제한된 범주로 분류되며, 각 사람은 친족 호칭으로 표시됨과 동시에 해당 범주 내의 친소 관계도 결정된다. 서로 상호 작용하는 두 사람의 행동은 친족 구조에서의 관계에 근거한 것이다. 이 구조는 개인 간, 개인과 친족 관계 간의 복잡한 이원적 구성이다."[06]

여기서 우리는 친족의 본질은 친자 관계라는 것을 알 수 있다. 래드클리프브라운은 권리와 의무를 수반하는 관습에 의해 규정되는 사회적 관계를 강조한다. 래드클리프브라운과 달리 말리노프스키는 친

---

05   Radcliffe Brown, *Study of Kinship Systems*, 1941.

06   [英] 拉德克利夫 - 布朗: 『社会人类学方法』第四章, 夏建中译, 山东人民出版社, 1988.

족 관계를 안쪽에서 바깥쪽으로 보았다. 그는 인간의 내재적 출산 수요로부터 결혼과 가족 등 외부 문화 제도가 생겨났고 부모는 친족 관계의 기초라고 생각한다. 이에 비해 래드클리프브라운은 바깥쪽에서 안쪽으로 보는 경향이 있다. 그는 결혼, 가족, 친족 제도를 전체 조직이나 구조의 일부로 본다. 그러나 두 사람은 모두 친족과 사회 조직을 범주와 관계 속에서 분석하는 것을 강조한다.

오랜 기간 동안, 대부분의 인류학자들은 친족의 정의를 내릴 때 사회적 친족 개념보다 생물학적 친족 관계에 기반해야 한다고 생각해 왔다. 그 출발점은 어떤 사회든 단성생식은 없고, 사회적 계승을 위해서는 유성생식이 필수적이며, 모든 사회는 성교, 임신, 출생이라는 과정을 부인할 수 없다는 것이다. 사이먼 반즈(Simon Barnes), 로드니 니덤(Rodney Needham, 1923~ 2006) 등이 이 문제에 대해 논의했는데, 그들은 생물학적 사항과 사회적 사항은 서로 다른 시각이며, 사회적 친족 개념은 계속 보존되고 사용되어야 한다고 생각했다.

1971년 니덤의 『친족과 결혼의 재고』라는 저서가 출판되었다. 그는 이 책에서 친족의 보편성을 정의하는 것은 매우 어려운 일이며, 사회 전체에서 친족을 분리해 내는 것 역시 매우 어려운 일이라고 했다. 또한 그는 초기 인류학자들이 생물학에 기반한 서구적 친족관에 얽매이고, 후대의 학자들은 맹목적으로 선배 학자들을 추종하면서 사회 생활의 맥락을 무시하고 친족 제도 연구를 수렁에 빠뜨렸다고 주장한다. 이를 바탕으로 그는 친족에 대해 나름대로 정의를 내렸다. "지금까지 '친족'에 관한 몇 가지 문제에 대한 많은 논의들은, 내가 보기에는 그 논의의 대부분이 현학적이고 사소한 논쟁에 빠져 있다. …… 소위 말하는 친족이란 권리의 분배와 세대 간 승계의 문제이다. 나의 견해로는 이것

인류학의 글로벌 의식과 학술적 자각

이 기본 전제이다. 여기서 말하는 권리에는 특정 권리뿐만 아니라 단체의 구성원으로서의 권리, 지위의 계승, 재산의 상속, 거주지, 직업 등 모든 것이 포함된다. 이러한 권리의 전달은 주는 사람과 받는 사람의 성(性)이나 혈통과는 아무런 관계가 없다."[07]

또한 니덤은 "입양, 수계혼(收繼婚)[08], 영혼 결혼(冥婚), 단선출계(單系繼嗣) 등 인식된 사항들을 인용하고 있기 때문에 사회인류학에서 다루는 사항들은 생물학적인 사항들과 직접적으로 연관되는 것이 아니라 사회적인 사항들과 밀접하게 연관되어 있으며, 이러한 개념들은 사회를 인식하는 분석적 개념이 되어야 한다"고 말한다.

이처럼 개별 사회에 대한 연구에서 비롯된 친족의 생물학적·사회학적 의미에 대해 보편적인 정의를 내릴 수 있을까? 아직 보편적인 정의를 찾아내지 못했지만, 이러한 탐구는 계속되고 있다.

친족 연구에 관한 인류학의 역사를 살펴보면, 20세기 중반의 친족 연구는 영국을 중심으로 발전했다고 말할 수 있다. 미국 문화인류학의 친족 연구 분야에서는 1960년대 말부터 1970년대까지 구디너프, 셰플러 등으로 대표되는 친족 연구 전문가들이 배출되었는데, 그들은 모두 유명한 다문화 비교 연구 및 인간관계 지역파일(HRAF) 창시자인 머독의 제자이다. 구디너프도 다문화 비교 방법을 고수하고 친족 제도에 대

---

07 Rodney Needham(ed.), *Rethinking Kinship and Marriage*, pp.3-4,Tavistock, 1971.

08 형사취수(兄死娶嫂) 또는 취수혼(娶嫂婚)은 형이 죽은 뒤에 동생이 형수와 결혼하여 함께 사는 혼인 제도로, 수계혼(收繼婚, levirate marriage)의 한 형식이다.
형사취수는 유목 민족에게서 자주 나타났으며, 일례로 흉노, 부여, 고구려에서 나타났다. -역자 주

한 연구 내용을 전체적으로 파악했다.[09]

위에서 언급한 서양 고전 인류학자들의 '생물학적 친족'과 '사회학적 친족'에 관한 연구는 그 안에 많은 민속 지식 체계를 내포하고 있다. 이러한 유사한 민속 지식 체계, 특히 '민속생물학'적 친족과 '사회학'적 친족에 관한 내용은 동아시아 및 중국 한족 사회의 연구에서 매우 풍부한 사례가 있다. 이러한 문자 사회의 유서 깊은 민속 지식 체계는 단지 '무문자사회' 친족 연구에서만 나온 개별 사례들을 완전히 보완할 수 있다. 이런 면에서 일본의 사회인류학자 와타나베 요시오 교수의 오키나와와 중국 한족 사회의 친족에 관한 연구, 특히 '민속학'적 친족과 '사회학'적 친족에 관한 연구는 동아시아 사회 연구 영역을 확장하는 데 중요한 기초를 다졌다.

와타나베 교수는 일찍이 유럽 사회에서 발단된 분석 개념만으로 사회를 이해하는 기본 원칙으로 삼는다면 각 민족의 모든 문화에 적용되는 '보편적 원칙'을 찾아낼 수 없으며, 여기에는 많은 예외가 있다고 지적했다. 서구 사회인류학의 '보편적' 친족 법칙에 비하면 많은 예외 사례가 존재한다. 예를 들어, 중국 한족의 '가(家)'와 '방(房)'은 family가 아니고, 일본 본토의 '동족'도 출계집단이 아니며, 오키나와의 '문중' 역시 부계제가 아니고, 한국의 '가(家)'와 '문중'도 마찬가지이다. 각 사회에 대한 연구는 내부자적 관점(主位的研究, emic approach, 현지인·현지문화·현지 사회를 주체적 위치에 놓고 연구하는 방법)을 출발점으로 삼고 문제를 사고해야 한다고 강조한다. 이러한 연구 성향은 지식인류학 연구의 중요한 측

---

09   Ward Hunt Goodenough. *Description and Comparison in Cultural Anthropology*, Aldine, 1970.

면이 되어야 한다. 그는 예로부터 사회인류학 연구의 중심이 친족 연구였는데, 이제는 친족 연구의 틀을 넘어 지식인류학의 문제를 관심사로 삼아 연구하는 것에 특별한 의미가 있다고 제안했다.[10]

인류학에서, 각 민족은 자신들이 잘 알고 있는 문화적 상징 기법을 통하여 친족 관계를 이해한다. 즉 계보 관계를 각자의 문화 상징을 통하여 해석하고 인식한다. 예를 들면 종(種), 뼈(骨), 정액 등으로 남성을 상징하고 대지, 육체, 피, 월경혈 등으로 여성을 상징한다는 것은 이미 많은 보고가 있다. 한족 사회에서 '민속생물학'적 친족과 '사회학'적 친족의 구체적인 표현은 어떠한 것일까?

1) 뿌리와 가지

북방 한족 사회에서, 근대 이래 한족 이민에 관한 중요한 전설은 바로 산시성의 '큰 회화나무'의 전설이다. 많은 북방의 한족들은 자신을 포함하여 자신의 조상을 언급할 때, "우리는 '큰 회화나무'에서 뻗어 나왔으며, 우리의 뿌리는 거기에 있다."라고 매우 자연스럽게 말한다. 개혁개방 이래, 해외 화교들의 '뿌리 찾기' 열풍 및 남방의 많은 지방에서 나타난 '동성(同姓) 뿌리 찾기' 현상은 그 자체로 한족 사회가 집 및 고향에 대해 강한 동질감을 갖고 있음을 설명한다. 이런 '뿌리'와 '가지'의 관계는 구체적인 가족 제도에서 '집(家)'과 '방(房)'(화북 한족 사회에서는 股라고 한다.)의 관계를 상징한다. 가족의 운영 메커니즘에서 뿌리와 가지의 관계는 종종 가족의 동적인 관계, 특히 '분가, 계승, 통합'의 관

---

10   渡边欣雄: 『民俗知识论的课题—冲绳的知识人类学』, 凯风社, 1990, pp.111-127.

계를 뜻한다.[11]

'나무가 크면 가지가 갈라진다. 동서고금 모두 그렇다', '나무가 크면 가지가 갈라지지 않겠는가?', '나무가 크면 가지가 갈라지고 새가 크면 둥지가 나뉜다'. 이런 민간 속담들은 한족 가정의 운영 메커니즘을 설명한다. '분가하다'는 일반적으로 결혼한 형제 간에 재산 분할을 통하여 기존의 대가족에서 분리되어 나가는 상태와 과정을 가리키며, 명사로 쓰일 때는 한 집안이 두 집 또는 두 집 이상으로 나뉘어진 후의 상황을 나타낸다. 속담에서 흔히 말하는 '따로 살림을 차린다.(另起炉灶, 另立門户)'는 실상이기도 하다. 문호별립(門户別立)은 자연히 독립적이고 새로운 가족의 탄생, 즉 가족 재생산의 표현이다. 분가 후의 소위 독립은 상대적인 것이다. "그들은 경제적으로 독립했다. 즉, 그들은 각자 자신의 재산을 가지고 있고 자신의 살림을 차리고 있다. 그러나 그들은 여전히 여러 가지 사회적 의무로 연결되어 있고, 생산과 생활에서 서로 도움을 주고 받으며 매우 밀접한 관계를 맺고 있다."[12] 따라서 촌락사회의 서로 다른 가족 유형 사이의 연계성과 계층성에 대한 검토는 분가가 가족 재생산의 가장 좋은 경로임을 밝히고 있다. 이에 대응하여 서로 다른 가족 유형과 그 구조를 탐구할 때, 분가라는 가족의 내재적 운영 메커니즘을 제쳐두면 가족 구조에 대한 연구도 통계 자료를 기반으로 양적인 분석을 할 수밖에 없다.

---

11   麻国庆: 「分家: 分中有继也有合—中国分家制度研究」, 『中国社会科学』 1999年 第1期.

12   费孝通: 『江村经济』, 江苏人民出版社, 1986, p.59.

2) 종과 종의 관념

'종(種)'은 본래 생물학의 핵심 개념이지만, 서로 다른 문화적 배경에서 그것은 또 일정한 문화적 의미를 부여받고, 문화의 사회적 속성을 가지게 되었다. 인간의 양성 간의 결합, 종의 번식은 그 자체로 일종의 생물학적 속성이지만, '종'에 대한 사회적 관념은 종종 문화적 상징 기호로 표현된다. 이 '종'의 관념은 중국에서 조상의 관념과 상호 보완하여 후대의 관념을 형성한다.

인류 사회의 발전은 끊임없이 새로운 것이 낡은 것을 대신해서 생겨나는 과정으로, 그 조건은 바로 누군가가 선대를 계승하고 후대에게 이어줘야 한다는 것이다. 이것은 하나의 교체 과정이다. 세대를 이어가려면 조손 3대가 있어야 하고 또 어린 세대가 있어야 한다. 가족의 친족 관계에 근거한 사회가 정한 이 규칙은 사회 지속의 근간이다. 이것은 세대교체라고 불린다. 사회적 의미에서 말하자면, 세대교체는 인구 발전의 형식이지만, 이 발전 형식은 중국 사회에서 특별한 문화적 의미를 부여받았다. 이른바 '불효에는 세 가지가 있는데 후손이 없는 것이 가장 큰 것이다', '자식이 있으면 만사가 족하다', '향불(제사) 이어가기' 등은 바로 이런 관념의 가장 두드러진 표현이다. 한족이 조상을 존경하는 관념의 목적 역시 조상의 보호 아래 향불을 이어가려는 데 있다.

이러한 관념은 탄생 의례에서 특히 뚜렷하게 나타나는데, 남아와 여아의 탄생을 모두 중요시하는 동시에 또한 남아와 여아를 차별한다. 『시경(詩經)』<소아·사간(小雅·斯干)>편에서는 "남자 아이를 낳으면 단향목으로 조각된 큰 침대에 눕히고 아름다운 옷을 입히고 6대 예기(禮器) 중 하나인 옥규(璋)를 장난감으로 놀게 한다.(載寢之床, 載衣之裳, 載弄之璋)"고 하여 존귀함을 표시했다. 현대 농촌에서 남아선호 사상은 여전히 상당히 보편적이다.

전통 사회에서 이상적인 중국 가정은 반드시 자손이 가득한 기초 위에 세워져야 한다. 자녀를 낳지 않으면 후손이 끊기고, 뿌리가 끊어진다. '다자다복(多子多福)'은 여전히 보편적인 출산관이며, 출산의 의의와 목적은 '대를 이어가는 데' 있다. '현세를 살아가는 후손은 돌아가신 조상님의 생명의 연속'이라는 것이 여전히 사람들의 보편적인 신조이다. 결혼을 통한 결합은 결코 평등한 결합이 아니다. 결혼의 궁극적 목적은 남성이 이 결합을 통해 자신의 생명체를 번식시키는 것이다. '여자의 몸을 빌어 아들을 낳으려는' 남성의 패권적 의도를 가지고 있다.

하지만 만약 여성 또는 남성의 원인으로 대가 끊길 상황에 직면하게 된다면 어떻게 해야 할까? 상당수의 경우, '성씨가 같은 일가친척집에서 양자를 데려오'거나 '데릴사위를 얻는' 방식으로 해결한다. 푸젠성 등지에서는 아직도 '아들을 사 와서, 진손을 기른다.(賣儿子, 養眞孫)'는 관습이 유행한다. 극히 소수의 일부 지방에서는 종의 번식을 위해 '남자를 빌려 아들을 얻는(借男養子)' 풍습이 아직도 존재한다. 예를 들어, 관중 지방에서는 매년 3월 3일, 결혼한 여성이 자식이 없을 경우, 당일 묘회에서 만난 남자와 하룻밤을 보내는 것을 묵인하는 관습이 있었다. 커자 지역의 어떤 촌락들은 1950년대까지도 이러한 관습을 유지했다. 여기서 말하는 '진손'과 후손은 이미 '생물학적 친족'이 아니라, 진정한 '사회학적 친족'이 된 것이다. 이것은 '종'의 지속 개념이 혈연과 문화 윤리를 넘어 한족 사회의 '사회학적 친족' 발전의 중요한 기반이 되었음을 어느 정도 보여 준다.

3) 피는 물보다 진하다: 법정혈족과 의친(義親)-사회학적 친족의 확대

혈통의 관념은 한족 사회에서 사람들 간의 결합에 있어 중요한 연결고리라는 것은 말할 필요도 없다. 이런 '피는 물보다 진하다'는 생각은 사회적 관계의 확장에도 적용될 것이다.

한족 사회에는 부계와 모계로 구성된 친족 관계 외에도 사회학, 인류학 및 법률사회학 분야에서 '의제(擬制) 친족 관계'라고 부르는 친족이 있다. 이 개념은 주로 사회적으로 결합된 사람과 사람의 관계에서 생물학적, 혈연적 친족 관계가 없는 사람들이 집과 친족과 유사한 관계로 그들 사이의 관계를 설정하여 맺는 유사 친족 관계를 말한다. 이 의제 집과 친족 관계는 한족 전통 사회에서 비교적 유행했으며, 현대 사회에서도 그 흔적과 영향을 볼 수 있다. 이 관계는 가족 외연 확대의 중요한 표현 방식이며, 사회적 결합의 중요한 상징이 된다. 전통 사회의 동업자 조합, 비밀사회, 지역화된 종족(宗族)에서 특히 두드러진다.[13]

비밀사회가 성장하고 발전하는 하나의 내재적 메커니즘은 가족의 제도를 그 내부 조직과 운영에 만드는 것이다. 비밀사회는 중국의 전통적인 가족제도를 모방하여 재산을 공유하고 공동으로 식사하는 공재공식제(共財共食制)를 실시하는데, 예를 들면 호남회당(湖南會黨)과 청련교(青蓮教) 계통의 각종 단체의 '전도자들은 모두 도첩(度牒)을 가지고 있었고', 도첩을 근거로 '가는 곳마다 은과 쌀과 식사를 제공받았다'. 광시성 천지회에는 전형적인 집단 공동 식사제인 '미반주(米飯主)' 제도도 있었다. 비밀사회는 또한 가부장적 통치를 모방하여 내부적으로 종법 승계

---

13   麻国庆: 「拟制的家与社会结合—中国传统社会的宗族、行会与秘密结社」, 『广西民族学院学报』1999年第2期.

(宗法師承)와 위계적 신분 관계를 형성했다. 이러한 통치의 표상은 '가례' 와 '가법'을 모방, 실시하는 것이다. 이른바 '스승과 제자 사이는 부자와 같고, 동문수학한 벗은 수족과 같다.' 라고 한다. 스승에게 효도하고 복종할 것을 제1의 요지로 하는 이 '가례'는 사람의 생사를 결정하는 '가법'으로 보장된다.

비밀사회의 권력 체계는 부계 가부장제가 가문을 지배하는 전통적인 규칙의 확대와 강화이며 또한 이를 근거로 성립된 수직적 부자 관계와 수평적 형제 동료 관계라고 할 수 있다. 수직적인 부자 관계는 청방(青幫)의 엄격한 자배제(字輩制, 돌림자로 등급을 나타내는 제도)와 사제제(師徒制, 스승과 제자의 관계를 규정하는 제도)가 가장 두드러진데, 청방은 앞뒤로 24개 자배를 차례로 세우고 각각 자배에 따라 조직에 입문하며, 일반적으로 단체 내부의 리더는 스승이고 성원은 모두 제자이다. 입문한 제자와 스승 사이의 관계는 부자지간과 같다.

이렇게 세대를 이어가면서 구성원들은 위계 질서가 엄격한 가족 네트워크 속에 들어 있게 된다. 수평적 관계는 천지회의 방족제(房族制)가 대표적이다. 물론 비밀사회라는 이 의제 집안의 관계도 의제 혈연을 바탕으로 하고 있는데, 예를 들어 혈주(血酒)를 나눠 마시는 등 항상 피의 성분을 그 속에 넣으려 한다.

한족의 민간에는 '의친(義親)'도 있다. '부모'는 '자녀'를 보호하고 '자녀'는 양친을 섬기면서 서로 협조해야 하며, 친족 간에는 근친상간이 금지되고, 자녀에게는 상속권 등의 권리와 부양 의무가 있다. 의친은 크게 다섯 가지가 있다. ① 아이가 태어났을 때 아이에게 정해준 의부모 ② 아이에게 이름을 붙여준 의부모 ③ 수유모자 관계와 위탁양육 관계 ④ 성인식을 거행할 때의 관례친(冠禮親) ⑤ 자녀가 결혼할 때의 중

매친(媒人親) 등이 있다. 의친은 잠재적 성격을 갖추고 있다. 예를 들면, 1950년대 이전의 농촌에서는 생산관계로 구성된 지주와 소작인의 관계, 농장주와 농장 일꾼의 관계, 어촌에서는 선주와 선원의 관계 등이 있다. 의친에는 상술한 부자 관계 외에 의형제 관계 등이 있다.

4) 골(骨)과 기(氣): 풍수와 친족 제도의 상징 관계

프리드먼은 『중국의 종족(宗族)과 사회』 제5장에서 많은 지면을 할애하여 풍수와 조상 숭배 문제를 다뤘다. 여기서 그는 자손들이 조상을 위해 명당을 택하는 것은 주로 자신이 은혜를 입고 '복'을 얻기 위함이며,[14] 조상을 물질의 매개체로 삼아 이용하기만 한다고 주장한다. 이 일방적 수혜론은, 전형적인 '릴레이식' 사고방식으로, 중국에서 집(家)이 운영되는 기본 메커니즘, 즉 '돌려주기 방식'을 무시한 것이다. 이 '돌려주기 방식'은 단지 부모에 대한 봉양 문제뿐만 아니라 사실 조상에 대한 제사를 포함하고 있다. 이런 제사는 단순히 조상으로부터 이익을 받으려는 것만이 아니라 조상에 대한 효도와 조상이 다른 세상에서 행복하기를 바라는 염원도 내포하고 있다. 그래서 중국인은 조상도 있고 자손도 있는 민족이라는 이치도 여기에 있다.

풍수 이론에는 처음부터 조상과 자손의 관념이 들어가 있다. 용맥(龍脉)을 볼 때 멀리서부터 가까운 곳까지 점차 태조산, 태종산, 소조산, 소종산, 부모산을 찾아 정혈(正穴)까지 간다. 그 구성 체계는 가족과도 같다. 오대를 지나야 비로소 출복(出服, 상복을 벗는다.)하므로, 용맥을 찾을

---

14   Freedman Mauric. Chinese Lineage and Society: *Fukien and Kwangtung*, The University of London Press of Athlone, 1966.

때는 반드시 뿌리를 찾아야 한다. 이것은 문화와의 관계를 상징하는 전형이라고 할 수 있다.

일찍이 당나라 때 복응천(卜応天)의 『설심부(雪心賦)』에서 산맥의 조손 연계를 지적한 적이 있다. "아득히 먼 산에서 자취를 드러내 조상이 자식을 낳고 손자를 낳는다 …… 본뿌리에서 지파가 뻗어나간다." 풍수에 관한 저술에서는 자연을 인류의 활동과 비교하여 자연에 인간의 생명의 근원을 부여하였다. 예를 들면 아래와 같다. "무릇 부모산에서 맥이 갈라지기 시작한 곳을 태(胎, 임산부의 배)라 하고, 산세가 낮게 눌린 곳은 식(息, 태아의 탯줄)이라 하고, 산이 머리를 들어 새로운 산의 모양을 갖추면 잉태(孕, 태반을 뜻함)라고 하고, 산이 혈에 들어 융결(融結)하면 육아(育, 태아를 뜻함)라고 한다.", "무릇 산이 조종산에서 맥이 갈라져 나오는 때는 곧 사람이 아이를 밴 수태 초기와 같다."

친족 제도와의 비교에서 '골(骨)'과 '기(氣)'는 중요한 해석이 된다. 예를 들어, 『장경(葬經)』에는 다음과 같은 표현이 있다. "그래서 세상에 살아 있는 자에게는 온갖 기가 모여 있고 응결된 기는 뼈가 된다. 사람이 죽어서 피와 살은 사라져도 뼈만은 남는다. 그러므로 땅에 묻는 것은 기를 죽은 자에게 돌려 보내고 그의 뼈 속에 모아두는 일이다. …… 피가 살이 되고, 다시 신기를 빌려서 뼈와 살을 받아 비로소 살아나 사람이 된다. 죽어서 땅에 묻으면 신기는 날려가고 피와 살은 사라지고 오직 뼈만 남는다. 상지(上智)[15]의 선비는 길지에 묻히기를 바라며, 안으로는 생기를 이용하고 밖으로는 자손들의 사모하는 마음을 받고자 한다. 만약 그 일념이 맞아떨어진다면 이전의 신기를 회복하고 이미 흩어

15　상지(上智)는 가장 지혜로운 사람을 가리킨다. -역자 주

진 기운을 다시 모을 수 있을 것이다. ….”

이 ‘기’는 조상과 자손을 소통시키는 매개체이기도 하다. 쉬스커(徐軾可)가 편찬한 『장경(葬經)』 <기감편(氣感篇)>에서는 이렇게 말한다. “사람은 부모에게서 신체를 받는데 본해(부모)가 기를 얻으면 유체(자식)가 음덕을 받는다. 경에 이르기를, 기운이 감응함에 귀신의 복이 사람에게 미친다.” 부모는 자손의 근본이고, 자손은 부모의 가지임을 강조하는데, 이는 기체도 마찬가지로 근본에서 가지에 이르는 것이다. 땅을 골라 조상을 묻는 것은 나무 같은 것을 심는 것과 같아서 뿌리를 잘 가꿔주면 잎은 스스로 무성해진다. 이는 조상의 풍수가 자손과 직접적인 관계가 있다는 것을 더욱 명확하게 한다.

이상의 내용에서 인간의 유전자에 해당하는 ‘기’가 친족 관계에서 어떤 위치에 있는지를 알 수 있다. 사람의 기는 뼈와 살의 모든 유전자가 되며, 기가 가장 많이 응결된 부분은 ‘뼈(骨)’이다. 풍수에서 가장 중요한 부분은 바로 ‘골’이다. 프리드먼이 말한 것처럼 중국의 친족 관계에서 중요한 실질은 바로 ‘골’이며, ‘골’이라는 문화의 상징은 중국 한족의 부계 승계를 지탱하고 있다.[16]

결론적으로, 상술한 한족 사회에서의 ‘민속생물학적’ 친족과 ‘사회학적 친족’에 관한 연구는 매우 큰 확장 공간을 가지고 있다. 상술한 몇 가지 사례들은 단지 본인이 조사 중에 체득한 것일 뿐이며, 체계적인 연구를 하려면 더 깊이 연구해야 한다. 이 분야의 연구는 반드시 한족 가족 연구의 중요한 포인트가 될 것이다.

16　Freedman Mauric. Chinese Lineage and Society: *Fukien and Kwangtung*, The Athlone, Press of the University of London, 1966, p.179.

3. 중·일 가족 제도의 키워드와 혈연의 재구성

앞에서 언급한 가족에 대한 니덤의 정의는 사실상 기존의 가족에 대한 생물학적 의미를 완전히 넘어섰다. 즉 기존의 아프리카 사회 자료에 근거하고 혈연을 기반으로 한 사고의 틀에 대한 비판이다. 실제로 중국이나 일본처럼 고도의 문명과 강한 역사적 전승을 가지고 있는 사회의 가족 제도에 대한 연구는 기존의 아프리카 모델에 얽매여서는 안 되며 반드시 그 자체가 가시고 있는 독특한 사회·문화적 특성을 고려해야 한다. 동아시아 특히 중국과 일본의 인류학, 사회학자들은 일찍이 이러한 문제에 대해 독자적으로 연구를 하였는데, 중일 사회의 가족 제도를 대표하는 핵심적인 특징은 '가(家)'의 개념과 '종족(宗族)', '동족(同族)' 등이다. 일본의 저명한 사회인류학자 나카네 지에 교수의 말처럼 "중국의 종족(宗族)은 혈연적 집단의 조직이라고 할 수 있지만, 소위 미개한 민족의 혈연 집단과는 결코 같은 입장에 놓고 생각하면 안 된다."[17]

1) 중국과 일본 특유의 '가(家)'

시가 슈조(滋賀秀三, 1921~2008)는 중국의 '집(家)'은 같은 조상을 가졌다는 동류 의식에 기반하여 유형·무형의 자산을 '한데 모은' 조합이라고 생각한다. 예를 들어, 중국의 집은 '조합적'(동업적)인 반면에 일본의 집은 재단이라고 할 수 있으며, 외부의 사회 구조 속에 융합된다. 일본의 집은 그 가치와 목적이 내재적이다. 집은 그 자체가 목적이 아니다.

---

17   [日] 中根千枝: 『家庭的构造』, 東京大学出版会, 1993, p.435.

가업은 집의 사회에 대한 기능이고 집 이름(家名) 역시 사회에 대한 명망이다. 사회에 대한 기능과 명망은 집 자체를 초월하는 것이다. 이에 반해 중국의 집은 매우 명확하게 그 자체를 목적으로 한다. 즉 남성의 혈연은 영구적이고 무한한 생명의 확대이다. 집안을 이어가는 것은 그 자체의 기본 가치이다. 순수 경제적 가치는 재산이다. 사람과 재산은 중국에서 집의 기본 요소이다.[18]

집에 대한 연구는 페이샤오퉁 선생의 중국 사회 구조에 대한 연구의 출발점이기도 하다. 페이샤오퉁의 최초의 논문은 결혼과 가족 문제와 관련된 것이었다. 츠루미 가즈코는 "이렇게 말하는 이유는 페이샤오퉁이 이후 문헌 연구를 하든, 현지조사를 하든 상관없이 언제나 중국 사회의 가장 중요한 기본 단위인 가족에 관심을 기울이고, 사회 구조의 변화와 가족 구조의 변화 간의 관계에 관심을 기울였기 때문이다."고 주장했다.[19]

페이샤오퉁 선생은 중국 향토사회의 기본 공동체를 '소가족'이라고 부르는데, 그 목적은 구조의 원칙에서 중국과 서양 사회의 '가(家)'의 차이를 설명하고자 하는 것이다. 가족은 구조상 가정을 포함하며, 가장 작은 가족은 가정과 같을 수도 있다. 그리하여 페이샤오퉁 선생은 가족에 포함되는 가정은 단지 사회 속의 한 라운드일 뿐이며, 그것이 존재하지 않는다고 말할 수 없지만, 그것이 스스로 독립적인 단위를 이룬다고 말할 수도 없다고 생각한다.[20] 사실, 이것은 중국 사회의 '가(家)'의 중

---

18   [日] 滋贺秀三: 『中国家族法的原理』, 创文社, 1967, pp.58-68.

19   费孝通、鹤见和子: 『农村新兴的小城镇问题』, 江苏人民出版社, 1991, pp.52-53.

20   费孝通: 『乡土中国』, 三联书店, 1985, p.39.

요한 특징인 다층성에 대해 말하고 있는 것이다.

'가'의 다층적 구조는 계서적 관계와 차서적 구조로 나눌 수 있다. 계서적 관계란 집안의 종적 구조를 강조하여 동일한 부계 혈연 집단 내부의 구조적 특징을 중심으로 전개하는 것이다. 반면 차서적 구조는 집안의 횡적 구조를 강조하여 집안의 네트워크 관계에 치중한다. 페이샤오퉁 선생은 "중국 향토사회에서 '가'에는 엄격한 경계가 없다. 이 집단의 분자는 필요에 따라 가족 차서에 따라 밖으로 확대될 수 있다. 내가 말하는 공동체를 구성하는 분자는 친자에만 국한되지 않는다. 중국의 '가'의 확장 노선은 단일 계통, 즉 부계만을 포함한다."고 한다.[21] 부계를 원칙으로 하는 확장 노선 때문에, 중국인의 이른바 종족(宗族), 씨족(氏族)은 '가'의 확대나 연장으로부터 온 것이다.

페이샤오퉁과 같은 시기에 일본에서 가장 저명한 사회학자 중 한 명인 아루가 기자에몬(有賀喜左衛門, 1897~1979)은 일본 사회의 '가'와 가족 제도에 대해 깊이 있는 연구를 진행하였는데, 그는 '가'를 단지 "가족 집단의 개념으로만 이해할 것이 아니라 생활공동체 및 경영공동체로서의 특성을 고려할 필요가 있다."고 주장한다.[22]

페이샤오퉁과 아루가 기자에몬은 중·일의 '가'에 대한 정의에서 두 사람 모두 '가'의 기능적 특징을 강조하는 것을 알 수 있다. 일본과 중국에서는 모두 같은 한자로 '가'를 표시하지만, 그 내포된 의미는 완전히 다르다. 그밖에 중·일 양국은 모두 유교 문화의 영향을 받았으나, 사회 구조상 매우 다른 양상을 보인다.

---

21 费孝通: 『乡土中国』, 三联书店, 1947, p.40.

22 [日] 有贺喜左卫门: 『家』, 载有贺喜左卫门 「家与 "亲分子分"」, 未来社, 1970(1947).

중국에서는 구체적인 '가'의 두 기본 단위가 첫째는 가정(家庭)이고 둘째는 가호(家户)이다. 가정은 결혼을 기반으로 하는 생활 단위이며 부(父), 모(母), 자(子) 삼각형의 출현은 바로 일종의 혈연으로 결합된 단위의 형성을 뜻한다. 그런데 가호는 초혈연적인 단위이며, 비혈연자들도 여기에 포함된다. '가'의 이 두 개의 가장 기본적인 단위는 또 중국 사회에서의 두 가지 기본 관계, 즉 혈족 관계와 지연(地缘) 관계의 기초를 구성한다. (그림1 참조).

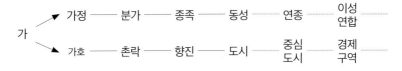

그림1. 중국 '가'의 두 개 기본 단위로 구성된 사회 구조

전자의 서열은 혈족과 인척을 중심으로 발전한 생활 조직 단위이고, 후자의 서열은 호(户)를 생활 단위로 하여 확장된 지연 조직이다. 이 두 가지 서열은 폐쇄적인 촌락 사회에서는 서로 연결되고 때로는 또 서로 교차한다. 향진(乡镇)[23]에서는 종족(宗族) 세력이 여전히 일정한 영향력을 가지고 있지만 도시에서는 종족 세력의 영향력이 상대적으로 약화된다. 그러나 이러한 지역 사회와 사회 조직이 다르다고 해서 사회 구조가 완전히 다른 것은 아니며, 사실 여기서 '가' 중심의 사회 구조는 많은 유사성을 나타낸다. 가족주의도 사라지지 않고 전통 사회의 동업

---

23 향진(乡镇)은 중국의 가장 낮은 행정 기구로서 향(乡)과 진(镇)을 포함하는 소도시를 두루 가리킨다. 향진은 도시와 농촌 사이에 있으면서 양자를 연결하는 유대적 역할을 한다. -역자 주

자 조합 조직, 현대 도시의 자영업자 등 다른 표현 방식을 통해 그 특유한 기능을 보여주고 있다. 상술한 서열을 우리는 단순히 '가'에서 국가로 가는 패턴으로 추론할 수는 없지만, 이 서열은 국가에 상응하는 사회적 층차를 형성한다. 이러한 혈족과 지연에서 파생된 여러 관계는 사회 구조의 구체적인 반영이다. 그런 의미에서 가정과 가호(家戶)는 사회 구조를 구성하는 기초이다. 구조적으로 볼 때, 중국의 '가' 자체는 혈연과 비혈연의 관계를 포함하고 있다.

일본에서는 몇 가지 관건적인 요소들, 예를 들면 가정, 가호, 본가와 분가, 동족(同族) 등 혈연과 비혈연의 관계가 한데 뒤섞여 있으며, 심지어 동족 차원에서도 지연관계가 매우 중요하다. 만약 중국과 비교한다면 그림2로 나타낼 수 있다.

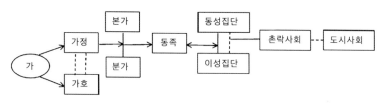

그림2. 일본의 '가'와 가족 및 사회관계

일본은 '가'의 상속 개념으로 보면, 중국의 분가(分家) 개념은 아예 존재하지 않는다. 일본어에도 분가라는 한자가 있지만 중국의 분가와는 의미가 완전히 다르다. 일본에서 분가라고 하는 것은 동사의 의미가 없고 명사의 의미만 있을 뿐이며 뜻도 다르다. 일반적으로 장남이 본가를 계승하기 때문에, 분가는 주로 장남 이외의 아들이 본가에서 나와 밖에서 세운 가정을 가리키며, 동시에 일본의 분가에는 양자가 세운 분가와 같이 비혈연적인 요소도 포함되어 있다. 같은 촌락에 있는 본가와 분가의 관계는 평등한 것이 아니라 주종의 관계이며, 분가는 상속에 있어서 상속 권리가 없다. 현대 사회에서 장남이 아닌 다른 아들이 세운 집도 흔히 분가라고 하지만, 일반적으로 말하는 분가와는 전혀 다르며 종속 관계가 존재하지 않는다.

2) 동족과 종족

일본 사회의 '동족(同族)' 조직은 겉보기에는 중국의 '종족 제도(宗族制度)'와 비슷하지만, 양자의 내용은 완전히 다르다. 동족의 설립은 '가 연합(家聯合)'의 기초에서 진행되는데, '가'의 연합은 '본가(honke)'와 '분가(bunke)'로 구성된다. 즉 '본가'라고 하는 기존의 집안과 본가와 부속 관계를 가지는 새로 설립된 '분가'로 구성된 기능 단체이다. 전형적인 본가와 분가의 관계는 '장남이 본가를 계승하고 차남 이하 여러 아들은 분가를 세운다. 본가든 분가든 기능적인 공동체'인데, 이는 중국의 종족 계보 관계와는 분명히 다르다. 그러나 동족에 계보의 서열이 존재하지 않는 것은 아니며, 정확히 말하자면 동족은 공통으로 인정하는 선조와 계보의 서열을 바탕으로 구성된 본가·분가 집단이다.

이 점을 필자는 깊이 느꼈다. 필자가 일본 농촌에서 조사를 할 때, 마을에 들어가서 인터뷰를 하면 마을 사람들은 아무개는 본가, 아무개는 분가라고 말했다. 중국에서는 아무개는 누구의 아들 혹은 누구의 친척이라고 말한다. 즉, 일본에서 촌락 구성의 기초는 개인이 아니라 '가'이고, 중국에서는 개인이다.

그러므로 사회인류학의 용어로, 중국인이 지칭하는 전형적인 종족은 부계 출계 집단(patrilineal descent group)이지만, 일본인이 지칭하는 동족은 분명히 하나의 출계 집단(descent group)이 아니라는 것이 중일 양국 가족 제도의 가장 기본적인 차이점이다. 따라서 중국의 종족은 부계 원리에 기반하여 형성된 집단이고, 일본의 '동족'은 거주와 경제적 요소에 기초하여 형성된 집단이다. 그 구조의 본질은 느슨한 경향이 있으며 결코 안정적인 공동체가 아니다.

앞에서 언급한 포르티스가 조상 제사의 관점에서 사회 구조에 대해 분석한 이론은 이 신앙이 가족, 친족, 출계 집단과 같은 사회관계와 제도에 뿌리를 두고 있다는 것을 뚜렷하게 드러낸다. 이것은 혈연 관계가 명확한 사회 조직에 대한 귀납이다. 혈연 및 계보 관계가 명확한 종족과 가족 조직의 경우, 조상에 대한 제사 외에도 매우 분명한 계보와 친족 관계가 그들의 관계를 이어주고 유지하게 한다. 중국 한족 사회의 혈연 관계가 모호하고 조상의 상징적 힘에 의존하여 지속되는 동성(同姓) 결합 집단에 있어서 조상의 힘은 사회관계나 사회 조직을 유지하는 가장 주요한 수단이 된다. 전통과 현대의 한족 사회의 확대화된 연종(聯宗)[24] 조직 및 동성(同姓) 결합 집단이 이를 구체적으로 반영한다.

종족은 혈연, 지연, 이익의 기능을 가지고 있다. 엄격하게 정의되는 종족은 부계 혈통을 중심으로 하는 전형적인 혈연 출계 집단이다. 그러나 이 부계 혈연 출계 집단으로서의 종족은 집단의 이익, 인구의 유동 등에 따라 공동의 조상을 부각시키거나 조상을 가상화함으로써 더욱 확대된 사회적 결합을 이루게 된다.

---

24 연종(聯宗)은 다른 종족이지만 같은 성을 가진 사람들이 결성한 종족을 뜻한다. -역자 주

3) 혈연의 재구성: 동성(同姓)의 결합

전통 한족 사회에서, 일부 큰 종족 조직은 그 자체의 역량과 규모를 확대하기 위해, 단순히 혈연의 지속과 계승에 의해서는 목적을 달성하기 어렵다고 보기 때문에 작은 종족을 흡수·연합하고, 동성을 연합하는 등의 방식을 취한다. 이밖에 다른 하나는 타향으로 이주한 경우, 지연(地緣) 관계를 통해 가상의 종족을 형성하는 것이다. 여기서 우리는 중국 사회에서 지연은 종종 혈연 혹은 가상화된 혈연의 투영이기도 하다는 것을 알 수 있다.

동성 단체의 조직 원리는 한족 사회 구조의 부계 출계율로 거슬러 올라갈 수 있으며, 마치 앞에서 인용한 페이샤오퉁 선생의 말처럼 부계 친족 원칙에 따라 끊임없이 확대된다. 물론, '동성(同姓) 단체'는 폐쇄적인 혈연·지연 사회 집단이 아니라 동성자(同姓者)의 선택에 의해 연결되어 있으며, 어느 정도 유동적인 사회관계의 특징을 가지고 있다. 이것은 전통적인 중국 및 현재 중국, 특히 해외의 화교 사회에서 매우 활발한 조직 형태이다.

개혁개방 이래 중국이 이룬 경제적 성과는 화교들의 투자 및 지지와 떼어놓을 수 없다. 타국으로 이주한 화교들은 엄청난 열정으로 대륙에 투자하고 고향을 위해 송금하고 공익사업 기부, 직접 투자와 무역, 합자·독자 기업의 설립 등 방식을 통해 대륙의 경제 발전을 위해 긴급히 필요한 자금, 기술, 관리 경험, 고용 기회와 시장 판매 경로를 제공하였다. 해외 중국인들의 역사와 문화, 경제적 기반은 대륙 경제 발전에 중요한 역할을 했다. 이것이 바로 문화적 정체성의 구체적인 구현이다.

이러한 맥락에서 해외 중국인들의 지지로 중국 동남 지역 한족 사회, 특히 광둥과 푸젠에서는 혈연을 초월하고 지역과 국가를 초월한 동성(同姓) 단체의 조상 제사와 계보 수정이 매우 성행하고 있다.[25] 이러한 현상의 출현은 경제적 원인을 제외하고, 동성(同姓) 사회단체의 조상에 대한 역사적 서사 및 기억과 관련이 깊다. 프랑스의 역사학자 자크 르 고프(Jacques Le Goff, 1924~2014)는 역사와 기억 사이의 관계에 대해 다음과 같이 서술한 바 있다. "역사는 기억, 기억 상실, 기억화의 패턴을 기준으로 발전해 왔고, 역사는 집합 기억의 '장(場)'에 대한 연구를 바탕으로 쓰여졌다." 그는 역사에서 다루는 '장'을 좀 더 상세하게 분류했는데, 묘지나 건물과 같은 기념비의 '장'은 네 가지 유형 중 하나의 큰 유형이다.[26] 많은 동성(同姓) 단체가 확대된 것은 바로 조상의 '묘지'라는 '장'의 정체성과 기억에서 비롯된 것이다.[27]

결론적으로, 서양 학계에서 수립된 친족 제도 이론, 특히 아프리카 현지조사를 통해 귀납한 이론과 개념을 접하면서, 중국이나 일본과 같은 동아시아 사회에 있어서, 동아시아의 인류학자들은 먼저 자신을 발견해야 하며 서양의 담론 체계에 완전히 함몰되어서는 안 된다. 물론 이는 구태의연한 것이 아니라 동양과 서양의 선택적인 대화 과정이다. 이러한 대화는 친족 제도의 연구 분야에서 보편적인 것과 특수한 것 간의 내적 상호 작용 과정이다. 필자가 위에서 언급한 것은 필자가 이 분야의 연구에서 느낀 것일 뿐, 사실상 이러한 논의는 무한한 확장 공간을 갖고 있다. 10여 년 전에 인류학자 라디슬라프 홀리(Ladislav Holy,

---

25   潘宏立: 「福建省南部农村的同姓结合和华侨关系」, 吉原和男、铃木正崇编『扩大的中国世界和文化创造』, 弘文堂, 2002.

26   [法] 鲁·格夫: 『历史和记忆』, 立川孝一译, 法政大学出版局, 1999, p.155.

27   麻国庆: 「祖先的张力: 流动的同姓集团与社会记忆」, 载孙江主编『事件·记忆·叙述』, 浙江人民出版社, 2004.

1933~1997)는 인류학이 1970년 이후 이론과 방법론의 패러다임이 다음과 같이 전환되었다고 주장하였다. 즉 구조에서 과정으로, 실증주의에서 인식론으로, 부분적 관점에서 전체적 관점으로 전환되었다는 것이다.[28] 이 관점에 대해 필자는 일부 유보적인 태도를 취한다. '전환'이라는 용어는 중국 사회의 인류학 연구에 반드시 적합하다고 할 수 없다. 특히 친족 제도의 연구에서, 우리는 아직 이 풍부한 지식 체계를 인류학의 관점에서 완전히 효과적으로 파악하지 못했다. 사실 우리에게 더 필요한 것은 구조와 과정의 결합, 실증주의와 인식론의 결합, 부분과 전체의 결합이다.

여기까지 쓰면서 필자는 동아시아 사회학자와 서양 사회학자의 대화가 연상된다. 사실 최근까지 동아시아의 사회학자들은 서구 사회학을 이해하는 데 집중해 왔다. 그러나 그들이 자신의 사회에 대한 경험과 관찰을 바탕으로 사회학적 인식을 쌓았을 때, 그들은 서양의 사회학 이론이 반드시 동아시아 사회에 적합하지는 않다는 것을 깨닫기 시작했으며, 현지 상황에 맞는 상응하는 이론을 형성할 필요성을 느꼈다. 십여 년 전에 미국사회학회의 이론 전문 위원회는 동아시아의 사회학자들과 환태평양 사회학자들과의 대화를 위한 별도의 회의를 조직했다. 그 전문 위원회의 위원장인 테예칸 박사가 그 회의의 주최자였다. 그는 회의 참가자들에게 보낸 편지에서 회의를 소집하는 이유를 이렇게 밝혔다. 그는 "나는 또한 대규모의 사회 변천과 사회학의 현대성에 대한 이론적 모델이 서구 사회의 과거 역사적 경험에 기초하고 있다고 생각했습니다. 그러나 서구 현대 사회의 모델을 활용해 …… 동

---

28   Ladislav Holy, *Anthropological Perspectives on Kinship*, Pluto Press, 1996.

아시아 사회의 최근 발전 동력을 논하고 설명하는 것은 적절치 않습니다. 제가 보기에 이 동력은 동아시아를 21세기 현대성의 중심지로 만들 가능성이 높습니다. 이러한 전망에 비추어 동아시아에서 일어나고 있는 변화를 파악할 수 있도록 사회학 이론의 시야를 넓히는 것이 절실합니다……."라고 말했다.[29] 이 말은 중국 인류학의 친족 제도 연구에서도 마찬가지로 중요하다.

---

29   李万甲: 「关于东亚社会比较研究的一些思考」, 载北京大学社会学人类学研究所编 『东亚社会研究』, 北京大学出版社, 1993에서 재인용.

4장

문화, 민족 그리고 글로벌 차원의 가족 연구*

인류학의 발달로 정량적인 연구만으로는 가정 및 가족 연구의 전체성을 파악하기 어렵게 되었다. 세계화 배경에서 어떻게 가족 구조에 대한 사회적 연구를 이와 관련된 문화 전통과 사회 발전에 유기적으로 결합시킬지, 어떻게 가족 연구를 지역 사회 및 세계화와 연결함으로써 가족을 초월하여 민족 집단과 민족에서 나타나는 문화의 생산과 재창출 현상 및 다국적 네트워크 등의 문제를 이성적으로 파악할 것인지 하는 것들은 우리 앞에 놓인 중대한 과제이다.

인류학과 사회학이 회복된 이래로 중국의 가족 연구는 큰 진전을 이루었다. 1980년대부터 1990년대 초까지 사회학의 가정 연구는 주로 가정 구조, 가정 관계, 가정 기능, 가정 문제 등 방면에 집중되었다고 할 수 있으며, 이 가정은 구체적인 생활 단위이다. 대표적인 연구로는 중국 다섯 개 도시의 가정에 대한 조사, 성(省) 행정 구역을 넘어서 수행된 농촌 조사에서의 농촌 가정과 농민 생활 양식 연구, 개혁 이후 농촌에

---

* 이 글은 『人民论坛』 2013年第29期에 게재되었음.

서의 결혼 및 가정의 변화에 대한 연구 등이 있다. 이 시기의 가정 연구는 설문조사와 통계 자료를 바탕으로 한 비교적 거시적인 연구가 주를 이룬다.

그러나 인류학의 발전과 함께 학자들은 구체적인 조사 연구에서 중국의 가정은 중국 문화의 주요 매개체 중의 하나로서 정량적인 연구만으로는 가정 및 가족 연구의 전체성을 파악하기 어렵다는 것을 깊이 느꼈다. 따라서 정성적 연구와 현지조사가 점점 더 학자들의 주목을 받게 되었다. 미시적인 지역 사회 연구를 위한 현지조사는 다양한 민족, 다양한 지역의 가정·가족 전통의 지속과 재건을 대량으로 보여준다. 구체적인 지역 사회 연구는 이 두 학문 분야가 결합되는 절호의 접합점이 된다.

지역 사회 연구에 촉진 작용을 한 것은 아마도 강촌(江村) 가정 변천에 대한 페이샤오퉁 선생의 반세기 추적 조사일 것이다. 페이샤오퉁 선생은 강촌과 중국 가정 구조에 대한 연구를 통해 유명한 중국 가정 '피드백 모델' 이론을 제시했다. 이러한 사고는 연구자로 하여금 집의 문화적 함의와 중국 사회에서의 의미, 특히 집(家)의 관념이 가정 구조와 출산 관념에 미치는 영향에 관심을 가지게 했다. 페이샤오퉁 선생은 문화의 계승성 문제를 강조했는데, 이러한 계승성을 이어갈 수 있는 요소로 친족 제도(kinship)가 매우 중요하다. 중국 사회인류학에서의 친족 관계는 주로 집의 문화 관념과 그 사회성의 구조와 기능을 통해 나타난다. 즉 집은 오늘날까지도 여전히 중국 사회를 인식하는 키워드이다.

이 문제를 둘러싸고 많은 연구자들이 각자의 연구 분야, 예를 들면 사회사상사, 역사학, 경제학, 정치학 등의 관점에서 관련 연구 성과를 발표하였다. 가족 연구와 관련되는 학문 분야가 많기 때문에 어느 한 학문 분야의 문제의식만으로 파악하기 어렵다. 필자는 본인의 연구 분야와 결합하여 인류학의 관점에서 중국의 가족 연구를 파악하고 문화, 민족 및 다국적 네트워크의 관점을 제시함으로써 독자들과 가족 자체의 문화적 매력을 공유하고자 한다.

1. 문화와 사회를 지속하게 하는 전달자로서의 가족

공자묘 대성전 앞에 새겨진 '중화위육(中和位育)'이라는 몇 글자는 유가의 정수를 대표하고 중국인이 지향하는 기본적인 가치를 나타낸다. 중화 관념은 실제 생활에서 구체적으로 인화(人和, 사람 간의 화목)에 대한 긍정으로 나타난다. 동시에 사회생활의 많은 방면으로도 확장되었는데, 예를 들면 풍수, 오행, 점, 음식, 명명(命名) 따위에 대한 추구, 인간관계에 대한 명상, 신들의 관계에 대한 우러러 보기(경외, 존숭) 등은 '화'의 사상적 역할을 남김없이 표현하고 있다. 그리고 '가화(家和)'는 '인화(人和)'의 중요한 초석이다.

사회인류학은 지역 사회의 문화 구조를 연구할 때, 상층 문화의 규범성이 기층 지역 문화의 다양성으로 구조적으로 전환되는 과정과 구체적인 표현 방식을 강조해 왔다. 이것은 레드필드가 제안한 '대전통'과 '소전통'과 관련된다.[01] 소전통과 향민들은 인류학 연구의 중심을 이루며, 인류학 현지조사의 실제 생활을 대표한다. 이것은 인류학 연구의 전제와 출발점이다. 중국에서 사회 대전통이나 사신(士紳)[02]은 문헌 문

---

01 Robert Redfield. Peasant Society and Culture: *An Anthropological Approach to Civilization*, The University of Chicago Press, 1948.

02 사신(士紳)은 지방에서 재력이나 세력, 명성을 가진 사람을 가리키는데 보통은 지주

화를 대표하며, 현장에서의 경험과는 다른 모습을 보인다. 이러한 이 분법은 사실 상층 문화와 기층 문화라는 두 가지 구조를 포함하고 있 다. 중국에서 소위 '대전통' 문화는 주로 상층 지식 사회의 유교를 위주 로 한 문화를 지향하고, '소전통' 문화는 주로 민간사회 자체에서 창조 한 문화를 가리키는 것으로 그 주요 계층은 농민이다. 페이샤오퉁 선생 은 '소전통'은 민간 대중의 현실생활과 기대 속에서 형성된 전통문화로 서 그 범위는 매우 넓을 수 있으며, 그중 일부는 통치자의 수요와 서로 저촉되는 것도 있고, 사대부가 보기에 전아하지 못한 것은 '대전통'에 서 언급될 수 없어 민간의 향풍, 민속에 남게 된다고 한다. '대전통'과 '소전통'을 연결하는 것은 신사(紳士)이다. 페이샤오퉁 선생은 "농민들 의 인문 세계는 일반적으로 민간의 범위에 속하며, 이 범위에는 다양한 차원의 문화가 있다. 거기에는 이미 농민들에게 받아들여진 '대전통'도 들어있고 동시에 기존의 소전통도 보존되어 있다."라고 지적했다.[03]

페이샤오퉁 선생의 이 사상은 지역연구와 전체 사회 연구에 중요 한 이론적 토대를 제공한다. 이러한 학문적 맥락에서 우리는 유학과 사 회 구조의 관계를 엿볼 수 있다. 이 문화의 지속성은 사회 지속성의 토 대이기도 하다. 가문은 그 안에서 매우 핵심적인 역할을 담당한다. 즉 가문이 담고 있는 문화와 사회의 지속적인 특성 때문에 필자는 그것을 종적 사회라고 부른다. 종적 사회는 주로 다음과 같은 몇 가지 방면의 토대에 의존함으로 지속된다.

가장 주요한 것은 조상 숭배라는 종교적이고 예교적인 가족 윤리

혹은 퇴직한 관료이다. 신사紳士라고도 한다. -역자 주

03   周星、王铭铭主编『社会文化人类学讲演集』(上), 天津人民出版社, 1996.

의 패러다임이다. 중국은 '위로는 조상이 있고 아래로는 자손이 있는' 사회이다. 중국 사회의 조상 숭배는 사회 조직이 지속될 수 있는 중요한 구성 부분이며 또한 전통적인 사회 구조가 지속될 수 있게 하는 기반이기도 하다. 조상의 힘은 사회관계를 유지하는 데 있어서, 어느 정도는 혈연 관계가 뚜렷한 사회 집단을 능가한다. 부자 관계를 특징으로 하는 이러한 지속성은 중국 문화 전반의 주요 특성 중 하나로 확대되었다. 이러한 지속의 관념은 민족 전체로 확대되어 수천 년의 역사와 문화를 오늘날까지 이어오고 있다. 특히 조상의 그늘 아래 조상에 대한 추억 속에서 집단의 사회적 정체성을 끊임없이 강화하고 있다. 중국에서는 특히 최근 30년 동안 '전통적인' 사회조직으로서의 종족과 동성(同姓) 단체가 조상들을 중심으로 벌이는 활동과 의례가 부흥하거나 심지어 재창조되는 추세를 보이고 있다.[04]

중국 한족 사회에서 혈연 관계는 모호하지만 단지 조상의 상징적 힘에 의해 지속되는 동성(同姓) 결합 단체에 있어서, 조상의 힘은 사회 관계를 유지하는 데 있어서 심지어 혈연 관계가 명확한 종족·가족과 같은 사회 집단을 능가한다. 조상에게 제사를 지내는 것 외에도 그들의 사회적 관계를 이어주는 것으로는 아주 분명한 계보적 친족 관계가 있다. 혈연과 지연을 초월한 이 동성 단체도 조상들의 장력(張力)에 의해 사회적 관계나 사회적 조직을 지속시키는 것이 아닌가? 전통적이면서 현대적인 한족 사회가 확대된 연종(聯宗) 조직 및 동성 연합 단체가 바

04   麻国庆: 「宗族的复兴与人群结合—以闽北樟湖镇的田野调查为中心」, 『社会学研究』 2000年第6期.

로 조상의 힘을 구체적으로 반영한 것이다.[05]

중국 사회가 지속될 수 있는 두 번째 중요한 기반은 부모-자녀 간의 감정에서 나타난다. 즉 중국 사회의 전통적인 정신문화를 가장 두드러지게 표현할 수 있는 것은 부모-자녀 피드백 모델이다. 이것은 중국 문화를 지속시키는 도덕규범일 뿐만 아니라 중국의 수직적 사회를 강화하여 오늘날까지 지속시키는 열쇠가 된다. 개인에서 가정으로, 다시 가족의 구조 체계로 확장되는 종적인 반포(反哺)[06] 모델은 사실상 중국인의 일상생활과 국가적 상상 속으로 퍼졌으며, 점차 가족 구성원 간의 혈연 관계를 기반으로 한 인간관계와 그로부터 파생된 규범·관념·가치를 확정하는 지식 체계를 구축하기 시작했다.

유교 윤리 또한 사회의 지속성을 보장하는 또 다른 중요한 규범이다. 중국의 가정 관념은 유가의 윤리와 밀접하게 연결되어 있다. 유교 윤리 도덕은 본질적으로 가정 윤리인 효도이며, 개인과 개인, 가정과 가정, 사회와 사회 그리고 국가와 국가 사이에 공생의 길을 구축한다. 이 때문에 막스 베버는 『유교와 도교』에서 조상 숭배가 국가의 간섭으로부터 자유로운 한족의 유일한 민속 종교로서 민간 사회 조직의 통합에 있어서 중요한 역할을 한다고 보았다. 이 이념은 오늘날까지도 여전히 사람들의 문화 관념에 뿐만 아니라 사회의 결합과 유대 형성에 영향을 미치고 있는데, 예를 들어, 필자는 푸젠성 북부의 종족(宗族)을 조사하면서 이학(理學)의 전통이 어떤 방식으로 아직도 현지 농촌의 사회 구

---

05   麻国庆:「祖先的张力: 流动的同姓集团与社会记忆」, 载『事件·记忆·叙述』, 浙江人民出版社, 2004.

06   반포(反哺)는 까마귀 새끼가 자란 뒤에 늙은 어미에게 먹을 것을 물어다 준다는 뜻으로, 부모의 은혜를 갚음을 비유하여 이르는 말이다. -역자 주

조에 영향을 미치고 있는지를 볼 수 있었다. 현대 사회는 급격한 변화에 직면해 있고 경제 건설과 사회 개혁 그리고 다문화의 영향은 현대 중국 사회의 주제이다. 하지만 가장 기초적인 사회 구조는 여전히 변하지 않고 있다. 가정은 여전히 중국 사회 구조의 가장 기본적인 단위이며 또한 중국 사회 구조를 관찰하고 이해할 수 있는 가장 이상적인 접점이기도 하다.

2. 가족에서 민족으로: 중화민족의 다원일체 속의 가족

역사학 및 중국 철학과 같은 전통 학문의 틀 내에서 화남 및 동남아시아 사회에 대한 연구는 주로 문화적 측면에서 논의된다. 즉, 한족과 비한족의 문화 및 한족의 주류 가치관인 유교 문화가 주변 민족에 미치는 영향과 침투에 대해 논의한다. 현대 사회에서 이러한 문화 연구 취향의 전통이 강조하는 것은 유교 문화와 이들 국가·지역 경제 발전의 내적 관계이다. 하지만 종종 '사회'의 개념을 간과하기 쉽다.

1988년에 페이샤오퉁 선생은 홍콩중문대학교에서 유명한 '중화민족 다원일체 구도'에 대해 강연하였는데 중화민족 전체로부터 출발하여 민족의 형성과 발전의 역사와 그 법칙을 연구하고 '다원일체'라는 중요한 개념을 제시했다. 페이샤오퉁 선생은 그 강연에서 '중화민족'이라는 단어는 중국 영토에 있는 민족적 정체성을 지닌 11억 인구를 가리킨다고 지적했다. "그것이 포함하고 있는 50여 개의 민족 단위는 다원적이고 중화민족은 한몸이다. 비록 모두 '민족'이라고 불리지만 차원은 다르다." 그리고 그는 한 걸음 더 나아가서 "중화민족의 주류는 분산되고 독립된 수많은 민족 단위이다. 그들은 접촉과 혼합, 연결과 융합을 거치고 동시에 분열과 소멸도 거치면서 네가 오면 내가 가고, 내가 오면 네가 가고, 내 안에 네가 있고, 네 안에 내가 있으며, 또한 각자 개성을 지닌 다원적 통일체를 형성하였다."라고 설명하였다.

필자는 다원일체 이론은 단순히 중화민족의 형성과 발전에 관한 이론이 아니며, 단순히 페이샤오퉁 선생의 민족 연구에 관한 이론의 총결산도 아니라, 그것은 그의 중국 사회 연구의 집대성이라고 생각한다. 페이샤오퉁 선생은 사실 민족으로서의 사회라는 관점에서 국가 전체와의 관계를 탐구한 것이다. 이는 사회와 국가관에 대한 그의 새로운 발전이다. 현대 인류학 연구에서 '민족'은 상대적으로 명확한 정의를 가지고 있다. 즉 같은 문화적 속성을 가진 사람들의 공동체를 가리킨다. 문화는 '민족'을 규정하는 중요한 기준의 하나이다. 사람들의 공동체 본질과 관계에 대한 인류학적 이해는 점차 심화되고 있다.

민족이라는 단위의 존재는 비록 보기에 매우 분명하지만, 모든 민족이 공통의 사회 조직과 정치 조직을 가지고 있는 것은 아니며, 게다가 여러 지역에 흩어져 있는 민족 집단은 자신과 같은 민족의 다른 집단이 살고 있는 지리적 범위도 알지 못한다. 오랫동안 이웃한 이민족과의 밀접한 접촉으로 인해, 어떤 민족의 일부 사람은 다른 민족의 풍속 습관을 따르고, 심지어 언어까지도 그에 따라 변화가 생겼지만, 그 사회 조직은 종종 큰 변화가 일어나지 않는다. 사회 조직과 비교했을 때, 언어, 풍속, 습관 같은 문화는 상대적으로 쉽게 변화한다. 그러므로 문화를 연구 단위로 삼는 것도 반드시 효과적인 수단은 아니다. 사회인류학이 사회에 주목하는 이유는 비교 연구에 있어서 가장 변화하기 어려운 사회 조직을 연구 대상으로 삼고자 하기 때문이다. 객관적으로 민족으로서는 그것이 하나의 단위이지만 사회로서는 그것이 반드시 하나의 단위일 수 없다. 따라서 민족 단위를 연구 대상으로 삼을 때 그것이 속한 사회의 연구에서 벗어나면 전체적인 인식에 도달할 수 없다.

다원일체 구도는 가족 연구를 위한 새로운 연구 방법을 개척하였다. 전통적으로 중국의 가족이라고 하는 것은 주로 한족 사회의 가족을 말하지만, 서로 다른 민족이 공생하는 중국으로서 가족의 관점은 또한 서로 다른 민족 사회와 문화의 변천을 연구하는 중요한 시각이다. 동시에 한족과 소수 민족의 상호 작용을 탐구하는 과정에서 집에 대한 관념과 가족 연구는 아주 좋은 접점이 된다. 우리는 조사를 하는 가운데 일부 소수 민족 사회는 한족과의 친연(親緣)과 융합 관계로 인해 이미 한족적인 사회·문화 인자가 그 속에 축적되어 있다는 것을 발견하였고, 심지어는 현대 한족 사회에서 소실된 것들도 발견할 수 있었다.

필자가 조사한 투머터 몽골족 지역은 대표적인 사례이다. 청나라 이후, 몽골족이 살고 있는 지역에 수많은 화북 지역 한족 이민자들이 들어와서 현지의 사회 문화에 지대한 영향을 끼쳤다. 그로 인해 현지의 몽골족은 1930년대 이후 경제생활의 중심이 유목에서 농경으로 바뀌게 되었으며 사회 구조상으로도 화북 지역 한족의 사회 구조와 유사한 특징을 형성하고 있으며, 이런 특징은 특히 가족, 조상 제사 등 방면에서 나타난다.

이 방면에서 인류학계의 고전은 1940년대 프랜시스 L. K. 슈의 『조상의 그늘 아래』라는 책이다. 이 저서는 중국 한족 사회 구조를 인식하는 중요한 창구가 되었다. 그러나 현재 많은 국내외 연구자들은 프랜시스 L. K. 슈가 연구한 다리시 시진의 '민가인(民家人, 현재 바이족)'이 한족을 대표할 수 있느냐는 의문을 제기하고 있다. 필자는 이 부분에 대해 크게 걱정할 필요가 없다고 생각하는데, 왜냐하면 중국과 같은 민족 간의 상호 작용이 매우 빈번한 사회에서 소위 '순수'라는 개념으로 한족의 문화와 사회를 이해하려면 답을 얻기 어려울 수 있기 때문이다. 그러나 '한족보다 더 한족적'인 '민가인'은 한족과의 혈연과 교융(交融) 관계로 인해 한족 현대 사회에서 이미 소실된 것들도 여전히 그들의 문화와 사회에 남아 있다. 그래서 '민가인'에 대한 연구는 '민가인'을 통해한족 사회와 문화를 연구한다는 이념을 반영한다. 이것은 바로 '주변에서 중심을 본다'는 이론의 초기 실천이라고 할 수 있다. 주변의 관점에서 연구를 진행하는 것은 의심할 여지 없이 한족 가족 사회 구조의 전체를 인식하는 데 중요한 의의가 있다.

우리는 남방의 많은 산악 민족 사회 조사에서도 많은 종족(宗族) 조직이 향촌 사회의 조직 형태로서 수백 년의 역사적 시련을 거쳐 여전히 통합되고 지속되어 그 구성원들에게 종족 정체성의 기반을 제공하고 그 기초 위에서 그들의 민족 정체성을 강화했다는 것을 발견했다. 한족의 가족, 특히 종족 이념은 많은 소수 민족의 사회 문화 형성과 민족 정체성 수립에 중요하고 특수한 역할을 담당했다. 예를 들면, 한족 문화의 영향이 매우 깊은 난링 민족 회랑(南岭民族走廊)의 먀오족(苗族), 야오족(瑶族), 좡족(壮族), 둥족(侗族), 서족(畲族) 등 소수 민족 사회는 다원 문화가 상호 작용하는 지역으로, 그 내부에서 구현되는 민족 집단 간의 상호 작용 및 문화 방향은 중화민족의 다원일체 구도를 이해하는 가장 기초적인 연구 단위이기도 하다.

필자는 민족 지역 사회의 가족 조직과 문화 특성에서 출발하여 중화민족의 다원일체 구도를 연구하는 것은 일종의 의미 있는 분석 시각이라고 생각한다. 우리가 조사한 난링 민족 회랑에서 먀오족, 둥족, 좡족 심지어 일부 야오족, 한족 사회의 문화 요소는 은연 중에 현지 사회에 영향을 미치고 있으며 그들의 가족 관념, 종족 관념 및 촌락 구조에서 모두 한족 문화의 그림자를 볼 수 있었다. 따라서 소수 민족 지역의 가족 연구는 단순히 민족 집단성에 대한 이해와 분석에 국한되어서는 안 되며, 한족과의 상호 작용의 역사적 과정 및 지리상의 위치로부터 종합적인 파악을 시도해야 한다.

페이샤오퉁 선생이 제기한 중화민족의 다원일체 구도 연구에서 민족 회랑은 중요한 역할을 담당하고 있으며 위에서 말한 난링 민족 회랑은 페이샤오퉁 선생이 중점적으로 논의한 3대 민족 회랑 중의 하나이다. 난링 민족 회랑의 인류학 민족학 연구에서 특히 야오족 사회에 대한 관심이 비교적 많다. 여러 성(省)과 여러 민족의 결합부는 이 회랑의 중요한 특징 중의 하나이다. 사실 페이샤오퉁 선생이 제창한 민족 회랑 연구는 일찍부터 다민족 결합부의 문제에 주목하였다. 페이샤오퉁 선생은 시종일관 각 민족 간의 접촉과 왕래, 연계와 융합을 문제의 출발점으로 삼고 행정 구분과 민족 구별의 울타리를 허물고 현지 사회 발전에 도움이 되는 건설적인 의견을 제시하였다. 여러 성에 걸친 결합부 지역의 경제 생활과 민간 네트워크가 행정 구분과 민족 구별을 극복하려면 먼저 성(省) 간의 결합부 민족 지역이 어떻게 민족 사회에 영향을 미치는지를 생각해야 한다.

예를 들면 두 성의 결합부에 위치한 후난성 청부현 먀오족(苗族)은 짙은 한족 가족 문화 특색을 나타내면서도 강한 민족 정체성을 유지하고 있다. 그런데 광시성 융푸, 후난성 수이닝, 후난성 구이양 등 지역의 란씨(藍姓) 성을 가진 사람들은 청부현 먀오족 란씨 사람들과 교류하고 족보를 합치는 과정에서 일부 지방의 란씨는 원래 한족인데 조상의 거주지였던 지역의 란씨가 먀오족이라는 것을 알게 된 후 잇달아 현지 정부에 자신의 민족 유형을 다시 판별해 줄 것을 요구하고 조상 거주지의 란씨의 민족을 기준으로 자신들의 민족도 먀오족으로 변경해 줄 것을 요구하였다. 이렇게 혈연 및 지역에 근거하여 인정된 먀오족의 신분은 그들이 광범위하게 연종(聯宗) 활동을 전개하는 데 편리함을 가져다주었다. 이들 지역의 란씨가 먀오족으로 바꾸기를 희망할 때, 강조된 것은 자기 집단의 종족 계보와 역사적 전통이다. 그들의 출발점에서 보면, 그들은 처음에는 단지 조상 거주지의 동성(同姓) 가문과 같은 민족 신분을 가지기를 바란 것인데, 그렇게 되면 서로 소통하거나 조율하기가 더 편리해질 수 있기 때문이었다. 그러나 점차 그들은 각 방면에서 정부로부터 더 많은 중시를 받기를 바라며, 자신들은 특수한 정치적 이익을 가진 집단임을 강조하기 시작했는데, 실제 변경 과정에서는 소수 민족에 대한 정부의 각종 우대 정책의 혜택을 받으려는 것으로 구현되었다.

필자는 1989년 9월에 학생들을 인솔하여 광둥성 양춘현의 한 야오족 촌락에 대해 한 달 이상의 현지조사를 진행하였는데 현지 야오족 사람들은 비록 강한 민족 정체성을 가지고 있지만 그곳의 가족, 종족 조직은 오히려 한족 사회와 차이가 나지 않는다는 것을 발견하였다. 민족 집단의 정체성, 문화적 정체성 측면에서 현지의 커자인(客家人)과는 '우리'와 '그들'의 구별이 뚜렷했다. 역사적인 이유로 그들은 민족을 기입할 때 줄곧 한족으로 기입하지만, 현지인들은 모두 그들의 신분을 알고 있었다. 1989년 2월에 야오족 사람들의 다방면의 노력과 광둥성 민족 사무위원회의 민족 식별을 거쳐 그들은 야오족으로 공식 확인되었다. 물론, 우리는 한족 사회 주변에 위치한 소수 민족 취락의 촌민들이 비록 강한 민족 집단의식을 가지고 있지만, 많은 의식(儀式)에서 문화 및 구조상 한족과의 유사성을 통해 중화세계에서의 자신의 위치를 확정하고, 자신이 중화세계에서 어떤 정통성을 가지고 있다는 것을 보여 주려 한다는 것을 배제할 수 없다. 우리의 많은 사례들은 일부 소수 민족이나 민족 집단이 한족적인 가족 사회의 특징을 갖추고 있다는 것을 보여 주는데, 강대한 한족 문화의 압력 속에서 부득이하게 실시하는 일종의 위장 수단으로만 보기보다는 주변 사회에 위치한 사람들이 중화세계에서 자의식을 표현하는 일종의 형식으로 보아야 한다. 이와 동시에 많은 민족 사회에서 가족 '전통'의 지속, 부흥과 창조는 인류학 및 관련 사회 과학의 중요한 분야이다. 여기서 가족 전통은 주로 과거 역사에서의 정적인 시간 개념보다는 동적인 변화 과정에서 창조된 가족의 '집단 기억'에 더 주목하며, 그것은 종족 정체성과 민족 정체성이 상호 작용을 하면서 더 강해지게 한다. 어떤 의미에서는 가족 사회 내부 구조의 지속이 민족 정체성의 사회 기반이 되었다고 말할 수 있고, 동시에 어떤 의미에서는 가족 사회 내부 구조의 지속이 민족 정체성을 강화한다고 말할 수도 있다.

따라서 민족 지역을 연구할 때, 특수 지역의 서로 다른 민족 문화에 대해 이해하는 것은 매우 중요하다. 이것은 민족 지역의 경제 발전과 현대화 속도에 박차를 가하는 문제와 관계된다. 그러나 일부 가족적 관념과 문화적 인식은 부정적인 영향을 끼칠 수도 있다. 예를 들어, 강한 혈연 관념으로 인해 많은 민족 지역에서 오늘날까지도 '혼인법'이 금지하는 사촌 간 결혼이 성행한다. 그들은 피가 물보다 진하고, 이렇게 하면 친척에 친척을 더해 더 가깝게 된다고 생각하지만, 실제로는 후대에 해를 끼치고 인구의 질에 심각한 영향을 미치게 된다. 그밖에 혈연 관념의 성행은 방대한 친인척 네트워크의 유지와 가족 세력의 발달을 용이하게 하지만, 지방 기층 정권과 쉽게 충돌을 일으킬 수 있는 등의 문제는 더 많은 연구가 필요하다.

그러므로 인류학의 관점에서 보면 가족 연구는 서로 다른 민족 문화 관념을 이해하고 인식하는 중요한 경로이며 지역 문화를 인식하는 중요한 기반이다. 특히 중국과 같은 다원일체의 다민족 국가에서는 '네 안에 내가 있고, 내 안에 네가 있다'는 전체적인 사고를 유지해야만 가족과 사회, 민족, 국기의 관계를 더 잘 이해할 수 있다. 이러한 관점에서 본다면 한족 종족에 대한 연구나 소수 민족 가족에 대한 연구는 모두 다민족 국가와 사회를 이해하는 중요한 출발점이다.

3. 다국적 네트워크와 세계화를 배경으로 한 가족

1980년대 들어 동아시아 경제의 발전으로 인해 동아시아 경제권과 '유교 문화권'의 관계에 대한 관심이 높아졌다. 일례로 한국 학자 김일곤(金日坤, 1932~) 교수는 『유교 문화권의 질서와 경제』에서 유교 문화의 가장 큰 특징은 가족집단주의를 사회질서로 하는 것인데, 이것이 '유교 문화권' 여러 나라의 경제 발전을 지탱하는 버팀목이 되었다고 지적하였다. 가족은 사회 경제를 발전시키고 궁극적으로 현대화를 실현하는데 중요한 역할을 한다. 유교 문화를 기반으로 하는 동아시아 사회에서 가족의 문화적 개념은 경제 발전과 현대화 건설의 모든 방면에 침투되어 있다.

그러나 동아시아 사회가 모두 중국의 유교를 받아들였다고 하더라도, 사회에 따라 유교에 대한 취사 선택과 수용의 중점은 서로 다르다. 예를 들어 일본의 유교 이론이 중국과 유사한 점은 유교적 가족주의 전통을 특히 강조하고, '효행'과 '충절'을 인륜의 가장 주요한 도의로 삼는다는 것이다. 그러나 일본에서는 특수한 신도(神道)가 일본의 가정과 국가 사이에 하나의 변수로 개입하여 '충'의 위치를 더욱 부각시켰는데, '충'을 최고의 '덕'으로 삼고 '효'를 '충' 아래에 두었다. 이는 중국 사회가 '효'를 혈연에 기반한 집이나 가족 내의 종적 관계로 삼고, '충'을 자신의 '집' 외의 관계로서 더욱 강조하는 것과는 완전히 다르다. 그래서 사회적 결합의 본질에서, 일본은 집단의 개념이 더 두드러지고, 중국은 가족주의가 더 두드러진다.

동아시아 사회의 인류학 연구로서, 대전통의 유교 문화를 기초로 한 사회에서, 사회 구조상 동이성(同異性) 문제가 존재한다. 예를 들어, 가족주의와 가족 조직, 친족 네트워크와 사회 조직, 민간 결사와 민간 종교 조직 등은 동아시아 사회에서 매우 특징적인 사회 구조의 구성 요소이다. 중국, 일본, 한국 모두 같은 한자로 '집(家)'을 표시하지만 그 내용은 전혀 다르다. 때문에 사회적, 문화적 요소로부터 각각의 특징을 탐구해야 한다. 중국과 일본의 집, 친척, 동족 개념의 차이성과 공통성을 구분함으로써 '집'의 개념을 설명하고 이를 바탕으로 일본의 집, 종족, 촌락 및 사회 구조와 비교하여 중국의 집과 사회와의 차이점을 탐구한다. 그래서 가족 연구는 동아시아 사회의 토대를 탐구하는 키워드이기도 하다.

1980년대 이후, 중국 사회는 경제 건설의 새로운 붐이 일어났고, 가족식 관리 체제는 발전의 초기 단계에서 적극적인 조정 역할을 했는데, 예를 들면 폐쇄적인 혈연 협력과 개방적인 혈연, 혈연 협력 연합체 등이다. 어떤 기업은 관계를 주로 한 인정 지향적인 가족화 기업이 된다. 중국인의 이런 농후한 가족관은 의심할 여지 없이 향진(鄕鎭) 기업[07]의 형태도 집이라는 인식을 갖게 했다. 이런 가족 관념으로 인해 '가업은 곧 기업'으로 간주되고 집안을 다스리는 것은 곧 공장을 다스리는 것이며, 가법, 가규, 가훈은 곧 기업 관리의 신조가 되었다. 동시에 가족은 혈연과 사회의 기반으로서 중국 사회를 응집시키는 중요한 요소가되었다. 해외 중국인의 투자는 중국 개혁개방 초기 경제 발전의 하나의 중요한 원인이 되었는데, 이는 지연 의식, 가족 관계, 문화의 동일성과 밀접한 관계가 있으며, 동시에 지역의 응집력, 중화민족의 응집력과 불가분리의 관계가 있다.

해외 중국계 거주민 사회에서, 유동과 네트워크의 복잡성은 다양한 커뮤니케이션 방법을 만들어내며 다양한 이해 관계 분쟁을 초래하고 그 처리 방법을 만들어 내는데 이는 지역 네트워크의 다양한 요소가 지역 다양성에 미치는 영향을 반영한다. 지역 네트워크의 복잡성은 지역의 전체성과 다양성이라는 특징을 결정하는데, 이 특징은 바로 해외 중국계 거주민 사회에서 나타난다. 네트워크 분석은 개인과 집단 사이의 관계에 초점을 맞추고 개인의 행동과 경험을 강조한다. 해외 중국계 거주민에 대한 연구에서 사회 유동과 네트워크 모형을 특히 강조하는데, 많은 점이나 변곡점 그리고 그것들을 연결시키는 횡단선을 포함한다. 이러한 점과 선은 조직, 공간과 시간, 그리고 사람을 대표하며, 정보의 흐름, 상품의 흐름, 사회관계를 나타낸다.[08] 해외 중국계 거주민의 가

07　향진(鄕鎭) 기업은 한국의 읍면에 해당하는 중국의 향, 진 주민들이 생산, 판매, 경영 따위를 공동으로 시행하는 기업의 한 형태이다. 1978년부터 중국의 개혁개방 운동에 따라 각 지역의 특성에 맞추어 시작되었다.(국립국어원 표준국어대사전 우리말샘 풀이)-역자 주

08　[美] 奈杰尔·拉波特、乔安娜·奥弗林: 『社会文化人类学的关键概念』, 华夏出版社,

족과 지연 관계는 이 네트워크 구조에서 중요한 역할을 하고 있다. 이러한 구조적 요소들은 사람들의 왕래 활동을 수반하며 공동체의 범위 내에서 부단히 확장되고 나아가서는 공동체 간에 일종의 특수한 형식의 네트워크를 형성하게 되는데 각 요소의 확장 범위가 다르기 때문에 여러 네트워크 관계가 서로 엇갈리는 복잡한 관계를 형성하게 된다.

빅토르 퍼셀(Victor Purcell, 1896~1965)은 1965년에 출판된 『동남아시아의 중국인들(The Chinese in Southeast Asia)』의 서론에서 해외 중국계 거주민에 대한 연구를 요약하면서 1950년대에서 1960년대에 걸쳐 사회과학이 낡은 역사나 정치과학을 대체하는 것이 해외 중국계 거주민을 연구하는 중요한 방법이 되었다고 말했다. 그 연구는 주로 다음과 같은 방면에 집중되어 있다. 해외 중국계 거주민의 이중 정체성은 중국인이자 동남아인이라는 것이다. 도시에 있는 중국계 주민 공동체의 자원, 직업과 경제 활동, 민족 집단 관계, 중국계 거주민 공동체의 구조와 조직, 지도와 권위, 학교와 교육, 종교와 주술, 가정과 친족 관계, 나아가 사회와 문화의 변천에 관한 이론을 제기한다.

그 연구는 또한 해외 중국계 거주민 사회의 권력 문제를 논의했다. 하층은 대량의 중국계 농민과 노동력, 중층은 소상공인과 브로커이고, 최상층은 소수의 부자로 그들은 시골을 장악하고 있다. 또한 인류학적 성향의 일부 학자들은, 조사를 통하여 해외 중국계 거주민 공동체의 집거 특성을 분석하였다. 해외 중국계 거주민 공동체는 여러 방언에 따라 상대적으로 독립된 커뮤니티를 형성하고, 같은 마을에서 이주한 사람들이 가장 작은 커뮤니티를 구성하였다. 연구는 나아가 다양한 규모의

―――――――――――

2009.

공동체가 갖고 있는 회관과 비밀 회사와 같은 여러 조직 형태를 분석하였다. 일부 학자들은 해외 중국계 거주민들의 비즈니스 중시와 가족주의 숭상 및 고향 콤플렉스를 탐구하고 가족기업, 신용, 관계와 같은 경제 성공의 문화 전략을 설명하였으며 동아시아 발전에 대해 문화적 해석을 하고 해외 중국계 거주민들이 어떻게 아시아 현대화의 혁명적 힘이 되었는지 분석했다.

이상의 해외 중국계 거주민 사회에 대한 연구에서 볼 수 있듯이, 해외 중국계 거주민에 대한 인류학적 연구는 대부분 연구 대상 집단의 정치, 경제, 사회 및 문화 측면을 포함하며 그중 친족 관계, 사회 조직, 동화(同化), 민족 집단 관계, 이민 및 네트워크를 중심 의제로 삼는다는 것을 알 수 있다. 예를 들어, 화남 지역 화교향(僑乡) 가정의 전략인 '양두가(兩頭家)'가 좋은 사례이다. 19세기 중반 이래 수많은 화남 지역 화교향의 남자들이 고향을 떠나 동남아시아 일대로 가서 생계를 꾸렸다. 1949년에 이르러서는 국경이 닫혀 해외로 나간 화교들이 고향으로 돌아갈 수 없게 되었고, 그중 많은 이들이 '양두가'라는 특수한 가정 형태를 택하게 되었다. 즉, 남자는 고향과 해외 거주지에 각각 아내를 두고, 해외에 거주했다. 개혁개방 이후 고향으로 돌아가서 두 곳을 오가며 양쪽 가정에 모두 책임을 지고 있다. '양두가'는 특정 역사 시기의 산물이며, 사회 정치 역사 조건의 변화에 따라 이러한 특수한 가정이 점차 줄어들지만 '양두가'의 배경을 가진 많은 사람들이 여전히 생존해 있으며, '양두가'는 지금도 여전히 화교향 및 해외 중국계 거주민들에게 깊은 영향을 미치고 있다. 이 문제의 이면에는 가족 자체의 유형 변화가 특수한 정치적 문제와 직접적인 관련이 있음을 알 수 있다.

물론, 우리는 동남아시아에 아직도 많은 중국계 거주민 사회의 방언 단체가 있다는 것을 보아야 한다. 방언 단체의 조직 형태, 발전 상황, 구성원 구성을 이해하는 것은 중국계 주민 사회 연구의 기초 중의 하나이다. 동남아시아의 중국계 거주민 공동체에서 종친회를 구성하는 것은 매우 일반적인 현상이다. 현지에 조직된 것은 더 이상 본적지의 종족이나 가문이 아니라 민난(閩南), 차오저우(潮州), 광푸(广府), 커자(客家), 하이난(海南) 등 5대 방언군을 기본 구조로 하는 단체이다. 이러한 정치 및 사회적 환경으로 인해 본적지 행정 관리 시스템에서 벗어난 중국 사회는 각 사회 간의 '집사 관련' 관계를 통해 내부적으로 교류할 수 있는 통로를 구축해야 했다. 중국인의 오랜 이민과 정착 과정에서 동남아시아의 식민지 지배자와 현지 원주민은 모두 중국인을 추방하고 제한하며 박해했다. 세계화 이민의 맥락에서 해외 중국계 이주민들은 의식적으로 현지 사회에 융합되기 시작했고 동남아시아 정치 사회에서 자신의 권익과 지위를 적극적으로 추구했다. 그러나 해외 중국계 이주민의 가족이나 고향 의식과 이동을 중국인들의 초국가적 의식속에서 생각해 보면 이것 또한 자본주의 축적의 새 전략 중 독특한 문화 영역임을 알 수 있다.

국내외에 있는 중국인들이 형성한 다양한 다국적 네트워크는 중국 사회 경제 발전의 중요한 기반이다. 역사적으로 볼 때, 가장 중요한 것은 '삼연(三缘) 관계'에 기반하고 있는 것으로, 그것은 혈연, 지연, 직업연(業缘)이다. 그중에서도 지연 관계가 가장 중요한데, 이는 지연이 혈연보다 더 큰 범위이기 때문이다. 혈연은 지연 관계에 포함되는 경우가 많다. 같은 방언을 구사하는 사람들의 동향인 집단, 혈연을 넘어선 동성(同姓) 집단, '종친회' 등이 있다. 세계 각지에 분포되어 있는 이러한 '종친회'들은 종종 '중화 문화 진흥'을 계기로, 사실상 점차 이국 타향에서의 이익 공동체가 된다. 그러나 해외 중국계 이주민 사회에서는 전통 중국 사회의 집단 조직과 의식(儀式) 행태 등에 일부 변화가 생겼는데, 예를 들어 종족 조직의 비혈연화 및 사단법인화, 조상 제사의 상징화와 비종족화, 각종 의식 활동의 간소화 등이다. 이는 모두 새로운 문화 창조 또는 새로운 문화 생산이다. 여러 나라의 화교들은 동성 기반 종친회, 동향 기반 향우회, 동종 산업 기반 협회 등 다양한 조직이 있다.

종성(宗姓)은 종족 사회의 특정 집단이 공유하는 상징이지만 성이 같다고 반드시 한 조상으로부터 대가 이어진 것은 아니다. 같은 성씨의 사람들이 500년 전만 해도 모두 한집안이었다는 말은 사람들의 가상 정체성을 반영하는 것으로, 이러한 전제하에 동성을 통한 종족 조직의 확대가 가능해졌다. 필리핀 화교 종친회는 주로 푸젠성 사람들과 광둥성 사람들로 구성되어 있으며, 동종(同宗)에 대한 정체성은 대부분 의제(擬制) 종족 관계이며, 종친 관계를 계속 넓혀가고 있다.

어떤 의미에서 가족은 세계화와 지역화를 연구하는 전략적 개념이다. 세계화 과정에서 생산, 소비, 문화 전략은 이미 서로 하나로 연결되어 있다. 글로벌 체계에서 해외 중국계 거주민들은 종종 문화적으로 이중적 특징, 즉 동질성과 이질성이라는 이원적 특징을 보인다. 세계화 과정에서 해외 중국계 거주민들의 문화적 정체성과 가족 및 고향 관념에 주목하는 것은 중국 연구와 외부 세계에서 중국을 이해하는 데 점점 더 중요해지고 있기 때문이며 다민족 국가에 있어서 더욱 중요하다. 그래서 문화 생산과 문화적 동질성은 세계화의 맥락에서 더욱 심화되고 논의되어야 할 문제이다.

이상으로 필자는 가족 연구를 통시성과 공시성을 유기적으로 결합한 사고의 틀을 통해, 사회·문화·민족·국가·세계화의 맥락에서 중국

가족 연구의 몇 가지 두드러진 분야를 논의하였고, 나아가 이를 바탕으로 중국 사회와 문화를 인식하는 데 있어 가족 연구의 방법론적 의의를 도출하고자 하였다. 첫째, 정적인 가족 구조로서의 사회 연구와 이와 관련된 문화 전통을 사회 발전과 어떻게 유기적으로 결합시킬 것인가? 둘째, 가족 연구를 그 지역 사회, 그리고 세계화와 어떻게 연결시킬 것인가? 이 두 가지는 우리 앞에 놓인 중대한 과제이다. 특히 세계화의 맥락에서 가족을 초월한 민족 집단과 민족에서 나타나는 문화적 생산과 재창출 현상, 다국적 네트워크 등의 문제는 인류학 연구의 큰 주제가 되고 있다.

5장

무형문화유산: 문화의 표현과 문법*

1. 머리말

1997년 6월 유네스코(UNESCO)와 모로코 국가위원회가 마라케시 (Marrakesh)에서 주최한 '대중문화 공간 보호'에 관한 국제 자문회의에서, '인류 구전 및 무형유산'은 하나의 유산 개념으로 유네스코의 문헌자료에 공식 등재되었고, 시간이 지남에 따라 여러 검토를 거쳐 관련 국가와 지역에서 채택되었다. 2001년 5월 유네스코는 첫 '인류 구전 및 무형유산 걸작'을 발표했는데, 19개의 대표작이 통과되었고, 그중 중국 전통극 곤곡(昆曲) 예술이 선정되었다. 그 사이 중국 정부와 학계도 세계정세의 변화에 발맞춰 무형문화유산의 구조 및 보호에 박차를 가했다. 2009년 9월 30일 아랍에미리트(UAE)에서 열린 세계무형문화유산 정부간위원회 제4차 회의에서 76개의 유산이 유네스코 '인류무형문화유산 대표 목록'에 등재되었는데, 중국은 그중 22개가 선정되어 제4차 회의

---

* 　　이 글은 『学术研究』 2011年第5期에 게재되었음.

에서 가장 많은 무형유산을 등재한 국가가 되었다. 이것은 중국의 무형문화유산 보호 사업이 국제 사회로부터 인정을 받고 있다는 것을 잘 보여준 것이다.

전체적으로 볼 때, 정부, 학계, 민간 단체는 무형문화유산의 보호에 많은 노력을 기울이고 있다. 그러나 문화에는 변천과 발전의 과정이 있으며, 일부 전통문화와 민간 문화가 무형문화유산의 보호 범위에 들어가더라도 보호보다는 문화유산 자체의 생명력이 연장되는 것이 훨씬 더 장기적인 발전의 동력이 된다는 것을 알아야 한다. 그리고 중국의 민간 문화는, 특히 민속 문화는 유형의 물질 형태에서 무형의 문화 형태에 이르기까지 내용이 풍부하고 특징이 각양각색이어서 무형문화유산을 세심하게 일일이 모두 보호하기는 어렵다. 그러므로 현재 여전히 생활 공간에 남아 있는 민속 문화를 어떻게 발전시킬 것인가 하는 문제는 분명히 현재 논의되어야 할 중요한 과제이다.

2. '유형'에서 '무형'으로: 문화유산보호 속의 문화 재편

1972년 유네스코는 「세계문화유산 및 자연유산의 보호에 관한 협약」을 채택했다. 1976년 세계유산위원회가 출범하여 세계적으로 유형문화유산의 보존에 힘쓰기 시작했다. 1978년에 첫 번째 유적지가 세계유산으로 등재되었다. 그동안에도 무형문화유산 보호에 관심을 보인 회원국이 있었다. 그러나 '무형문화유산'은 유형문화유산에 대응되는 종합 개념으로 유네스코 내부의 작업 메커니즘에 도입되어 오랜 논증을 거쳐, 2003년 10월 제32회 총회에서 「무형문화유산보호협약」이 채택됨으로써 정착되었다. '유형'의 물질문화에서 '무형'의 무형문화유산의 보호에 이르기까지, 세계유산보호의 범주 내에서, 인식에서 실천이라는 한 차례 문화 재편까지 비교적 오랜 시간을 겪었다는 것을 알 수 있다.

유네스코가 '유형'의 물질문화유산 보호에서 '무형'의 비물질문화유산 보호로 관념을 전환한 점을 이해하고 무형문화유산 보호 사업에 대한 이해를 넓혀 잠시 동아시아 국가인 일본으로 눈길을 돌려보기로 한다. 이미 1950년에 제정된 일본의 '문화재보호법'에서는 유형문화재와 무형문화재 보호를 종합적으로 고려하였다. 이는 세계적으로 '무형문화유산' 보호가 비교적 일찍이 국가의 법적·정책적 차원에서 구현되고 실천된 것이라고 할 수 있다.

현재 일본에서 시행하는 「문화재보호법」에서는 국가가 법에 따라 보호하는 문화재의 대상을 유형문화재, 무형문화재, 민속문화재, 기념물, 문화경관과 전통건축물군 등 6가지 유형으로 명확히 구분한다. 유형문화재에는 건축물, 미술공예품, 예를 들면 회화조각공예품, 서예작품 등이 포함되며 무형문화재에는 희극, 음악, 전통 공예 기술 등이 포함된다. 그리고 민속문화재에도 무형민속문화재와 유형민속문화재가 포함된다. 전자에는 의식주, 전통 직업, 신앙과 전통 축제와 관련된 민속 습관, 민속 민예 등이 포함되며, 후자에는 무형문화재 활동에 사용되는 의복, 집기, 가구 등이 포함된다.

일본 학계의 이런 분류법은 민속문화재를 문화재 가운데 매우 중요한 부분으로 여기고 있는 것이 분명해 보인다. 민속문화재만을 '유형'과 '무형'으로 재분류하는 것은 민속 문화를 보호하는 데 있어서 유형이나 무형 중 어느 하나에만 치중한다면 민간 민속 문화를 완벽하게 보호, 전승, 발전시킬 수 없다는 것을 나타낸다. 필경 무형의 기예, 세시

인류학의 글로벌 의식과 학술적 자각

풍속, 축제 등의 민속 문화는 종종 유형의 민속에 담겨야만 우리 앞에 온전히 드러날 수 있는 법이다. 그리고 이러한 구분 방식이 야기하는 또 다른 객관적이고 현실적인 문제는 무형문화유산보호라는 큰 문맥에 대응할 때 민속 문화가 어떻게 발전하느냐 하는 것이다. 그리고 그 발전은 사실상 '무형'의 민속 문화와 '유형'의 민속 문화유산이 함께 보호된다는 전제하에 이루어져야 한다.

2002년 5월 문화부 중국예술연구원은 중국의 '구전 및 무형유산 인증, 구조, 보호, 개발 및 활용 프로젝트'를 시작했다. 이어 문화부와 재정부 등 부처의 지원을 받아 2003년 '중국민족민간 문화 보호 사업'이 본격적으로 시작되었는데, 여기에는 중국민간문예가협회가 주창하고 중국 민간 문화의 전면 조사에 중점을 둔 '중국민간 문화유산 구조 사업'이 포함되었다. 이 프로젝트는 2003년부터 2020년까지 17년 동안 중국 무형문화유산 보호를 위한 효과적인 메커니즘을 구축하고, 비교적 완전한 무형문화유산 보호 체계를 초보적으로 세워 중국 무형문화재 보호 사업의 과학화, 표준화 및 법제화를 기본적으로 실현한다는 계획이었다. 이 프로젝트의 시작과 시행은 중국 무형문화유산의 보호가 이전의 항목적 보호에서 전국적으로 전체적이고 체계적인 보호 단계로 나아가기 시작했음을 나타낸다.

그러나 우리는 무형문화유산의 보호를 강조하고 특히 유엔의 '무형문화유산' 개념과 실천을 받아들임과 동시에 이를 자국의 문화 보호와 전승의 기본 형식과 결합시켜야 하며, 특히 자국의 유구한 전통문화와 민속 문화를 대할 때 반드시 이성적 사고를 유지해야 한다. 문화유산의 보호는 개념상으로는 '유형'과 '무형'으로 나눌 수 있지만, 실제 운영 과정에서 그렇게까지 분명하게 구별하는 것은 불가능하다. 양자는 사실상 서로 보완되는 것으로 이는 특히 민속 문화에 반영될 때 더욱 그러하다. 만약 현재의 상황에서 '무형'을 지나치게 중시하고 '유형'을 소홀히 한다면, 이러한 문화 재편은 분명히 충분한 지지를 얻지 못할 것이다. 마치 옛사람들이 말한 '가죽이 없는데 어찌 털이 붙어 있겠는가'라는 이치와 같다.

그리고 전통문화와 민속 문화는 사실 옛것과 새것이 결합되는 특성을 가지고 있다. 그것들은 과거를 대표할 뿐만 아니라 현재에 입각하여 사회의 발전과 변화 속에서 끊임없이 스스로를 조정하며 그 내용과 형식도 변화하고 있고 현대 사회의 과학 기술의 진보에 따라 새롭게 재구성되는 양상을 보이고 있다. 이러한 변화는 민속 문화의 '유형'과 '무형' 두 가지 측면에서 나타나며, 실제로 민속 문화를 '유형' 문화유산보호와 '무형' 문화유산보호로 완전히 구분하기는 어렵다.

3. 문화접변에서 재구성까지: 민속 문화 변천 과정 속에서의 선택

문화의 변천은 일반적으로 자문화 내부의 발전과 다른 문화와의 접촉에 의해 일어난다. 문화접변(涵化, acculturation)이란 서로 다른 민족 집단이 일정 기간 동안 지속적으로 접촉한 결과 상호 전파, 수용, 적응, 영향하에 일방 또는 쌍방의 기존 문화 체계에 대규모의 변화가 발생하는 과정과 결과를 말한다. 문화접변의 전제 조건 중 하나는 문화 접촉이고, 다른 하나는 문화 전파이다. 왜냐하면 지속적인 상호 접촉 속에서 문화 전파가 불가피하며 많은 양의 상호 전파를 통해서만 결국 문화 접변이 나타날 수 있기 때문이다. 문화접변은 양측의 장기적이고 지속적인 상호 작용과 전면적인 문화 접촉을 강조한다. 또한, 접변 과정에서 변용의 주동자와 수동자를 구별할 수 없다. 마지막으로, 접변의 결과는 양측의 장기간의 상호 작용에서 쌍방향 전파나 일방향 전파를 통해 쌍방 또는 일방의 원래 문화 체계가 대규모로 변화하는 것이다. 일반적으로 변천은 문화의 변두리에서 먼저 일어난 다음 문화 중심지로 진행된다. 이러한 수평적인 문화 변천 과정이 문화 구역에서 종적으로 깊이 있게 발전하는 것이 곧 문화접변의 과정이다.

중국과 같은 다민족 국가에서는 현대화 과정의 진전에 따라 소수 민족의 생활 방식이 큰 변화를 겪었다. 예를 들어, 역사적으로 소수 민족 지역에 속하던 광둥성 잔장(湛江)은 오늘날 이미 다민족 문화가 융합된 다원일체의 독특한 문화 분위기를 형성했다. 일찍이 2천여 년 전 한나라 때 서문항(徐聞港)은 '해상 실크로드'의 시발항이 되었고, 현대에 와서 잔장은 경제 교류 활동으로 인하여 독특한 항구 문화를 형성하였다. 민속 문화와 무형문화유산 방면에서 많은 학자들이 전체적으로 파악하여 잔장을 중심으로 한 지역의 민속을 영남 민속(岭南民俗)의 큰 범주에 포함시키지만 만약 구체적인 문화 사항을 고려하여 잔장 지역의 민속을 광푸, 차오산, 커자 이 3대 민계(民系)[01]의 민속과 비교해 보면 독특한 점이 많다는 것을 발견할 수 있다. 민족 관계와 문화접변 방면에서, 현대 잔장의 주체 주민은 한족이지만, 역사적으로 잔장은 소수 민족 지역에 속했으며, 오랜 역사 발전 과정에서 한족과 각 민족 간의 문

---

01 민계(民系)는 민족의 지파로서 같은 민계에 속한 사람들은 동일한 지역이나 인접한 지역에 살고 있으며 공동의 언어, 문화, 풍속 및 서로 간에 강한 동질성을 가지고 있다. 민계는 민족의 공통성을 가지고 있을 뿐만 아니라 독특한 면모도 간직하고 있다. -역자 주

화 교류 중에 문화접변이 발생하여 오늘날 잔장을 중심으로 한 지역에는 다원 민족 문화 융합의 국면이 형성되었다.

문화는 세대 전달의 연속성을 기반으로 새로운 문화적 특성이나 요소를 지속적으로 수용하고 추가한다. 문화는 발명, 발견 또는 차용을 통해 문화적 요소의 특성이 나날이 성장하고 풍부해진다. 이는 문화의 축적 과정이자 인류 문화 발전의 기본 형태이다. 이러한 현상은 일종의 '눈덩이 굴리기' 현상과 유사한데, 예를 들어 오늘날 중국의 한족 문화는 '눈덩이 굴리기'를 통해 주변 민족의 문화를 융합하여 형성된 문화 공동체이다. 그러나 문화가 일정한 과정까지 축적되면 새로운 상황도 생기게 된다. 예를 들어 민속 문화는 오랜 기간 안정적으로 전승된 후 현대 사회의 현대화, 대중문화, 상품화 등 많은 문제에 직면해서 변화가 일어나는데, 이러한 변화 중 하나가 바로 문화의 재구성이다. 문화 재구성은 문화인류학의 특수 진화론의 범주에 속하며 미국 인류학자 줄리언 스튜어드(Julian Haynes Steward, 1902~1972)의 '문화 적응' 개념에서 비롯되었다. 문화 재구성은 시종일관 부단히 적응하는 과정 중에 있으며, 그것은 단순히 스크랩식 짜깁기나 뒤섞기가 아니고, 또 큰칼 휘두르기식 대대적인 변화도 아니며, 원래의 문화 특성에 입각한 일종의 동적인 재생산 과정이다.

잔장에는 언어를 포함한 많은 민속 문화가 있는데, 모두 중국 역사에서 매우 희소하고 진귀한 문화 자원이다. 잔장의 한족 문화는 바로 원래의 소수 민족 문화를 받아들여서 자신의 독특한 문화 특색을 형성한 것이다. 사실 이 흡수 및 도입 과정에서 일부 문화의 재구성이 필연적으로 수반되기 때문에 잔장 지역의 민속 문화는 광푸, 차오산 등 3대 민계(民系)의 민속과는 다른 고유한 특성을 형성하게 되었다. 민속 문화는 절대 고정불변하는 것이 아니라 외부 환경에 대처하고 적응하는 과정에서 전승, 재구성, 혁신하며 그 과정에서 끊임없이 발전함을 알 수 있다. 그러나 주변 문화를 흡수 및 가공하는 과정에서 민속 문화에 진정으로 흡수되고 안정적으로 진입하는 부분은 항상 극히 제한적이며, 그렇지 않다면 민속 문화는 상대적으로 안정적인 사회 규범 시스템이될 수 없을 것이다. 사실상 민속 문화의 변용과 재구성 과정은 전체 문화 시스템과 상호 적응하는 과정이다.

무형문화유산 보호의 관점에서 보면, 민속 문화 중의 무형 민속 문화는 무형문화유산의 보호 범주에 속하며, 광범한 민중들이 대대로 전승하는 일생의례, 세시 행사, 명절 축제 그리고 생산·생활과 관련된 기타 풍습 등은 모두 무형문화유산 보호 범주에 속한다. 그런데 일생의례, 명절 축제 등 무형문화는 과거의 전통 민속 문화에 비해 많은 변화가 일어난 지 오래다. 예를 들면, 중화민족의 단오절 풍습 중에 '오색실을 감는' 풍습이 있는데, 남북조 시대 양(梁)나라 종름(宗懍)의 『형초세시기(荊楚歲時記)』에 기록되어 있다. "(5월 5일) 오색실을 팔에 묶고, 이름하여 벽병(辟兵)이라 하였는데, 사람들로 하여금 능히 군사나 귀신을 물리치고 온역에 걸리지 않게 한다. 또 조달(条达, 견직물로 된 장신구)과 같은 실로 짠 잡물들을 서로 선물하였다."[02] 1980년대와 1990년대에 이러한 풍습은 북방의 많은 농촌과 도시에서 전해져 내려왔다. 보통 고모나 이모가 자신의 조카딸에게 오색 명주실을 감아 만든 팔찌와 작은 호리병 등의 장신구를 선물하여 오독(五毒)[03]을 피하고, 명절 후 첫 비가 오는 날

---

02   宗懍:『荊楚岁时记』, 岳麓书社, 1986, p.38.

03   오독(五毒)은 뱀, 전갈, 지네, 두꺼비, 도마뱀 등 5가지 독을 가진 동물의 총칭이다. 중

에 풀어 도랑에 던져 물에 떠내려가게 한다. 그러나 21세기에 들어서면서 의학의 발달로 오색 명주실을 감아 오독을 피하는 관행이 단오절에 더 이상 유행하지 않게 되었다. 명절의 현황은 사회 발전 과정에서 민속 문화가 지속적으로 적응한 결과이다. 사실 무형문화유산은 지속적인 구축 과정에서 만들어진 것으로, 사회적, 경제적, 문화적 요인에 영향을 받지 않는 순수한 민속 문화는 존재하지 않는다. 따라서 무형문화유산의 보호는 반드시 '무형'의 내적 특징에 주목해야 하며, 이는 지속적인 조정, 재구성의 과정이며, 정적인 시각으로 이러한 민속 문화의 전승과 보호를 검토해서는 안 된다.

4. 전통에서 현대까지: 민속 문화의 조정과 재구성

쑨자정(孫家正) 전 문화부 부장은 『인류 구전과 무형문화유산 총서』 서문에서 다음과 같이 지적했다. "현대화가 급속하게 진행되면서 세계적으로 각국 전통문화가 훼손되고 소멸이 가속화된다. 이는 많은 종의 멸종이 자연 생태 환경에 영향을 미치는 것처럼 문화 생태의 균형에 영향을 미칠 뿐만 아니라 인류의 사상적 창의성을 제한하고 경제의 지속 가능한 발전 및 사회의 전반적인 발전을 제약할 것이다."[04]

민속 문화는 민간의 대표적인 문화이다. 실행 주체는 주로 하층민

국 민간에는 '단오가 되면 오독이 나온다'라는 말이 있으며, 단오 풍습 중에 오독을 피하는 풍습이 유래했다. 그런데 그중 도마뱀은 독이 없으나 고대 사람들은 도마뱀이 사람의 피부에 닿으면 아주 위험한 것으로 오해했다고 한다. -역자 주

04 孫家正: 『〈人類口头与非物质文化遗产丛书〉总序』, 见王文章主编『人類口头与非物质文化遗产丛书』, 浙江人民出版社, 2005.

이며, 행동의 특징은 고도의 세속화이다. 전통에서 형성된 도덕 질서를 존중하고, 친연·지연 등의 관계를 중시하며, 문화 전파 방식은 일반적으로 구전심수(口傳心授)로 일상생활에서 이루어지는 민속 규약과 관례이다. 따라서 그 자체는 비교적 강한 전통성과 보수성을 가지고 있다. 민속 문화와 전통문화 사이에는 일정한 연관성이 있으며 차이도 있다. 무형문화유산 보호의 관점에서 볼 때 국가무형문화유산 보호 목록에 이미 등재되었거나 등재 예정인 내용들은 대부분 중국 각 지역과 민족의 민속 문화이다. 그것들은 국가의 문화적 보물로 여겨지지만 세계화와 시장 경제의 충격으로 인해 실전되거나 멸종 위기에 직면해 있다.

이러한 민속 문화를 어떻게 보호하는가는 민족 문맥(文脉)의 전승 및 국가의 소프트 파워의 향상과 연관되며 이는 중국 당대 문화 건설의 현실적 수요이다. 특히 대대로 전해 내려오는 일생의례, 세시 행사, 명절 축제 및 생산·생활과 관련된 기타 풍습, 자연계와 우주에 관한 민간 전통 지식과 실천, 전통 수공예 기술 등, 이러한 무형문화유산의 민속 문화를 가장 잘 보호하는 방법이나 장기적으로 발전시키는 방법은 그것들을 기층 집단에 두고 보호하는 것이다. 기층 집단은 이러한 민속 문화를 창조하고 해석하고 끊임없이 재생산하는 사회적 환경과 문화적 토양이다.

민속 문화의 '유형' 형태는 정적인 방식으로 보호할 수 있으며, 민간에 깊이 들어가 발굴하고 수집하여 다양한 유형의 박물관에 전시·소장·보존할 수 있다. 그런데 이러한 정적인 보호는 종종 유형적인 물질의 형태를 고착화 한다. 민속 문화의 '유형' 물질은 수집가가 그것을 가져다가 적절하게 보관하는 순간 그 생명은 멈춰지고 정지된 채 더 이상 발전하지 않고 과거만 이야기하는 소장품이 된다. 이 방식은 분명히 문화유산을 보호하는 가장 효과적인 방법이 아니다. 민속 문화는 비록 전통 사회에서 나온 것이지만, 그것은 동적인 발전 과정을 거쳐야 하며, 전통과 현대의 충돌 속에서 끊임없이 자신을 조정해야 한다. 현재 우리는 세계화 시대에 진입했으며 현대화 과정이 가속화됨에 따라 농촌의 도시화 발전은 국가 경제 및 사회 발전의 의제로 언급되고 있다. 농촌의 도시화 발전은 민속 문화를 산생시킨 원래의 지리적, 문화적 공간을 변화시켰고, 도시화 후의 농촌은 원래 의미의 농촌과 큰 차이가 있다. 농촌 도시화 과정에서 주변 도시와 대도시 및 중소 도시의 영향력은 농촌 발전에 더 큰 작용을 한다. 대·중도시의 도시 문화와 소도시의 도시 문화는 대중 매체, 교통 운수, 상품 교역, 관광 등의 경로를 통하여 농촌 사람들의 일상생활 속에 침투할 것이다. 농촌의 문화 공간은 더 이상 폐쇄되지 않고 다양한 문화가 모여 충돌하기 시작했으며, 소위 예전의 폐쇄적이고 낙후된 농촌은 이제 기본적으로 존재하지 않는다.

농촌이 받아들인 현대 문화에서 대중문화의 영향은 언급할 가치가 있다. 과학 기술의 발달, 현대화 수준의 향상, 도시화의 가속화, 서양 문명의 도입은 모두 대중문화에 풍부한 토양을 제공하였으며 대중 문화가 중국이라는 갓 개발된 땅에서 왕성한 생명력을 보여주게 하였다. 또한 시장경제의 영향하에 경제적 이익을 외적 원동력으로 하는 대중문화는 전적으로 대중의 심미적 취향에 기반을 두고 있고 내용과 가치관에서도 중립적인 추세를 보이고 있으며 대중문화 상품의 내용과 형식은 일종의 동질화, 보편화, 대중화를 지향함으로써 대중이 더 쉽게 받아들일 수 있게 되었다. 그러나 민속 문화는 지역, 역사 등의 원인으로 다양한 문화 형태를 형성하였는데 이는 대중문화의 여러 상술한 특성과 매우 큰 차이가 있다. 1990년대부터 현재까지 중국 민속 문화는 불균형적으로 발전하는 추세가 매우 뚜렷하다. 일부 지역에서는 '문화 무대, 경제 공연(文化搭台, 經濟唱戲)' 전략을 채택하여 민속 문화의 상업적 가치를 최대한 활용하고 민속 문화의 발전을 상품화하였는데, 그 결과 일부 지역의 민속 문화는 회복된 반면 일부 지역은 효과가 미미하고 오히려 민간 문화 창작과 예술 전승자가 단절된 심각한 현실이 나타나고 있다.

현재 중국 민속 문화의 보호, 특히 민속 문화 중의 무형 형태는 당대 사회 문화 문맥에서 심각한 도전에 직면하고 있다. 도미니크 스트리나티(Dominic Strinati)가 말했듯이, "예술과 엘리트 문화는 그 나름대로의 지위를 가지고 있으며, 진정으로 대중적인 민속 문화도 그 지위를 가지고 있다. 그것은 기층 민중으로부터 비롯되며 자기 창조적이고 자발적이며 민중의 삶과 다양한 체험을 직접적으로 반영한다. 이런 진정 통속적인 민간 문화는 결코 예술이 되기를 바랄 수 없지만, 그것의 남다른 특색은 오히려 인정과 존중을 받는다. 산업화와 도시화로 인해 이런 상황이 바뀌었다. 공동체와 도덕성은 무너지고, 개인은 외롭고, 소외되고, 무례해졌으며, 그들이 받아들일 수 있는 유일한 관계는 경제적인 관계와 계약적인 관계이다. 그들은 점점 더 개성이 없는 대중 속에 동화되어 그들이 공동체와 도덕 대신 얻을 수 있는 유일한 자원인 대중 매체에 의해 좌지우지된다. 이 세계에서 대중문화의 전파는 위협적이고 치명적인 에테르(能媒, ether)와 같이 민간 문화를 질식시키고 예술의 완결성을 말살할 수 있다."[05]

『역경』에 이르기를 '궁하면 변하고, 변하면 통하고, 통하면 오래 간다.(窮則變, 變則通, 通則久)'라고 하였다. 민속 문화가 현 상황에 직면하여

---

05   [英] 多米尼克·斯特里纳蒂: 『通俗文化理论导论』, 阎嘉译, 商务印书馆, 2003, p.15.

어떻게 발전해 나갈 것인가 하는 것은 현재의 무형문화유산 보호 사업에서 피해 갈 수 없는 현실이다. 게다가 무형문화유산의 보호 사업은 한계가 있기 때문에 아무리 국가, 성·시, 지방이 협력한다해도 중국의 다양하고 풍부한 민속문화를 다 보호하는 데는 역부족이다. 민속 문화의 발전, 특히 그중에서도 무형문화의 발전은 문화 자체의 힘에 의해 이루어져야 하며, 특히 문화의 창조자이자 사용자인 인간에 의해 이루어져야 한디. 사람과 문화 사이의 상호 작용만이 문화 발전의 새로운 활력을 가져올 수 있다. 세계화 시대에 다양한 문화의 충돌에 직면하여 민속 문화의 보호도 시대에 발맞춰 발전해야 한다.

민속 문화는 위에서 언급한 다양한 현대 문화와의 상호 작용 속에서 선택적인 혁신과 조합을 이루어야 하는데, 바로 유익한 내용을 유기적으로 고유 문화에 집어넣는 것이다. 이것을 이른바 문화 재구성이라고 한다. 이러한 재구성은 그 문화의 구조 재편과 운영 기능의 혁신을 추진한다. 이러한 문화적 적응성 교체는 당연히 민속 문화의 기초에 입각하여야 하며, 변화 또는 재구성은 민속문화의 특성을 따르는 전제하에 적절한 선택과 조합을 해야 하는 것으로, 막무가내로 완전히 새롭게 고치려고 해서는 안 된다. 예를 들어, 일본의 아이누족은 관광의 생산과 문화 전시에서 아이누족의 정체성을 의식적으로 재구성했다. 이러한 관점에서 아이누족의 전체 관광 프로그램은 민속 문화의 더 큰 구성적 과정이 상품 형태의 형식을 빌린 일종의 전시라고 할 수 있다. 물론 그들은 관중들에게 음식 축제, 공공화된 의식(儀式), 수공예품의 제작 과정과 아이누족 생산품을 관객들에게 보여주고, 의식적으로 조직하여 마을에서 이러한 물품들을 판매해야 한다. 이러한 방식은 사실상 기존의 아이누족 민속 문화를 해체한 후 재구성하는 것이며, 동시에 민족적 정체성

인류학의 글로벌 의식과 학술적 자각

을 강화하는 역할을 한다. 필자는 일찍이 푸젠성 북부 장후진[06]에서 현지조사를 전개한 적이 있는데, 현지의 민간 신앙 예술인 '새사신(賽蛇神, 뱀왕절에 이루어지는 뱀신 제사 활동)'과 '유사등(游蛇燈, 뱀 모양의 긴 등롱을 들고 거리를 도는 활동)'을 통해 나타난 사회 결합 특성은 형식과 내용면에서 효과적으로 통일되었고, 농민 집단의 유연하고 변화무쌍한 생존 지혜를 구현하였다. 주목할 점은 원래 뱀왕절은 주로 민간 조직에서 개최하는 축제였으나 1998년 뱀왕절에는 정부 지도자들이 참여하고 다른 문예 단체와 뱀 마술을 하는 연예인들을 초청하여 공연도 하여, 이 행사를 경제 개발과 관광 산업의 발전 범위에 포함시켰으며, 또한 대중매체에서 특집으로 보도했다는 점이다. 이 민속 행사의 발전은 우리에게 문화 재구성 과정을 알게 해주었고, 또한 전통을 현대에 자연스럽게 융합시켜 지역 사회의 동적인 사회 변천의 상징 중 하나가 되었다.

5. 결어

문화유산의 보호는 전 세계적인 문화보호 행위 방식으로, '유형'에서 '무형'에 이르는 문화유산 보호 조치의 도입은 또한 세계화의 맥락에서 정적인 문화상대론을 동적인 문화상대론에 통합시켜 무형문화유산 보호를 이해하는 과정이기도 하다. 세계화에 대한 반응으로서의 동적인 문화 상대론을 파악함에 있어, 살린스가 지적했듯이, 우리는 대규모의 구조 전환 과정에서 다양한 문화로 구성된 세계 문화 체계와 다

---

06 이 조사는 1997년 7월 초부터 8월 초까지, 1998년 8월 중순부터 9월 중순까지 진행되었다.

원 문화적 문화가 형성되는 것을 목격하고 있다. 그것은 아마존강 열대 우림에서 말레이시아 제도까지 이르는 지역의 사람들이 외부 세계와의 접촉을 강화하면서 동시에 자각적으로 각자의 문화적 특징을 진지하게 드러내고 있기 때문이다.[07] 이 구체적인 사실은 바로 본토적 또는 지방적 문화 정체성, 지역 공동체주의 및 다원 민족 사회의 민족주의가 세계 여러 나라와 지역에서 소생, 부흥, 재구성의 기세를 보이고 있다는 것이다.

20세기는 문화가 자각적으로 전승, 발견, 창조된 세기라고 할 수 있으며, 이 문화는 근대 이래 민족-국가 정체성의 중요한 원천이기도 하다. 오늘날, 서로 다른 국가, 지역과 민족의 문화는 '무의식적으로' 전통을 전승하고, 종종 국가와 민간의 힘을 위해 '의식적으로 창조'되고 있다. 이러한 창조 과정은 바로 문화의 생산과 문화의 재생산 과정이며 실제로는 또한 문화 재구성의 과정이기도 하다. 재구성의 토대는 고유의 문화 전통에서 벗어나지 않는다. 중국의 한족 사회와 소수 민족 사회의 일련의 민속 문화 전시는, 특히 '문화 무대, 경제 공연'의 기치 아래 민속 문화를 관광 발전의 틀 안에 두고 생산하고 재창조하는 것은 의심할 여지 없이 일종의 문화 재구성의 시도와 실천이다.

총체적으로 말하자면, 현대화와 세계화의 맥락에서, 국가, 성, 시정부 및 다양한 조직의 강력한 추진하에 무형문화유산 보호 사업을 전개할 때, 반드시 문화유산 보호의 '원모습 그대로(本眞性)'와 완전성 원칙을 준수하고 무형문화유산과 유형문화유산의 통합성 보호를 강화해

---

07   Sahlins. M. "Goodbye to Tristes Tropes: Ethnography in the Context of Modern World History", *Journal of Modern History*, Vol. 65, 1993, pp.1-25.

야 한다. 무형문화유산 보호 사업의 보호를 받을 수 있는 민속 문화에 대해서는, 특히 실전 위기에 처한 무형의 민속 문화를 잘 보존해야 한다. 그리고 여전히 지역 사회에 살아있는 민속 문화에 대해서는, 정부의 관련 조치 외에, 민속 문화의 수호자, 전승자 및 실천자는 자신의 문화 정체성을 획득하는 동시에 현대화의 충격에 직면하여 마땅히 문화의 조정과 재구성을 적절히 진행하여 민속 문화 자체의 활력이 분출될 수 있도록 해야 한다. 이는 또한 현재 무형문화유산 보호 사업 및 민속 문화 발전 전략이 반드시 거쳐야 할 길이기도 하다.

参考文献

1. 王文章主编『人类口头与非物质文化遗产丛书』, 浙江人民出版社, 2005。

2. [英]多米尼克·斯特里纳蒂:『通俗文化理论导论』, 阎嘉译, 商务印书馆, 2003。

3. 乔治·E.马尔库斯、米开尔·M.J.费彻尔著『作为文化批评的人类学』, 王铭铭、蓝达居译, 三联书店, 1998。

4. 麻国庆:『走进他者的世界: 文化人类学』, 学苑出版社, 2002。

5. Sahlins. M. "Goodby to Tristes Iropes: Ethnography in the Context ofModern World History", The Journal of Modern History, Vol. 65, 1993.

6. [日]无形文化财保持者会编『无形文化财要览』(上、下), 株式会社芸草堂, 1975。

제3부

응용인류학과 발전의 딜레마

1장

---●---

현대 중국의 사회현실과 응용인류학 연구[*]

- 중국 응용인류학 현황에 대한 평술(評述)

　　인류학이 지니고 있는 응용 전통과 중국 전통문화 중의 '경세치용 (經世致用)' 사상이 서로 결합되어 중국의 인류학은 수립되자마자 매우 강한 응용 특색을 띠게 되었다. 1세대 학자들은 국경 지역 개발의 사명 을 띠고 소수 민족 지역으로 달려갔고, 심지어 변정학(邊政學, 국경정치학) 이라는 학문 분야를 개척했다. 1949년 이후 학자들은 민족 식별과 민족 사회 역사 조사 등 사업에 참여했다. 1953년부터 1956년까지 대규모의 현지조사 연구를 통해 민족 식별 사업을 완성하고, 40여 개 소수 민족 의 민족 소속 문제를 명확히 하여 오늘날 대륙의 사회 생활 각 분야에 영향을 미치는 다민족의 틀을 구축하였다.

　　1956년부터 1958년까지 이를 바탕으로 소수 민족 사회사에 대한 대규모 조사를 실시하여 수천만 자의 조사 자료를 축적하고 소수 민족 의 간략한 역사, 간략한 지(志), 자치지방 개황 등 3세트의 총서 초안과

---

[*]　이 조사는 1997년 7월 초부터 8월 초까지, 1998년 8월 중순부터 9월 중순까지 진행 되었다.

조사자료 300여 종을 정리 편찬하여 이후 새로운 정권이 민족 정책을 시행하는 중요한 기반이 되었다. 그러나 최근 인류학계에서는 '응용인류학'을 주제로 많은 논의가 이루어지고 있으며, 응용인류학을 '학문'이라고 할 수 있는지에 대한 논쟁이 많아지고 있으며, 특히 응용인류학의 연구 분야와 연구 대상에 대해서는 여전히 의견이 모아지지 않고 있다. '응용인류학'의 개념에 대한 이해는 엇갈리지만 학자들은 기본적으로 다음과 같은 역할 정의에 공감하였다. 즉 응용인류학은 의도적으로 현장 분석 단위를 기반으로 하는 이론 모델을 개발하는 것이 아니라 인류학의 이론과 방법을 실제에 적용하여 관련 문제를 해결하는 것이다.

따라서 본문에서는 중국 응용인류학의 학문 발전사를 정리하지 않고 중요한 사회 문제로 돌아가 최근 중국의 응용인류학의 발전 현황에 대해 비교적 개괄적인 소개를 하려고 한다. 지난 30년 동안 중국 사회의 가장 중요한 특징은 산업화와 도시화의 급속한 발전으로, 광범위한 인구 이동이 이루어졌고, 따라서 사회 결합 방식이 느슨해지고 전통 문화의 급속한 변혁을 초래했다. 인구 이동은 도시, 생태, 문화, 심지어 질병까지 사회 변천의 물결 속에 휩쓸리게 했으며 이로 인해 발생한 일련의 새로운 현상과 새로운 문제를 기반으로 응용인류학이 급속히 발전할 수 있었다. 이동 현상은 과정으로서의 중국 문제, 즉 새로운 역사적 조건하에서 중국 사회가 어떻게 결합하고 새로운 사회 전통이 어떻게 형성되는가 하는 문제를 반영한다. 이러한 제 문제를 고려하여 아래의 중국 응용인류학의 주요 분야에 대한 소개는 각 분야의 이동 현상과 그로 인한 사회 및 문화 문제에 대한 연구에 집중할 것이다.

인류학의 글로벌 의식과 학술적 자각

1. 도시화와 인구 유동

일반적으로 중국의 전통적인 경제 발전 모델은 '남경여직, 농공상보(男耕女織, 農工相輔)'로, 농업과 수공업이 긴밀하게 결합된 것이다.[01] 그 위에 주거 모델은 향토를 기반으로 하며 전통적인 가족 개념과 같은 포괄적인 지식으로 대표되는 문화 윤리를 형성했다. 1950년 이후 엄격한 호적 관리 체계로 도시와 농촌의 이원적인 구도가 확립되었고 도시와 농촌 간의 인구 이동은 엄격하게 통제되었다. 세대별 생산량 연동 도급 책임제[02]가 실시된 후 대량의 유휴 인력이 도시로 몰려들어 거대한 규모의 인구 유동 물결을 형성하였는데 이 현상은 현대 중국 사회를 이해하는 중요한 경로이기도 하다. 2012년 1월 17일 국가통계국은 2011년 주요 거시경제 데이터를 발표했는데, 데이터에 따르면 도시 인구는 6억 9079만 명, 농촌 인구는 6억 5656만 명으로 중국 역사상 처음으로 도시 인구가 농촌을 앞질렀다. 제6차 전국 인구 조사 데이터에 따르면, 전국 인구 중 1억 이상의 인구가 상하이, 베이징, 광주 등 10개의 대형 도시에 상주하고 있다. 상술한 수치는 30년간 중국의 급속한 도시화가 수억 명의 인구를 농촌에서 도시로 이동시켰다는 것을 보여주는데, 이 주목할 만한 현상의 이면에는 중국 사회의 결합 방식의 급격한 변화가 있다.

---

01   費孝通:『江村经济-中国农民的生活』, 商务印书馆, 2001.

02   세대별 생산량 연동 도급 책임제(家庭聯産承包責任制)는 1980년대 초반에 중국 농촌에서 진행한 중대한 개혁으로 농촌 토지제도에 큰 변화를 주었으며, 현재까지 실행하고 있는 기본 경제 정책이다. 농민들이 세대 단위로 집체 경제 조직으로부터 토지 등 생산자원과 생산 임무를 도급 맡는 형식으로, 일정 생산량을 국가가 가지고 나머지는 모두 농민이 가질 수 있었다. 즉 열심히 일해서 많이 수확하면 그 대부분이 다 개인의 소유가 될 수 있었기에 농민들의 적극성을 크게 불러일으켰다. -역자 주

1980년대에 중국의 각 지역에서 향진 기업(鎭企)이 갑자기 출현했고, 소도시(小城鎭)들이 빠르게 발전하고 확장되었다. 이러한 맥락에서 농촌 노동력의 이동은 현지 이전을 통해 실현되는데, 바로 페이샤오퉁 선생이 언급한 '이토불이향(離土不離鄕, 토지는 떠나되 고향은 떠나지 않는다.)'이다. 향진 기업과 소도시의 발전은 농촌의 잉여 노동력이 이 지역의 공장과 도시에 들어가 본 지역 내에서 농업 외 직업에 종사할 수 있게 하였으며, 향진은 대량의 농촌 노동력을 흡수하게 되었다.

이미 1983년부터 1984년까지 페이샤오퉁 선생은 장쑤성 11개 소도시에 대한 체계적인 조사를 주도하여 당시 중국 농촌에서 일어나고 있던 혁명적인 변화와 결합하여 소도시는 도시와 농촌의 연결 고리라고 결론지었다.[03] 페이샤오퉁 선생은 소도시를 도시와 농촌 사이의 인구 '저수지'로 간주하고 향진 기업을 발전시켜 소도시를 진흥시키고 지역 내의 인구 유동을 실현함으로써 대도시의 인구 과밀화를 억제시킬 것을 강조한다. 그는 소도시의 발전은 '이토불이향'과 '이향불이정(離鄕不離井, 고향을 떠나되 우물을 떠나지 않는다.)'이 중국 인구 문제를 해결하는 두 가지 구체적인 경로가 된다고 했다.

1990년대 중반부터 중국 지역 경제 발전의 불균형이 심화되어 동부 해안 지역과 중서부 지역의 격차가 나날이 뚜렷해졌다. 향진 기업의 쇠퇴로 인해 '이토불이향' 모델은 더 이상 인구 유동의 과열을 효과적으로 완화할 수 없었으며 다른 지역으로의 이동이 주류를 이루어 대규모 '농민공 붐(民工潮)', 즉 흔히 말하는 '이토우이향(離土又離鄕, 토지를 떠나

---

03   费孝通: 「小城镇大问题」 「小城镇再探索」 「小城镇新开拓」, 载『费孝通文集』第9卷, 群言出版社, 1999.

고 고향도 떠나다.)'으로 나타났다.

이 시기 인구 유동의 두드러진 특징은 첫째, 유동 인구 수가 많아져 연 인원수로 억 대 이상에 달한다는 점이다. 둘째는 주로 경제가 발달한 도시로 집중적으로 이동했으며, 특히 주강 삼각주와 장강 삼각주와 같은 가공 산업 기지로 흘러들어 산업 노동자가 되었다는 점이다. 제도적 장벽으로 인해 농민공이 도시 사회에 융합되는 것이 쉽지 않았으며 동시에 도시에 진입하는 농민공에 대한 시민들의 신분적 차별, 배척도 함께 작용해서[04] 농민공이 도시로 이주한 후 이주지에서 장기간 거주하는 것은 어려울 것으로 예상된다. 직업과 정치적 정체성이 분리된 이러한 인구 이동은 진정한 인구 도시화를 이루지 못한다.

유동 인구는 노동력 요소로서 시장 체계에 진입했지만 그들의 가족, 생활, 소비 및 이상은 이와 무관하며 경제, 정치, 문화 등 측면에서 종종 원래 거주지와 밀접한 관련이 있으며, 여기서 호적 제도는 큰 영향을 미치는 중요한 요소로 작용했다.[05] 매년 춘절 기간에 광저우 기차역의 넘쳐나는 인파는 유동 인구의 주기적인 흐름을 반영하는데, 어떤 학자들은 '시계추식 인구 이동'이라고 부른다. 그들 중 대다수는 영원히 도시에 정착하지 못하고 시계추처럼 농촌 사회와 도시 사이를 오간다.[06]

또 일부 학자들은 전통 사회 결합의 구조적 특징에서 시작하여 혈

---

04 卞悟: 「农民流动: 良性还是恶性循环」, 载香港『二十一世纪』2004年第3期.

05 李强: 「影响中国城乡流动人口的推力与拉力因素分析」, 『中国社会科学』2003年第1期.

06 周大鸣: 「珠江三角洲人口移动探讨」, 『社会科学战线』1990年第2期; 「珠江三角洲的人口移动与文化适应问题」, 载阮西湖主编『都市人类学』, 华夏出版社, 1991, pp.278-184; 「从农民工眼中看农民工和适应过程」, 载马戎・周星主编『田野工作与文化自觉』, 群言出版社, 1998.

연, 지연 및 직업연과 같은 요인에 중점을 두어 외부 인구의 사회 네트워크, 민족 집단의 정체성 및 집단 관계 등 문제를 조사하고 분석한다. 이런 종류의 연구는 종종 차서(差序) 구조 이론의 영향을 받아, 특정 지역과 업종의 외부 인구가 어떻게 혈연, 지연, 직업연 등의 연결 고리로 도시 공간에서 상호적인 사회 정체성과 관계 네트워크를 형성하는지에 관심을 둔다.[07] 왕한성(王汉生) 등은 '저장촌'은 독특한 도시 진입 방식을 형성했다고 지적하면서 그것을 '산업-지역 사회형 진입'이라 지칭했다.

일반적인 의미의 인구 유동과는 달리, 그것은 종합적인 자원을 가진 경영자의 이동이며, 도시에 집단 거주를 기반으로 하는 산업 가공 기지를 세운다. 이러한 유형(有形)의 산업 기반은 지역 사회의 발전과 인구의 유동에 따라 해체될 수 있으나, 향토적 인적 네트워크는 자금, 네트워크, 관계 및 인력 등 자원을 인구 이동에 수반하여 이동하도록 유도함으로써 새로운 사회적 조건에서 전통적인 지연 관계를 유지하게 한다. 이와 같은 성향을 가진 연구로는 또 '허난촌', '신장촌' 등 특정 주거 관계와 칭하이 화룽 라면집, 후난 택시 등 업종 관계를 접점으로 한 연구도 있다. 이 경로에서 어떤 학자는 이주자의 도시 취업을 기반으로 한 '도시판'의 차서 구조를 제시하면서, 사회 네트워크의 구조와 기능을 이해하면 표면상 뒤죽박죽인 이주 취업 현상을 파악할 수 있다고 주장한다.[08]

---

07 王春光:『社会流动与社会重构』, 浙江人民出版社, 1995, pp.10-12; 项飚: 「社区何为: 对北京流动人口聚居地的研究」, 『社会学研究』1998年第6期.

08 张继焦: 「差序格局: 从"乡村版"到"城市版"—以迁移者的城市就业为例」, 『民族研究』2004年第6期.

개혁개방 이래 중국은 지역 간, 민족 간 경제 문화와 사회 생활에 매우 큰 변화가 발생하였다. 과거에 상대적으로 폐쇄적이던 소수 민족 지역은 민족 간 인구 상호 작용 현상이 점점 더 많아지고, 소수 민족 인구가 동부의 발달된 지역과 중심 도시로 이동하는 현상도 나날이 두드러졌다. 그들의 특수한 문화 전통, 민속 습관, 정치적 신분으로 인해 소수 민족 유동 인구가 가져오는 영향과 문제들도 학계의 관심을 받게 되었다. 양성민(杨圣敏, 1951~), 허싱량(何星亮, 1956~) 등 학자들은 일찍이 잇따라 도시 소수 민족 유동인구에 대한 조사를 진행한 적이 있는데, 내용은 도시 속의 민족촌, 도시 유동 인구의 민족 집단 정체성과 문화 적응, 인구 구조의 변천 등의 문제를 다루고 있다.[09] 도시에서 생존하기 위해 소수 민족 유동 인구는 종종 다른 전략을 채택하는데, 민족 문화 자원과 다민족 왕래를 통해 도시에 적응하는 관계 네트워크를 형성한다.[10] 민족지로 도시 소수 민족 유동 인구의 생존 현황을 연구하는 학자도 있다.[11]

21세기 들어 인구 유동은 몇 가지 새로운 추세를 보이고 이 분야의 연구 대상도 일부 새로운 현상과 인구 집단으로 옮겨갔는데 그중 가장 두드러진 것은 2세대 농민공에 대한 연구이다. 인구 구조의 변화에 따라 농민공의 주체가 1세대에서 2세대, 즉 1980년 이후에 태어난 농촌 노동력으로 전환되었다. 2세대 농민공은 그들의 아버지 세대와 비교했을 때 성장 환경, 가치 관념, 생활 방식, 유동 원인 등에서 매우 다르다. 그들은 도시 생활에 대해 강한 정체성을 가지고 있고, 다른 방식으로

---

09   中国都市人类学会秘书处编『城市中的少数民族』, 民族出版社, 2001.

10   张继焦:『城市的适应—迁移者的就业和创业』, 商务印书馆, 2004.

11   张海洋、良警宇编『散杂居民族调查: 现状与需求』, 中央民族大学出版社, 2006.

자신의 정체성과 소속을 규정하지만, 동시에 도시에 정착하여 도시생활에 융합할 수도 없고, 아버지 세대가 살던 시골에 돌아갈 수도 없는 더욱 난감한 상황에 직면한다.

　사회주의의 새로운 전통인 도시와 농촌의 이원 체제는 분명히 더 이상 대규모 인구 이동의 사회 현실에 적합하지 않지만, 호적 제도를 핵심으로 하는 이 체제를 간단하게 폐지하면 2세대 농민공은 도시 생활에 적응하지 못했을 때 물러설 곳이 없으며, 이 방대한 인원은 사회 관리 체제 밖으로 밀려날 것이다. 이러한 의미에서 2세대 농민공들이 어떻게 도시 생활에 융합되는가 하는 문제는 사실상 도시와 농촌의 이원 체제가 어떻게 새로운 조건에서 조정되는가 하는 문제를 가리킨다. 신세대 농민공에 대한 대부분의 연구는 도시와 농촌의 이원적 구조를 반대하고, 그것을 현대 사회의 신분제로 간주하며 농민공이 도시 생활로 진입하는 데 있어서 인위적인 장애물이라고 보는 경향이 있다. 이 연구들은 신세대 농촌 유동 인구의 사회적 정체성이 이미 변했다고 믿으며, 그들의 가치 관념, 행동 양식이 도시와 농촌의 관계를 융합시키고, 유동 인구가 '반도시화'될 것이라고 예상한다.[12]

　그러나 사실 중국의 농민공 유동은 결코 농촌 인구가 도시로 이동하는 단방향 과정이 아니라 줄곧 쌍방향 이동이었다. 1년을 주기로 하는 시계추식의 장거리 이동도 있고 농사철을 주기로 하는 단거리 이동도 있다. 절대다수의 농민공은 결국 귀향 문제에 직면하게 된다. 어떤 학자는 신세대 농민공의 현실 행동 논리에서 출발하여 지속할 수 없는 도시 생활은 신세대 농민공들로 하여금 반드시 귀향이라는 선택에 직

12　王春光: 『农村流动人口的"半城市化"问题研究』, 『社会学研究』 2006年第5期.

면하게 한다고 지적한다.[13] 농민공의 귀향을 이 문제를 해결하기 위한 출구로 삼는 것은 사실상 사회적 재생산과 노동력 재생산의 기본 역할로서 농촌의 역할을 강조하는 것이다. 즉 도시와 농촌의 이원 체제를 단순히 버리는 것이 아니라 긍정적인 관점에서 조정하려는 것이다.

또한 새로운 연구에서 인구가 유동 중에 어떻게 결합되는지에 대해 노력을 기울였다. 어떤 연구자는 무슬림 전통의 '자마트(Jamaat)'의 개념을 빌려 현재 사회에서 모스크, 할랄 식당, 가정, 학교, 인터넷 등이 모두 '자마트'의 존재 형태이며, 서로 다른 집단이 서로 다른 정체성을 기초로 '유동적인 정신 공동체'를 수립했다고 지적했다.[14] 또한 직업연의 관점에서 도시의 쓰레기 줍는 사람, 짐꾼, 택시 기사 등의 집단을 연구하기도 했다.[15] 도시 생활에서 다양한 집단이 상호 왕래하며 종종 그 과정에서 새로운 사회관계망을 형성하여 낯선 도시 생활에 적응한다.

새로운 관계망의 구축은 전통문화, 향토 자원, 경제적 기회, 정치적 자원 및 유동 인구의 개인 행동 논리의 영향을 받기 때문에 농촌 인구가 도시로 이동하는 과정은 공간적 흐름일 뿐만 아니라 특정 제도 구조에서 발생하고 동시에 이러한 제도 구조를 변화시키는 과정이며 하나의 사회적 요소가 재구성되는 과정이다. 페이샤오퉁 선생이 말년에 지

---

13   贺雪峰:『农民工返乡研究』, 山东人民出版社, 2010.

14   马强:『流动的精神社区—人类学视野下的广州穆斯林哲玛提研究』, 中国社会科学出版社, 2006.

15   张寒梅:『城市拾荒人—对一个边缘群体生存现状的思考』, 贵州人民出版社, 2001; 李翠玲:『一个底层拾荒者社会空间的生产—以兴丰垃圾场"垃圾村"研究为例』, 中山大学人类学系硕士论文, 2006; 田阡:『身份社区的建构—深圳攸县籍出租车司机的人类学研究』, 中山大学人类学系博士论文, 2007; 秦洁:『都市感知与乡土性—重庆"棒棒"社会研究』, 中山大学人类学系博士论文, 2010.

역 사회 건설로 도시화 과정을 추진하자고 한 것은 바로 이러한 재구성에 대한 사고에서 나온 것이다.[16] 도시의 다양한 그룹을 어떻게 조직할 것인지, 어떻게 하면 주민들의 생활 수요를 충족시킬 뿐만 아니라 도시의 질서 있는 운영을 보장할 수 있는지, 이러한 과제를 해결하는 과정에서 지역 사회가 중요한 역할을 하는 것으로 간주된다.

2. 생태인류학

초원에 가 보지 않은 사람들은 초원에 대해 '하늘은 파랗고 들판은 아득한데, 바람에 풀이 누우니 소와 양이 보인다'는 상상으로 가득 차 있고, 도처에 러러차(勒勒车, 내몽골 유목 지역에서 쓰는 간편한 목제 수레)와 파오(蒙古包)이며, 말을 타고 학교에 다니는 줄로만 안다. 그들은 천년을 이어온 유목의 전통이 이제 이른바 '현대화', '정착화', '도시화'의 과정에 밀려 일부 지역에서는 사라질 위험에 처해 있다는 것을 알지 못한다.

중국은 다양한 생태 환경, 여러 민족과 여러 문화로 구성된 국가이며, 다원 문화의 공존 및 생태 환경에의 적응은 중국 사회의 큰 특징이된다. 린야오화 선생은 바로 경제 문화 유형 이론을 활용하여 각 유형의 특징과 그들의 지리 및 생태 기반을 설명하였다.[17] 구체적으로 말하자면, 서로 다른 경제 문화 유형에 따라 각기 다른 생태 환경 보호 모델을

---

16 费孝通: 「对上海社区建设的一点思考—在"组织与体制: 上海社区发展理论研讨会"上的讲话」, 『社会学研究』 2002年第4期, pp.1-6; 费孝通: 「居民自治: 中国城市社区建设的新目标」, 『江海学刊』 2002年第3期, pp.15-18.

17 林耀华、切博克萨罗夫: 「中国的经济文化类型」, 见林耀华『民族学研究』, 中国社会科学出版社, 1985.

형성하며, 다원적인 환경 관념과 행동 논리로 나타난다. 초원 생태 구역의 주요 경제 유형은 목축 경제이며 각각의 유목 민족은 장기간의 발전 과정에서 소박한 생태 의식을 형성했으며 이는 사계절 순환 방목 제도와 종교 문화에 반영된다.[18] 삼림 생태 지역의 어룬춘족 및 일부 어원커 족과 같은 민족은 동물 자원에 직접 의존하기 때문에 오랜 시간에 걸쳐 수렵에 관한 일련의 제도, 습속 및 관념을 형성하였다.[19] 산지 농경 지역의 민족은 '화전 경작'을 주요 생계 방식으로 하며, 지역마다 생태 환경 특징에 따라 경작 주기가 다르며, 질서 있게 산림과 곡식의 윤작을 실행한다.[20] 서남 지역에 사는 대다수의 소수 민족들은 그들이 운영하는 화전 농업 시스템을 통해 풍부한 지역적 지식을 축적하고 적극적으로 생활 환경에 적응함으로써 그들의 사회를 지속해 올 수 있었다.[21]

초기의 연구는 전통적인 지식 체계, 특히 소수 민족의 지역적 지식 체계에서의 생태 지식을 중시했다.[22] 모든 민족의 전통문화는 그들이 살고 있는 지역의 자연 생태 환경에 적응하고 변화하는 과정에서 창조되고 형성되며, 집단마다 다른 사회관을 형성하고 자연환경과 관련된 사회적 표현, 태도 및 행동 양식과 같은 환경 유산을 남긴다.[23] 이러한 환경 유산은 주로 민간의 환경 지식에서 나타나며, 주로 자연환경의 이

18   王建革: 『农牧生态与传统蒙古社会』, 山东人民出版社, 2006.

19   王俊敏: 「狩猎经济文化类型的当代变迁」, 『中央民族大学学报』(哲学社会科学版) 2005年第6期.

20   高立士: 『西双版纳传统灌溉与环保研究』, 云南民族出版社, 1999.

21   尹绍亭: 『森林孕育的农耕文化—云南刀耕火种志』, 云南人民出版社, 1994; 『人与森林—生态人类学视野中的刀耕火种』, 云南教育出版社, 2000

22   麻国庆: 「环境研究的社会文化观」, 『社会学研究』1993年第5期.

23   色音: 『蒙古游牧社会的变迁』, 内蒙古人民出版社, 1998.

용, 인문 환경에 대한 통제, 인간과 자연의 조화 이념을 포함한다. 따라서 각 민족은 생존 공간과 생활 양식이 다르기 때문에 자연 자원에 대한 관리와 이용, 문화 전통도 나름대로의 특색을 가지고 있다.

서로 다른 생태 환경 위에 세워진 민족 문화는 효과적인 환경 보호 지식을 형성하고, 이러한 지식은 지역 환경 보호에 유익이 되고 자신의 전통 가치를 가지고 있지만, 이러한 전통 지식은 모두 다른 정도의 충격에 직면해 있다. 사회의 변천과 국가 정책의 개입으로 이러한 생태 지역의 전통적인 생산 방법과 가치는 크게 변화했으며 생계 모델의 변화는 환경 보호에 새로운 도전을 제기하고 있다.[24] 자원이 풍부한 민족 지역에서 어떻게 발전을 추진하고 동시에 환경 악화 추세를 통제할 것인가, 즉 발전과 보호, 이 두 관계의 문제를 어떻게 처리할 것인가가 학술계의 관심사가 되었다.[25]

이러한 도전은 민족 사회 자체의 변화에서 오는 것일 뿐만 아니라, 더욱 주요하게는 국가 정책의 주도하에 환경 보호와 국민의 삶의 질을 향상시키는 것을 목표로 하는 계획적인 생태 이민 정책의 영향에서도 온다. 2002년 이래로 많은 사회학과 인류학 연구자들이 '생태 이민'에 대한 연구에 참여하여 상당한 학문적 성과를 거두었다.[26] '생태 이민'을

24 宋蜀华:「人类学与研究中国民族生态环境和传统文化的关系」, 周星、王铭铭主编『社会人类学讲演集』, 天津人民出版社, 1997; 麻国庆:「开发、国家政策与狩猎采集民社会的生态与生计—以中国东北大小兴安岭地区的鄂伦春族为例」,『学海』2007年第1期.

25 李亦园:「生态环境、文化理念与人类永续发展」,『广西民族学院学报』2004年第4期.

26 中国社会科学院民族学人类学研究所编『"生态移民: 实践与经验"国际研讨会论文集』, 2004; 中国社会科学院民族学人类学研究所编『"生态移民与环境影响评

정의하고 개념화한 후,[27] 생태학적 이민 정책과 이민 과정에서 드러난 문제에 대한 성찰이 관련 연구의 초점이 되었다.[28] 내몽골 초원의 생태 연구를 예로 들면, '황사'와 지속적인 가뭄으로 상징되는 '생태 위기'로 인해 전통적으로 자유로운 초원 사회와 문화를 국가 생태 관리의 틀에 포함시켰다. '풀과 가축의 균형', '방목 금지 및 휴목(禁牧休牧)' 등의 정책이 광범위하게 실행됨에 따라 방목금지구역, 초지와 가축 평형구역, 각 지역과 매 가정이 사용권을 가진 목초지 등 초원의 '경계선'이 한층 더 고정되었고, 국가의 기층 초원 지역 사회의 관리 모델도 중요한 변화를 겪었다. 정착화 정책은 전통적인 사회 질서를 뒤엎었고, 유목민들은 대대로 전해 내려온 생계 방식에서 벗어났지만 갈 곳이 없게 되었다. 새로운 사회적 결합은 종종 전통 조직과 행정 관리의 이중 영향을 받는다. 유목민 문화 전통의 가치 관념과 문화 윤리는 새로운 변화를 겪고 있다.

실제로 1980년대에 풀과 가축의 도급 제도와 시장 메커니즘이 도입된 후, 내몽골 초원은 급격한 변화를 겪었고, 몽골족 유목민들의 '목축업 관습'은 새로운 조건 속에서 단절, 지속, 재창조되었다. 전통적인 관습은 한편으로는 고정불변의 것이 아니며, 새로운 제도와 문화는 새로운 관습을 만들고, 환경에 대한 그들의 원래 인식과 실천 방식을 바

估"国际学术研讨会论文集』, 2005; 新吉乐图: 『中国环境政策报告: 生态移民—来自中、日两国学者对中国生态环境的考察』, 内蒙古大学出版社, 2005.

27   包智明: 「关于生态移民的定义、分类及若干问题」, 『中央民族大学学报』(哲学社会科学版)2006年第1期; 孟琳琳、包智明: 「生态移民研究综述」, 『中央民族大学学报』(哲学社会科学版) 2004年第6期.

28   任国英: 「内蒙古鄂托克旗生态移民的人类学思考」, 『黑龙江民族丛刊』 2005年第5期.

꾼다. 다른 한편으로는, 관습은 지속성이라는 특성을 가지고 있으며 새로운 제도 및 문화를 주도한다. 외부의 정책이나 시장 제도가 전통적인 규범에 따라 관리되는 목초지에 도입된 후에도 그 공동체의 내재된 사회적 관계는 쉽게 사라지지 않으며, 목초지 가정 도급 정책[29]에 대한 저항은 종종 전통적인 방목 방식과 결합된다. 전통적인 관습은 동적인 역사 과정 속에서 현대 생활 세계와 전체적으로 연관되어 일종의 '모순된 거주'를 실현한다.[30]

유목민들은 목초지에서 이곳저곳 옮겨다니며 순환 방목 같은 지역 사회의 공유된 전통과 생활 습관대로 목초지의 공공 관리 방식을 유지한다. 그러나 오늘날의 국가는 정책을 이유로 그들에게 '소유권을 명확히 하라'는 요구를 하고 있으며, 목초지를 각 가정에 도급한다. 그 결과 공유지의 상황이 더 나빠지고 있다.[31] 이러한 혼란한 국면에서 유목민 사회의 재결합에 대하여 일부 학자들은 지역적 지식과 실천의 서술과 묘사를 중시하고 지역적 지식과 실천의 상대적 자주성과 능동성을 강조한다.[32]

지역 사회에서의 생태 이민 정책의 실천 자체는 사회의 재조직 과정으로 볼 수 있으며 유목민, 수렵민, 농업 인구가 국가의 힘에 눌려 동일 공간에 진입한다. 국가 권력이 지역 사회에 깊숙이 침투하는 과정

---

29 목초지 가정 도급 정책은 중국 각 지역에서 1985년에 제정된 '중화인민공화국초원법'에 근거하여 집단이나 세대별로 목초지를 나눠주어 일정 기간 사용하게 하는 것을 일컫는다. -역자 주

30 张雯: 「剧变的草原与牧民的栖居——一项来自内蒙古的环境人类学研究」, 『开放时代』 2010年第11期.

31 朱晓阳: 「语言混乱与草原 "共有地"」, 『西北民族研究』 2007年第1期.

32 阿拉腾: 『文化的变迁——一个嘎查的故事』, 民族出版社, 2006.

은 국가 권력이 전통적인 민족 집단을 현대화 과정에 끌어들이는 과정이다. 국가주의하의 생태 이민은 담론의 여지가 있는 정책으로서 그 자체로 국가 이익과 지방 이익, 중앙 정부와 지방 정부, 환경 가치와 발전 이익 등 서로 다른 차원의 관계 구조의 긴장을 포함하고 있다. 그리고 그 실행 과정은 중앙 정부, 지방 정부, 선두 기업, 민족 조직 등 다원적인 행동 주체들의 상호 작용 과정이다.[33] 소수 민족의 생활, 생산 방식이 일단 각종 정책에 의해 변경되면, 그 특유의 문화 정수도 점차 다른 문화와 혼합되거나 심지어 소멸하고 말 것이다. 자연 생태 환경의 보호를 강조하는 동시에, 인류 자신의 원 생태 민족 생활 방식, 인류 문화, 심지어 인종 자체의 다양성도 보호해야 한다. 국가주의하의 생태 이민을 맹목적으로 추앙하는 것은 바람직하지 않다. 자연 생태 환경 보호의 필요성을 강조함과 동시에 국가주의에 따른 생태 이민을 맹목적으로 추앙하기보다는 원생태의 민족 생활 방식, 인류 문화, 심지어 인종 자체의 다양성도 보호해야 한다.

3. 관광인류학

중국에서 관광에 관한 연구는, 급속한 경제 발전과 날로 빈번해지는 인구의 이동에 따라 관광업이 전국적으로 비상한 속도로 발전하기 시작한 1980년대에 시작되었다. 관광 발전의 현실적 의미 때문에, 학자들이 가장 먼저 주목한 것은 관광이 발전의 한 방식으로서 가지는 경제

---

33   荀丽丽、包智明:「政府动员型环境政策及其地方实践—关于内蒙古 S 旗生态移民的社会学分析」,『中国社会科学』2007年第5期.

적 영향이다. 바로 중국 인류학과 민족학이 소수 민족 문화와 한족 전통 역사 문화 방면에서 이룬 축적을 바탕으로, 어떤 학자는 마땅히 관점을 조정하여 문화인류학이 관광 자원의 개발에 개입해야 한다고 호소했다.[34] 학술계는 관광 발전이 현지 경제에 미치는 촉진제 역할에 대해 광범위하게 주목했으며, 이를 민족 지역이 빈곤에서 벗어날 수 있는 효과적인 경로로 보았다.[35] 이와 동시에 해외 관광인류학의 발전이 속속 중국에 소개되면서 중국의 관련 연구도 점차 상대적으로 집중적으로 이루어지게 되었다. 1999년 쿤밍에서 열린 '인류학과 중국 사회' 국제학술토론회에서, 참석자들은 '관광과 중국 사회', '민족 관광과 관광 민족', '관광과 정체성', '민족 문화의 보존' 등 관광인류학에서 관심을 갖는 이슈들에 대하여 비교적 체계적인 탐구를 진행하였으며 『관광, 인류학과 중국 사회』라는 책도 출판하였다.[36]

풍부한 관광 자원과 역사·문화의 축적은 종종 한 지역의 경제를 이끄는 중요한 자원이 되며, 일부 낙후된 변방 지역의 경우 관광업은 바로 일종의 발전 수단이다. 관광업의 발전은 지역 경제 발전에서 중요한 위치에 놓이게 되었고, 일부 알려지지 않은 지역에서도 지역 발전을 촉진하기 위해 이용할 만한 관광 자원을 발굴하기 시작했다. 그리하여 크고 작은 지역에서 '문화 무대, 경제 공연'의 구호를 내걸고 관광 문화 활동을 전개하는데, 그 배후에는 바로 경제적 목적이 있다. 관광 상품

34 黄惠焜: 「调整视角―让文化人类学积极介入云南旅游资源的开发」, 『云南民族学院学报』(哲学社会科学版) 1995年第3期.

35 杨鹤书: 「试论粤北民族旅游网络的兴建与第三产业的未来」, 『民族研究』 1994年第6期.

36 杨慧、陈志明、张展鸿: 『旅游、人类学与中国社会』, 云南大学出版社, 2001.

연구를 예로 들면, 민족 특색을 지닌 공예품은 독특한 풍격 덕분에 관광객들에게 인기가 많은데, 특히 손뜨개, 자수, 밀랍염색, 전지(剪紙) 등 일부 전통 수공예품은 그 지방의 문화적 함의와 독특한 제작 공예로 인해 민족 관광 상품의 중요한 부분을 차지한다.[37] 이러한 맥락에서 민족 문화 관광 연구는 주로 관광 자원 개발 방면에 가장 많이 집중되고 있는데, 예를 들면 생태 관광 개발[38], 민족 문화 자원 개발[39], 문화의 산업화[40] 등이다. 이 방면에서, 펑자오룽(彭兆榮, 1956~)은 이론과 실천을 결합하여, 전면적으로 관광인류학의 지식 계보를 소개하고, 중국 인류학자가 쓴 첫 번째 관광인류학 학술 저서를 출판했다.[41]

오늘날 윈난과 하이난 등지에서 관광업은 이미 중요한 기간산업 중의 하나가 되었으며, 특색이 있는 지방의 자연자원과 문화 자원을 기반으로 하는 관광 문화 자원의 개발과 창조는 지방 관광 발전의 주요 전략이 되었다. 그러나 관광업의 고속 발전, 즉 짧은 시간에 다 함께 급속하게 발전하는 것은 반드시 맹목성에 빠지게 되고 또한 필연적으로 일련의 부정적인 영향을 가져온다. 예를 들면, 지방 문화, 특히 소수 민족 문화의 상품화는 지역 경제의 성장을 가져왔지만, 또한 피할 수 없는 많은 문제도 초래했다. 관광객을 유치하기 위한 문화 포장과 전시 공연은 어쩔 수 없이 현지의 민족 문화를 변화시킬 것이다. 그 예로 민

37   張曉萍:「从旅游人类学的视角透视云南旅游工艺品的开发」,『云南民族学院学报』(哲学社会科学版) 2001年第5期.

38   崔延虎:「生态决策与新疆大开发」,『民族研究』 2001年第1期.

39   赵世林:「发掘澜沧江—湄公河流域的民族文化资源」,『思想战线』 2001年第4期.

40   马翀炜:「民族文化的资本化运用」,『民族研究』 2001年第1期; 马翀炜、陈庆德:『民族文化资本化』, 人民出版社, 2004.

41   彭兆荣:『旅游人类学』, 民族出版社, 2004.

족 문화의 약화와 저속화, 전통적인 민족 문화 가치관의 변화 등을 들수 있다. 또한 많은 지역의 전통적인 축제, 노래와 춤, 예절의 상품화는 현지의 순박한 풍속을 변화시켰다.

관광과 민족 문화의 관계에 대한 연구로, 저우싱은 첸둥난의 먀오족 민속촌을 개별 사례로 하여 현지조사를 통해 민족 관광 문화 전시에 대해 논의했는데, 즉 그가 말한 '무엇을 보고 무엇을 보여주는가'는 주체와 객체의 상호 작용 과정에서 문화 전시의 내용은 여러 방면에서 역량의 상호 견제와 균형의 결과임을 지적하였다. 이외에 그는 개별 사례들을 기반으로, 민족 문화의 일정한 의식화, 공연화, 세속화 그리고 기호화는 주로 문화전시에서 비롯되며 문화전시는 축제 및 민간 오락 활동이 본래의 의미에서 점차 이탈하고 의미가 유실되고 희미해져 관광객들이 관람하고 소비하는 문화상품으로 변질되었다고 지적하였다.[42] 상품으로서의 문화는 필연적으로 '국가', '시장' 및 '지역 사회'의 다중적인 영향을 받는다. 관광과 문화 전시 사이의 복잡한 관계는 민족 문화가 직면한 변천, 재생, 재구성과 적응으로 표현된다. 관광 과정에서 민족 문화의 생산은 기동적이고 변화가 많으며 관광 개발로 인한 민족 문화의 변천은 많은 요인에 의해 영향을 받으며 그 과정은 매우 복잡하다.[43] 이 과정에서 이루어진 변천은 서로 다른 문화가 교류하고 서로 다른 이해 관계자들이 자원 대결을 벌인 결과이다.[44] 관광 과정은 본질

---

42   周星: 「旅游产业与少数民族的文化展示」, 载横山广子编『中国各民族文化的动态和有关国家的人类学研究』, 日本国立民族学博物馆, 2001.

43   徐赣丽: 『民俗旅游与民族文化变迁—桂北壮瑶三村考察』, 民族出版社, 2006.

44   马翀炜: 「文化符号的建构与解读—关于哈尼族民俗旅游开发的人类学考察」, 『民族研究』 2006年第5期.

적으로 민족 문화, 주류 문화, 글로벌 문화의 만남 및 그로 인한 문화접
변 과정이다. 여기서 주류 문화, 또는 '국가', '시장', '관광객'으로 대표
되는 시장 표준은 복잡한 권력 관계를 형성하여 민족 정체성, 전통문화
및 사회 변천과 연결된다.

관광이 지역에 경제적 이익을 가져다주는 동시에 지역 주민의 가
치관, 전통문화 및 자연환경에 영향을 미치는 것과 같은 많은 문제를
야기한다는 것은 의심의 여지가 없다. 일부 인류학자들은 관광 개발로
인해 본토 문화가 상업화되고 그 다음에는 왜곡되고, 심지어는 '세계
화'와 '현대화' 속에서 사라질 수 있다고 우려한다. 민족 문화의 '진실
성'과 '상품성'의 논의는 주로 관광이 초래한 민족 특징의 변화와 재창
조, 민족 예술의 전환, 주체와 객체의 상호 교류에서 형성된 민족 고정
관념 등의 문제에 주목한다. 어떤 학자는 전통 민족지의 '실천적 이성'
과 '문화적 이성'의 원칙 속에서 '진실성'에 대한 이해에 기반하여 '진
실성' 서사의 구축 방법을 논의하면서 현대 '글로벌화' 사회에서 관광
민족지가 '진실성'에 대해 인식하고 반영할 때 봉착한 상황과 어려움을
지적한다.[45] 문화를 관광 체계에 놓았을 때, 문화의 생산과 소비, 문화적
전략은 이미 하나로 통합되고, 사람들은 주동적 또는 수동적으로 원래
의 문화 자원과 새로운 문화 창조를 이용하여 각자의 문화 특징을 보여
주며, 일종의 '문화+문화' 현상을 형성한다. 이런 의미에서, 관광 지역
의 민족 문화는 생산 및 소비 과정에서 그 민족 대중들, 관광객과 정부
에 대해 각기 다른 '진실성'이 있을 수 있는데, 그것은 그들이 관광 시
장에서 차지하는 위치가 서로 다르기 때문이다.

---

45 彭兆荣: 「民族志視野中"真实性"的多种样态」, 『中国社会科学』 2006年第2期.

관광 인류학의 발전과 함께 관광 개발과 지역 사회 건설 간의 연계와 상호 작용, 관광의 지속가능한 발전 문제 등이 모두 학자들의 주목을 받게 되었다. 이러한 지속 가능한 발전은 마땅히 두 방면을 포함해야 하는데, 한편으로는 민족 문화와 문화유산의 보호와 발전, 즉 어떻게 하면 전통 민족 문화의 지속 능력을 강화하여 전통 문명이 진정으로 현대 생활 속에 융합되고 적극적으로 전승될 수 있는가를 포함해야 한다. 다른 한편으로는 관광 지역 사회의 지속 가능한 발전, 즉 소재지 지역 사회가 어떻게 하면 여행 정책 결정, 계획 및 발전의 각 단계에 참여할 수 있는지 포함해야 하고, 나아가서는 관광이 지역 사회의 내발형적 발전을 육성하는 효과적인 메커니즘이 되도록 추진해야 한다.[46]

필자가 1990년대에 우링산 지대의 촌락에 들어가 조사를 수행했을 때 전 연령대의 소수 민족과 그들의 풍부하고 완전한 민족 생활을 볼 수 있었다. 그러나 관광 개발이 심화됨에 따라 민족 문화는 점차 소수의 유형(有形) 공예품과 건축물, 그리고 공연할 수 있는 민족 예술 또는 명절 축제로 축소되었다. 게다가 다궁(打工) 경제의 성행으로 많은 촌락의 청년들이 일년 내내 고향을 떠나 있어서 전통적인 지역 사회 생활이 크게 위축되었다. 이러한 요소들이 함께 종합되어 소수 민족에 대한 대중의 인식이 개별 지역, 개별 민족, 개별 촌락과 개별 사항에 대한 고정 관념을 형성하게 된다. 관광지 지역 사회에 있어서 전통적인 문화 질서가 만들어낸 의식(儀式)은 거꾸로 이 사회의 문화와 사회 질서를 수호하고 형성한다. 의식의 이러한 전환은 전통이 현대에 자연스럽게 융합되어 지역 사회의 동적인 사회 변천의 상징이 되게 하였다. 전통과 현재

---

46 孫九霞: 『旅游人类学的社区旅游与社区参与』, 商务印书馆, 2009.

의 대결은 이 동적인 변천 과정에서 전통과 현대가 교차하는 문화적 장면으로 나타나며, 인류학 전통에서 논쟁하는 '공시'와 '통시'가 하나의 구체적인 시공간에 통합된다. 다시 말하면 문화 전통과 사회 현실이 마찰 속에서 새로운 공감대를 형성하는 과정이다. 사람, 문화, 자본 그리고 관광객의 이동 뒤에는 심각한 사회 변혁이 포함되어 있으며 관광은 단지 신흥 경제 산업일 뿐만 아니라 현대적인 작용에 의한 복잡한 사회 현상이기도 하다. 이제 관광은 국민 경제에서 매우 중요한 산업이 되었으며 '황금 주간'과 같은 새로운 사회 문화 현상을 초래했으며 사람들의 생활, 레저, 이동 및 취업을 크게 변화시켰고 민족 노래 및 춤 전문 공연자, 가이드 중개인, 민족 수공예 생산자 및 배낭여행자 등 다양한 새로운 사회 그룹의 출현을 촉진시켰다.

4. 의료인류학

인류학 고전 이론의 출발점과 연구 명제는 흔히 '자연과 문화' 또는 '생물적 속성과 사회적 속성'에 대한 사고에서 비롯되며, 인간의 생물적 속성과 문화적 속성은 이원적 대립의 개념으로서 19세기부터 형성되기 시작한 인문 사회 과학의 이원적 틀의 영향을 받았다. 그리고 신체를 연구 대상으로 삼는 것은 어느 정도 이 두 속성의 통일성을 보여주며, 신체가 의식을 통해 자연적 속성에서 문화적 속성으로 전환되는 과정은 인간과 자연, 사회 문화가 통합되는 경로이다. 예를 들면, 많은 문화에서 종(種), 골(骨), 혈(血) 등으로 사회 성별, 친족 관계, 문화 상징 등 방면의 은유를 하는데, 여기서 중국의 음과 양의 상호 보완을 대표로 하는 전통 사상은 이원적 교착 상태를 돌파하게 하는 출구이다.

음양은 온 우주를 움직이며 균형과 공명을 보여주는데, 서양의 절대적으로 이분되고 조화되지 않는 신체관과는 크게 다르다. 중의학에서 볼 때, 개체의 건강은 자연 세계의 균형에 의해 결정되며, 각 기관의 건강 상태는 그와 다른 기관 사이의 관계에 의해 결정된다. 그런 의미에서, 신체의 질병은 독립된 생물 현상이 아니라, 개인의 마음, 몸, 사회, 문화, 정치가 건강이나 질병과 상호 영향을 주고받는다는 것을 보여준다. 그래서 신체 및 관련 질병, 의료와 공공 위생의 연구는 중국에서 인류학 문화 연구 전통과 사회 연구 전통의 중요한 결합 지점이며, 동시에 국가와 사회 연구 프레임의 연결 지점 중의 하나이다.

이 분야에서 인류학의 응용은 주로 의료인류학에 집중되어 있으며, 학자들이 해외 연구를 소개하는 과정에서 중국의 끊임없이 변화하는 사회 현실과 다민족 배경을 결합함으로 이 방면의 연구가 더욱 풍부하고 다양해졌다. 1980년대 중반, 중국인류학회가 『의료인류학 논문집』을 편집하면서 이 분야의 연구가 본격적으로 학계의 주목을 받았다.[47] 미국의 인류학자 아서 마이클 클라인먼(Arthur Michael Kleinman, 1941~)은 양더썬(杨德森, 1929~)과 신경증 연구에 대해 토론을 벌였는데[48] 국내외 학자들의 광범위한 관심을 불러일으키고, 학계가 '질환'과 '질병' 간의 관계에 대한 성찰을 시작하고 의료인류학의 독특한 연구 시각에서 사회 문화에 관한 많은 영감을 얻도록 추진했다. 1990년대 이후 관련 학자들은 현지조사에 기반하여 본토화 실증 연구를 하기 시작했는데, 특

---

47 中国人类学学会编『医学人类学论文集』, 重庆出版社, 1986.

48 杨德森、肖水源:「神经症研究中的几个理论问题」, 『上海精神医学』 1994年第3期, pp.173-179; 凯博文:「对"神经症研究中几个理论问题"的评论」, 『上海精神医学』1994年第3期, pp.179-181.

히 전통적인 민족 의학과 공중 보건 문제에 대한 현지조사를 진행했다.

질병과 신체의 경험은 사람들이 자신의 문화를 통해 얻은 지식이며, 병의 원인에 대한 사람들의 해석과 이에 대한 반응은 문화에 따라 다르며, 각각의 세계관은 하나의 관념을 파생시키고 그에 상응하는 치료 방법을 찾게 된다. 중의학(中醫學, 중국 전통 의학)과 민족 의학에 대한 연구는 의학과 문화의 관점에서 문화 시스템의 신념, 가치 및 관습을 질병 및 치료의 기본 요소로 간주하여 문화적 관점에서 서양 생화학 의료 모델에 도전하고 보완한다. 이러한 문화 다양성의 구현은, 한편으로는 티베트 의학, 몽골 의학, 다이 의학(傣醫) 등의 민족 의학의 수집과 정리에 집중되어 있다. 다른 한편으로는 신앙과 치료 의식(儀式)에 대한 학자들의 연구로 나타나는데, 예를 들면 샤먼과 안대 의식(安代儀式)[49]의 기능에 대한 분석,[50] 이족 비모(毕摩)와 수니(苏尼)의 의료 실천 참여에 대한 조사 등이다.[51] 이러한 다원성은 복잡한 민족 문화 구도와 관련이 있을 뿐만 아니라 현대 사회의 변혁에서도 깊은 영향을 받았다.[52] 지방 민족 의료 체계에서 사람들은 종종 두 가지 이상의 치료 방법 중에서 한 가지를 선택할 수 있는데, 치료 행위를 결정하는 과정은 국가 의료 체

---

49 안대(安代)는 몽골에서 무속적인 요소를 가진 춤이다. 이 춤은 다음과 같은 내용의 전설을 갖고 있다. 아픈 딸을 마차에 태우고 가던 아버지가 자신의 슬픈 마음을 노래한다. 그 노랫소리가 아름다워 많은 사람들이 마차의 뒤를 따르며 함께 노래를 부르며 그 딸의 병이 낫도록 소원을 빈다. 이에 감동한 딸이 스스로 일어나 걸으며 춤을 추다 보니 병이 낫게 되었다고 한다. 안대를 추는 무속인은 흰옷과 흰 수건을 들고 병을 쫓는 의식으로 팔을 힘차게 교차하며 춤을 춘다. -역자 주

50 乌仁其其格:『蒙古族萨满医疗的医学人类学阐释』, 内蒙古人民出版社, 2009.

51 刘小幸:『彝族医疗保健——一个观察巫术与科学的窗口』, 云南人民出版社, 2007.

52 麻国庆:「狩猎民族的定居与自立—中国东北鄂伦春族的"进步"与"文明"」, 载东京都立大学人文学部『人文学报』2003年 3月(社会学 37号).

계, 지방 민간 신앙, 문화 전통, 심지어 민족 교류와 연결된다.

중국 사회의 급속한 전환과 함께 인구 이동은 두드러진 사회 현상이 되고, 이는 에이즈, 사스, 조류 독감 등 심각한 전염병이 연이어 전국적으로 발생하고 유행하는 현상을 초래했다. 이를 계기로 인류학계가 질병 문제에 대한 연구에 참여하여 질병 이면의 사회적, 문화적 요인을 탐색하게 되었다. 의료인류학은 독특한 연구 관점과 방법을 통해 전염성 질병의 조사 및 연구에서 성공적인 연구 성과를 거두었다. 일부 연구 성과는 질병의 유행과 대상 인구의 고위험 행동을 예방하고 통제하는 데 긍정적인 역할을 했으며 일부 학자들은 이러한 연구를 기반으로 실제적인 참여와 개입을 하였다. 중국 사회가 에이즈 확산에 점점 더 많은 관심을 기울이고 있고 또한 정부와 재단이 막대한 자원을 투자한 덕분에 에이즈 문제에 대한 응용 연구는 첫손에 꼽힌다고 할 수 있다.

징쥔(景軍, 1957~)의 연구는 유동 인구 가운데 나타난 에이즈 확산, 혈액 거래 및 청소년 마약 문제에 중점을 둔다. 그는 타이타닉 침몰 사건을 사례로 들어 사회적 등급, 위험의 차이 및 피해 정도 사이에 밀접한 관계가 있음을 설명했는데, 즉 사회적 지위가 낮은 사람일수록 객관적인 의미에서 피해 위험이 더 크다는 것이다. 그는 이것을 '타이타닉의 법칙'이라고 부르면서 이 틀을 사용하여 중국에서의 에이즈 유행 위험성을 분석하였는데, 중국에서 에이즈 유행의 실제적인 위험성과 위험성에 대한 인식에는 모두 심각한 사회 계층적 낙인이 찍혀 있다는 것을 지적한다.[53]

웡나이췬(翁乃群, 1948~)의 조사 범위는 윈난, 허난 및 신장 등 지역의

---

53 景军: 「泰坦尼克定律: 中国艾滋病风险分析」, 『社会学研究』 2006年第5期.

에이즈 확산이 심각한 촌락에 걸쳐 있으며 그는 에이즈의 만연은 사회의 불평등, 사회 변천 및 사회 문화 제도가 서로 조화를 이루지 못하는 문제를 암시한다고 지적한다. 그는 현장 연구를 바탕으로 중국에서 에이즈나 성병의 확산이 시공간적으로 불균형하게 나타나며 종종 헤로인, 성, 혈액 및 해당 제품의 흐름과 일련의 특정 정치, 경제 및 사회 문화 제도와 얽혀 있다고 밝혔다.[54]

또한 사오징(邵京) 등 학자들은 에이즈 확산의 경제적, 문화적 배경에 대한 연구에 주력하고 있다. 공중 보건 문제가 부각되고 있는 것은 사회 조직 방식의 급속한 변화와 관련이 있다. 경제적 기회를 얻기 위해 대규모로 사람들이 이동하게 되어 전통적인 사회적 결합 관계와 이러한 관계를 기반으로 구축된 도덕, 규범 및 행동 패턴에 큰 변화를 초래했다. 이러한 변화로 인해 전통적인 규범의 제약을 벗어난 사회적 행동이 두드러진 사회적 위험과 문제가 되었으며 개인도 기존의 보호벽을 잃고 이러한 위험에 직접 노출되었다.

이에 일부 학자들은 전통적인 관념 또는 원래의 사회관계와 규범을 자원으로 삼아 현대 사회의 재조직을 추진함으로써 어떻게 에이즈 확산 등 공중 보건 문제에 개입하여 개선할 수 있을지를 고심한다. 좡쿵사오와 그의 팀은 샤오량산 이족 지역에서 민간의식을 통해 마약을 끊는 것에 관심을 가지고 민족지영화[55] <호랑이의 날>을 촬영하였으

---

54   翁乃群、杜娟、金黎燕、侯红蕊: 「海洛因、性、血液及其制品的流动与艾滋病、
      性病的传播」, 『民族研究』 2004年第6期, pp.40-49.

55   민족지영화는 다큐멘터리의 한 형식으로, 서구 바깥의 다른 자연환경과 독특한 관습
      을 가진 사회의 문화적 생활 양식을 인류학적 관점에서 영상으로 옮긴 영화이다. 자
      신이 속한 사회와 이질적인 문화적 환경 속에서 살아가는 사람들의 행동 양식과 문화
      적 관습을 탐구하는 것을 목적으로 한다. -역자 주

며, 관습법, 가족 조직, 도덕적 힘과 신앙 등 민간 문화의 힘으로 생물성 질병을 효과적으로 통제할 수 있음을 발견했다. 사회, 문화, 현대 의료의 협력을 통해서만 문제를 효과적으로 해결할 수 있다고 지적한 점 때문에 이 영화는 보건부에서 에이즈 예방 및 치료를 위한 최고 모범 사례 영화로 선정되었다. 그가 제안한 '호랑이의 날 모델'은 현재 아시아 지역에서 가장 성공적인 마약 중독 치료 사례 중 하나로 여겨지기도 한다.

여기서 인류학적 접근이라는 특별한 가치는 지역 문화의 특수성을 적극적으로 탐구하고, 지역 문화 자원을 이용하여 다양한 사회 문화적 배경을 가진 고위험 지역 사회에서 에이즈 통제를 위한 효과적인 메커니즘을 구축하는 방법을 모색한 데 있다. 이 외에도 어떤 학자는 저장성 하이닝 지역의 조류 독감 대응 행동 전략을 분석함으로써 지역 사회가 전염병 확산에 저항하는 과정에서 지역의 전통적인 지혜와 현대 전염병 예방 지식을 결합하는 방법에 대해 논의했다.[56]

위의 두 분야 외에도 일부 학자들은 새로 나타난 사회 현상에 대해 토론을 전개했다. 예를 들면, 사회 제도, 문화 전통, 세계화 및 지역화의 변화 과정과 특성에서 유전자 변형 기술의 현지 반응과 소비자의 상황을 탐구한다.[57] 어떤 학자는 중국 농촌에서 날로 늘어나는 자살 현상에 주목하여 화북 농촌의 여성과 노인의 자살현상에 대한 조사에 근거하

56　潘天舒、张乐天: 「流行病瘟疫与集体生存意识: 关于海宁地区应对禽流感威胁的文化人类学考察」, 『社会』 2007年第4期, pp.34-47.

57　郭于华: 「透视转基因: 一项社会人类学视角的探索」, 『中国社会科学』 2004年第5期, pp.141-150; 郭于华: 「天使还是魔鬼一转基因大豆在中国的社会文化考察」, 『社会学研究』 2005年第1期, pp.4-112.

여 자살 현상 이면의 심각한 문화, 사회적 배경을 설명했는데, 이는 현재 중국 농촌의 사회 문화를 이해하는 데 중요한 현실적 의의가 있다.[58] 중국 장기 이식의 어려움과 전망, 계절성 혈액 부족 및 채혈 기관의 혈액 부족에 대한 의사결정과 행동에 관한 연구도 있다.[59]

5. 결어

비록 위에서 이러한 연구들을 응용인류학의 서로 다른 분야로 나누어 놓았지만, 학계가 서로 다른 관점에서 동일한 중요한 문제, 즉 사회 전환 과정에서의 유동 문제를 주목하고 있음을 알 수 있다. 여기서 말하는 유동은 도시화로 인한 인구 이동뿐만 아니라 그로 인한 생태, 문화, 사회, 나아가 공중 보건의 문제까지 포함하며 이동 자체가 현재 중국의 주요한 사회적 특징이 된다. 이러한 추세로 인해 사람들은 전통적인 사회적 결합 방식에서 해방되거나 혹은 적어도 전통적인 유대가 느슨해졌다고 할 수 있다. 전통문화는 관성으로서 여전히 현재의 사회생활에 영향을 미치고 있지만, 엄청난 변화의 압력에 직면하고 있다.

이러한 맥락에서, 서로 다른 집단은 교류 과정에서 끊임없이 새로운 결합과 유대를 형성하고 있으며, 이러한 시도가 문화 전통에 적응하거나 적응하지 못함에 따라 현재의 각종 사회 문제가 초래된다. 복잡한 유동 현상은 생태, 심리 상태와 인문 상태를 모두 휘저어 놓는다. 이

---

58 吳飞: 『浮生取义—对华北某县自杀现象的文化解读』, 中国人民大学出版社, 2009; 吳飞: 『自杀作为中国问题』, 三联书店, 2007.

59 余成普: 「作为组织问题的"血荒": 一项社会学的探究」, 『开放时代』 2010年第1期, pp.111-128.

재구성의 시대에 살면서 사람들은 일련의 모순, 좌절, 혼란에 직면하여 의지할 데가 없다. 사회 및 문화 질서의 재구성은 거대한 위험을 초래하는데, 그것은 생태 위기, 사스, 조류 독감, 에이즈뿐만 아니라, 유언비어, 소문, 공황, 집단 충돌 등 중대한 돌발 사건들로 표출되기도 한다. 예를 들어, 2011년 일본 후쿠시마 원자력 발전소에서 방사능 누출 사고가 발생한 후 중국 여러 곳에서 소금 사재기 대란이 발생했으며 심지어 이로 인한 압사 사건까지 발생했는데, 자연 생태, 인문 생태 및 심리 상태의 상호 영향, 상호 작용이 여기서 분명하게 드러났다.

여기서의 문제는 사회적 규범에 어긋나는 문제일 뿐만 아니라 문화적 전통의 재구축 문제도 있으므로 반드시 사회와 문화의 두 가지 측면에서 연구를 진행해야 한다. 1980년에 미국응용인류학회 회장 마이클 싱글턴(Michael Singleton, 1984~)은 페이샤오퉁에게 말리노프스키상을 수여한 이유에 대해 그가 응용인류학과 응용사회과학의 연구를 통해 지역 사회에서의 경제적 관계와 사회 전반을 어떻게 연결시켜 연구하는가에 대한 새로운 연구 모델을 발전시켰기 때문이라고 했다.[60] 지역 사회에서의 경제적 관계와 사회 전체를 연결시키는 이러한 연구 모델의 의미는 바로 사회의 구성과 구조적 특징을 명확하게 파악하고 문화 전통의 내재적 역할을 강조하는 것이다.[61]

'사회'와 '문화'는 서양 인류학 연구의 양대 전통으로서 서양 인류학에서는 분리되는 경향이 있다. 그러나 페이샤오퉁 선생과 린야오화

---

60 [美] 辛格尔顿: 『应用人类学』, 蒋琦译, 湖北人民出版社, 1984, p.1.

61 麻国庆: 「社会结合和文化传统—费孝通社会人类学思想述评」, 『广西民族学院学报』(哲学社会科学版) 2005年第3期.

선생은 비교적 일찍이 이 양대 전통을 결합시켰다. 이 점은 중국 인류학의 큰 특색이 되었으며 또한 현재 인류학 연구를 추진하는 데 있어서 중요한 주도적 역할을 해야 마땅하다. 전통 중국 사회에 있어서 집의 계서적(階序) 다층성과 사회관계의 차서적(差序) 구조는 중국 전통 사회 결합의 기본 특성이며 문화 전통으로서의 '예(禮)'는 전반적인 사회 역사를 통하여 향토사회의 질서를 유지하고 있다.[62] 오늘날 중국 사회에 대해 우리는 또 어떤 인식을 형성해야 하는가? 이 급속한 변천의 시대에, 사회적 결합의 느슨함과 문화 전통의 무력함이 함께 작용하여 많은 사회 문제의 근본 원인이 되었고, 또한 연구자들이 이 시대를 인식하는 중요한 근거가 되었다.

62　費孝通: 『乡土中国』, 三联书店, 1985, p.53.

2장

누가 규범과 비규범을 판단하는가:
다문화에서의 내발형 발전적 사고*

　　세계화에 직면한 오늘날, 글로벌 시스템 속의 지역 또는 민족 집단은 종종 문화적으로 이중적 특징, 즉 동질성과 이질성이라는 이원적 특징을 나타낸다. 세계화는 또한 어떤 의미에서 주변성을 가져오고, 주변부는 끊임없이 자신의 관점에서 자신의 정체성과 지역성을 더욱 강화한다. 이 지역성은 심지어 민족의 집단적 정체성이며, 또한 종종 사회전환, 경제 문화의 생산 및 재창출과 연결된다. 즉 세계화 과정에서 생산, 소비 및 문화 전략은 하나의 전체로 연결되었다.

　　이 사고는 포스트모던 인류학의 연구와 유기적으로 결합되어 있다. 인류학자들은 이 급변하는 다문화 사회에 직면하여 '문화를 말할 권리가 도대체 누구에게 있는가'에 대해 생각하기 시작했다. 오늘 우리가 토론하는 주제는 자연히 누가 규범과 비규범을 결정하는가 하는 문제와 관련된다. 다시 말해서 우리가 어떤 규범과 비규범 문제를 토론할

---

*　　이 글은 『开放时代』 2011年第2期에 게재된 것을 수정을 거쳤음.

때 그 사회 문화적 기초는 무엇인가? 오늘날 우리 사회에는 다양한 사회 유형이 존재한다. 내가 토론하고 싶은 문제는 그 자체는 수렵, 유목, 농경 등 하나의 사회 문화 모델에서 비롯된 것인데, 국가 정책 방향과 사회 문화 변천 과정에서 상술한 전통적인 사회 유형은 모두 구조적인 변화가 일어나고 있다는 것이다.

예를 들면 수렵사회에서 농업사회로 전환되고 농업사회에서 산업사회로 진입한다. 원래의 사회 유형에서 규범적이던 경제 방식이 그들 자신이 자신의 문화 전승이 아니라고 생각하는 새로운 생산양식으로 전환된다. 이 새로운 생산양식에 대해 그들 스스로는 비규범적이라고 생각하지만, 국가나 지방의 담론에서는 이것을 '진보적'인 경제 방식이고, 규범 경제의 구성 부분이라고 생각한다. 이것은 우리로 하여금 규범과 비규범 뒤에 있는 문화 논리를 다시 생각하게 하고, 사회 유형별 현황과 위치를 분석하게 한다. 동시에 내재적인 발전, 즉 내발형적 발전에도 주의를 기울여야 한다.

1. 다양한 사회 문화 유형의 공존과 내발형 발전

다양성 사회 유형이 존재하는 것을 보고 나는 2000년 '도쿄신문' 기자와 함께 페이샤오퉁 선생을 인터뷰한 것이 생각난다. 기자가 페이샤오퉁 선생의 경력과 20세기 중국 사회의 기본 현황에 대해 묻자, 페이샤오퉁 선생은 자신은 일생 동안 20세기 중국 사회에 심각한 변화가 일어난 각 시기를 겪었으며, 이는 두 가지 변화와 세 단계로 요약될 수 있다고 말했다. 그는 이것을 '3단계 2도약(三级两跳)'이라고 불렀다. 그 역사 속에서 그는 농업 사회, 산업 사회 및 정보 사회 등 세 가지 유형의 사회를 잇따라 경험했다. 여기에는 농업 사회에서 산업 사회로, 다시 산업 사회에서 정보 사회로 도약하는 두 가지 큰 도약이 포함되어 있다. 첫 번째 변화는 중국이 전통적인 농업 사회로부터 기계 생산을 도입하는 산업화 사회로 변화한 것이다. 이 시기부터 시작하여 현재에 이르기까지, 그의 생애의 마지막이 가까운 시기에 이르러, 그는 자신이 운 좋게도 또 하나의 새로운 시대적 변화, 즉 정보화 시대가 도래한 것을 보게 되었다고 말하는데, 이것이 바로 그가 말하는 두 번째 변화, 즉 중국이 산업화에서 정보화로 나아가는 시기이다. 페이샤오퉁 선생의 사회 분류는 그 개인의 경험으로부터 나눈 것이며, 이 세 가지 사회 유형이 오늘날 중국 사회에 모두 공존한다는 것은 말할 필요도 없다. 인류학은 현재 사회를 주로 유목, 농경, 산업, 정보 문명으로 분류한다.

페이샤오퉁 선생의 '3단계 2도약' 개념은 사실 사회의 다양성과 복잡성의 문제를 설명하려는 것이기도 하다. 위에서 언급한 다양한 유형의 문명이 중국에 모두 존재한다. 우리가 주목해야 할 것은 유목 문명과 농경 문명 중의 소수 민족 사회 및 도시로 이주한 소수 민족 또는 농촌에서 도시로 들어온 한족에 대해, 문명의 대화 및 세계화 과정에서 그들의 정치적 권리는 무엇인가, 사회와 문화 및 생산은 어떠한가, 그들이 직면한 문제는 구체적으로 어떤 방식으로 나타나는가, 앞으로 나아갈 방향은 어떠한가 하는 문제이다. 이러한 문제는 반드시 세계화 시대의 문명 간의 대화에서 하나의 구체적인 연구 분야가 되어야 하며, 동시에 규범 경제와 비규범 경제를 논의할 때 이러한 내용을 고려해야 하는데, 특히 외발형과 내발형을 참조 계열(기준 틀)로 삼아 고려해야 한다.

위에서 언급한 비교적 전통적인 사회 유형 분석에 대하여, 대략적

인류학의 글로벌 의식과 학술적 자각

으로 분류하자면, 이른바 외발형 비규범 경제는 주로 농민들이 국가와 자본의 지원하에 이룬 비규범 경제이다. 내발형적 비규범 경제의 가장 두드러진 특징은 '전통'과 '지역'의 내부 순환 경제-자연으로부터 수탈하는 경제, 호혜 관계에 기반한 경제, 윤리와 문화에 기반한 경제로, 국가가 이러한 경제를 관리 체제에 넣으려고 할 때 '비규범 경제'가 된다. 필자는 먼저 내발형 발전의 개념과 내용을 토론하고, 이어서 필자의 현지조사 내용과 결합하여 다른 유형의 사회 특징을 설명하기로 한다.

1970년대 말 일본의 저명한 발전사회학자 츠루미 가즈코는 서구의 근대성을 성찰하면서 '내발형적 발전론'을 제안했다. 츠루미 가즈코는 많은 저서와 논문에서 '내발형적 발전론'의 원 출처를 다음과 같이 두 가지로 명시했는데, 하나는 중국의 사회학자이자 인류학자인 페이샤오퉁이고, 다른 하나는 일본의 사상가이자 민속학자인 야나기다 구니오이다. 페이샤오퉁의 소도시(小城鎭) 연구, 도시 및 농촌 발전 모델(城鄉發展模式), 소수 민족의 발전과 지역 문화 전통, 만년의 문화적 자각 등의 이론과 방법에서는 '지역', '문화 전통' 등을 중시하는 이념이 분명하게 투사되는데, 이는 바로 츠루미 가즈코의 내발형 발전론이 강조하는 중요한 개념이다. 그뿐만 아니라 페이샤오퉁이 개척한 소도시와 도시 및 농촌의 조화로운 발전 연구도 역시 츠루미 가즈코가 구축한 내발형 발전론의 실천 사례이다.

1989년에 츠루미 가즈코는 1989년에 츠루미 가즈코는 20년간 교편을 잡은 조치대학교에서 '내발형 발전의 세 가지 사례'라는 제목으로 마지막 강연을 했는데, 그녀는 내발형 발전의 특징을 다음과 같이 밝혔다. "내발형의 발전은 다른 지역의 생태계에 적응하고 문화유산에 뿌리를 두고 역사적 조건에 따라 외래의 지식, 기술, 제도 등을 참조하여 자율적인 창조를 진행하는 것이다."[01] 동시에 한층 더 나아가 내발형 발전, 문화유산, 그리고 광범위한 의미에서 전통의 끊임없는 재창조 과정이 매우 중요하다고 한 층 더 논술했다. 전통이란 주로 어떤 지역이나 집단에서 대를 이어 계승되는 구조나 유형을 말한다. 특히 강조해야 할 것은 '특정 집단을 위한 전통에서 나타나는 집단적 지혜의 축적'이라는 점이다. 전통에는 몇 가지 차원이 있는데, 첫째, 의식 구조의 유형으로 주로 대대로 계승된 사고방식, 신앙 체계, 가치관 등으로 나타난다. 둘째, 대대로 계승된 사회관계 유형으로, 예를 들면 가족, 촌락, 도시, 도시와 농촌 간의 관계 구조 등의 유형이다. 셋째, 의식주에 필요한 모든 필수 물품을 제공하는 기술 유형이다.[02] 츠루미 가즈코의 견해는 밖에서 안으로가 아닌, 안에서 밖으로라는 것을 알 수 있다.

현재 우리가 토론하는 문제들, 두 가지 발전 모델하의 비규범 경제는, 하나는 내재적, 다른 하나는 외재적인 것이다. 외발형 비규범 경제 중에서 그들은 국가 자본의 지원하에 이루어진 기존의 내재적 경제 발전 방식을 흔히 비규범 경제로 간주한다. 그리고 내재적 발전 방식은 지역 사회에 있어서는 규범적인 경제 발전 방식이기도 하다. 나는 상술한 분류와 논리에 기반하여 몇 가지 다른 유형의 사회의 사례를 들어 간단하게 설명하고자 한다.

2. 수렵, 유목, 농경

먼저 내가 조사한 원래 전형적인 수렵 사회였던 어룬춘족을 살펴

01　鶴見和子: 『内発的発展論的展开』, 筑摩书房, 1996, p.9.

02　鶴見和子: 『内発的発展論的展开』, 筑摩书房, 1996, p.29.

보자. 채집 수렵민 사회는 일반적으로 이른바 '산업 문명' 사회에 있는 사람들에게 '자연과의 공생', '지구와의 조화'로 사람들의 동경을 불러일으키고, 상상 공간이 풍부한 원초적인 사회이다. 농경 사회의 '남경여직(男耕女織)'과 대응하여 수렵 채집 사회에서 남녀의 분업은 연령, 성별을 기반으로 주로 '남렵여채(男獵女采)'이다. 즉 남자는 사냥을 하고 여자는 채집을 한다. 음식의 분배도 비교적 공평하다. 어쩌면 경제학자들은 이런 사회의 생활에 대해 매우 씁쓸함을 느끼겠지만, 인류학은 민족지 연구를 통해 수렵 채집 사회의 목가적인 낭만을 느낀다.

살린스는 수렵 채집사회를 '원초적으로 풍요로운 사회(original affluent society)'라고 불렀다.[03] 이 견해는 주로 수렵 채집민들이 식량 이외의 것을 바라지 않으며, 그곳에 식량이 있다면 그들이 원하는 모든 것을 가진 것이라는 것을 강조한다. 그러나 이러한 '원초적으로 풍요로운 사회'는 근대 이래 국가의 영향으로 인해 그 고유한 목가적 낭만이 외부의 강압적인 정책 등에 의해 이미 깨지고 있다. 우리가 제3세계에서 보는 수렵민들은 국가 정책 방향의 직접적인 영향을 상당히 크게 받고 있다.[04] 즉 국가 정책의 영향하에서 현재 수렵 사회의 구체적인 생활과 기술의 변천은 이미 우리가 상상할 수 없을 정도이다.

특히 최근 몇십 년간 전 세계적으로 채집 수렵 사회가 거의 모두 직면하고 있는 공통된 문제들이 있다. ① 일부 국가와 지역은 채집 수렵 활동을 법적으로 금지하고 있다. ② 일부 온대 기후 지역에서 농경

---

03 Marshall Sahlins, *Stone Age Economics*, London: Tavistock, 1974.

04 Senri Ethnological Monograph 4, Kazunobu Ikeya, Hunter-Gatherers and the State: Historical Ethnography of Subsistence among the Kalahari San, 2002, Japan.

지와 경작지 개발로 삼림 등 자원 환경이 심각하게 파괴되어 수렵민들이 수렵의 터전을 잃고 있다. ③ 해당 국가와 지방 정부가 각기 다른 시기에 취한 정착화 정책 및 사회 복지 정책 등으로 인해 수렵민들은 상대적으로 집중된 거주지 내에서 생활하며, 각종 정책의 보호를 받으면서 수렵지로부터 멀리 떨어져 있다.

어룬춘족은 일찍이 대싱안링의 전형적인 수렵 민족이었다. 거의 한 세기에 걸쳐, 특히 1949년 이후에 어룬춘족의 경제 방식은 큰 변화를 일으켰다. 만약 어룬춘자치기(鄂伦春自治旗)의 관련 문건과 소개 책자를 펼친다면 우리는 다음과 같은 표현을 볼 수 있다. "중화인민공화국 성립된 후, 세 번의 큰 도약이 있었다. ① 수렵 위주의 원시 사회에서 사회주의 사회로 직접적으로 이행되었다. ② 1958년 전체 기(旗)[05] 내의 어룬춘족은 모두 정착하여 유렵(游獵) 생활을 끝내고 정착을 기반으로 계획적인 수렵과 기타 보조적인 경제 방식(예를 들면 채집, 농업, 목축업 등)을 채택한다. ③ 1996년 1월, 전 기(旗)에서 수렵을 금지하고, '금렵전산(禁獵轉産, 수렵을 금지하고 생산으로 전환)'을 실시하여 수렵 경제는 어룬춘족의 생활에서 완전히 사라지고 농업, 목축업을 위주로 다양한 경영을 결합하는 경제 유형으로 전환되었다. 어룬춘족도 새로운 역사 시기에 들어섰다."

이러한 생산양식의 변화는 현지에서 보면 혁명이며 역사의 '진보'로 보인다. 이러한 진보의 과정 속에서, 필자는 연구를 통해 그들의 생태와 생계 문제가 정책적 지침에 의해 전례 없는 변화를 가져왔다는 것을 발견했다. 여기서 수렵 채집 사회의 역사적 과정을 차치하더라도,

---

05   기(旗)는 중국 내몽골 자치구의 행정 구역 단위로 현에 해당한다. -역자 주

한 가지 인정해야 할 점은 이 문화가 종종 변두리 문화였다는 것이다. 상당수의 연구에서 수렵채집민의 경제생활 양식을 농경보다 낮은 사회 단계에 두고 분석해 왔으며, 동시에 그에 따른 정책적 차원에서도 '진보적'인 농경 기술과 '낙후'된 수렵 기술의 가치 판단이 나타났다. 농민이 된 그들이 농사를 지을 줄 모르기에 후에 많은 한족들이 들어와서 그들의 토지를 도급 받았고 그들은 또 자립하지 못했다. 그 과정에서 경제와 문화의 부적응 현상이 나타나고 일부 사회 문제와 문화 소멸 등의 문제가 나타났다. 이러한 변화의 과정에서 지역 내부의 문화 체계를 존중하지 않고 파괴할 경우 발생하는 사회 문제도 매우 복잡하다. 정신적 삶의 터전이 사라지고 사회적 불안이 생겨나고 원래 낭만적 색채가 짙던 수렵 사회에서 정신적 의지가 없는 사회가 되어버렸다. 여기에서 볼 수 있듯이 아무리 좋은 국가 정책이라도 지역 이념을 존중하지 않으면 사회 문화 부적응으로 이어질 수도 있다.

두 번째는 유목 사회의 사례이다. 유목과 농경은 두 가지 서로 다른 생산양식으로, 그들이 기반으로 삼은 생태계도 다르다. 전자는 매우 정교한 균형(adelicate equilibrium) 상태이고, 후자는 안정된 균형(a stable equilibrium) 상태이다. 구체적으로 보면, 유목은 인간에 의해 변화된 자연 균형 생태계 구조를 사람들이 문화의 힘으로 지원하고 통합하는 것이다. 유목은 자연환경에 대한 단순한 적응이지만, 농경은 생산력의 안정성과 토양 비옥도의 지속성을 그 특징으로 한다. 유목은 자급자족할 수 있지만, 그것이 농경으로 변한다면 그 결과는 상상조차 할 수 없다.

이 두 생태계는 성격이 서로 다르다. 중국의 초원 생태 구역에서, 이 상호 의존적인 생태계는 종종 민족적, 정치적, 군사적, 문화적 등 요소에 의해 깨지며, 이 점은 특히 북방의 사막 초원 지역에서 두드러지는

데, 구체적으로 유목 민족과 농경 민족의 역사 속에서 일어났던 충돌에서 나타난다. 중국 역사에서 흉노 정권과 한 왕조의 대치를 시작으로 중국 북방에서는 줄곧 상대적으로 독립적인 유목 민족 정권과 농경 사회인 중원 왕조가 대립하였고 그러한 대립 과정에서 충돌이 발생하였다.

그러나 민간의 왕래는 정권의 통제를 받지 않았지만 대규모 한족 농경민이 유목 지역으로 이동한 것은 19세기 말 이후였다. 이러한 농경에 종사하는 한족 농민들은 끊임없이 초원 사회에 침투하였는데, 특히 농경 결합부에 있어서 두 가지 생산양식과 문화의 충돌을 초래하였다. 한족은 이 충돌 후에 초원에 발을 들여 놓고, 자신의 농경 방식으로 초원 생태 구역에서 초원을 개간하여 유목에 종사하는 몽골족 일부를 북쪽으로 이주하게 하거나 현지에서 한족식 농민으로 전환하도록 했다. 이러한 대량의 이민자 물결은 초원 사회에 큰 충격을 주었다. 여러 세대에 걸쳐 많은 초원이 농경지로 개간되었고, 그 고유의 생태계가 심각하게 파괴되었다. 이러한 농업 경영식 사고로 초원을 경영하는 방식은 1980년대까지 지속되었다. 예를 들어, 필자가 조사한 내몽골 시린궈러 맹의 바이인시러 목장은 1950년대부터 1980년대 말까지 뚜렷하게 퇴화한 목초지만 20% 이상이었다.[06] 역사상의 '이민실변(移民實邊)'[07]을 통한 초원 개간부터 신중국 성립 후의 '4대 남획'(마구잡이로 하는 벌목·수확·개

06　Maguoqing, On the Social and Culture Factors Affecting the Deterioration of Grassland-The Research on Baiyinxile Pasture Farm in Xilinguole League, the Inner Mongolia Autonomous Region, Grassland Ecosystem of the Mongolia Steps: A Research Conference, November 4-7, 1993, The Johnson Foundation Racine, Wisconsin, USA.

07　'이민실변(移民實邊)'은 중국 역사에서 이민을 통하여 변경을 개척하고 국경 지대를 강화하는 정책이다. -역자 주

간·채굴)까지 모두 초원 생태에 커다란 영향을 끼쳤음을 알 수 있다.

하늘에 의존하는 방목과 조방(粗放)농업[08]이 마주치는 것은 목초지에는 중대한 위협으로 보인다. 이러한 농업은 그 과정에서 실제로 목축업을 파괴하는 부정적인 요소이다. 농경에 종사하는 한족 이민자의 대량 이주는 일반적으로 이주 행위를 통해 빈궁한 삶에서 벗어나고자 하는 동기가 있다. 일련의 이주 행위로 구성된 이주 사슬은 이주 전출지와 전입지를 연결하여 완전한 이주 시스템을 형성한다.

방목지로의 이러한 조방형 농업의 확장은 유목민들의 생존 공간인 초원을 파괴했다. 이러한 일련의 생태 균형을 파괴하는 요소는 악순환을 형성하여 일반적으로 말하는 '농업과 목축업의 갈등'을 야기하였고, 여러 민족들이 섞여 있는 지역에서는 또 민족 갈등으로 나타났다. 이러한 결과가 나타난 중요한 원인 중 하나는 개발을 지역 사회 구조 및 문화 전통과 결합시키지 않았다는 것이다. 몽골 민족의 생태 적응에 대한 민간 환경 지식은, 물론 환경 문제의 전부에 대한 것은 아니지만, 이러한 민간 지식 체계에 대해 구체적인 사회 경제 발전 과정에서 그 합리적인 함의를 고려해야 한다. 사실 지속가능한 발전 중, 사람들은 환경 문제에 대한 지역 주민들의 견해가 그들의 환경 관리 방식에 강한 영향을 미친다는 것을 깨달았고, 환경 계획이 지역의 신념, 가치, 이념을 반영할 때에만 지역 사회의 지지를 받을 수 있다는 것을 알게 되었다. 환

---

08   조방(粗放)농업은 집약농업의 반대 개념으로 일정 면적의 토지를 이용한 영농 활동에서 자연물, 자연력의 의존도를 높이고 자본과 노동력을 적게 투입하는 원시적 형태에 가까운 농업경영이다. 근대화 이전의 농업 형태이지만, 근래에는 집약농업에 의한 식품 및 환경오염 극복의 방법으로 도입되고 있는 자연농업 또는 유기농업이 이에 가깝다. -역자 주

경에 대한 전통적인 지식이 단순하고 고정적이라고 보는 견해는 빠르게 변화하고 있으며, 점점 더 많은 개발 프로젝트가 지역의 환경 지식을 이용하여 환경을 관리하고 있다. 물론, 우리는 전통만 고수해서는 안 되며 전통적인 지식 체계와 현대 과학의 최적의 접점을 찾아야 한다. 그러나 환경 보호는 지식과 기술에만 의존하는 것으로는 충분하지 않기에 환경 윤리관과 도덕관을 확립해야 한다.

내몽골 생태 초원의 변화 과정에서 우리는 또한 목초지 가정 도급 책임제를 실시하기 전에는 유목이 자유로웠으나, 도급 책임제를 실시한 후에는 목초지가 철조망으로 둘러싸이고 집안 내부의 목초지가 끊임없이 분할될 뿐만 아니라, 각자의 이익 때문에 집안이 긴장감에 휩싸이고 유목이 철조망을 통과할 수 없기에 초원의 생태계도 파괴되었다. 이런 문제들은 정책 유도와 직접적인 관련이 있다. 그래서 유목사회에서 나타나는 문제는 우리가 농업 구역의 도급 개념을 목축 구역에 적용시킨 것과 관련이 깊다.

이러한 맥락에서 내재적 발전은, 서로 다른 지역의 사람들로 구성된 집단에 대해 그들의 고유한 자연환경, 문화유산, 남녀 구성원의 창의성을 존중해야 하며, 동시에 다른 지역과의 협력을 통한 혁신에 관심을 기울여야 하기 때문에, 지역 문화 활동과 생태는 관심을 기울여야 하는 중요한 측면이 되어야 한다. 오늘날 주변에 살고 있는 이른바 변두리 집단, 그들 자신의 자주성과 발전은 도대체 어디에 있는가? 필자가 실시했던 또 다른 조사 사례를 들어보자. 링난 민족 회랑의 야오족 산지 안에서도 지역 재발전의 문제에 직면했는데, 가장 큰 이유는 그 지역이 비교적 외진 곳이기에 그런 사회에는 기본적으로 시장이 없다는 것이었다. 하지만 한 가지, 지역에서 소비하는 술은 한 집에서 몇 백

킬로그램씩 제조할 수 있고 돼지를 키우지만 팔지는 않는다. 왜냐하면 돼지를 팔면 돈 대신 돼지 다리만 가질 수 있기 때문이다.

이러한 사회에서는 발전의 개념이 없고 기존의 생존 상태를 기본적으로 유지할 뿐이다. 우리는 페이샤오퉁 선생의 향토 사회에서의 각종 관계와 유사한 전통적인 관계가 오늘날 매우 분명하게 나타나고 있는 것을 볼 수 있다. 예를 들면 주택 건설 과정에서 내가 집을 지을 때 이웃이 나를 도와주면, 이웃이 집을 지을 때 나도 이웃을 도와주고, 또 집집마다 얼마씩 부조금을 낸다. 이웃끼리 서로 돕는 과정에서 우리는 사회 교환 이념이 하나의 선순환적인 과정이라는 것을 엿볼 수 있다.

이런 사례는 아주 많다. 적어도 우리는 중국의 변두리 사회는, 상대적으로 향토적 성격이 강하고 비교적 안정된 사회라고 말할 수 있다. 그러나 이러한 사회도 발전을 요구한다. 그래서 현지 정부도 그들의 발전을 돕고 세계은행(The World Bank)도 들어간다. 그 과정에서 그들의 발전과 전체 지역 사이의 관계는 하나의 민족을 넘어 어떻게 전체적인 지역의 발전 이념으로 진입할 것인가 고려해야 할 문제이다. 그 발전의 과정은 규범과 비규범의 문제를 내포하고 있다.

3. 유동하는 집단과 사회

수렵, 유목, 농촌에 대한 이야기를 마무리하고 이제 도시와 농촌 사이를 살펴보자. 내발형 발전론은 페이샤오퉁 선생의 도시와 농촌의 발전을 원점으로 삼아 토론하고 있는데, 그 핵심은 소도시(小城鎭)의 문제이다. 소도시는 중국 도시와 농촌의 결합부이며, 도시와 농촌의 조화와 통합 발전에 관계되는 관건이다. 저명한 사회학자인 페이샤오퉁 선생은 1980년 초에 이미 소도시 건설을 제창하기 시작했으며, 이것을 '소도시, 대과제(小城鎭, 大問題)'라고 요약했다. 당시 후야오방 총서기는 그의 책에 서문을 쓰기도 했다. 페이샤오퉁 선생은 도시화란 사실은 하나의 과정이며, 이 과정의 첫 단계는 농업화된 사회에서 산업화된 사회로, 즉 전통적인 향토 경제에서 현대화된 산업 경제로의 이행이라고 주장한다. 이 논리 아래 당시의 사회 현실과 결합하여, 페이샤오퉁 선생은 소도시 건설에 중점을 두고, 소도시 건설 중에서도 향진 기업에 주목했다. 집진(集鎭)[09]에서 수공업과 산업을 발전시키는 이러한 방법은, 농민들이 대도시로 이동하지 않아도 산업화 과정에 참여할 수 있기 때문에 '이토불이향(離土不離鄕)'이라고 불린다. 농민들이 공간적으로 대규모, 원거리 이동을 하지 않아도 되기 때문에, 산업화, 도시화로 인한 경제적, 사회적 효과가 직접적으로 농촌에 돌아간다. 그것은 도시와 농촌 간의 연결을 효과적으로 실현할 수 있는데, 한편으로는 전통적인 도시와 농촌의 이원적 구조가 농민에 대한 속박을 어느 정도 탈피시키고, 다른 한편으로는 농촌의 경제와 사회의 빠른 발전을 촉진시켰다. 소도시는 도시와 농촌이 조화롭게 발전할 수 있는 저수지 같은 곳이다.

경제가 비약적으로 발전함에 따라 사회 환경은 더욱 완화되었으며 특히 시장 경제가 점차 확립되고 개선되어 농민들은 점점 더 편리하게 외지에 가서 일할 수 있게 되었다. 게다가 주강삼각주, 장강삼각주 등

---

09 집진(集鎭)은 비농업 인구를 위주로 하는, 도시보다 작은 규모의 거주 구역으로 농촌의 특정 지역의 경제, 문화 및 생활 서비스 중심지이고 한국의 읍 정도에 해당한다. 집(集)은 시장의 뜻이며 집진(集鎭)은 시장을 중심으로 발전해 이루어진 진(鎭)이라는 뜻이다. -역자 주

인류학의 글로벌 의식과 학술적 자각

연해 지역 및 중대형 도시는 인프라가 상대적으로 잘 구축되어 있고, 공업, 서비스업의 발전이 비교적 빠르며, 특히 노동집약형 산업의 발전으로 노동력에 대한 수요가 급격히 증가했다. 그로 인해, 중국에는 대규모의 농민공 집단이 형성되었고, 그들 중 절대 다수가 '토지를 떠나고' 또 '고향을 떠남'으로써, 1980년대에 형성된 소도시 발전 모델은 어느 정도 도전을 받게 되었다. 농민공이 빠져나간 광대한 농촌에서, 집진(集鎭)의 발전은 자금, 노동력, 기술 부족 국면에 직면하고 있다. 게다가 기존의 향진 기업은 급속한 발전 과정을 거친 후 보편적으로 기술 혁신과 심지어 산업 고도화 단계에 진입하여 농민공에 대한 수요는 감소하고 기술 인력에 대한 수요는 증가하였다.

'토지 이탈'과 '고향 이탈'에 직면한 농민공들은 또 소수 민족의 변천 과정 중의 사회 문화 적응 문제에 부딪히기도 한다. 기존의 문화적으로 규범적인 농업 경제는 완전히 새로운 산업화된 사회 경제로 바뀌었고, 국가 및 전 세계의 자본과 농민이 직접 연결되었다. 이것은 전통적인 농촌사회가 지금까지 만나보지 못한 도전이다.

위에서 전통적인 사회 유형과 도시와 농촌 간 문제에 대해 논의했는데, 이를 도시에 적용하면 비규범 경제란 무엇인가? 광저우의 성중촌(城中村)[10]의 다원적 민족 문화 경제도 매우 큰 규모인데, 특히 무슬림 경제가 그러하다. 이런 경제는 칭하이성의 한 현에 해당하는 규모이며,

---

10 협의의 성중촌은 도시화 과정에서 도시 주변의 촌락이 도시에 둘러싸여 농경지는 잃은 채 여전히 촌락으로 남아있는 거주 구역을 말하고, 광의의 성중촌은 발전한 도시 가운데 있는 낙후된 거주 구역을 말한다. 성중촌은 외부 유동 인구와 도심의 저소득층에게 저렴한 주거공간을 제공할 뿐만 아니라, 동향촌의 기능도 제공해 새로운 경제 생태계를 형성했다. -역자 주

광저우에는 3,000여 개의 란저우 라면[11] 가게가 있다고 하는데, 만약 가게당 세 사람이 있다고 치면 이 비율은 비교적 높은 것이다. 이런 종류의 경제에 대해 광저우시 정부는 위생 면에서 표준에 부합하지 않고 많은 충돌이 생길 수 있다고 생각하여, 최선책으로 시 정부에서 통일화를 제안하고 그들을 도와 그 경영 방식을 시 정부 체계에 포함시키도록 했다. 이것은 비록 비공식적인 경제 계획이지만, 정부가 그것들을 도시 통합 관리의 틀에 포함시키기 위해서는 결합 과정이 필요하다.

무슬림 경제는 해외의 아랍인들과도 관련되어 있으며, 광저우에는 20만 명의 아프리카인이 사는 것으로 알려져 있는데 그중에는 아프리카 서북 지역에서 온 무슬림 집단이 포함되어 있다. 광저우에서 경제생활 외에 그들의 정신 생활, 종교 신앙은 어떻게 표현되는가? 그들의 정신 공동체는 어떻게 형성되는가? 이것은 모두 큰 문제에 직면해 있다. 하지만 한 가지, 그들은 서로 다른 무슬림 집단이지만 국가와 민족의 경계를 넘어 같은 도시에서 종교적 신앙의 공동체를 완성할 수 있다. 물론 여기에 기타 다른 연구들도 있는데, 광둥성의 소수 민족 유동 인구에 관한 것이다. 예를 들면 이족(彝族)은 아마 십여 만 명이 둥관(东莞)에 있을 것이라 추측되는데, 그들은 여가 생활 중에 어떻게 서로 유대를 형성하며, 둥관에서 그들의 생활 방식은 원래의 생활 방식과 어떻게 연결될 수 있는가 하는 문제들이다. 지연 관계 등을 포함해서 말이다.

---

11 란저우 라면(兰州拉面)은 간쑤성 란저우시의 쇠고기 국수이다. 청나라 가경 연간(1799년)에 둥샹족 사람 마육칠(马六七)이 허난성에서 배워 란저우로 들여온 후 오랜 세월을 거쳐 현재 중국 사람들의 사랑을 받는 유명한 음식이 되었으며, 1999년에 중국 패스트푸드 3대 시범 및 홍보 음식 중 하나로 지정되었다. 둥샹족은 이슬람교를 신봉한다. -역자 주

이러한 의미에서 민족 유동은 비공식적인 과정이지만, 실제로 그들은 이주한 후에도 문화의 전승과 원래의 사회적 교류의 양식을 유지한다. 민족의 틀 안에서 어떻게 국가 정책과 민족의 발전 문제에 대해 다시 생각해 볼 것인가? 유동 과정 중 대도시에서의 소수 민족의 정신 세계와 그들의 경제생활 사이의 관계를 어떻게 논할 것인가?

그래서 그런 의미에서 이른바 규범과 비규범의 많은 변화가 일어날 수 있는데, 어떻게 그들의 문화 개념을 심어 주어, 규범과 비규범의 사회 기반에 의존하고 기존의 사회 환경을 넘어서 새로운 사회 환경으로 진입하는 것처럼 느끼게 하고, 그것을 어떻게 표현할 수 있는가? 새로운 도시에 이주하면 그들의 고유한 생활 방식에 어떤 변화가 생기는가? 비규범 경제를 문화적으로 어떻게 해석할지도 우리가 관심을 가져야 한다. 나의 이 생각은 충분하지 못할 수도 있으니 많은 가르침을 바란다.

3장

---●---

환경 연구의 사회 문화관*

　　지속적이고 평등한 발전을 달성하는 것은 인류가 직면한 가장 심각한 도전이며 환경 문제는 발전의 중요한 부분이다. 1970년대 들어 인류와 환경의 관계 문제는 여론의 상당한 관심을 받았지만 학술 연구에서 그것은 거의 자연과학의 전유물이 되었고 사회과학 연구자들은 종종 거부당했다. 일부 '하드 사이언스' 학자들은 그들이 생각하는 '소프트 사이언스' 학자들을 얕보는 경향이 있다. 1977년에 인간과 생물권 위원회는 자연과학이 이 계획에서 주도적인 위치를 차지하고있고 사회과학은 비교적 약한 위치에 있다는 불균형적인 상황을 깨달았다. 위원회는 '인문과학과 사회과학은 인간과 생물권 계획에서 독립된 부분이 아니라 그 전체의 유기적 구성 요소'라고 강조하며, 사회과학과 자연과학을 결합하여 인간과 환경의 관계를 연구하는 것을 목적으로 함을 보여주었다.

　　1988년 국제고등연구기관연합회(IFIAS), 국제 사회과학협회(ISSC), 유

---

*　　이 글은『社会学研究』1993年第5期,『国际社会科学杂志』1984年第4期에 게재되었음.

엔대학교(UNU)가 공동으로 '글로벌 변화의 인간요소(HDGCP)'를 제정, 조직, 조정했다. 이것은 1990년부터 2000년까지 10년 동안 지구 환경의 변화를 초래한 인간의 원인을 더 잘 이해하고 밝은 미래를 만들기 위해 적절한 정책을 수립하고자 노력하는 사회과학 연구 프로그램이다. 1992년 리우데자네이루 회의는 전 세계 환경 문제를 최고조로 끌어올렸다. 그리고 사회학과 인류학은 이 연구에서 고유한 기술과 사상을 보여주었다.

사회학, 인류학 및 생물학과 같은 자연환경과 관련된 학문 사이에는 상호 보완적인 역사적 관계가 있다. 사회학과 인류학은 유기체의 발전·진화·적응에 관한 생물학과 생태학의 개념과 방법을 끊임없이 참고한다. 그 이론은 생물학적 개념으로 인간 사회를 설명하는 여러 환원주의(특히 사회적 다원주의 및 생태환경 결정론)와의 끊임없는 투쟁 속에서 성장하였다. 인간의 본질로 볼 때, 인간은 한편으로는 생물적인 생명의 그물망 중의 한 부분이며, 다른 한편으로는 독특하고 전형적인, 사회성을 지닌 '환경' 창조자이다. 또한, 인간의 자연에 대한 관념은 사실상 각 개인의 구체적인 환경-자연환경과 사회환경의 산물이며, 사람과 사람 사이에는 매우 큰 차이가 존재한다. 이를 바탕으로, 인간 시스템과 환경 시스템의 상호 작용 중에서 단순한 생물학, 생태학 등 자연과학의 연구로만은 그 사이의 관계를 완전하게 파악할 수 없다. 사회학과 인류학의 목적은 거시적, 미시적인 연구를 통하여 인류가 생활 자료를 취득하는 방식 그리고 사회, 문화 및 그 생존 자원 사이의 상호 관계에 대해 많은 문제를 제기하고 해결함으로써 생태학 연구자들이 인류가 축적하고 있는 사회 및 문화적 지식에 대해 무관심한 경향을 시정하는 것이다.

1. 사회 구조와 환경

가장 넓은 의미의 사회 구조는 사회 시스템의 비교적 안정된 모든 특징으로 구성되며, 한 행동 단위가 다른 단위의 상호 작용에 대해 합리적 결정을 내리려면 반드시 이러한 특징을 중시해야 한다.

고전적 사회학 이론가인 칼 마르크스, 뒤르켐, 베버의 학문적 사상은 자연환경의 다양한 측면에 대해 모두 상당히 중시했다. 예를 들어, 하워드 L. 파슨스(Howard L. Parsons, 1918~2000)가 출판한 『마르크스와 엥겔스의 생태학론』[01]은 마르크스와 엥겔스의 저서를 19세기 중엽의 사회학 사상과 생물학 사상의 맥락에서 고찰하여 자연자원 문제가 마르크스의 정치경제학 발전에서 일으킨 역할을 설명하였다. 『사회분업론』및 기타 저서에서 '사회형태학'에 대한 뒤르켐의 논술은 일반적으로 시카고 학파가 이후에 발전시킨 '인간생태학'의 고전적 연원으로 간주된다. 베버는 환경적 요인을 복잡한 인과 모델에서 상호 작용의 구성 요소로 간주하고 환경적 요인이 보편적인 결정적 요인이 아니라 단지 특정 사회의 중요한 역사적 시기에 중요한 동인이 될 수 있음을 강조한다.[02] 윌리엄 R. 캐튼 주니어(William R . Catton Jr., 1926~2015), 라일리 E. 던랩(Riley E. Dunlap), 앨런 슈나이버그(Allan Schnaiberg, 1939~2009)와 같은 현대의 환경사회학자들의 사상은 그들이 인정하든 안 하든 간에 고전파의 영향을 다소 받았는데, 그들의 공통된 사상은 인간 중심설이다. 슈나이버

---

01 Parsons, H.L. (ed.), *Marx and Engels on Ecology*, Westport, Con., Greenwood Press, 1977.

02 West, P.C., Max Weber, Human Ecology of Historical Societies, Unpublished Manuscript, School of Natural Resources, University of Michigan, 1978.

그는 '사회-환경 변증법적 관계'와 '생산의 전동 메커니즘'과 같은 개념을 제시함으로써 사회학적 환경 연구의 구체화에 중요한 이론적 근거를 제공했다.[03]

생태 문제와 생태학 문제는 결코 같은 것이 아니다. 생태 문제는 특수한 사회 문제이므로 반드시 사회 구조 속에 놓고 파악해야 한다. 생태계에서 무생물과 인간 이외의 구성 요소가 절대다수를 차지하지만 생태계의 특징은 작용과 반작용의 관계에 달려 있다는 것이며 이 관계는 인간과 크게 관련이 있다. 마스쿼 교수가 말했듯이 현대의 몇 가지 주요 사회 문제는 사회 체제, 경제 발전 상황 및 인간이 의존하는 자연환경과 직간접적으로 관련되어 있으며, 나아가 사회-경제-자연의 복합 생태계를 형성한다.[04] 이 시스템에서 환경에 대한 사회적 조직의 역할은 명확하다.

사회학과 인류학은 사회 조직에 대한 연구에 많은 이론적 지식을 축적했다. 넓은 의미에서 그것은 가족, 기업, 자원봉사 단체, 종교 집단, 정부, 교육 기관, 대중 매체 및 국제 기구 등과 같은 사람과 사람이 상호 작용하는 다양한 형태를 포함한다. 각각의 조직 방식이 환경에 미치는 영향도 크게 다르다.

예를 들어, 사회의 기본 세포로서의 가정은 인류학의 비교 연구에서 네 가지 기능을 가지고 있다. ① 자녀를 낳고 사회화한다. ② 경제 협력의 기능을 담당한다. ③ 개인에게 사회적 지위와 사회적 역할을 부

---

03   Schnaiberg, A., *The Environment: Surplus to Scarcity*, New York, Oxford University Press, 1980.

04   马世俊等: 「社会-经济-自然复合生态系统」, 『生态学报』 1984年第1期.

여한다. ④ 개인에게 친밀한 인간관계를 제공한다.[05] 이러한 이유로 가정은 환경 연구에서 선험적인 중요성을 가지고 있다. 자손의 번식과 자녀 교육의 기능을 통해 가정은 생태학에서 대단히 중요한 역할을 한다. 가족사회학자들은 전통적으로 문화와 사회화 문제를 중시하고 생태학에 대한 민감성, 특히 생태 환경에 대한 여성의 관심은 반드시 환경을 가족사회학에 포함시켜야 한다는 새로운 관점을 낳게 되었다.

예를 들어 가족 제제의 물질적 측면과 문화적 측면의 상호 작용, 가족의 경제적 이익과 지역 환경의 충돌, 출산 관념에 따른 인구 증가로 인한 자원의 부족 등이 그것이다. 중국 전통 사회에서는 많은 가정들이 가족이나 종족을 이루고, 그 조직 아래 고정된 생산 협동 단체가 형성되어 수자원 관리 건설, 집단 경작, 조림 및 무분별한 개간 방지와 같은 환경 보호 및 활용을 하는 데 매우 효과적이다. 여기서 자원의 한계로 인해 자원을 얻기 위한 가족 간 및 지역 종족 간의 무력 충돌이 환경 자원의 전반적인 활용을 어느 정도 파괴할 가능성도 배제할 수 없다.

또 예를 들어, 지역 사회의 자원 관리는 오랫동안 집단적으로 이루어져 왔으며, 그 방식은 기본적으로 효과적이었다. 일단 이러한 관리 모델이 무너지면, 그 지역들은 중국의 농목축업 지역에서 도급제를 실시한 후 환경 퇴화 현상이 날로 심각해지는 것과 같은 심각한 자원 훼손 및 유실 현상이 발생할 것이다. 정부의 정책 결정 시의 장단점, 기업의 이윤 추구로 인한 단기 행동이 환경에 미치는 영향, 교육·미디어의 역할, 이런 것들은 모두 사람들의 환경 의식 함양에 중요한 영향을 미친다.

수세기 동안 인류가 설립한 각종 단체들이 가진 권한은 나날이 증

---

05   蔡文輝: 『家庭社会学』, 五南图书出版公司, 1987, p.12.

가해 왔으나, 대부분의 조직은 존재하는 동안 주로 눈앞의 이익에만 관심을 기울였다. 상당수 사람들이 환경을 '공유재산'으로 여기는 요즘, 환경 변화 속도를 늦추기 위해 현재의 행동을 변화시킬 동력이 부족하다. 따라서 환경보호에 부합하는 집단 행동을 실천하고 지속시켜야 하며, 동시에 개개인의 행동에 대한 연구와 통제에 주의를 기울여야 한다. 그 기초 위에 우리는 지역의 자원 활용, 생산 활동, 무역 관계 등 그 지역의 환경 변화를 결정짓는 중요한 요소들을 고려해야 하며, 사람들은 자신의 시스템과 환경 시스템이 상호 작용하는 이상적인 상태에 대해 주관적으로 평가하고, 어떤 가치관이 환경 연구에 가장 큰 영향을 미치는지 연구할 뿐만 아니라 나아가 주인 의식을 가지고 마땅히 해야 할 의무를 이행해야 한다.

가난의 문제를 간과하고서는 환경과 인간 행동의 관계를 이해하기 어렵다. 전통적인 생산양식에서는 생태 균형을 장기적 안정의 특징으로 삼는데, 농민들이 일단 시장 경제에 빠져들게 되면 더 이상 환경 보호에 관심을 갖지 않는다. 특히 생계를 유지하기 위해 자원을 과도하게 개발한 나머지 환경마저 악화되고 그 결과 생활이 더욱 궁핍해지는 악순환이 반복된다. 따라서 어떤 의미에서 빈곤은 환경 악화의 원인이자 결과이기도 하다. 이런 종류의 문제는 인구 증가, 이주, 자원의 불합리한 이용, 시장 경제 등 방면에서 연구하면 반드시 환경학의 내실을 강화할 수 있을 것이다. 물론 우리는 구체적인 자연과학 연구가 시대에 뒤떨어졌다고 생각하는 것이 아니다. 오히려 자연과학자의 과학적 축적과 협력 없이는 사회과학의 연구도 수박 겉핥기에 그칠 뿐이다. 여기서 우리가 강조하는 것은 환경 문제에 대한 전체적인 관점을 수립하는 것이다.

2. 문화 전통-민간 환경 지식

학자들은 환경 변화를 묘사할 때 종종 문화 요소를 무시한다. 우리의 중점은 문화의 차이가 환경에 미치는 영향을 인식하는 데 있는 것이 아니라 문화 요소의 역할에 대한 고려를 환경 변화와 연결시키는 데 있다. 복잡하고 다원적인 사회 속에서, 서로 다른 집단은 각자의 환경관을 형성하며, 모든 생물학적 요소와 자연환경과 관련된 사회적 표현, 태도, 구성, 행동 양식 등을 포함한 환경 유산을 남긴다. 본 장에서는 문화 생태의 관점에서 생계 방식이 다른 대표적인 세 집단 유목민, 산지민, 농경민에 대해 분석하고자 한다.

1) 유목민

유목민은 주로 전 세계 육지 면적의 47%에 달하는 초원에서 생활하며, 전 세계 목장은 3,000~4,000만 명의 유목민을 먹여 살린다. 사하라 이남 아프리카의 목장 관리 및 가축 개발을 위한 다양한 기관의 투자와 지원은 대부분 실패로 끝났으며 사람들은 개발 과정에서 지역 주민들의 참여와 지역 사회 구조 및 문화 전통과의 결합이 필요하다는 것을 깊이 느꼈다.[06]

전통적인 유목 사회에서, 목축업의 생산 기술은 생활 양식의 구성 요소이며, 그 자체의 품질 기준을 가지고 있다. 그것은 대를 이어 지속되어 온 발전의 산물로서 명확한 체제가 없으며 기술과 사회 문화는 서로 밀접하게 연결되어 있다.

---

06   『世界资源报告』(1988-1989), 中国环境科学出版社, 1990, p.112-116.

일반인들이 보기에 유목 민족은 하늘이 내려준 끝없이 넓은 초원에서 생활하며 토지 의식이 없는 것 같다. 그러나 사실은 그렇지 않다. 유목민들은 방목 초지의 관리와 보호에 지대한 관심을 가지고 있다. 계절에 따라 이동하는 것은 본질적으로 초지 이용에 대한 경제적 선택에서 비롯되며, 방목지에 대한 선택은 자연의 변화와 밀접하게 연관되어 있다. 그들은 초원의 모양, 특성, 풀의 성장 및 생활 습지에 대한 예리한 관찰력을 가지고 있다. 경험이 많은 노인들은 야간에 말을 타면서도 냄새로 근처 풀의 종류와 토질을 알아낼 수 있다. 외지인에게 광활한 초원은 천편일률적이지만 목축민에게는 초원은 천차만별이고 지역마다 다른 특성을 명확하게 구별해 낼 수 있다.

1950년대 이전 비교적 긴 기간 동안 내몽골 시린궈러 초원의 목축민들은 매년 음력 3월에 비바람이 없는 날을 택하여 먼저 비교적 먼 거리의 방목지에 불을 질러 봄 우기를 맞이하여 목초가 잘 자랄 수 있도록 했다. (1950년대 이후 특정 지역 자체의 특성에 관계없이 소위 초원을 파괴하는 낙후된 방식이라 하여 금지되었다.) 5월 초에 목초가 점차 싹이 트고 자라기 시작한다. 이때 파오(게르)로 돌아가 방목하는데, 예를 들어, 말 500필을 한 무리로 하고 여러 조로 편성하여, 30리 방목지에서 15일만 먹인 다음, 다른 곳으로 이동하였다가 30일이나 15일이 지나면 다시 원래의 장소로 돌아가는데, 이것이 바로 윤목이다. 9월 하순, 10월 초에 수초가 고갈되면 방목자가 말떼를 몰고 집으로 돌아가기 시작하는데, 이때는 멀리 가서 방목할 수 없고 11월 후에 겨울 캠프로 가게 된다. 다른 가축의 목축법은 조금 다르지만 계절적 이동은 동일하다.[07] 그 캠프는 지형과

---

07   贺杨灵:『察绥蒙民经济的解剖』第二章, 商务印书馆, 1935.

목초지의 상황에 따라 설치되며 각 곳에 3~5가구, 서로 몇 리 떨어져 있으며, 집집마다 주로 유목민이며 거의 정착을 하지 않는다. '여름에는 산 언덕에 가고, 겨울에는 따뜻한 보금자리에 간다.'

이러한 구도와 윤목 방식은 목초지 보호에 유리하다. 지금도 목축구 현지 몽골족 사람들의 방목 방식은 목초지 문제를 비교적 많이 고려하고 있다. 실례로 필자가 시린궈러맹의 바이인시러 목장에서 조사한 바로는 몽골족은 방목 속도가 매우 느려서 700여 마리의 양이 목초지 한 곳(약 100무, 약 3,000평에 해당)에서 3~4시간 먹은 후에 다른 곳으로 간다. 한족들은 흔히 일직선으로 양을 몰아가는데 이런 방식은 목초지를 파괴하기 쉽다. 하지만 우리가 부정할 수 없는 것은, 중국은 '대약진', '문화대혁명' 기간 동안 농업 지역의 관리 방식을 목축구에 그대로 옮겨가 집중 건설을 하고, 어떤 곳은 농촌 방식을 모방해 '목축민 신촌'을 건설해 정착민의 숫자를 목축 지역 발전의 중요한 지표로 삼았다.

이런 정책은 정착촌과 목초지의 관계를 제대로 고려하지 못했기에 불합리한 점이 아주 많았는데, 정착촌 부근의 목초지는 지나친 방목의 영향과 오가는 가축에게 짓밟혀 일찍 퇴화되거나 사막화되고, 정착촌에서 멀리 떨어져 있는 목초지는 이용할 수 없는 등 여러 가지 모순이 두드러졌다. 일부 대규모 목초지는 황폐화되었는데, 예를 들어 필자가 조사한 바이인시러 목장의 경우 제10목장과 제12목장에 '문화대혁명' 때 매우 밀집된 한족식 집을 지었고, 주변의 목초지 역시 원래 높이는 1미터 남짓이었으나 지금은 한 자도 되지 않고 많은 곳은 모래흙이 이미 지표에 그대로 드러나 있다. 유목 반경에서 볼 때, 수원과 정착촌에 가까울수록 목초지의 퇴화가 심하다. 이것은 정책 결정 과정에서 민족 문화 전통을 소홀히 하고 또한 현대적 과학 방법을 찾지 못한 데서 기인한다.

또 다른 예로 아프리카 마사이족은 유일한 수입원이 가축이며 그들은 자신들의 문화 시스템에 의해 척박하거나 중등 수준의 척박한 토지를 손상 없이 유지할 수 있는데, 그들의 방법은 건조기에 토지의 일부를 버려두고 사용하지 않는 방식으로 방목지를 양호한 상태로 유지하는 것이다.[08] 몽골, 티베트 유목 문화에서 라마교가 보여주는 인과 법칙과 자비심, 전체성에 대한 이해와 조화의 원칙은 자연적으로 인간, 가축, 풀 관계의 생태 철학을 배태하였으며 이러한 철학은 또한 어느 정도 사람들이 자연과의 균형을 유지하도록 한다.

우리는 또한 유목민들의 문화 체계에도 초원의 균형에 안 좋은 문화 습관들이 있음을 부인할 수 없다. 전통 사회에서 몽골족은 가축의 수를 부와 지위의 상징으로 여겼고 (현재 목축구의 출하율이 낮은 것도 이 문화적 특성에 기인하는 면도 있다.) 이는 어느 정도 과잉방목을 조장하는 측면이 있다. 동아프리카의 유목 부족들은 가축의 개체수가 많을수록 더 좋다고 생각하며 번식에 주력한다. 그들이 보기에 가축은 식량을 공급할 뿐만 아니라 동시에 자본이기도 하다. 가축은 각종 사회관계의 살아 있는 상징이 된다. 결혼, 우정 등 각종 사교 활동에는 상징적으로 가축을 교환하는 것이 포함된다. 가축을 소유하는 것은 부의 유일한 표현 형태이며,[09] 이로 인해 환경에 대한 부담이 증가한다.

---

08 『1992年世界发展报告』, 中国财政经济出版社, 1992, p.94.
09 『国际社会科学杂志』(中文版) 1984年第4期, p.33.

2) 산지민

자연자원에 직접 의존하여 생활하는 사람들이 환경 보호에 대해 가장 잘 안다. 중국 서남 산지의 화전민이 바로 그 좋은 예이다. 서남 산지민들은 각기 다른 거주지의 특징에 따라 경작 주기를 다르게 하는데, 서로 다른 연도별 주기는 매 주기 후에 불에 탄 숲이 재생되도록 하기 위함이다. 예를 들어 윈난성 시밍현 와족의 화전 휴경 주기는 5년에서 10년 정도이며 멍하이 만산부리 부랑족은 밭벼(旱稻) 화전을 정확하게 15개 밭으로 나누어 매년 밭 하나만 태워서 농사를 짓고 나머지는 모두 휴경한다. 윈난성 지노족의 유경(游耕) 관행은 마을마다 유경 주기가 다르며 일부 마을은 유경 주기가 관습법의 형태로 규정되어 있다.

위반할 수 없는 소각 주기 관습법을 엄수하는 것은 산림 생태계의 동적 균형을 유지하기 위한 산지민들의 적응 조치임에 분명하며 이 방법은 지속적으로 인간과 토지 관계를 조정하고 생태 위기를 극복하는 효과적인 수단이다. 윈난성 대부분의 산지 민족은 촌락의 환경 자원에 대하여 계획을 세우는데, 그 계획은 신림(神林), 선산(坟山), 풍경림, 수원림, 도로보호림(護道林), 휴경지(輪歇地) 등을 합리적으로 이용하는 방면에 상당한 주의를 기울인다.

인사오팅(尹绍亭, 1947~) 선생의 다년간의 연구에 따르면 윈난성 산지 민족의 화전은 열대 및 아열대 생존 조건과 산지 민족의 사회 경제 문화 발전 수준의 종합적인 반영이라고 한다. 그것은 산지의 산림 자연환경을 인간이 사용할 수 있는 비교적 편리하고 효과적인 생계 형태로 만들어 주었으며, 이는 자체 환경 의식의 표현이다.[10]

---

10   尹绍亭:『一个充满争议的文化生态体系—云南刀耕火种研究』, 云南人民出版社,

또한 페이샤오퉁 교수와 왕퉁후이(王同惠, 1910~1935) 여사가 광시성 야오족에 대해 조사한 바에 따르면, 현지의 모든 부부는 단 두 명의 아이만 낳아 키운다. 성별을 불문하고 두 명의 아이가 있으면 후에 임신한 태아는 바로 낙태를 시키고 설령 낙태에 실패해서 태어난다 하더라도, 다른 집에서 입양해 키우지 않는 태아는 익사의 운명을 피하기 어렵다. 인구 제한의 이유는 경작지가 제한된 계곡에서 자원의 제한이 명확하기 때문이다.[11] 이 문화에서는 인구를 특정 범위 내에서 엄격하게 제한하고 인구와 환경 문제에 주의를 기울임으로써 환경 파괴와 빈곤으로의 전락을 예방하는 것이다.

3) 농경민

한족처럼 농업을 주로 하는 민족은 전 세계에서 차지하는 비율이 상당히 높다. 그들은 자신들의 농업 문화와 풍부한 생활 철학 및 생존 논리를 창조했다. 농업은 직접적으로 토지에 의존하는 것이며, 농업을 생계 삼는 농경민은 땅을 떠날 수 없다. 농사를 짓던 고향에서 주변 다른 곳으로 이주한 자녀들도 땅에 의지해 생업을 꾸리는 전통을 계속 충실히 지켜 왔다. 중국 철학에서 오랫동안 탐구한 세 가지 명제는 바로 '천인합일(天人合一)', '지행합일(知行合一)', '정경합일(情景合一)'인데, 그 중 '천인합일'이 중심으로 바로 인간과 전체 우주의 관계를 해결할 것을 요구한다. 여기에서 하나의 공통된 핵심 사상이 생겨난다. 자연계의 모든 것은 신성한 것으로, 사람이 부당하게 이용해서는 안 된다. 사람

1991.

11   费孝通:『生育制度』第十四章, 天津人民出版社, 1982年重印版.

은 자연계의 중심이 아니며 자연의 일부이다. 사람은 반드시 자연과 하나가 되고 자연에 대한 책임을 져야 한다. 마치 동물, 나무, 강처럼, 환경과 조화를 이루기 위해 노력해야 한다. 한족들에게 성행하는, 길일을 택하여 일을 하고, 명당을 골라 집을 짓고 묘를 쓰는 것은 어느 정도 생태 환경에 대한 인식을 표현하는 것이다. 비록 중국 농민들은 매우 열악한 환경 속에서 농사를 지으며 살아가야 했지만, 그들은 많은 지역에서, 특히 장강 이남에서 토지 특성에 알맞은 농업 제도를 세웠고, 수천 년 동안 농업 생산량은 비교적 안정적인 수준을 유지해 왔다.

인도의 농촌 여성들은 토양의 비옥도와 생활 자원의 유지 사이의 상호 관련성을 인식하고 일부 지역에서 알루미나, 석회석, 우라늄 등을 채굴하는 것을 막으려고 노력했다. 네팔에서 농부들과 여성들은 환경을 사교적 장소, 종교적 가치, 공공 복지 삼자의 균형으로 여긴다. 그들은 수원지 주변, 마을 공유지 그리고 도로변에 반얀나무, 보리수를 심는 등 신성한 행위가 건강한 생태 환경을 구축하는 토대라고 생각한다.

아프리카에서는 경작지의 확대로 인해 그 지역의 삼림이 완전히 소멸될 수 있다. 그러나 전통적인 아프리카는 세네갈 디오족 및 케냐 가족의 농업-삼림 시스템과 같은 삼림과 농업 환경의 결합을 위한 몇 가지 사례를 제공한다. 또 다른 예로, 부아족은 땅을 개간할 때 우아코 나무, 즉 목면 나무를 남겨 두었는데, 그것은 그 나무가 '신령이 깃든 곳'이기 때문이다. 오늘날에 이르기까지, 중부 카사만스 마을 주민들은 비록 기본적으로 이미 무슬림이지만, 아무도 감히 그 나무를 베지 못하는데, 왜냐하면 사람들은 이 나무가 신들의 거주지라고 생각하기 때문

인류학의 글로벌 의식과 학술적 자각

이다.[12] 아프리카의 종교에서 사람과 나무의 관계는 중요한 위치에 있음을 알 수 있다.

유목민, 산지민, 농경민과 자연 자원의 사회-문화적 연결이 환경 문제의 전부는 아니지만, 그것은 우리에게 사회와 그 생태계가 유지되는 깊고 복잡한 관계를 파악할 수 있는 하나의 시각을 제공한다. 『1992 세계 개발 보고서』에서는 환경 문제에 대한 대중의 관점이 그들의 환경 관리 방식에 강한 영향을 미치고 있으며, 환경 계획에 지역의 신념, 가치 및 이념이 반영될 때만 지역 사회가 지지를 보낸다는 점을 분명히 하고 있다. 환경에 관한 전통적인 지식은 단순하고 변하지 않는다는 견해는 빠르게 변하고 있으며, 점점 더 많은 개발 프로젝트가 지역의 지식을 이용하여 환경을 관리하고 있다. 물론, 우리는 전통적인 분위기만 고수할 수 없다. 우리가 찾는 것은 전통 지식과 현대 과학의 최적의 접점이다. 물론 과도기에 순전히 지식과 기능에 의존하여 환경을 보호하는 것만으로는 부족하기에 분명한 환경 윤리관과 도덕관을 수립해야 한다.

3. 윤리관과 환경

윤리의 원칙에는 두 가지 의미가 있다. 첫째, 동물, 식물, 기타 천연 자원 및 그 자신의 가치와 권리에 대한 인간의 인식이다. 둘째로, 생태 환경에 대한 의무는 결국 인류 공동체를 바탕으로 인간 자신의 도덕적 요소를 강조하는 것이다.

12　「从西方生态危机到非洲能源危机」, 『国际社会科学杂志』1991年第8卷第2期.

우리는 지금 물론 역사적으로 다른 시기의 인류 활동을 포함하는데, 토지의 이용, 삼림과 초원의 개간은 결국 공리주의의 원칙에 기반한 것이다. 인류가 '문명화'되기 전에, 환경은 매우 오랜 기간 동안 비교적 안정적이고 균형 있게 스스로 유지될 수 있었다. 인간은 종종 환경 자원에 대한 약탈적 행위로 일시적인 쾌적함을 누리는데, 그것은 마치 자신의 간을 삼키면서 맛있는 음식을 먹는다고 기뻐하는 것과 같다. 따라서 '대지윤리학'의 창시자인 알도 레오폴드(Aldo leopold, 1886~1948)는 "합리적 대지 이용을 단지 경제적 이용으로만 보는 전통적인 사고방식을 버리고 윤리학적·미학적 관점에서 무엇이 정당한가의 문제와 경제적 측면에서 무엇이 유리한가의 문제를 고려해야 한다. 모든 것이 생태계의 온전함, 안정성, 미적 감각을 유지하기 위한 것일 때는 합리적이고, 그 반대일 때는 합리적이지 않다."[13]고 주장했다.

윤리의 개념 자체도 점차 확대되고 있다. 처음에 윤리는 주로 개인과 개인의 관계에만 국한되었고, 그 후에 인간과 사회의 관계를 부각시켰다. 현대에 와서 윤리는 반드시 인간과 토지의 관계를 강조해야 하는데, 이는 환경문제가 더욱 심각해진 것에 따른 필연적인 결과이기도 하다. 이것은 윤리학을 인간과 자연의 관계의 영역으로 확장시켰다. 우리는 인간과 자연의 관계가 윤리 도덕의 의의를 가지고 있으며, 일정한 도덕 규범과 행동 준칙이 인간의 자연에 대한 활동을 제한해야 한다는 것을 인정해야 한다. 그렇지 않으면, 우리는 후세들에게 만신창이가 된 세상을 남길 수밖에 없다. 윤리 도덕의 관점에서, 우리는 '오늘만 생각하라'는 모든 철학을 버려야 한다. 우리는 인류가 어제의 어리석음에

---

13   [美] 莱奥波尔德: 「大地伦理学概貌」, 『自然信息』 1990年第3期, pp.46-47.

대한 대가를 치르는 동시에 내일을 대비하고 있다는 것을 부인할 수 없다. 중요한 문제는 환경의 중요성을 머리로 알 뿐만 아니라 마음속으로도 느껴야 하며, 우리와 환경의 관계를 재조정하고, 다양한 경로를 통해 우리 문명을 위한 생태 환경을 회복하는 것이다. 반대로 우리가 제한된 자원에 따라 생활 방식을 재조정하지 않고 윤리관과 도덕관을 초월하거나 무시한다면 인류가 삼킨 쓴 열매는 대물림되어 결국 인류가 창조한 고도의 문명은 퇴화하고 사라지게 될 것이다.

제4부

세계화와 지역사회

1장

페이샤오퉁 선생의 세 번째 글: 세계화와 지역 사회*

1991년 9월 20일, 내가 베이징대학교에 와서 페이샤오퉁 선생의 문하에서 박사과정을 시작한 지 일주일이 조금 지났을 때, 선생은 나와 추쩌치(邱澤奇) 선배를 데리고 후난, 후베이, 쓰촨 세 성 접경 지대의 우링산구에 가서 먀오족(苗族)과 투자족(土家族)을 조사했다. 기차에 오르자마자, 페이샤오퉁 선생은 오늘 먼저 우리 둘에게 첫 수업을 하겠다고 말씀하셨다. 선생은 한 시간 남짓한 시간 동안 우리에게 중국 사회 연구에 대한 두 편의 글(소수 민족과 한족에 대한 연구)의 기본 맥락과 이번에 우링산구에 가는 계획과 구상을 이야기해 주셨다. 마지막으로 그는 우리의 생각을 소련과 동유럽의 해체 및 미국의 인종주의 문제로 이끌면서, 이러한 민족과 종교의 충돌이 20세기 말과 21세기 상당 기간 국제 정치의 쟁점 중 하나가 될 것이라고 언급했다. 또한 이러한 국제 사회에 직면하여 특히 인류학이 더욱 중대한 역할을 발휘할 것이라고

---

* 이 글은 『开放时代』 2005年第4期에 게재되었음.

강조하였다.(아주 공교롭게도 2년 후인 1993년에 새뮤얼 헌팅턴(Samuel Huntington, 1927~2008)은 유명한 『문명의 충돌』을 출판하였다.)

전 세계 문명 간의 충돌과 관계에 대한 이 고민은 사실 페이샤오퉁 선생의 세 번째 글에 나타나 있다. 이 세 번째 글은 세계적인 범위에서 민족, 종교 등 문화적 요소에 대해 사고하는 동시에 그가 줄곧 강조해 온 두 편의 글을 글로벌 배경의 틀, 즉 세계화의 범주에서 파악한다. 이 세 번째 글을 나는 세계화와 지역 사회로 요약한다.

1999년 8월 페이샤오퉁 선생은 중화염황(炎黃)문화연구회의 대련학 술좌담회에서 '경제 글로벌화의 배경에서 다원적인 문화 세계는 어떻게 지속적으로 발전해 나갈 것인가?' 하는 문제를 제기했다. 페이샤오 퉁 선생은 이 다원적인 문화 세계가 지속되는 기반은 바로 타문화에 대한 태도를 바로잡는 동시에 자신의 문화에 대해 정확하게 인식하고 문화적 자각을 갖는 것이라고 지적하였다. 이 문제들은 세계화 논의에서 사람들의 관심의 초점이 되는 것이기도 하다.

인류학자들은 세계화가 문화, 경제, 정치, 환경 보호 등 많은 분야에서 동시에 나타나는 복잡하고 다양한 과정이라는 것을 인식했다.[01] 사회과학에 있어서 세계화는 최근 몇 년간 서로 다른 분야에서 논의되는 주제이다. 그러나 세계화라는 매우 복잡하면서도 매력적인 역사적 과정에 대해 동일한 정의를 내리는 것은 불가능하다. 동질화, 일체화, 심지어 일원화보다 인류학이 더욱 강조하는 것은 지역화, 본토화, 그리고 이질화의 과정이다. 이러한 인식은 전 세계적으로 다원적인 문화에

---

01   Jonathan Xavier Inda and Renato Rosaldo, *The Anthropology of Globalization*, Blackwell Publishers, 2002, p.10.

대한 연구와 축적을 바탕으로 한다.

그렇다면 문화적인 시각에서 세계화를 어떻게 볼 것인가? 문화 비평의 대표적인 연구자로 잘 알려진 스튜어트 홀(Stuart McPhail Hall, 1932~2014)은 세계화를 "지구상에서 상대적으로 분리된 여러 지역들이 단일한 상상 속의 '공간'에서 서로 교류하는 과정"이라고 정의한다.[02] 세계화는 끊임없는 상호 교류를 바탕으로 사람들의 상상력이 '단일화된 상상의 공간'을 만들어내는 문화적 과정을 전제로 한다. 이 '상상의 공간'은, 전 세계의 다양한 사회 문화 속의 다양한 집단이 처한 역사적, 사회적 배경에 따라 구성한 다원적인 세계이다. 이 '상상의 공간'을 전제로 한 세계화와 지역화 그리고 문화적 정체성 사이의 관계는 인류학에서 관심을 갖는 이슈이다.

세계화에 대한 반응의 동적인 문화 상대성 이론을 이해함으로써, 살린스는 우리가 거대한 구조적 전환의 과정을 목격하고 있다고 주장한다. 그 과정에서 다양한 문화로 구성된 세계 문화 체계와 일종의 다원 문화적 문화가 형성되는데 그것은 아마존강 열대 우림에서 말레이시아 제도에 이르는 사람들이 외부 세계와의 접촉을 강화하면서 동시에 자각적으로 각자의 문화적 특징을 진지하게 드러내고 있기 때문이다.[03] 그 구체적인 사실은 본토적 또는 지역적 문화 정체성, 지역공동체주의 및 다원적 민족 사회의 민족주의가 세계 여러 나라와 지역에서 소생, 부흥, 재구성의 기세를 보이고 있다는 것이다.

---

02   Hall, "New Cultures for Old", D. Massey and P.Jess, eds., *A Place in the World*, Oxford University Press, 1955, p.190.

03   Sahlins M., "Goodbye to Tristes Tropes: Ethnography in the Context of Modern World History", *The Journal of Modern History*, Vol. 1993, pp.1-25.

현실에서 세계화는 또한 주변성을 가져오고, 주변부는 끊임없이 자신의 관점에서 자신의 정체성과 지역성을 더욱 강화시킨다. 이 지역성 심지어 민족의 집단적 정체성(族群性)까지도 종종 문화의 생산 및 재창출과 연결된다.

세계화 과정에서 생산, 소비, 문화 전략은 하나로 묶여 있다. 글로벌 체계 속의 지역적 민족 집단으로서 종종 문화적으로 이중적 특징, 즉 동질성과 이질성이라는 이원적 특징을 나다낸다. 지역 사회와 세계화의 호응 속에서, 특히 정보 사회에서는, 글로벌 체계 속의 정보 소비의 불균형 현상과 정보의 빈곤자들이 나타나고 있다. 서로 다른 문화와 사회가 정보 사회에 어떻게 직면할 것인가 하는 것이 인류의 관심사가 되었다. 세계화 과정에서 서로 다른 문명이 어떻게 공생하는지, 특히 세계 체계의 중심과 주변 그리고 주변 중의 중심과 변두리의 대화는 갈수록 인류학이 주목하는 분야가 되고 있다. '문명 간 대화'의 기반은 인류가 공생하는 '심리적 질서'와 '화이부동(和而不同, 서로 조화를 이루나 같아지지는 않는다.)', '미미여공(美美與共, 서로의 아름다움을 한데 어우른다.)'의 이념을 수립하는 것이다. 이런 문제에 대한 관심과 인식은 페이샤오퉁 선생의 인류학 사상 중 또 하나의 중요한 분야일 것이다.

1. 기술성, 인간성 그리고 '3단계 도약'

세계화 과정에서 기술과 문화 사이의 관계, 특히 기술의 진보와 문화의 합리성에 관한 논의는 정보 네트워크 사회에서 늘 직면하게 되는 문제가 되었다. 포스트모던 문화를 연구하는 일부 학자들이 지적했듯

인류학의 글로벌 의식과 학술적 자각

이 "문화는 광범위하고 표준화된 공통 상관 관계와 책임의 전체성, 즉 분리 가능하고 또 공통적인 삶의 의미와 기본 이념을 바탕으로 세워져야 영원한 생명력을 가질 수 있다. 문화의 통일은 '자유로운 통일, 가볍고 풍요로운 것'이어야 하며 강제적인 것이 아니다…… 문화의 통일이 단지 기술과 기술 응용의 공통성을 통해서만 성립된다면, 그것은 기준이 없는 통일이다."[04]

2000년 여름, 일본의 도쿄신문은 20세기 학술 분야에서 세계에 뚜렷한 공헌을 한 아시아 학자들을 인터뷰하는 칼럼을 싣기 시작했다. 페이샤오퉁 선생은 사회학, 인류학의 대표로서 인터뷰 요청을 받았다. 당시 나는 도쿄신문의 기자와 함께 페이샤오퉁 선생을 방문하고 통역을 맡았다. 페이샤오퉁 선생의 경력과 현대 중국 사회의 기본 현황을 묻는 기자의 질문에 페이샤오퉁 선생은 이렇게 답했다.

"나는 20세기 중국 사회에 심각한 변화가 일어난 각 시기를 겪었다. 두 가지 큰 변화와 세 단계로 요약할 수 있는데, 나는 그것을 3단계 도약이라고 부른다. 첫 번째 변화는 중국이 전통적인 향토사회에서 시작하여 서양의 기계 생산을 도입하는 산업화 시기로 접어든 것이다. 일반적으로 말하는 현대화는 바로 이 시기를 가리킨다. 이 시기는 나의 일생에서 가장 중요한 시기이며, 또한 내가 학술 연구에 종사한 가장 주요한 시기로 바로 중국이 현대화 과정 중에 있던 때이다. 이 시기에 나의 일은 중국이 어떻게 산업혁명에 진입했는지를 이해하는 것이었다. 이 시기부터 지금까지, 또 내 생애의 거의 마지막 시기까지라고 말

---

04   [德] 彼得·科斯洛夫斯基: 『后现代文化―技术发展的社会文化后果』, 中央编译出版社, 1999, p.187-192.

할 수 있는데, 이 세상을 떠나기 전에 나는 운이 좋게도 또 다른 한 시대의 새로운 변화, 즉 정보화 시대를 만나게 되었다. 이것은 두 번째 변화로, 바로 중국이 산업화나 현대화에서 정보화로 나아가는 시기이다.

개인적으로, 구체적으로 말하자면, 나는 전통적인 경제 사회에서 태어나 줄곧 현대화 과정 가운데서 살았고, 기계를 도입하는 산업화의 길이 아직 완전히 완성되지 않았을 때 새로운 단계 즉 정보화 시대, 전자를 매개로 하여 정보를 소통하는 세계에 진입했다. 이것은 전 세계가 모두 시작하고 있는 큰 변화이며, 지금 우리는 이러한 변화의 과정을 아직 잘 보지 못하고 있다. 기술, 정보 등의 변화가 너무 빠르기 때문에 중국도 일부 문제를 겪고 있다. 첫 번째 도약은 아직 완성하지 못한 곳도 있고, 두 번째 도약도 아직 진행 중인데 지금 또 세 번째 도약을 시작하고 있다.

중국 사회의 이런 중대한 변화를 나는 일생 동안 모두 접하게 된 것을 매우 기쁘게 생각하지만, 변화가 너무 크기 때문에 내가 해야 할 이 세계를 인식하는 일도 반드시 잘할 수 있는 것은 아니다. 변화가 너무 빠르고 나의 힘도 한계가 있기 때문에 내가 먼저 시작해 놓고 뒤에 오는 사람들이 이어서 하게 할 수밖에 없다. 이것이 나의 배경이다. 학자로서의 내 일생을 이해하려면 이 3단계 도약을 잘 이해해야 한다."

'3단계 도약'은 비록 페이샤오퉁 선생이 학자로서의 자신의 인생을 개괄한 것이지만, 동시에 현대 정보 사회에 있는 중국 사회를 자리매김하고, 이러한 기술 진보와 사회 문화 구조의 관계를 주목해야 한다는 생각을 반영한다.

이 방면의 문제에 관하여, 사실 일찍이 1940년대에 페이샤오퉁 선생은 당시 현대 서양 산업 문명이 중국 전통 수공업 및 사회 구조에 끼친 영향 등에 대하여 매우 깊이 있는 탐구를 진행하였다. 1946년 페이샤오퉁 선생은 「인간과 기계-중국 수공업의 미래」[05]라는 글에서 '어떻게 현대 산업에서 사람과 기계가 조화롭게 관계를 맺고, 그리고 기계를 사용할 때 사람과 사람 간의 올바른 관계를 회복할 수 있는가'라는 문제를 제기하며 기계와 인간의 조화로운 통일, 즉 기술과 문화 사이의 상호 연관성과 조화성 문제를 강조했다. 당시 '기술하향(技術下鄕)'으로 촉발된 '인간성과 기술성'에 관한 논의를 바탕으로 기술의 발전과 문화의 관계 특히 중국 문화와의 관계에 대해 탐구하였다. 페이샤오퉁 선생은 여기에서 이미 은연 중에 우리에게 기술의 문화 속성의 문제, 즉 문화로서의 기술과 기술로서의 문화 사이의 내적 통일성의 문제를 보여주었다. 인류학의 이론과 도구들은 기술이 전파되는 과정과 기술이 초래하는 직접적인 결과들이 서로 다른 문화 집단에 미치는 인식과 상징적 의미를 이해하는 데 도움이 된다. 이러한 논의는 철학적, 사회학적 의미에서 기술적 이성과 인간성 사이의 문제에 대한 논의가 된다.

막스 베버는 일찍이 현대의 이성을 도구적 이성(기술적 이성)과 가치적 이성(인문적 이성)으로 구분하고, 사람들의 행동을 그에 따라 도구적 합리적 행동과 가치적 합리적 행동으로 나누었다. 위르겐 하버마스(Jürgen Habermas, 1929~)는 과학 기술의 진보는 인간에 대한 인간의 지배를 '합리화'하고, 기술 메커니즘화하는데, 도구적 이성이 만들어 내는 전체적 지배 현상은 바로 인지적 이성과 사회 영역 사이의 병적이고 비이성적인 관계이며, 그것은 사회 영역과 인지적 취지의 합리적 통합을 통

---

05   费孝通: 「人性和机器—中国手工业的前途」, 『费孝通选集』第3卷, 群言出版社, 1999.

해서만 치유될 수 있다고 주장한다. 그는 인간의 교제 행동과 사회의 합리성 문제를 강조하면서 교류를 통해 생활 세계에 대한 시스템의 비이성적인 식민화를 배격할 수 있다고 주장한다. 이와 관련하여 마르쿠제는 이성과 자유를 합일시킨 자유이성의 개념을 제안한다.[06] 특히 인간의 잠재력의 발휘, 인간의 행복한 생존, 권리 그리고 자유에 주목한다. 어떤 의미에서 이 관념은 과학 기술 이성의 발전에 기반하여 건전한 이성으로 나아가기 위한 필수적인 부분이라고 말할 수 있다. 위에서 언급한 사회사상가들이 이론적 차원에서 이성에 대해 논의함으로써 우리에게 기술성과 인간성 사이의 모순되는 문제를 해결해 주려고 했다.

인류가 정보 사회, 첨단 기술 시대에 진입한 오늘날, '기술과 문화' 또는 '기술과 인간성' 사이의 상호 작용 관계는 여전히 과학 기술과 인문의 주제 중 하나이며, 심지어 첨단 기술 시대에는 어느 정도 인문 문화의 부흥 조류가 뚜렷하게 나타날 것이다. 특히 동양 사회에서, 동양 문화의 인문적 특성은 반드시 인성에 대한 기술성의 구속을 초월하여 기술, 문화, 심성이 유기적인 통일에 이르게 할 것이다.

마지막으로, 우리는 정보화 시대에도 불균등 현상이 나타나고 있음을 부인할 수 없다. 미국의 경우, 그들은 첨단 컴퓨터와 미디어 장비를 갖추고 국제적인 경쟁과 연합을 통해 새로운 유망 산업을 창출한다. 게다가 영어는 전세계에서 통용되는 언어로서 무형의 힘으로 미국식 생활 방식과 소비 문화가 먼저 전 세계에 퍼지게 하였다. 동시에 현실

---

06 [德] 马尔库塞著『现代文明与人的困境—马尔库塞文集』, 李小兵等译, 三联书店, 1989, pp.175-176.

생활에서 인터넷 세계는 일부 사람에게만 국한되어 있다. 그리고 많은 사람들에게 이런 세상은 그들과 관련이 없는 것처럼 보인다. 그들은 변두리에 위치해 있기 때문에, 인터넷 사회의 정보 빈곤자일 뿐만 아니라 때로는 세계화 과정에서도 빈곤자이기도 하다.

2. 인류 문화 공생의 심태관(心態觀)

1990년 12월, 일본 도쿄에서 페이샤오퉁 선생의 팔순 기념으로 열린 '동아시아 사회 연구 국제심포지엄'에서 페이샤오퉁 선생은 「중국에서의 인간 연구」라는 제목으로 중요한 연설을 하였다.

연설 말미에, 페이샤오퉁 선생은 인간 정신의 질서를 확립하는 문제를 제기했다. "이 다양한 문화 속에서, 서로 다른 삶의 태도와 가치관을 형성한 사람들이 사상적으로나 행위적으로나 다양한 생활 양식을 가지고 공동 생활을 하고 있는데, 어떻게 평화롭게 공존할 수 있는가는 확실히 하나의 중요시해야 할 큰 문제가 되었습니다."[07] 그는 인류가 계속 공존하기 위해서는 공통적으로 인정하고 이해하는 가치 체계가 절실하다고 강조했다. 1992년 9월 홍콩중문대학교에서 열린 제1회 '판광단 기념 강좌'에서 발표한 「중국 도시와 농촌 발전의 길-내 일생의 연구 과제」에서, 그는 "인류가 반드시 만들어가야 할 새로운 질서에는 인류의 지속적인 생존을 보장하는 공정한 생태 구조가 필요할 뿐만 아니라 모든 인류가 안거낙업(安居樂業, 편안히 살고 즐겁게 일한다.)하고 삶의 가

---

07   費孝通: 「中国城乡发展的道路」, 北京大学社会学人类学研究所编『东亚社会研究』, 北京大学出版社, 1993, p.218.

치를 발휘할 수 있는 심리적 질서도 필요하다."[08]며 격변하는 사회 속에서 인류 문화의 다양한 가치 지향들이 어떻게 공존할 수 있는지를 강조했다. 페이샤오퉁 선생이 자주 언급하는 '각자 자신의 아름다움을 가꾸고, 다른 이의 아름다움도 인정하고 이렇게 아름다움과 아름다움이 함께 하면 아름다운 큰 세상을 만들 수 있다.(各美其美, 美人之美, 美美與共, 天下大同)'가 바로 인류의 생태 질서를 세우는 자세가 아닌가? 1993년에 페이샤오퉁 선생은 홍콩중문대학교의 신아서원 좌담회에서 '중국사회학에 대한 간략한 언급'이라는 발언에서 마음자세의 중요성을 한층 더 강조했다.

그는 인간 사회에는 세 가지 차원의 질서가 있는데, 첫 번째 차원은 경제적 질서이고, 두 번째 차원은 정치적 공동 계약으로, 공동으로 준수하는 법률이며, 세 번째 차원은 공동체 의식이다. 이 세 번째 질서는 바로 도의적 질서로, 우리는 아래와 같은 사회적 분위기를 형성해야 한다. 사람과 사람이 함께 어울리면서 안심하고, 안전하며, 인생을 즐기고, 즐겁게 일하고, 모두 자신의 삶에 만족하고, 기꺼이 다른 사람들과 함께 지낼 수 있어야 한다. 즉 일종의 생각, 관념, 의식을 가져야 하는데, 페이샤오퉁 선생은 이를 심태(心態, 마음가짐)라고 부른다.

그래서 "만약 사람들이 각종 다른 견해를 수용할 수 있는 공통된 심태를 가질 수 있다면, 제가 말하는 다원적 일체, 모두가 인정하는 하나의 질서를 형성하게 될 것이다", "전 세계적으로도 그런 공동체 의식이 형성될 수 있을까? …… 과거 우리 조상들이 말한 천하대동(天下大同)

08　費孝通:「中国城乡发展的道路」, 北京大学社会学人类学研究所编『东亚社会研究』, 北京大学出版社, 1993, p.218.

은 아시아 대륙의 일부만을 포함했을 뿐인데, 지금 전 인류 5대륙이 함께 하는 대동세계가 될 수 있을까? 이것은 21세기에 사회학과 인류학이 함께 해결해야 할 큰 문제이다."

심태에 관한 연구는 1930~40년대 페이샤오퉁 선생의 논저에 이미 언급된 바 있다. 1946년, 페이샤오퉁은 「중국 사회 변천에서의 문화 문제」라는 제목으로 런던대학교 정치경제대학에서 문화 가치관에 대해 다음과 같은 중요한 관점을 발표하였다. "한 단체의 생활 방식은 그 단체가 처한 상황에 대한 위육(位育)이다. (공자묘의 대성전 앞에는 '中和位育'이라고 쓰여 있는 편액이 있다. 판광단 선생은 바로 이 유가의 중심 사상인 '위육'이라는 두 글자를 영어로 adaptation으로 번역하였는데, 뜻은 사람과 자연이 상호 융화하여 생활의 목적을 달성하는 것을 의미한다.) 위육은 수단이고, 생활은 목적이며, 문화는 위육의 수단이며 도구이다. 문화 속의 가치 체계도 그렇게 생각해야 한다. 물론 모든 문화에서 일부 가치관은 인간의 집단 생활을 기반으로 하며, 인간 사회가 하루 존재하면 이러한 가치관의 효용도 하루 존재한다. 그러나 모든 문화에는 일시적인 상황에 위육하기 위한 메커니즘 개념도 존재하기 마련이다. 상황이 변하면 이러한 가치관도 효용을 잃게 된다."[09]

'중화위육'이라는 몇 글자는 유가의 정수를 나타낸다. 페이샤오퉁 선생이 제기한 심리적 질서의 문제는 더 나아가 '위육론'의 문제를 강조한다. 페이샤오퉁 선생은 이렇게 설명했다. "'위'는 천명을 알고 그 자리를 지키는 것이고, '육'은 성장하고 살아가는 것이다. 이것은 생태

---

09   北京大学社会学人类学研究所编『东亚社会研究』, 北京大学出版社, 1993, p.95.

적 질서일 뿐만 아니라 마음의 질서이다."[10]

런던 연설에서 페이샤오퉁 선생은 이미 인류 문화에서 가치 관념의 공통성과 특수성의 문제를 강조하기 시작한 것으로 보인다. 페이샤오퉁 선생이 제기한 심태의 층차 문제는, 한 걸음 더 나아가 다른 문화 가치관들의 배후에는 다른 문화 사이에서 서로 조절하고 인정하고 수용할 수 있는 가치 체계가 숨어 있다는 것을 인식한 것이다. 페이샤오퉁 선생이 제기한 심태론은 서로 다른 가치 지향 중에서 공통된, 상호 인정하는 문화적 가치 지향을 찾아내어 공통의 심태 질서를 세우는 것이다.

사회인류학자로서 페이샤오퉁 선생의 연구는 정적인 문화적 차이에 머물지 않았다. 특히 세기 말 무대에 선 인류가 공감할 수 있는 이념과 가치를 서둘러 구축하는 실태에 대해 심태 질서의 문제를 제기했다. 내가 보기에 '심태 질서'에는 두 가지 차원의 과제가 있다. 첫째, 서로 다른 문화적 가치 지향의 배후에 있는 인류의 문화와 인식에서 일관성을 찾는 것이다. 둘째, 서로 다른 문화 사이에서 이해, 상호 보완, 공생의 논리를 찾는 것이다. 이러한 다원적인 토대 위에서 문화의 일체를 추구하고, 이를 통해 심태 질서의 수립을 구한다.

3. 세계화 속에서 한 국가 안의 주변 민족들

세계화 과정에서 서로 다른 문명이 어떻게 공생하는가, 특히 세계 체계 속의 중심과 주변 및 주변 중의 중심과 변두리(예를 들어 세계 체계의

---

10   北京大学社会学人类学研究所编『东亚社会研究』, 北京大学出版社, 1993, p.207.

서양 중심의 관점에 비추어 중국 등 비서양 사회는 주변에 위치해 있다. 중국에서는 역사적으로 이미 '화이질서'가 존재하여 현대 국가적 의미를 초월하는 '중심'과 '변방'을 형성하였다.)의 대화가 형성되었고, 주변 민족이 어떻게 하면 '영원한 변두리 민족'이 되지 않을 수 있는가에 대한 화두가 점점 더 인류학의 관심 분야로 떠오르고 있다.

20세기는 문화가 자각적으로 전승, 발견, 창조된 세기라고 할 수 있다. 이 문화는 근대 이래 민족-국가 정체성의 중요한 원천이기도 하다. 중국이라는 다민족 사회에서 서로 다른 문화의 공존은 매우 중요하다. 사실, 우리의 이념에는 단일 민족의 정체성을 뛰어넘는 유무형의 가족 관념인 중화민족 대가족이 존재하며, 이 가족은 민족 간의 화합을 위한 문화적 정체성이 되었다.

중국은 통일된 다민족 국가로서, 이미 식별된 소수 민족이 55개이며, 소수 민족 총 인구는 이미 1억 명을 넘었다. 중국 소수 민족의 분포는 매우 광범위하며, 현재 민족자치지역 행정구역의 면적은 전국 육지 면적의 약 64%를 차지한다. 민족 간의 역사적인 교류와 상호 작용의 영향으로 중국 내의 각 민족은 지리적 분포상 대잡거(大雜居), 소집거(小聚居) 그리고 산거(散居)의 구도를 형성하고 있다. 물론 이 주거 구도는 정적인 결과가 아니라 동적인 역사적 과정이며, 지금도 동적인 분포와 재분포 과정 속에 있다.

서로 다른 지역에 분포하는 민족 집단 간의 교류와 상호 의존으로 중국에는 일정한 역사 문화 민족구가 형성되어 있는데 예를 들면 동북과 내몽골구, 서남구, 서북구, 중부 및 동남구 등이다. 생태와 문화적으로는 초원생태구, 삼림생태민족구, 산지농경생태민족구 등으로 나눌 수 있다. 상대적으로 독립적인 민족구들인 이러한 역사민족구와 생태

민족구는 민족 회랑을 통해 서로 연계되어 있다. 중국의 유명한 민족 회랑은 주로 허시 회랑, 실크로드, 만리장성과 초원의 길, 반월형 문화 전파대, 링난 회랑, 티베트족이족민족 회랑, 차마고도와 남방실크로드 등이 있다. 이러한 서로 다른 민족들이 교차하는 지대에는 역사적으로 경제적, 문화적 연계가 이루어졌고, 오랜 세월이 흐르면서 지역적 특색을 지닌 문화 지역이 형성되었다. 사람들은 이 지역에서 서로 왕래하고 서로 도움을 주고 받으면서 다문화 공생의 구도를 형성했다. 중국 내 각 민족은 역사적으로 이전, 융합, 분화를 거쳐 '네 속에 내가 있고 내 속에 네가 있는' 다원일체 구조를 형성했다.

1988년에 페이샤오퉁 선생은 홍콩중문대학교에서 유명한 강연 「중화민족의 다원일체 구조」를 발표하였는데 중화민족 전체로부터 출발하여 민족의 형성과 발전의 역사와 그 법칙을 연구하고 '다원일체'라는 중요한 개념을 제안하였다. 페이샤오퉁 선생은 이번 강연에서 '중화민족'이라는 단어는 중국 영토 내의 민족적 정체성을 가진 11억 인구를 가리키며, 그가 포함하고 있는 50여 개의 민족 단위는 다원이고 중화민족은 하나이며, 그들은 모두 민족이라고 부르지만 차원은 다르다고 지적했다.

그는 한걸음 더 나아가 이렇게 말했다. "자각적인 민족 실체로서의 중화민족은 최근 100년 동안 중국과 서양 열강의 대결 과정 중에 출현한 것이지만, 자유스러운 민족 실체로서의 중화민족은 수천 년의 역사 과정에서 형성된 것이다. 중화민족의 주류는 수많은 분산되고 독립된 민족 단위로서 그들은 접촉과 혼합, 연결과 융합을 거쳤고 동시에 분열과 소멸도 거치면서 네가 오면 내가 가고, 내가 오면 네가 가고, 내 안에 네가 있고 네 안에 내가 있으며, 또한 각자 개성도 있는 다원적 통일

　　　　　　　　　　　　인류학의 글로벌 의식과 학술적 자각

체를 형성했다."

　나는 다원일체 이론은 단순히 중화민족의 형성과 발전에 관한 이론도 아니며, 단순히 페이샤오퉁 선생의 민족 연구에 관한 이론의 총결산도 아니며, 바로 그의 중국 사회에 대한 연구의 집대성이라고 생각한다. 그가 말했듯이 "나는 이 기회에 내 평생에 걸쳐 달성한 일부 학문적 성과를 내놓고 국제적으로 토론하고 싶다. 나는 지금 또 중화민족 형성의 문제를 생각한다. 나는 나이가 이미 팔순에 가까워 앞으로 살아갈 날이 얼마 남지 않았다고 생각하는데, 만약 시기를 놓쳐 이 과제를 국제 학계에 제기하지 못한다면, 다른 사람과 자신에게 크나큰 아쉬움이 남을 것이다." 페이샤오퉁 선생은 사실상 민족으로서의 사회라는 관점에서 국가 전체와의 관계를 탐구한 것으로, 그것은 그의 사회와 국가관의 새로운 발전이다. 중화민족의 개념은 그 자체로 국가 민족의 개념이며 56개 민족과 그 소속된 집단은 사회 구성의 기본단위이다. 다른 측면에서 다원적 사회의 연합과 국가 통합의 관계, 즉 다원적 일체의 관계를 그려냈다. 다원일체의 구조에서 한족은 모든 민족 결속의 핵심이다.

　중화민족은 20세기 초에 비로소 나타난 명칭으로 현재 중화민족은 중국 각 민족의 총칭인 동시에 중국 각 민족 전체의 정체성의 한 구현이다. 중국의 역사를 펼치면 중국 각 민족의 교류사라고 할 수 있다. 중국 역사에서 수많은 소수 민족이 출현했는데, 이런 민족들과 한족은 함께 중화민족의 역사를 창조하였다. 일찍이 진(秦)나라, 한(漢)나라 때에 중국은 이미 국토가 넓은 다민족 국가가 되었고 한족도 서로 다른 역사 시기에 점에서 선으로, 선에서 면으로 눈덩이가 커지듯이 많은 민족 성분이 융합되어 포용적인 민족을 형성하였다. 물론 한족이라는 이 눈덩이는 문화의 축적과 정체성을 통해 오랜 역사적 과정에서 특유의 문화

저력을 보여주어 오늘날 이처럼 매우 강한 응집력을 가진 한족을 형성했다.

이 다민족 통일체는 이미 2천여 년 동안 존재해 왔다. 중원의 한족이든 주변의 소수 민족 정권이 중원에 입성하여 왕조를 세우든 모두 자신이 중국의 정통이라고 생각한다. 이 왕조들도 모두 다민족으로 구성된 국가이고, 모두 서로 다른 정도의 민족 문제, 민족 정책, 천하 통일의 문제에 직면했다. 중국이라는 이 비옥한 땅의 역사 속에서 많은 민족이 살았고, 어떤 민족은 사라지고 다른 어떤 민족은 또 성장하기 시작했다. 이 역사적 과정에서 비록 잠시 분단, 할거 또는 몇 개의 정권이 동시에 병존하는 국면이 있었지만, 모두 일시적이었으며, 통일된 다민족 국가가 중국 역사 발전의 주류를 이루었다. 이와 동시에, 중국 역사상 각 민족의 다원적 기원 및 발전과 함께, 여러 민족은 모두 끊임없이 자신의 민족 전통을 발전시켜 왔다. 중국 역사에서 물론 민족 간에 충돌, 저항 내지 전쟁이 발생했지만, 민족 간의 경제 문화 교류, 학습, 흡수 및 상호 보완은 각 민족의 공동 진보와 발전을 촉진하였다.

민족 간의 문화 교류도 민족 문화 재창조의 동력과 자원이다. 예를 들면 '차마호시(茶馬互市)'[11], '염차호시(鹽茶互市)'[12], '실크로드', '화친

---

11 차마호시(茶馬互市)는 차마 무역이라고도 불리는데, 중국 서부 지역에서 티베트족 및 기타 소수 민족의 말을 차로 교환했던 정책 및 무역 제도이다. 차마호시는 내륙과 변경 지역 간의 주요 상업 무역 형태로 약 5세기 남북조 시대에 시작되어 당, 송, 명, 청 시기에 모두 교역이 진행되었다. -역자 주

12 염차호시(鹽茶互市)는 정염(井鹽)이 생산되어 차와 함께 차마고도를 따라 여러 지역에 널리 운송되고 교역된 상황을 이른다. 정염(井鹽)은 정광염(井礦鹽)이라고도 불리는데 직경이 한 뼘 정도, 깊이가 몇 백 미터에서 천 미터에 달하는 우물을 파고 지하 염층(鹽層)에 있는 간수를 뽑아올려 반복적으로 끓이면서 수분을 증발시키고 불순물을 제거하는 방식으로 소금을 생산한다. 쓰촨성 즈궁(自贡)은 고대로부터 정염이 가장 많이

(和親)’, ‘조(趙)나라 무령왕(武靈王)의 호복기사(胡服騎射)’[13], ‘몽골의 티베트 불교’[14] 등이 그러하다. 이 다민족 공생 관계의 역사 과정 중에서 다원일체의 관계가 형성되고 더욱 밀접하게 되었는데, 즉 한족과 각 주변 소수 민족의 상호 작용 과정에서 소수 민족과 한족은 쌍방향의 문화 교류를 통해 최종적으로 오늘의 중화문화로 통합해냈다. 이 중화문화의 기반은 바로 중국 각 민족이 가진 중화민족 공동체에 대한 정체성이다. 1840년 이후와 20세기 전반에 중국이라는 이 다민족 국가는 제국주의에 저항하는 과정에서 중화민족의 응집력과 정체성을 한층 더 강화시켰다. 이 특유의 결속 의식과 응집력 또한 중국 다민족 사회의 존재의 기반이며, 궁극적으로 중화민족의 다원일체 구조를 촉진시켰다.

중국 내에 분포되어 있는 각 민족의 경제생활은 한편으로는 각 민족 자신이 선택한 결과이고, 다른 한편으로는 각 민족 간 상호 교류의 역사적 산물이다. ‘네 안에 내가 있고 내 안에 네가 있다’, ‘소수 민족은 한족을 떠날 수 없고, 한족은 소수 민족을 떠날 수 없다’ 등은 중국 민족 관계의 특징을 형상적으로 반영하고 있으며, 다원일체 구조의 현실적 구현이기도 하다. 이 역사 문화 전통은 바로 오늘날 민족 지역 공동

나는 지역이다. 현재 중국인이 식용하는 소금의 대부분이 정염이다. -역자 주

13 조(趙)나라 무령왕(武靈王)의 호복기사(胡服騎射)는 중국 전국 시대 조나라의 무령왕이 진행한 군제 및 복제 개혁을 말한다. 그는 싸울 때 편리하게 길이가 짧고 소매가 좁은 북방 유목 민족의 복장을 입게 하고 기마병을 훈련시키고 말 위에서 활을 쏘는 법을 가르쳤다. 개혁 결과 조나라의 군사력이 크게 향상되었다. -역자 주

14 몽골의 티베트 불교는 티베트 불교가 서기 13세기부터 몽골에 전파된 것을 이르며 몽장불교(蒙藏佛教)라고도 한다. 명나라 때에 이르러 티베트 불교는 샤먼교를 제치고 몽골의 지배적인 종교가 되었다. 역대 몽골 칸의 강력한 지원으로 티베트 불교가 전파되었고 티베트-몽골 민족 간의 사상 문화 교류가 촉진되었다. -역자 주

번영의 현실적 토대이다.

　페이샤오퉁 선생은 연해와 변방 지역의 발전, 특히 변방 지역 소수 민족의 공동 번영 문제를 특별히 중시하였다. 그는 황하 중상류 서북 다민족 지역, 서남 6개 강 유역의 민족 지역, 난링 회랑 민족 지역, 우링 산구 산악 민족 지역, 내몽골 농목구 등 구역에 대해 종합적인 연구를 진행할 것을 제안하고 몸소 실천했다. 그는 시종일관 중국 서부와 동부의 격차는 민족의 격차를 나타내고 있다고 강조했다. 서부의 발전 전략은 민족적 요소를 고려해야 하는데, 민족적 특징은 한 민족이 역사 과정에서 형성된 것으로 그 구체적인 물질적, 사회적 조건에 적응하는 것이다. 그러한 이유로 페이샤오퉁 선생은 역사 문화 구역에 의거하여 경제 협력을 추진하는 발전을 구상하였는데, 예를 들면 '황하 상류 다민족 개발구', '대서남 개발'의 구상은 바로 지역 문화 전통에 근거하여 제안한 것이다. "허시 회랑을 위주로 하는 황하 상류 천여 리 유역은 역사적으로 하나의 경제 지대에 속하고 장사에 능한 후이족(回族)은 오랫동안 이곳에서 생활했다. 지금 우리는 이천여 리 황하 유역을 연결해서 하나의 협력 구역을 구성한다."

　이 경제구의 의의는 서쪽으로 '실크로드'를 재개하고, 현재 이미 건설된 유라시아 대륙교를 통해 서부 국제 시장을 개척하는 것이다. 또한 민족 지역의 경제 발전과 현대화에 있어서 또 하나의 중요한 경로는 바로 지역 간의 상호 보완과 상호 협력이며 동부와 서부 간의 격차를 한층 더 줄이고 민족 지역의 경제 발전과 번영을 촉진하는 것이다. 현재 거의 모든 민족 자치 지방이 내륙 및 이웃한 한족 지역과 맞춤형 지원, 수평적 경제 연합 등 여러 형식을 포함한 경제 기술 협력과 문화 교류 관계를 수립하였는데 이 역시 새로운 형태의 민족 관계의 현실적 구현

　　　　　　　　인류학의 글로벌 의식과 학술적 자각

이다.

중국 민족 구도에 대해 예지롭게 파악한 페이샤오퉁 선생은 1999년 후, 베이징대학교 사회학인류학연구소의 관련 교수와 나눈 담화에서 한 나라 안의 인구가 적은 소수 민족에 대한 조사와 연구에 관심을 가져야 한다고 특별히 제안하고, '소민족, 대과제', '소민족, 대정책'을 제안하였으며, 국가민족사무위원회가 관련 부서를 조직하여 조사 및 연구를 수행할 것을 건의하였다. 국가민족사무위원회는 재빨리 페이샤오퉁 선생의 건의를 받아들여 베이징대학교, 국가민족사무위원회 민족문제연구센터, 중앙민족대학교 등 기관의 연구원들에게 조사를 의뢰했다.

2000년 초부터 '중국 인구 10만 명 이하 소수 민족 조사연구단'을 구성하여 신장팀, 간쑤·칭하이팀, 윈난팀, 동북·내몽골팀 등 4개 팀으로 나누어 2000년부터 2001년까지 인구 10만 명 이하의 22개 소수 민족에 대한 조사를 실시하였다. 나는 당시 동북·내몽골 조사 연구팀의 팀장으로서 허저족, 어원커족, 어룬춘족의 조사 협조 업무를 담당했다. 2000년 가을, 내가 대싱안링 어룬춘 지역에서 베이징으로 돌아와 페이샤오퉁 선생을 뵈러 갔을 때, 페이샤오퉁 선생은 매우 진지하게 이 지역에 관한 나의 조사 보고를 듣고, 나에게 소민족(小民族, 인구가 적은 소수 민족)에 관한 과제를 잘해야 한다고 끊임없이 격려했다.

2001년7월, 베이징대학교 사회학인류학연구소와 서북민족대학교가 공동 주최한 제6회 사회학인류학 학술심포지엄에서 페이샤오퉁 선생은 특히 소민족의 문제에 대하여 「민족의 생존과 발전」이라는 강연을 하였는데, 그는 다음과 같이 언급하였다. "최근 몇 년 동안 내가 늘 마음속으로 걱정했던 것은 1998년 제3차 학술심포지엄에서 어룬춘족 여성이 나에게 솔직하게 던진 한 질문이었다. '사람이 중요한가, 문화가 중요한가?' 그녀의 뜻은 자신들의 민족 문화가 심각한 도전을 받고 있을 뿐만 아니라 나날이 소멸해 가는 것을 보았는데, 먼저 사람을 지켜야 문화를 재건할 수 있다는 것이다. 그녀가 제기한 문제는 매우 중요하고 시의적절했는데, 왜냐하면 이 세계화의 물결 속에서, 일부 뿌리도 깊지 않고 인구도 적은 민족은 이 끔찍한 현상을 피할 수 없기 때문이다. 나는 줄곧 이 문제를 마음에 두었다. 그리고 내가 대학 때 읽은 영국의 인류학자 피터 리버스(Peter Rivers)가 쓴 『문화의 충돌(Clash of Cultures)』이라는 책이 생각났다. 그는 호주의 토착민들이 어떻게 소멸되었는지에 대한 이야기를 썼는데, 그는 하나의 문화가 충돌하여 소멸되면 토착민들은 계속 살아갈 의지도 잃게 된다고 말한다. 나는 영국 유학 중(1936~1938년)에 신문에서 호주 남단 태즈메이니아 섬의 마지막 남은 토착민이 사망한 기사를 읽었는데, 이것은 내게 큰 충격을 주었고, 마음속에서 계속 나를 괴롭혔다."

"내가 1987년에 후룬베이얼맹과 대싱안링을 답사했을 때, 어룬춘족의 문제를 보았다. 우리 정부도 확실히 힘을 다해 이 민족을 지원하고 있다. 그들은 먹고 자는 데 문제가 없고, 아이들이 학교에 가는 데도 학비를 요구하지 않지만, 그 자체로는 아직 생기 있는 공동체가 형성되어 있지 않고, 스스로 살아갈 수 있는 상태가 아니었다."

"그래서 내 머릿속에는 늘 한 가지 질문이 있다. 중국에 인구 만 명 이하의 소수 민족이 7개가 있다. 그들은 앞으로 어떻게 살아남을 것인가? 사회의 큰 변동 속에서 어떻게 장기적으로 살아남을 것인가? 실제로 전 세계가 일체화 된 후, 중화문화는 어떻게 할 것인가도 비록 그렇게 급박하지는 않지만 유사한 문제이다. 그렇지만 인구가 아주 적은 소수 민족에게는 현실 생활에서 이미 생존과 문화 보존이 상호 모순되는

인류학의 글로벌 의식과 학술적 자각

문제가 되었다."

"정보 사회로 진입한 후 문화가 빠르게 변하자 인구가 적은 소수 민족에게는 자신의 문화를 어떻게 보존할 것인가 하는 문제가 발생하였다. 이런 상황에서 기존의 생산과 생활 방식을 바꾸기 위한 방법을 강구하지 않고는 불가능하게 되었다. 문제는 어떻게 바꾸는가 하는 것이다."

글로벌 문화 발전과 교감의 시대, 하나의 큰 변화의 시대에서 어떻게 생존하고 발전할 수 있으며, 어떻게 하면 다문화 공존의 시대에 진정으로 '화이부동'을 실현할 수 있을까? 인류가 함께 지내는 문제는 잘 해결되어야 한다. 이것은 대가를 치러야 하며 심지어 생명의 대가까지 치러야 한다. 문화를 보존하는 것은 생명을 보존하는 것이며 사람을 보존해야 문화도 있을 수 있다. 왜냐하면 문화는 사람이 창조한 것이고 그것은 생명을 보존하는 도구이기 때문이다. 그래서 모든 것이 번영하고 발전하기 위해서는 사람을 우선으로 해야 한다.

페이샤오통 선생의 강연은 사실 중국 55개 소수 민족 중 인구가 적은 민족이 현대화 과정에서 직면한 새로운 문제, 즉 '문화 보존'과 '사람 보호'의 문제를 지적했다. 이러한 문제들이 제기되는 이유는 인구가 적은 이들 민족이 지리적으로 대부분 소위 변두리에 있으며, 심지어는 주변 중의 주변 민족이라고 말할 수 있는 것과 관련이 있다. 이러한 민족의 발전과 진로는 세계화 과정에서 반드시 중시해야 할 과제이다. 중국의 소수 민족과 비슷한 문제가 다른 나라와 지역에도 동일하게 존재한다.

채집 수렵민인 어룬춘족이 직면한 문제가 세계의 다른 채집 수렵 사회에서도 비슷한 현상으로 나타나고 있다. 채집 수렵민(hunter-gatherer)

은 수렵 채집민이라고도 불리며 인류학적으로 매우 오래된 용어이다. 이 연구는 인류학의 초기 '사회 이론' 구축의 기반을 이루었다. 인류학자들이 지적하는 바와 같이 "수렵 채집 사회의 연구는 사회인류학의 다른 분과에 비해 독자적으로 발전하는 특징이 있다. 그래서 그것은 일반적인 사회인류학과 연결될 뿐만 아니라 어떤 면에서는 인류학이라는 학문의 중추라고 할 수 있다. 인간의 본질과 같은 질문에 채집 수렵 사회만큼 정확하게 대답할 수 있는 분야가 없다."[15]

채집 수렵민들은 대부분 한 국가 또는 문화 지역의 아주 변두리에 위치한다. 다민족 다문화 국가에서, 그들은 종종 주변 민족들의 변두리에 있다. 말하자면 주변부의 변두리 민족에 속한다. 시미즈 아키토시(清水昭俊, 1942~) 교수는 '주변 민족'의 형성을 근대 세계사의 맥락에서 정리했다. 그는 역사적으로 많은 원주민족(先住民族)이 다른 민족과 지배·피지배 및 동맹 관계를 유지하면서 지방의 네트워크를 형성하였는데, 이 네트워크는 정치경제의 역학에 의해 주변을 향하여 구축된 질서라고 지적하였다. 이 과정에서 사람들은 자신의 주변 위치를 자각하게 되었고, '중심'의 존재로 인해 주변 민족이 형성되었다.[16] 이들 민족은 근대 이래 서유럽 각 사회를 중심으로 형성된 세계 네트워크 및 주변 중의 중심과 변두리의 네트워크에서 각양각색의 변화를 몸소 체험하였다. 많은 수렵 민족은 근대 이래 주변 민족의 일부로서 형성되었다고

---

15 Barnard and Woodbum, "Property, Power and Ideology in Hunter-Gathering Societies: An Introduction," in Tim Ingold et al., *Hunter-Gatherers*, Oxford: Berg, 1988, pp.4-31.

16 清水昭俊,「永远的未开文化和周边民族」,『国立民族学博物馆研究报告』1992年第3期, pp.417-488.

말할 수 있다. 어룬춘족과 같은 중국의 소민족도 예외가 아니다.

주지하다시피, 우리 인류의 역사를 살펴보면 현재 고고학 자료는 거의 450만 년의 역사를 가지고 있지만 이 긴 역사의 흐름 속에서 인류는 449만 년의 역사를 채집, 수렵, 어업을 바탕으로 생활했다. 오늘날에도 전 세계에 여전히 많은 채집 수렵 사회가 있다. 전 세계적으로 현존하는 수렵 채집민 중, 인류학 분야에서는 남아프리카공화국의 부시먼족(Kung Bushman)과 피그미르족(Mbuti Pygmyr), 호주의 원주민 욜릉구족(Yolngu), 북극의 이누이트인, 동북아시아의 퉁구스족계로 러시아에 분포하는 에벤크인(Evenk)과 중국 내몽골 동북부의 싱안링 깊숙한 곳에 있는 어룬춘족 및 일부 어원커족 등이 잘 알려져 있다. 채집 수렵민 사회는 일반적으로 소위 '산업문명' 사회에 있는 사람들에게 '자연과의 공생', '지구와의 조화'로 사람들의 동경을 불러일으키고 무한한 상상적 공간을 가진 원초적인 사회이다.

농경 사회의 '남경여직'과 대응하여 수렵 채집 사회에서 남녀의 분업은 연령, 성별을 기반으로 주로 '남렵여채(男獵女采)', 즉 남자는 사냥을 하고 여자는 채집을 한다. 음식의 분배도 비교적 공평하다. 어쩌면 경제학자들은 이런 사회의 생활에 대해 매우 쓸쓸함을 느끼겠지만, 인류학은 민족지의 연구를 통해 수렵 채집 사회의 목가적인 낭만을 느낀다. 살린스는 수렵 채집민을 '원초적으로 풍요로운 사회(original affluent society)'라고 불렀다. 이 견해는 주로 수렵 채집민들이 식량 이외의 것을 바라지 않으며, 그곳에 식량이 있다면 그들이 원하는 모든 것을 가진 것이라는 것을 강조한다.

물론 현재 그들의 구체적인 생활과 기술의 변천은 이미 우리의 상상과는 거리가 아주 멀다. 특히 최근 몇십 년간 전 세계적으로 채집 수렵 사회가 거의 모두 직면하고 있는 공통된 문제들이 있다. ① 일부 국가와 지역은 채집 수렵 활동을 법적으로 금지하고 있다. ② 일부 온대 기후 지역에서 농경지와 경작지 개발로 삼림 등 자원 환경이 심각하게 파괴되어 수렵민들이 수렵의 터전을 잃고 있다. ③ 해당 국가와 지방 정부가 각기 다른 시기에 취한 정착화 정책 및 사회 복지 정책 등으로 인해 수렵민들은 상대적으로 집중된 거주지 내에 있으며, 각종 정책의 보호를 받으면서 수렵지로부터 밀리 떨어져 있다.

페이샤오퉁 선생이 제안한 '소민족, 대과제' 연구는 특정 정책 수준에서 현지인과 지역 경제 문화의 발전을 위한 과학적 보고서를 제시할 수 있을 뿐만 아니라 중국 소민족에 대한 인류학 연구를 통해 세계 인류학과 민족학의 이론 수립에 중요한 이론과 실천적 근거를 제공할 수 있음을 알 수 있다. 심지어 어느 정도 중국 다민족 사회의 공생이라는 문화적 이념은 전 세계적으로 문화 간의 이해와 문명 간의 대화에 중요한 경험을 제공할 것이다. 물론 문명 간의 대화 역시 고유의 '중심'과 '주변' 사이의 정치, 문화, 경제, 심리 등의 거리를 좁히는 중요한 통로임에 틀림없다.

4. '문명 간의 대화'와 '화이부동'의 글로벌 사회

1998년 유엔은 헌팅턴의 '문명 간의 충돌'에 맞서 '문명 간의 대화'라는 개념을 제안했다. 다른 문화와 가치, 다른 민족, 다른 종교의 사람들이 깊은 교류와 대화를 통해 문명 간의 공생에 도달한다는 이념을 강조하며 2001년을 '문명 간 대화의 해'로 정하였다. 냉전 종식 후 전 세계적으로 잠재되어 있던 민족, 종교 등의 문화적 갈등이 더욱 심화되고 학계의 다양한 민족 사회에 대한 비교 연구가 점점 더 사람들의 관심의 초점 중 하나가 되었다. 통계에 따르면, 1988년부터 전 세계에서 일어난 무력 충돌 중, 이라크의 쿠웨이트 침공 전쟁을 제외하고, 나머지는 모두 민족 내부의 문제로 인한 것이라고 한다. 일부 연구자들은 1949년부터 1990년대 초까지 민족 갈등으로 인한 사상자가 약 169만 명으로 국가 간 전쟁에서 사망한 사람의 몇 배에 달한다는 통계를 발표했다. 예를 들어 소련 붕괴 후 일부 민족의 주권과 독립 문제, 아프리카의 소말리아와 수단, 아시아의 미얀마와 스리랑카, 유고슬라비아의 크로아티아·세르비아·보스니아 헤르체고비나 및 현재의 코소보 문제 등이 있다. 특히 '9.11' 사건 이후, '정의'의 기치 아래 '문명 간의 대화'의 이념은 점점 더 인류의 큰 관심사가 되었다. 그러나 '문명적' 또는 '문명 간'이 구체적으로 지칭하는 문명은 다양한 각도의 정의로 분류할 수 있는데, 예를 들어 헌팅턴은 문화와 종교를 바탕으로 냉전 이후의 세계를 '8개의 문명권'으로 구분하는데, 이러한 분류 자체는 고유의 전통적 '서구'와 '비서구'의 이원적 대립 원칙을 넘어서지 못한다. 인류학적 관점에서 인류 문명의 분류는 유목 문명, 농경 문명, 산업 문명, 정보 문명의 네 가지 문명의 분류를 선호한다.

위의 문명들 사이에는 초기 진화론에서 언급하는 것처럼 단순히 대체의 문제가 아니라, 상당히 많은 문명이 같은 시공간에서 공존하는 문제가 존재한다. 동시에 문명 간의 대화는, 같은 문명 내의 다른 문화 간의 대화를 포함한다는 데는 이의가 없다. 예를 들어, 문명의 대화 및 세계화의 과정에서 수렵 채집 사회의 정치적 권리가 무엇인지, 사회와 문화 및 생산이 어떠한지, 직면한 문제가 어떤 구체적인 방식으로 나타나는지, 미래의 발전 방향이 어떠한지는 모두 세계화와 문명의 대화의 구체적인 연구 분야가 되어야 한다. 이 연구는 인류의 본질과 문화와 사회 이론을 이해하는 데 중요한 의의를 가지며 인류학의 학문 역사에서 중요한 위치를 차지한다. 페이샤오퉁 선생이 주장하는 '심태 질서'의 확립과 '화이부동'이라는 글로벌 이념은 문명 간 대화의 바탕임에 틀림없다.

2000년 7월 베이징에서 열린 국제인류학민족학연합회(IUAES) 중간 회의에서 페이샤오퉁 선생의 기조연설은 「'화이부동'의 글로벌 사회를 수립하자」였다. 그 기조연설에서, 페이샤오퉁 선생은 다민족 간의 평화 공존과 지속적인 발전을 특별히 강조하였다. 평화롭게 공존하지 못한다면 많은 문제가 발생하게 될 것이고, 심지어는 분쟁이 생길 수도 있다. 사실, 이 문제는 이미 발생한 적이 있다.

그는 과거에 주요한 위치를 차지했던 서양 문명, 즉 구미 문명이 제대로 해결하지 못한 문제가 최근 몇 년 사이에 점차 두드러지게 나타났다고 지적하였다. 실제로 많은 지역 전쟁이 일어났다. 인류 문화가 공감대를 찾고 있는 동시에 대량의 핵무기, 인구 폭발, 식량 부족, 자원 부족, 민족 분쟁, 지역 충돌 등 일련의 문제들이 인류의 생존을 위협하고 있다. 특히 냉전이 종식된 후 그동안 잠재되어 있던 민족, 종교 등 문화에서 비롯된 충돌이 더욱 심해졌다.

이런 의미에서, 인류 사회는 사회의 '위기'와 문명의 '위기'에 직면해 있다. 이런 세계적인 문제들이 내포하고 있는 잠재적 위기들은 사람들의 경각심을 불러일으킨다. 이 문제는, 기존의 서양 학술 사상으로는 해결할 수 없을 것 같다. 그러나 중국의 전통 경험과 당대의 민족 정책은 모두 평화 공존의 논리에 부합한다.

페이샤오퉁 선생은 더 나아가 서로 다른 국가, 민족, 종교, 문화를 가진 사람들이 어떻게 하면 평화롭게 지내고 인류의 미래를 함께 창조해 나갈 수 있는가 하는 것이 우리 앞에 놓인 과제라고 지적했다. 중국인에게 있어서 '천인합일(天人合一)'을 추구하는 것은 하나의 이상적인 경지이며 '천인' 사이의 사회규범은 바로 '화(和)'이다. 이 '화'의 관념은 중국 사회 내부 구조의 각종 사회적 관계의 기본적인 출발점이 되었다. 다른 민족과 어울릴 때, 이런 '화'의 이념을 구체적인 민족 관계 속에 넣으면서 '화이부동(和而不同)'의 이념이 나타난다. 이 점은 서양의 민족 관념과 매우 다르다. 이것은 역사 발전의 과정 즉 역사적 경험이 다르기 때문이다. 그래서 중국 역사에서 말하는 '화이부동'은 다원일체 이론의 다른 표현이기도 하다. 다름을 인정하되, '화합'하는 것은 세계 다문화가 나아가야 할 하나의 길이다. 그렇지 않으면 분쟁이 생긴다. '같음'만 강조하고 '화합'하지 못한다면 파멸의 길뿐이다. '화이부동'은 바로 인류 공동 생존의 기본 조건이다.

페이샤오퉁 선생은 인류학의 관점에서 '화이부동'이라는 중국 선진 사상에서 유래한 문화정신을 세계화 과정에서 문명 간의 대화와 다문화 공생으로 이해하였는데, 이는 글로벌 사회를 건설하는 공통의 이념이라고 말할 수 있다. 이 '화이부동'의 이념은 '문명 간의 대화'와 다른 문화 간의 관계를 다루는 하나의 원칙이 될 수도 있다.

앞에서 살펴본 페이샤오퉁 선생의 세 번째 글은 주로 인류의 전체관, 기술성과 인간성, 문화의 공생과 문명의 대화 등의 관점에서 글로벌 체계 중 중국 사회 내부의 다민족, 다문화가 함께 지내는 방법, 그리고 중국의 문화 이념과 사상이 어떻게 세계화 과정에서 중요한 문화 자원이 되는지에 대해 논의한다. 이러한 논의는 또한 인류학적 관점을 통해 세계화와 지역 사회 간의 대응 관계에 대해 전개한 구체적인 노력과 실천이다. 한마디로, 중국 사회와 문화에서 축적된 타문화에 대한 이해의 정수와 인문 정신은 반드시 '화이부동'의 첨단 기술 글로벌 사회를 건설하는 데 적극적인 역할을 발휘할 것이다. 『메가트렌드』의 저자 존 나이스비트(John Naisbitt, 1929~2021)가 다른 사람과 공저한 『하이테크 사고-과학 기술과 인간성의 의미 추적』[17] 중국어판 서문에서 언급한 것과 같다. "우리는 중국 문명이 세계에서 유일하게 보존된 유구한 역사를 가진 문명 중 하나로서, '고차원적 사고' 방면에서 인류에 많은 기여를 할 수 있을 것이라 믿는다. 예를 들면 하늘, 땅, 인간에 대한 중국인의 견해와 영성, 윤리와 철학 그리고 인간 관계에 대한 풍부한 지식은 중국과 대중국 문화권의 재부흥에 따라 그 귀중한 문화 전통을 발양하고, 세계에 소중한 '고차원적 사고' 자원을 제공하게 될 것이며, 따라서 우리가 첨단 과학 기술 시대에 인간성의 의미를 찾는 데 도움이 될 것이다."

---

17 [美] 约翰·奈斯比特、娜娜·奈斯比特、道格拉斯·菲利普:『高科技思维—科技与人性意义的追寻』, 尹萍译, 新华出版社, 2000.

2장

세계화와 문명 간의 대화 속 주변의 변두리 민족: 수렵 채집민의 '자립'과 '한계'

- 정착한 수렵민, 중국 어룬춘족 사례를 중심으로

1. 세계화와 문명 간의 대화

사회과학에 있어서 세계화는 최근 몇 년간 여러 분야에서 논의되는 주제이다. 그러나 세계화라는 매우 복잡하면서도 매력적인 역사적 과정에 대해 공통된 정의를 내리는 것은 불가능하다. 전 세계 문화의 다양성을 연구하는 것으로 알려진 인류학은 세계화가 문화, 경제, 정치, 환경 보호 등 많은 분야에서 동시에 나타나는 복잡하고 다양한 과정이라는 것을 인식하고 있다.[01] 동질화, 일체화, 심지어 일원화보다 인류학이 더욱 강조하는 것은 지역화, 본토화 그리고 이질화의 과정이다. 이러한 인식은 전 세계적으로 다양한 문화에 대한 연구와 축적을 바탕

---

01 Jonathan Xavier Inda and Renato Rosaldo, *The Anthropology of Globalization*, Blackwell Publishers, 2002, p.10.

으로 한다.

그렇다면 문화적인 관점에서 세계화를 어떻게 볼 것인가? 문화비평의 대표적인 연구자로 잘 알려진 스튜어트 홀은 세계화를 "지구상에서 상대적으로 분리된 여러 지역들이 하나의 상상 속의 '공간'에서 서로 교류하는 과정"이라고 정의했다.[02] 세계화는 끊임없는 상호 교류를 바탕으로 사람들의 상상력이 '단일화된 상상의 공간'을 만들어 내는 문화적 과정을 전제로 한다. 이 '상상의 공간'은, 전 세계의 다양한 사회 문화 속의 다양한 집단이 처한 역사적, 사회적 배경에 따라 구성한 다원적인 세계이다. 이 '상상의 공간'을 전제로 한 세계화와 지역화 그리고 문화적 정체성 사이의 관계는 인류학에서 관심을 갖는 이슈이다.

세계화에 대한 반응으로 나타나는 문화 상대론적인 동태적인 표현을 보면 본토 또는 지역의 문화적 정체성, 지역 공동체주의 및 다원적 민족 사회의 민족주의가 세계 여러 나라와 지역에서 소생, 부흥, 재구성의 추세를 보이고 있다는 것을 알 수 있다.

현실에서, 세계화는 또한 주변성을 가져오고, 주변부는 또 자신의 관점에서 끊임없이 자신의 정체성과 지역성을 더욱 강화시킨다. 이 지역성 심지어 민족의 집단적 정체성까지도 종종 문화의 생산과 재창출과 연결된다. 즉 세계화 과정에서 생산, 소비, 문화 전략은 서로 하나로 연결된다. 글로벌 체계 속의 지역이나 집단으로서, 종종 문화적으로 이중적 특징, 즉 동질성과 이질성이라는 이원적 특성을 나타낸다.

세계화 과정에서 서로 다른 문명이 어떻게 공생하는가, 특히 세계

---

02   Hall, "New Cultures for Old", D. Massey and P.Jess, eds., *A Place in the World*, Oxford University Press, 1955, p.190.

체계의 중심과 주변 및 그 주변의 중심과 변두리(예를 들어 세계 체계의 서양 중심의 관점에 비추어 중국 등 비서양 사회는 주변에 위치해 있다.)가 있다. 중국에는 역사적으로 '화이질서'가 존재하여 현대 국가적 의미의 '중심'과 '변방'을 초월하는 대화가 형성되었고, 주변 민족이 어떻게 하면 '영원한 변방 민족'이 되지 않을 수 있는가에 대한 화두가 인류학의 관심 분야로 떠올랐다. 문명 간의 대화 역시 고유의 '중심'과 '주변' 사이의 정치, 문화, 경제, 심리 등의 거리를 좁히는 중요한 통로임에 틀림없다.

1998년에 유엔은 헌팅턴의 '문명 간의 충돌'에 맞서 '문명 간의 대화'라는 개념을 제안했다. 다른 문화와 가치, 다른 민족, 다른 종교의 사람들이 깊은 교류와 대화를 통해 문명 간의 공생에 도달한다는 이념을 강조하며 2001년을 '문명 간 대화의 해'로 정하였다. 문명 간의 대화는 사실 중국 철학 중의 '화이부동'의 이념이다. 페이샤오퉁 교수가 2000년 국제인류학민족학연합회 중간회의에서 발표한 기조 연설 「'화이부동'의 글로벌 사회를 수립하자」처럼, 서로 다른 문화와 민족은 '아름다운 것들을 함께 어우른다.(美美與共)'는 정신으로 '천하대동(天下大同)'에 도달할 수 있다. 특히 '9.11' 사건 이후, '정의'의 기치 아래 '문명 간의 대화'의 이념은 점점 더 인류의 큰 관심사가 되었다. 그러나 '문명적' 또는 '문명 간'이 구체적으로 지칭하는 문명은 다양한 각도로 분류할 수 있는데, 예를 들어 헌팅턴은 문화와 종교를 바탕으로 냉전 이후의 세계를 '8개의 문명권'으로 구분하는데, 이러한 분류 자체는 고유의 전통적 '서구'와 '비서구'의 이원적 대립 원칙을 넘어서지 못한다. 인류학적 관점에서 인류 문명의 분류는 다음과 같은 네 가지 문명의 분류를 선호한다.(표1 참조).

표1. 문명: 역사의 변천과 연결

	유목 문명 역사 시작부터 지금까지	농경 문명 기원전 8000년 부터 지금까지	산업 문명 1750년부터 지금까지	정보 문명 1971년부터 지금까지
생산양식: 경제	수렵, 채집, 가축	농업, 채굴	제조업 서비스업	지식 산업
정당성의 방식: 통치	혈연	종교	정치	경제
질서의 방식: 사회	부계	다국적 농경 국가, 도시 국가, 봉건 제도	민족국가 민족주의 공업국가	초강대국, 다국적 기업, TMCs, IGOs, NGOs, AGOs, UNPOs
커뮤니케이션 방법: 기술 인정	언어, 조상, 이동, 자연 숭배, 주술 의식	글 종교 지역 철학	인쇄 세속 국가 이데올로기	전자 지구 글로벌 환경 보호

TMC: Transnational Media Corporation(초국가적 미디어 기업)

IGO: Intergovernmental Organization(정부간국제기구)

AGO: Alternative Governmental Organization(대안정부기구)

NGO Non—Governmental Organization(비정부기구)

UNPO: Unrepresented Nations and Peoples Organization(비국가연합 비국가민족조직기구)

자료출처: Majid Tehranian. Fourth Civilization: Culture and the Cultureof
　　　Globalization, 2001. 참조: 津田幸男等編 『全球社区论』, NAKANI SHIYA 出版,
　　　2002, 第18頁。

　　표1에서 보여준 문명들 사이에는 초기 진화론에서 언급하는 것처럼 단순히 대체의 문제가 아니라, 상당히 많은 문명이 같은 시공간에서 공존하는 문제가 존재한다. 동시에 문명 간의 대화는, 같은 문명 내의 다른 문화 간의 대화를 포함한다는 데는 이의가 없다. 표1에서 보듯이 유목 문명 내부에 포함된 수렵 채집 사회는 문명의 대화 및 세계화의

인류학의 글로벌 의식과 학술적 자각

과정에서 나타나는 그 정치적 권리는 무엇인지, 사회와 문화 및 생산은 어떠한지, 직면한 문제는 어떤 구체적인 방식으로 나타나는지, 미래의 발전 방향은 어떠한지 등 문제들은 모두 세계화와 문명의 대화의 구체적인 연구 분야가 되어야 한다. 이 연구는 인류의 본질과 문화와 사회 이론을 이해하는 데 중요한 의의를 가지며 인류학의 학문 역사에서 중요한 위치를 차지한다. 수렵 채집민과 같은 변두리 민족을 제외한다면, 적어도 이런 문명 간의 대화는 매우 불충분하다고 말할 수 있다.

2. 주변 속의 변두리 민족: 채집 수렵민 사회의 인류학

채집 수렵민(hunter-gatherer)은 수렵 채집민이라고도 불리며 인류학적으로 매우 오래된 용어이다. 이 연구는 인류학의 초기 '사회 이론' 구축의 기반을 이루었다. 인류학자들이 지적하는 바와 같이 "수렵 채집 사회의 연구는 사회인류학의 다른 분과에 비해 독자적으로 발전하는 특징이 있다. 그래서 그것은 일반적인 사회인류학과 연결될 뿐만 아니라 어떤 면에서는 인류학이라는 학문의 중추라고 할 수 있다. 인간의 본질과 같은 질문에 채집 수렵사회만큼 정확하게 대답할 수 있는 분야가 없다."[03]

채집 수렵민들은 대부분 한 국가 또는 문화 지역의 아주 변두리에 위치한다. 다민족 다문화 국가에서, 그들은 종종 주변 민족들의 변두리에 있다. 말하자면 주변부의 변두리 민족에 속한다. 시미즈 아키토시(清

---

03 Barnard and Woodbum, "Property, Power and Ideology in Hunter-Gathering Societies: An Introduction," in Tim Ingold et al., *Hunter-Gatherers*, Oxford: Berg, 1988, pp.4-31.

水昭俊, 1942~) 교수는 '주변 민족'의 형성을 근대 세계사의 맥락에서 정리했다. 그는 역사적으로 많은 원주민족이 다른 민족과 지배·피지배 및 동맹 관계를 유지하면서 지방의 네트워크를 형성하였는데, 이 네트워크는 정치경제의 역학에 의해 주변을 향하여 구축된 질서라고 지적하였다. 이 과정에서 사람들은 자신의 주변 위치를 자각하게 되었고, '중심'의 존재로 인해 주변 민족이 형성되었다.[04] 이들 민족은 근대 이래 서유럽 각 사회를 중심으로 형성된 세계 네트워크 및 주변 중의 중심과 변두리의 네트워크에서 각양각색의 변화를 몸소 체험하였다. 많은 수렵 민족은 근대 이래 주변 민족의 일부로서 형성되었다고 말할 수 있다.

여기서 수렵 채집 사회의 역사적 과정을 차치하더라도, 한 가지 인정해야 할 점은 이 문화가 종종 변두리 문화였다는 것이다. 상당수의 연구에서 수렵 채집민의 경제생활 양식을 농경보다 낮은 사회 단계에 두고 분석해왔으며, 동시에 그에 따른 정책적 차원에서도 '진보적'인 농경 기술과 '낙후'된 수렵 기술의 가치 판단이 나타났다. 중국의 수렵 채집 민족인 어룬춘족도 예외가 아니다.

주지하다시피, 우리 인류의 역사를 살펴보면 현재 고고학 자료는 거의 450만 년의 역사를 가지고 있지만 이 역사의 긴 흐름 속에서 인류는 449만 년의 시간 동안 채집, 수렵, 어업을 바탕으로 생활했다. 오늘날에도 전 세계에 여전히 많은 채집 수렵 사회가 있다. 전 세계적으로 현존하는 수렵 채집민 중, 인류학 분야에서는 남아프리카공화국의 부시먼족(Kung Bushman)과 피그미르족(Mbuti Pygmyr), 호주의 원주민 욜릉

---

04   清水昭俊: 「永远的未开文化和周边民族」, 『国立民族学博物馆研究报告』 1992年
      第3期, pp.417-488.

구족(Yolngu), 북극의 이누이트인, 동북아시아의 퉁구스족계로 러시아에 분포하는 에벤크인(Evenk)과 중국 내몽골 동북부의 싱안링 깊숙한 곳에 있는 어룬춘족 및 일부 어원커족 등이 잘 알려져 있다. 그래서 우리는 문명의 대화라는 과제를 이야기할 때 이런 유형의 사회를 외면해서는 안 된다.

채집 수렵민 사회는 일반적으로 이른바 '산업문명' 사회에 있는 사람들에게 '자연과의 공생', '지구와의 조화'로 사람들의 동경을 불러일으키고 무한한 상상적 공간을 가진 원초적인 사회이다.

농경 사회의 '남경여직'과 대응하여 수렵 채집 사회에서 남녀의 분업은 연령, 성별을 기반으로 주로 '남렵여채(男獵女采)', 즉 남자는 사냥을 하고 여자는 채집을 한다. 음식의 분배도 비교적 공평하다. 어쩌면 경제학자들은 이런 사회의 생활에 대해 매우 씁쓸함을 느끼겠지만, 인류학은 민족지의 연구를 통해 수렵 채집 사회의 목가적인 낭만을 느낀다. 살린스는 수렵 채집민을 '원초적으로 풍요로운 사회(original affluent society)'라고 불렀다.[05] 이 견해는 주로 수렵 채집민들이 식량 이외의 것을 바라지 않으며, 그곳에 식량이 있다면 그들이 원하는 모든 것을 가진 것이라는 것을 강조한다.

물론 현재 그들의 구체적인 생활과 기술의 변천은 이미 우리의 상상과는 거리가 아주 멀다. 특히 최근 몇십 년간 전 세계적으로 채집 수렵 사회가 거의 모두 직면하고 있는 공통된 문제들이 있다. ① 일부 국가와 지역은 채집 수렵 활동을 법적으로 금지하고 있다. ② 일부 온대 기후 지역에서 농경지와 경작지 개발로 삼림 등 자원 환경이 심각하게

---

05   Marshall Sahlins, *Stone Age Econonics*, London: Tavistock, 1974.

파괴되어 수렵민들이 수렵의 터전을 잃고 있다. ③ 해당 국가와 지방 정부가 각기 다른 시기에 취한 정착화 정책 및 사회 복지 정책 등으로 인해 수렵민들은 상대적으로 집중된 거주지 내에 있으며, 각종 정책의 보호를 받으면서 수렵지로부터 멀리 떨어져 있다.

인류학의 관점에서 위의 채집 수렵민에 대한 연구는 매우 풍부한 민족지적인 자료를 축적하였다. 이러한 연구는 주로 다음과 같은 분야에 집중되어 있다.

1) 민족 고고학의 관점: 인류사의 정립과 문화사의 복원

고고학에서 발굴된 유적지나 유적은 주로 단편적인 '사물' 자료이며, 이러한 '사물'의 사용법과 그와 관련된 당시의 사회 생활과 사회 구조에 대해 고고학에서 단독으로 증거를 찾는 것은 거의 불가능하다. 과거 사람들의 문화, 사회적 특징을 이해하기 위해, 현대 사회에 아직 존재하고 있는, 과거 사람들의 생활과 유사성이 있는 사회를 보고, 민족지 조사와 기록(예를 들면 민족지 유추 분석법 등)을 통해 과거의 생활 습관과 사회 구조를 설명하고 해석하는 것이 민족 고고학이다. 연구에 따르면, 오늘날 지구상에서 순전히 수렵과 채집을 주요 생활 수단으로 하는 민족과 집단은 이미 존재하지 않는다. 그러나 현존하는 수렵 채집민의 기술 체계, 사회 구조 및 문화 전통 등에 대한 연구는 선사 시대의 인류 문화를 이해하는 데 있어서 중요한 가치를 지닌다.[06]

물론 수렵 채집민에 대한 연구에서 전통주의와 역사 수정주의의

---

06 容观琼等『民族考古学初论』, 广西民族出版社, 1991; [日] 佐藤宏之: 『北方狩猎民
    的民族考古学』, 北方新书, 2000.

논쟁이 있어 왔다. 전통주의(traditionalism, 다윈학파의 진화주의 관점: Harvard school, evolutionary ecological approach, 진화 생태학적 접근)적 관점에서, 채집 수렵 사회는 완전히 폐쇄된 자급자족 사회로, 그들이 사용하는 도구는 먼 고대로부터 전해 내려온 것이다. 그에 대한 비교적 극단적인 표현은 바로 채집 수렵민의 문화는 구석기 시대 문화의 현대적 구현이라는 점이다. 이것은 또한 중국 민족학계의 '사회 활화석(活化石)' 연구의 구체적인 표현이며, 현재의 수렵 채집민 사회의 연구를 통해 '문명' 이전의 인류 문화와 사회를 복원하고자 함이다. 왜냐하면 이 사회에는 평등한 분배와 재분배의 원칙이 존재하기 때문이다.

그런데 1980년대부터, 역사 수정주의(revisionists, historical particularists)는 전통주의와 프란츠 보아스(Franz Boas, 1858~1942) 이래의 문화 상대 이론을 반성하고, 현재의 수렵 채집민 사회는 '문명'의 발달로 인해 생겨난 일종의 변두리 사회 형태이며, 그것들은 전혀 선사 시대의 잔재가 아니라 수백 년 전에 비로소 출현한 것이라고 생각한다.[07]

그러나 여기서 설명해야 할 것은 민족 고고학의 연구 역시 현대의 수렵 채집민이 석기시대의 수렵 채집민의 후손이라고 생각하지 않으며, 그 연구도 진화론적 관점이 아니라는 것이다.

2) 원주민족의 정치학적 틀에서의 채집 수렵민

수렵 채집민 분야의 연구는 한동안 비교적 답보 상태에 머물러 있었다. 1970년 이후에 일부 변화가 일어났는데, 채집 수렵 민족을 거대한 '원주민족'(또는 원주민)의 틀에 두고 연구하는 것이다. 서로 다른 지역

---

07   [日] 本多俊和編『采集狩猟民的現在』, 日本言丛社, 1997.

의 원주민족들 사이에도 세계적인 네트워크가 구축되고 있다. 유엔, 비정부기구 등의 발표에서 원주민족의 권리와 의무 쟁취에 대한 주제들은 갈수록 국제정치 생활에서 이슈가 되고 있다. 원주민의 조직과 정치 운동은 다양한 분야에서 활약상을 보이고 있다. 수렵 채집민 등 정주민족에 대한 연구 분야도 인류학자만의 분야가 아니라 정치학, 경제학, 법학, 국제관계 등 분야의 많은 학자들이 이 분야에 개입하기 시작하였으며 특히 원주민족주의 정치학 연구는 최근 몇 년간 매우 활발한 분야가 되었다. 미국, 캐나다, 호주 등 국가의 연구에서는 국가와 원주민 간의 관계에 큰 관심을 보인다.

피터슨(Edward N. Peterson, 1925~2005)은 1999년에 발표한 『현대 국가의 수렵 채집민』[08]이라는 글에서 ① 제1세계 내의 원주민족 사회 질서의 재생산을 '국가지향적이지 않은 원주민 사회 질서의 재생산'과 '국가지향적인 원주민 사회 질서의 재생산'으로 나눈다. 전자는 제1세계 국가에서는 자신도 모르게 원주민 사회 질서의 재생산이 진행되는데, 여기서 두 가지 상황이 나타났다고 강조한다. 하나는 최초에 실행한 장기간의 분리주의 정책과 원주민의 각종 권리를 부정하는 인종차별적인 특별한 법제도이고, 다른 하나는 '복지식민주의'이다. 이것은 페인(Thomas Paine, 1737~1809)이 캐나다 북부의 원주민에 대해 연구하면서 제시한 개념으로 원주민에 대해 시민으로서의 사회적 권리를 인정하였다. 제1세계 국가의 원주민족은 이러한 사회 보장을 받아들였지만, 곧이어 사회 정치적

08　Peterson, N. "Hunters-Gatherers in First Word National States: Bringing Anthropology Home". 8th International Conference on Hunting and Gathering Societies-Foraging and Post-Foraging Societies, *Bulletin of the National Museum of Ethnology*, 1999.23(4).

의존 상태를 초래했으며, 이는 원주민 사회의 취약점과 연결된다. 후자는 국가와 원주민 사회 질서에 관계된 재생산 중 세 번째 측면에서 주로 1970년 초에 나타났다고 강조한다. 이는 평등권이 인정된 직후에 정부가 원주민족에 대한 적극적인 법제화를 지시하여 법률의 형태로 알래스카 원주민 정착법을 개시하여 원주민들에게 많은 혜택을 주는 정책을 시행하고 지원을 하였으나 결과는 별로 이상적이지 않았다.

이와 같은 연구는 수렵 채집민 문화에 대한 본질주의적 인류학 연구에서 '사회 문제' 인류학으로 옮겨갔다. 그리고 이러한 사회 문제에 대한 인류학적 연구는 현대 사회의 수렵민들이 직면한 문제를 이해하고 인식하는 데 직접적인 참고가 된다.

3) 개발, 정착화 정책과 생산양식의 변화

수렵 민족이 살고 있는 생태계가 개발되고 생산양식 등이 전 세계적으로 변화하면서, 수렵 채집민 사회는 살린스가 말한 '원초적으로 풍요로운 사회(original affluent society)'에서 '문명화된 빈곤 사회'로 변하고 있으며, 민족 멸종의 조짐까지 보이고 있다. 한 예로 동남아시아에 거주하는 네그리토(Negrito)계에 속하는 원주민족의 개발 과정에서 큰 비극이 일어났다. 팔라완 섬에 사는 바타쿠족은 원래 야생에서 주로 감자와 꿀을 채집하는 자급자족 생활을 하다가 개발로 인해 상품 경제에 휘말렸다. 수렵 채집 시대에는 영양가가 매우 높은 균형 잡힌 식량을 얻을 수 있었지만, 상품 교환으로 기존의 식품 구조가 바뀌면서 만성 영양실조 상태에 빠졌고, 그 결과 출산율은 낮아지고 사망률은 높아졌다. 19세기 말에는 인구가 800명 정도 되었지만 지금은 300명 밖에 남지 않았다. 동시에 그들은 평지민 사회로 편입되었고, 매우 불리한 사회경제적 여건으로 말미암아 사회의 최하층에 처하게 되었으며, 생활 양식의 변화는 물론 언어와 각종 의식마저 사라져갔다. 이로 인해 민족적 자부심, 개인의 존엄성, 민족 정체성도 약화되고, 매우 강한 심리적 압박을 받아 소극적인 상태가 되었다. 게다가 평지민들과 결혼해, 그들의 아이들은 바타쿠족이 가진 문화와 자연환경에 대한 지식을 물려받지 못한 데다, 학교, 교회, 평지민들의 문화도 충분히 배우지 못한 탓에 정치적인 각종 권리와 각종 행정 서비스도 누리지 못하면서 문화접변이 아닌 탈문화화(de-cultureation) 현상이 나타나고 있다. 인구의 감소는 이미 '민족 멸종의 길'에 경종을 울렸다.

남아프리카 보츠와나의 유명한 수렵 채집민인 부시먼족은 1970년 이후 정부가 오지개발계획을 추진함에 따라 부시먼족을 우물 주변에 정착시키고 선거권을 주었으며 수렵 채집 활동을 대체하는 방목, 농경, 민간 공예품 제작 등을 특별히 장려하였다. 정착지 주변에 학교를 세우고, 보건소, 상점 등을 열어 사람들의 생활이 훨씬 편리해졌다. 특히 의료 및 보건 계획의 추진으로 부시먼의 영아 사망률이 크게 감소했다. 그러나 정착화 정책의 경우 지역 문제들도 산적해 있다. 정착화의 실시로 인하여 거주지 부근의 과도한 방목, 대량의 농지 개발과 삼림 개발 등 현상이 생겼고 현지의 생태 환경은 심각하게 파괴되었다. 이러한 것들은 부시먼 사회의 문화적 전통에 큰 영향을 끼쳤다. 그들은 현대 문명의 복지와 혜택을 누리는 동시에 자신들의 문화는 크게 변하고 있으며, 알코올 중독, 지역 사회 폭력 등과 같은 사회적 문제도 점점 더 많아지고 있다. 그들이 지금 가장 먼저 모색하고 확립해야 할 것은 바로

자율적인 생존 기반을 확립하는 것이다.[09]

개발로 인해 수렵 채집 사회의 생태계가 파괴되자, 많은 인류학자들은 원주민족의 '전통적인 생태학적 지식(traditional ecological knowledge)'과 '과학적인 생태학적 지식(scientific ecological knowledge)'을 이용하고 유기적으로 결합하여 지속가능한 개발의 목적을 달성하고 지역민들의 이익을 한층 더 보호하자고 주장하기 시작했다.[10]

4) 문화의 변천, 생산과 전통의 재창출

'전통'의 지속과 부흥, 창조와 문화 생산에 대한 연구는 인류학과 관련 사회 과학의 중요한 분야이다. 사회인류학은 '전통'의 부흥과 창조라는 사회문화적 현상을 파악하는데, 주로 과거 역사에서 정적인 시간의 개념보다는 과거와 밀접하게 연결된 동적인 변화의 과정에서 창조된 '집단의 기억'에 주목한다. '국민'의 문화 창조 과정에서 '우리의 역사와 문화'가 발휘한 기능과 역할에 대한 에릭 홉스봄(Eric Hobsbawm, 1917~2012)의 분석 그리고 전통의 부흥과 창조에 관한 그의 재평가는[11] 의심할 여지 없이 우리의 분석에 직접적인 참고가 된다. 역사학이 거대한 국민 정체성, 국가 역사에 대해 거시적으로 파악하는 과정에서 서로

09　田中二郎等編『続自然社会的人类学―変化中的非洲』, アカデミア出版会, 1996, p.263.

10　Hunn, Eugene, "What is Traditional Ecological Knowledge". In Nancy Williams and Graham Baines (eds.), *Traditional Environmental Knowledge: Wisdom for Sustainable Development*. Canberra: Center for Resource and Enviromental Studies, Australian National University. pp.13-15.

11　Hobsbawm, E. and T. Ranger (ed.) *The Invention of Tradition*. Cambridge: Cambridge University Press, 1983.

다른 사회와 지역의 지방적 지식 체계에 대한 연구에서 벗어나면 사회적 사실의 진실성에 대한 인식에 도달하기 어렵고, 그 반대도 역시 마찬가지이다. 인류학 연구는 이러한 맥락에서 지역 사회의 변동 과정과 전체 사회의 관계를 연구하는 것이다. 특히 지역에 따라 그 '전통'의 창조 방식과 나타나는 메커니즘과 기능도 다를 수 있다.

물론 인류학에서 '전통의 창조'에 대한 논의는, 여러 지역에서 나온 보고서 중에서도 원래 비서구사회였던 식민지 사회의 보고서가 더욱 두드러진다. '전통적인 민족 문화'는 다른 방식으로 나타나게 되었고, 심지어 문화 더하기 문화의 현상도 나타났다. 살린스가 지적했듯이, 우리는 대규모의 구조 전환 과정에서 다양한 문화로 구성된 세계 문화 체계와 일종의 다원 문화적 문화가 형성되는 것을 목격하고 있는데, 그것은 아마존강 열대 우림에서 말레이시아 제도에 이르는 지역의 사람들이 외부 세계와의 접촉을 강화하면서 동시에 자각적으로 각자의 문화적 특징을 진지하게 드러내고 있기 때문이다.[12]

문화의 변천과 문화 전통의 재생산은 수렵 채집민 사회를 포함한 원주민족의 연구에서 중요한 분야이다. 키시가미 노부히로(岸上伸启, 1958~) 교수는 소규모 사회의 인류학 연구를 요약하고 정리했다. 그는 문화 변천에 대한 가설에 대해, 사람들이 소규모 사회는 화폐 경제 교역에 휩쓸려 붕괴될 것이라고 예언하고 있다고 지적한다. 이 가설은 세 개의 하위 가설로 구성되어 있다. 첫째, 개인이 자연에서 얻은 것을 거래하기 시작하면 원주민의 민족 문화 구조가 붕괴될 것이다. 둘째, 교

---

12 Sahlins. M. "Goodbye to Tristes Tropes: Ethnography in the Context of Modern World History". *The Journal of Modern History* Vol. 65, 1993, pp.1-25.

역이 계속되면 결국 교역품이 되는 각종 자원에 대해 명확한 권리 주체가 있어야 하고 교역 센터를 통해 각 가족과 국가가 연결된다. 셋째, 원주민은 국가의 사회-문화 체계에서 지방의 하위 문화로서 동화되어 민족으로서의 소속 의식을 상실한다.[13]

이 가설은 전체 사회 내지 글로벌 체제에 진입한 원주민 사회에 지나치게 치중하고 있으며, 취약한 민족으로서 경제 체계의 연결이 더욱 긴밀해짐에 따라 그들의 문화가 상실될 것이라고 생각한다. 이 관점은 문화의 단일한 정적 변화 곡선만 보았을 뿐, 민족 문화의 재생산, 문화에 문화를 더한 현상 등과 같은 문화의 다차원적 동적 변화 과정은 보지 못했을 수 있다. 20세기는 문화가 자각적으로 전승, 발견, 창조된 세기라고 할 수 있다. 이 문화는 근대 이래 민족-국가 정체성의 중요한 원천이기도 하다.

문화인류학의 연구는 줄곧 민족문화 연구에 초점을 맞추고 있으며, 특히 '무의식적인 문화 전승' 연구에 치중하고 있다. 오늘날 다양한 국가, 지역 및 민족 문화의 '무의식적인 계승' 전통은 종종 국가와 민간의 힘에 의해 '의식적인 창조'가 이루어지며 이러한 창조 과정은 바로 일종의 '문화의 생산'과 '문화의 재생산' 과정이다. 이런 '생산'의 기반은 결코 고유의 문화 전통을 벗어나지 않는다. 동시에 이 과정은 단일 민족 문화의 영역에서 지역 공동체로 들어왔다. 현대 비서구 사회의 일부 민족 문화, 지역 문화와 같은 일련의 문화 전시는 바로 하나의 좋은 모습이다. 중국 한족 사회와 소수 민족 사회의 일련의 문화 의식(儀式)

---

13 [日] 岸上伸启: 「加拿大北极圈社会变迁的特质」, 本多俊和编 『采集狩猎民的现在』, 日本言丛社, 1997.

에 대해, 특히 '문화 무대, 경제 공연'의 슬로건 아래 관광업이 지역 경제의 중요한 원천이 된 오늘날, 문화의 생산과 재창출은 윈난의 '민족 문화가 발달한 성(省)'의 구상과 같이 도처에 존재하는 현상이다.

그러나 이 문화 과정은 다양한 민족 집단과 지역에서 서로 다른 지역적 특성과 결과로 나타난다. 예를 들어, 일본의 아이누 사람들은 관광의 생산과 문화 전시에서 아이누 사람들의 정체성을 의식적으로 재구성한다. 이런 관점에서 볼 때, 아이누족의 전체 관광 프로그램은 문화적 정체성을 더 확실하게 구성하는 과정이고 상품 형태를 빌린 일종의 전시로 볼 수 있다. 물론 그것은 타인에게 보여야 한다. 음식 축제, 공공화된 의식(儀式), 수공예품 제작 절차, 아이누족 생산품, 그들은 이런 것들을 의식적으로 조직하여 마을에서 판매함으로써 아이누족을 위한 공공의 이미지를 창조하고 나아가 문화 전시에서 민족의 집단적 정체성을 강화한다.

인도네시아의 발리섬에서 실시한 정부의 문화 정책은 주로 1980년대에 시작되었는데, 특히 민간예술과 기술, 전통 관습에 대한 진흥 정책을 통하여 민족 문화를 보호하였다. 동시에 발리 주정부의 문화 정책은 지역 주민들의 일상생활에 직접 실행되었다. 정부가 나서서 지도하고 있는데, 일부 예술제에서 전통 예술을 바탕으로 새로운 것을 많이 창작하고, 문화 전시에서의 의상 등도 본래의 의상과 다르다는 것 등이다. 말하자면, 어떤 의미에서 발리 섬의 민족 문화를 인도네시아 '국민 문화'의 일부분인 '지방 문화'에 배치하여, 지방 특색의 문화를 생산, 창조하고 있다고 말할 수 있다. 이밖에 발리 섬에서 열리는 화려한 종교 축제는 실제로 인도네시아 정부의 지원을 받고 있다. 정부는 이러한 전통적인 축제에 대해 강제적으로 억압을 계속하는 것은 도리어 섬의 분열주의 정서를 자극할 수 있기 때문에 이러한 축제에 관용적인 정책을 펴는 것이 이러한 정서를 완화시키는 역할을 할 수 있다고 생각한다. 이 축제들은 그 자체로 문화적 정체성의 토대가 된다. 어쩌면 우리는 인도네시아 정부에게 민족 문화의 생산이나 변형 과정에 민족 정체성을 약화시키려는 의식이 잠재되어 있다고 말할 수 있다. 그러나 그 결과, 어느 정도는 국가적 정체성을 강화했다. 이러한 문화의 생산과 창조는 다른 나라의 원주민족 사회에서도 진행 중인 하나의 과정이라고 말할 수 있다. 이 과정은 수렵 채집 사회에 대한 인류학 연구에서 매우 현실적인 분야이다.

3. 개발과 중국의 소규모 사회

중국에는 55개의 소수 민족이 있는데, 대부분 서부 지역에 거주한다. 티베트족, 위구르족, 후이족, 몽골족, 쫭족 등 몇 백만 내지 천만 인구를 가진 민족들은 줄곧 중국 민족 연구와 민족 발전의 중요한 대상이었다. 그러나 중국에는 인구가 비교적 많은 이런 소수 민족들 외에, 인구가 비교적 적고 규모가 작은 소수 민족도 많이 있다. 1990년의 인구 조사 결과에 따르면, 중국에는 인구 규모가 10만 명 이하인 민족이 22개가 있다.(그중 가오산족은 주로 타이완에 거주한다.) 중국 정부가 내놓은 서부 지역 개발 전략은 인구가 적은 이들 민족에게 높은 관심을 기울이고 있다.

저명한 인류학자인 페이샤오퉁 교수는 특히 중국의 인구가 적은 민족의 문제를 잘 연구하고 해결할 것을 특별히 강조한다. 1999년에 페이샤오퉁 선생은 베이징대학교 사회학인류학연구소의 관련 교수와 나눈 담화에서 한 나라 안의 인구가 적은 소수 민족에 대한 조사와 연구에 관심을 가져야 한다고 특별히 강조하면서 이를 '소민족, 대과제', '소민족, 대정책'이라고 요약하고, 국가민족사무위원회가 관련 부서를 조직하여 조사와 연구를 수행할 것을 건의했다. 국가민족사무위원회는 곧 페이샤오통 선생의 건의를 받아들여 베이징대학교, 국가민족사무위원회 민족문제연구센터, 중앙민족대학교 등 기관의 연구원들에게 조사를 의뢰했다. 2000년 초에 '중국 인구 10만 명 이하 소수 민족 조사연구단'을 구성하여 신장팀, 간쑤·칭하이팀, 윈난팀, 동북·내몽골팀 등 4개 팀으로 나누어 2000년부터 2001년까지 인구 10만 명 이하의 22개 소수 민족을 조사하였다.

중국에 있는 인구 10만 명 이하의 소민족은 외진 곳에 있는 데다가 대부분 과경민족(跨境民族, 동일 민족이 국경을 사이두고 두 개 이상의 나라에 살고 있는 민족)이며 그들의 경제적 상황, 정치적 지위, 교육 상황, 의료 수준 등은 1949년 이후 현저하게 개선되었지만 인구가 많은 민족과 비교해 보면 여전히 큰 차이가 존재한다. 표 2, 3은 소규모 민족의 기본적인 분포와 교육 상황이다.

표2. 1990년 중국 인구 10만 명 미만 민족의 인구 규모와 지역 분포

(인구순)

민족	인구수(명)	주요 분포 지역	민족	인구수(명)	주요 분포 지역
뤄바족	2322	티베트	더앙족	15461	윈난
가오산족	2877(대륙)	타이완, 푸젠	지눠족	18022	윈난
허저족	4254	헤이룽장	징족	18749	광시
타타르족	5064	신장	어원커족	26379	내몽골
두룽족	5825	윈난	누족	27190	윈난

인류학의 글로벌 의식과 학술적 자각

어룬춘족	7004	헤이룽장, 내몽골	아창족	27718	윈난
먼바족	7498	티베트	푸미족	29721	윈난
바오안족	11683	간쑤	타지커족	33223	신장
위구족	12293	간쑤	마오난족	72370	광시
러시아족	13500	신장, 헤이룽장	부랑족	82398	윈난
우쯔베커족	14763	신장	싸라족	87546	칭하이

표 3. 중국 인구 10만 명 미만 민족의 문맹률(15세 이상)

(문맹률순) (1990년)

민족	문맹률(%)	분포지역	문자 유무	민족	문맹률(%)	분포지역	문자 유무
먼바족	77.75	티베트	무	타지크족	33.45	신장	무
뤄바족	72.71	티베트	무	위구족	29.68	간쑤	무
바오안족	68.81	간쑤	무	징족	19.23	광시	무
싸라족	68.69	칭하이	무	마오난족	17.59	광시	무
데앙족	61.68	윈난	무	어원커족	9.84	내몽골	무
부랑족	59.79	윈난	무	가오산족	9.39	타이완	무
누족	55.20	윈난	무	허저족	8.54	헤이룽장	무
두룽족	53.64	윈난	무	우쯔베커족	8.32	신장	유
푸미족	51.26	윈난	무	어룬춘족	7.81	헤이룽장, 내몽골	무
아창족	45.26	윈난	무	러시아족	7.42	신장, 헤이룽장	유

지눠족	35.37	윈난	무	타타르족	4.86	신장	유 (조금 사용)

이러한 소민족들에는 개발과 생태 환경 문제, 생태 적응 문제, 정착화나 이동 과정에서의 사회 적응 및 문화 적응 문제가 있다. 그리고 일부 민족에게는 경제 구조 조정 후 나타나는 경제적 부적응 문제 등이 각기 다른 정도로 존재한다. 이러한 문제들은 대부분 개발 심지어 수동적인 개발 과정에서 원래의 민족 문화, 경제, 생태계에 편차가 생기고 새로운 적응 체계는 아직 세워지지 않은 데서 비롯된다. 이러한 민족 본래의 문화적 가치들이 새로운 기술 체계나 경제 체계에 어느 정도 적응할 수 있는지, 새로운 구조 속에서 자아 발전을 이룰 수 있는지는 확실하게 우리 앞에 놓여 있는 과제이다. 우리는 조사 중에 간혹 소민족 지식인들의 다음과 같은 생각을 들을 수 있었다. "우리의 생활 수준은 향상되었지만 우리의 문화는 점차 사라지고 있다. 발전하지 않으면 문화는 유지될 수 있겠지만, 생존은 또 하나의 큰 문제이다." 이 문제들은 요약하자면, 사실 기술, 발전, 진보와 문화 사이의 상호 작용 문제이다.

4. 소규모 사회로서의 수렵 채집 민족 어룬춘족의 사례

중국어 사전을 펼쳐보면 '진보'와 관련된 단어는 '진화', '진전', '비약', '약진', '도약식 발전' 등이 있는데, 특히 소수 민족의 사회 경제 전환과 정착화 과정에서 이런 개념과 용어가 심심찮게 들려온다. 중국과 같이 이러한 다민족, 다문화 사회에는 서로 다른 경제 문화 유형의 민족이 존재하는데 주요한 유형은 채집 어렵 사회, 유목 사회, 반농경 반유목 사회, 농경 사회 등이 있다. 이번 장에서는 주로 채집 수렵 사회의 어룬춘족의 현황을 논의하고자 한다.

어룬춘족은 일찍이 대싱안링의 전형적인 수렵 민족이었다. 거의 한 세기 동안, 어룬춘족의 경제 방식에는 매우 큰 변화가 일어났다. 현지 정부 관련 문서와 소개 책자를 펼쳐보면 다음과 같은 표현을 볼 수 있다. "중화인민공화국 건국 이후 세 차례의 큰 도약이 있었다. ① 수렵 위주의 원시 사회에서 사회주의 사회로 직접적으로 이행되었다. ② 1958년, 기(旗) 내의 전체 어룬춘족은 모두 정착하여 유렵 생활을 끝내고 정착 생활에 기반한 계획적인 수렵과 기타 보조적인 경제 활동(예를 들면 채집, 농업, 목축업 등)에 종사하기 시작했다. ③ 1996년 1월, 기(旗) 전체 수렵 금지, '수렵 금지, 생산 전환' 정책을 실시하여 수렵 경제는 어룬춘족의 생활에서 완전히 사라지고 농목업을 위주로 하고 다양한 경영을 결합한 경제 유형으로 전환하였다. 어룬춘족도 새로운 역사 시기에 들어섰다." 이런 생산양식의 변화는 지역적으로 보면 한 차례의 혁명이고 역사적인 '진보'이다. 이 진보의 과정에서 어룬춘 사회의 구체적인 상황은 어떠하였는가? 현재 직면하고 있는 문제와 개발 과정의 주요 문제는 어디에 있는가? 필자는 본인의 현지조사 자료를 결합하여 한층 더 나아가 토론을 진행하려고 한다.

1) 수렵민의 기본 상황

역사적인 원인으로 현재 어룬춘기의 어룬춘족은 주로 퉈자민향, 우루부톄진, 구리향, 뉘민진 등 4개 향진의 7개의 수렵민촌에 분포되어 있다.(우루부톄진의 수렵민촌은 명목상으로는 3개이지만 실제로는 촌급 정부를 기준으로 하면 2개가 촌급 정부이기 때문에 표4에서는 하나의 촌으로 집계한다.) 이 네 개의 향진은 처한 환경, 경제생활 상황, 발전 상태가 완전히 다르기 때문에 그 특징도 모두 같지 않다.(표4를 참조).

수렵민들의 소득은 상당 부분 정부 보조와 같은 정책과 직결되며, 만약 재정 보조, 수렵민 세금 감면 및 극히 일부 부자(어룬춘족은 인구가 적기 때문에 촌마다 부자가 몇 집만 있으면 어룬춘족의 전체 수입을 많이 올려놓을 수 있다.) 등 요소를 제외하면, 1997년부디 1999년까지 전 기(旗) 수렵민의 생산 경영 1인당 소득은 각각 214위안, 마이너스 189위안, 362위안이었다. (이와 동시에 통계 자료에 따르면 1997년부터 1999년까지 어룬춘 수렵민의 1인당 소득은 각각 2,128위안, 2,116위안, 2,401위안이었다.)

표4. 수렵 지역 4개 향진 수렵민의 기본 상황

향진	가구수(가구)	인구(명)	1인당 소득(위안)	수렵민 경작지(무)	경영 방식
튀자민향	58	174	2150	618	목이버섯 재배와 채집
우루부톄	106	252	2174	16155	농목업
구리향	73	241	2851	26070	농업
눠민진	24	98	2675	1600	농목업

어룬춘족을 조직하여 자력갱생과 자급자족, 자립의 목적을 달성하기 위해 관련 정부 부서의 지원을 받아 1990년대 이후, 특히 '수렵 금지' 이후 위의 4개 수렵민 향진은 수렵민을 조직하여 집단 농목장과 가정 농장을 운영하는 등 다양한 경영을 진행하였다. 이 방법은 일부 지역과 가정에서 비교적 성공적이었지만 많은 지역과 가정은 자연재해,

인류학의 글로벌 의식과 학술적 자각

수렵민의 전통적인 생산 방식 및 생활 방식과 같은 다양한 요인의 영향을 받아 그들의 생산과 생활에는 여전히 큰 문제가 있었다.

우리가 조사한 수렵민 가구 중, 토지를 소유하고 직접 농사를 짓는 수렵민은 1999년 이후 주류를 차지하지 못했으며, 많은 가구는 토지를 임대해 주었는데, 이들은 일반적으로 경제 상황은 좋으나 소득은 좋지 않았다. 토지를 소유하지 못한 수렵민 중 일부는 각종 보조금에 의지하여 생활하였는데 이들은 형편이 비교적 어렵고 생계 유지에만 급급해서 장래에 대해서는 생각하지 못했다. 토지가 없는 수렵민 중 또 일부 노동 능력이 있고 비교적 근면한 사람들은 임시직이나 기타 수입으로 생활에 보탬을 주지만 현재의 생활 형편에 크게 만족하지 못하고, 어떤 이들은 현실을 바꾸고 싶어 하지만 자립 능력과 필요한 경제 조건이 부족했다.

현재 수렵민들은 토지에 대해 이미 깊은 인식을 가지게 되었다. 대부분의 사람들은 토지가 있으면 생활이 보장되고 고정적인 수입을 얻을 수 있다고 생각한다. 농사를 짓는 수렵민들도 대부분 다양한 경영을 통해 소득을 늘리는 방법을 고민하기 시작했다. 토지를 임대해주는 수렵민들은 점점 더 낮아지는 임대료 때문에, 직접 농사를 지어야만 소득을 늘릴 수 있다는 것을 인식하게 되었으나 자신은 농사를 잘 짓지 못하고, 농업 경영에 관한 지식도 부족하고 게다가 최근 자연재해까지 겹쳐 많은 사람들이 뒷걸음질치고 있다. (물론 어떤 사람들은 자기가 직접 농사를 짓기 위하여 정부가 자금을 지원해 농사 자금 부족 문제를 해결해 줄 것을 요구하기 시작하였다.) 토지가 없는 수렵민들의 토지 분배를 요구하는 목소리도 갈수록 높아지고 있다. 그러나 삼림 지역의 생태 환경의 악화에 직면하여 한정된 토지를 더 개발할 수 있겠는가? 극히 소수의 노약자와 장애인은 자립할 수 없으며 오직 정부에 의존하여 생활할 수밖에 없다. (네 개의 수렵민 향진 정부는 모두 이 수렵민들을 위해 양로원을 건설하였다.)

또한 생활 측면에서도 수렵민들의 주택이 크게 개선되었다. 정부는 구리향에 있는 28가구의 무주택 수렵민들의 주택 문제를 해결해 주기 위해 주택을 짓고 주택 단지를 건설하였는데, 그해에 시공하고 그해에 주택을 인도할 것을 목표로 하여, 2000년 말에 주택단지 건설을 완공하고, 14채의 새 주택을 건설하여 무주택지의 주택 문제를 해결해 주었다. 2001년에는 주택 단지의 경화, 녹화 및 옥외 부대 시설 건설을 완공하고, 상수도관 공사에 착공하여 수렵민이 편리하고 위생적으로 수돗물을 사용할 수 있도록 했다. 수렵민촌 북쪽에 홍수 방지 제방을 착공하여 건설했으며 마을의 기존 거리를 넓히고 평평하게 고르고 녹지화 미화 사업을 잘 해서 아름다운 생활 환경을 조성했다.

우루부톄 세 개의 수렵민촌(두 개의 정착촌)에는 현재 74가구가 사는 주택 37채가 있다. 기타 비정착촌 이외의 수렵민은 19가구로 목조 주택에 거주하고 있으며, 현재 무주택 가구가 13가구 더 있다. 그리고 무쿠이촌의 수렵민 24가구는 모두 새 주택으로 이사했다. 수렵민 정착촌 건설에서 뉘민진의 새 주택단지는 수렵 지역의 커뮤니티화 관리를 위한 시도이다. 주택단지의 면적은 60,000제곱미터이고 총건축 면적은 4,000제곱미터이며 총투자액은 300만 위안이다. 전체는 완전히 커뮤니티화 관리 요구에 따라 설계하고 주택, 창고, 차고, 촌위원회, 건물 관리 사무소, 실외 운동장, 중심 광장, 야채 재배 지역, 온실, 축사 및 장기 계획 잔류지 등으로 나뉜다. 이 주택단지는 매우 현대적인 주택단지이며, 우리가 조사했을 때 거주 부분은 이미 거의 완공되었다.(2001년 9월 수렵민이 이미 입주하였다.) 과연 수렵민 관리의 발전 추세를 대표할 수 있을지는 아직 시간과 실천의 검증이 필요하다.

2) '수렵 금지, 생산 전환'과 생계 방식의 변화

'수렵 금지, 생산 전환'은 최근 몇 년 동안 현지 정부의 중대한 조치이다. 물론 간과할 수 없는 주요 문제는 대싱안링 삼림 지역의 인구 증가, 과도한 산림 벌채로 인한 토양 침식, 식물 감소, 야생 동물의 생활 조건 악화 및 일부 불법적인 남벌과 남획으로 인해 동물 개체수가 급격히 감소하고 있다는 것이다. 수렵 생산양식을 계속 유지하는 것은 매우 어려워졌다. 동시에 수렵민의 구체적인 상황을 고려하여, 현지 정부는 적극적인 지원 정책 '扶上馬, 送一程'(사람을 부축해서 말에 태우고 한 구간 배웅한다는 의미로 실질적인 도움을 많이 줌을 뜻한다.) 방법을 채택했다.

구체적으로 정부는 주로 다음의 몇 가지 방면으로 지원했다. ① 『야생동물보호법』 제14조의 규정에 따라 정부는 1인당 수렵업 손실보상비 70위안을 지급한다.(기존의 각종 대우는 변하지 않는다.) ② 법에 따라 '수렵민 생산 활동 발전 기금'을 설립하여 보조, 이자 보조 및 대출 형식으로 수렵민의 생산 활동 전환 중 자금 수요를 보장한다. ③ 정부가 출자하여 수렵민을 위해 황무지를 개간하고 농사를 짓거나 임대를 할 수 있게 하며 수렵민을 새로운 시기의 농장주로 만들고, 수렵민이 집단 농장, 가족 농장, 향진 기업 등을 설립하도록 적극 장려한다.

이러한 정책의 문제들은 필자가 앞에서 언급한 전 세계의 수렵민들이 직면한 문제와 기본적으로 일치하며, 동시에 지역 지도자들의 '진보'에 대한 이해와 태도를 대표한다. 그런데 이런 갑작스러운 새 정책에 수렵민들은 어느 정도 적응할 수 있을까?

조사 결과, 생산 방식의 급격한 전환을 위해 수렵민들에게 필요한 심리적, 기술적 준비가 부족하고, 게다가 1997년부터 1999년까지 3년 간의 자연재해로 인해 농업에 종사한 일부 수렵민들은 소득이 없었을 뿐만 아니라 국가와 개인의 투자가 직접적인 손실을 입어 '재빈곤화 현상'이 나타났고 경제적 소득이 감소했으며 경제상 일부 적응 문제도 있었다. 최근 몇 년간의 상황으로 볼 때 농업 경영에는 극복하기 어려운 문제가 많은데, 예를 들어 황무지의 개간도 생태계에 큰 영향을 미치고 토지의 분배와 사용에도 큰 문제가 존재한다. 일부 향의 수렵민들 중 극소수의 가구만 토지를 소유하고 있을 뿐, 많은 가구들은 토지를 가지고 있지 않으며, 일부 토지를 소유한 수렵민들도 농업 경영에 서투른 관계로 소득에 영향을 받아 농사에 대한 자신감을 잃었다. 심지어 더 많은 수렵민들이 안정적인 수입을 얻기 위한 방법인 토지의 임대(承租), 전세(包租), 전대(轉租) 현상이 심각하여 수렵민의 생산 자립에 어려움이 있다.

사례1:

우루부톄진은 어룬춘족을 주체로 하는 수렵민 향진으로, 3개의 수렵민 팀이 이미 정착하였고, 그중 우루부톄, 너얼커치 두 수렵민촌은 우루부톄에 정착하였으며, 현재 진 내 남부에 집거하고, 차오양 수렵민 팀은 차오양촌에 정착하였다. 현재 어룬춘족 수렵민 인구는 300명으로 진 인구의 2.02%를 차지하고, 전체 진 3개 수렵민촌 합계 106가구이며, 가구 당 인구는 3명으로 진 총가구 수의 33.1%를 차지한다. 우루부톄 진의 현재 경지 면적은 30,9091,2무이며, 그중 수렵민이 점유하고 있는 경지는 16,155무로, 전체 진의 경지 총면적의 25%를 차지한다. 그중 집단 소유 토지는 4,600.5무이고 개인 점유 경작지는 15,0045무이다. 수렵민 네이수메이의 상황은 관련 문제를 아주 잘 설명해 준다.

네이수메이, 여, 57세, 어룬춘족(기 교육국 아방의 어머니).

현재 살고 있는 주택은 1987년에 지어졌다. 1956년에 정착하기 전까지 쿠이리허의 산 위에 살았는데, 현 거주지에서 100리 남짓한 거리에 있다. 어렸을 때는 남의 집에 맡겨져 살았다. 샤오얼거우(현재 뉘민진)에서 초등학교, 아리허진에서 중학교를 다녔으며 아리허 민족중학교에서 처음으로 모집한 학생들 중 한 명이었다. 그 후 마을의 부녀회장으로 일하다가 1968년에 회계를 맡았다. '문화대혁명' 전에 이미 밀을 재배하기 시작하였고, 촌에서 10여 리 떨어진 곳에서 집단으로 경작하였는데, 당시에 이미 많은 기계들이 있었다. 19세 때 결혼했는데 남편은 어원커족이고 모치에서 이주해 왔다. 처음에는 수렵을 위주로 하고 농사를 겸해서 했는데, 수렵이 비교적 편리하여 자녀들은 모두 고기를 먹고 자랐다. 1979년도에 집단 생산을 할 때 수렵물을 팀에 맡겨서 분배를 했다. 그때는 수렵을 주업으로 하고 농사를 부업으로 했는데 작황도 좋았다. 수렵 금지 후 집단 농장에 들어갔고 직접 밭을 일구어 음식이 풍족했다. 지금은 집안에 수입이 별로 없다. 큰아들은 죽었다. (큰아들은 원래 좋은 사냥꾼이었는데 술을 너무 많이 마셨고 총으로 자살했다. 당시 30세가 채 되지 않았다. 큰 며느리는 한족인데 나중에 개가했다.) 둘째 아들은 결핵이 있고, 셋째 아들에게 신혼집을 지어 주었다.(정부에서 지어 주었다.) 1990년 이후 집단 농장을 할 때는 괜찮았으나 그 후 집단 농장을 개인에게 맡겨 경영하였는데 1995년까지는 그런대로 유지할 수 있었으나 이후 대두 가격, 자연재해, 관리 미흡 등의 영향으로 형편이 날이 갈수록 궁핍해졌다. 1996년 수렵 금지 이후, 삶은 어려워지기 시작했다. 보조금을 제외한 다른 수입은 없었으며, 농사를 지으려면 대출에 의존해야 했다. 현재 두 아들이 집에서 45무의 밭을 경작하는데, 모두 콩을 심는다. 재작년에는 5,000위안을 벌어 그해 농사 짓는데 사용한 대출금 5,000위안을 갚았다. 작년에도 대출금을 다 갚고 집값 5,000위안도 갚았다. 금년에는 3,000위안을 대출받았다. 가정을 이룬 자녀들도 이미 분가했다. 셋째 며느리는 만주족으로, 자란툰에서 이곳으로 왔으며, 와서 한족의 토지를 빌렸는데, 좋은 토지는 1무 당 임대료가 1년에 130위안이고, 좀 못한 토지는 임대료가 조금씩 다 다르다.

사례2:

구리향은 1984년에 건설되기 시작했으며, 기 정부 소재지 아리허에서 122킬로미터 떨어져 있으며, 전체 향 관할 구역의 총면적은 5,800제곱킬로미터, 총인구는 7,515명, 어룬춘족 수렵민은 73가구 241명, 그 중 남자는 122명, 여자는 119명이다. 그외에 몽골족, 한족, 후이족, 어원커족 등 10개 민족이 그곳에서 대대로 살아오고 있다. 한족이 47명, 다워얼족이 6명, 몽골족이 4명, 어원커족이 4명, 어룬춘족이 180명이다. 구리향은 현재 40만 무의 경작지를 가지고 있다. 1994년에 수렵민촌은 인재, 기계, 공동 경작 토지 11,000 무를 도입했다. 수렵민의 1인당 순수입은 900위안이다. 1995년 수렵민 1인당 순수입은 1,491위안이었고, 향에서는 수렵민을 위해 4,000무의 땅을 개척하고, 15개의 수렵민 농목장과 1개의 수렵민 집단 농장을 건설했다. 구리향은 우리가 조사한 네 곳의 향진 중에서 수렵민의 생산과 생활 문제를 비교적 잘 해결한 향이다. 우리가 직접 방문해서 조사했던 사례를 보기로 한다.

우푸구이(어룬춘족, 57세, 1인칭 표현).

우리 네 남매는 1961년에 헤이룽장 우르가(역시 수렵민촌)에서 구리향으로 왔는데 그때 나는 17살이었다. 나의 부모님은 오래전에 돌아가셨고, 이곳에 나의 큰이모님이 계신다. 나의 고종사촌 형(차오양의 모진구이)은 러시아 사람들에게 잡혀 시베리아로 끌려간 지 10년이 지나, 내가 9살 때 비로소 돌아왔다. 구리에는 중부에서 옮겨 온 어룬춘족이 아주 많다. 나는 17살에 구리에 와서 1996년까지 수렵을 했다. 원래 생산대(生産隊)[14]의 땅에 농사를 지었는데, 처음 농사를 지을 때는 '농업에서 다자이를 따라 배우는 운동'[15]을 할 때였다. 그때 2,000무의 초지에 밭을 일궈 밀과 기장 등을 심었는데 모두 수작업으로 파종했다. 밀은 1무 당 300근 정도를 생산했고 콩은 실험에서 성공하지 못했고 무와 배추 농사는 괜찮았다. 그 후 몇 년이나 땅을 묵혀 두었고, 다자이를 따라 배우는 것도 성공하지 못했다. 그때 모두 28가구가 있었는데 전부 다자이를 따라 배우는 운동에 참가해서, 노동 점수를 기록하고, 연말에 수입을 계산하니, 1년 동안 번 돈이 하나도 없었다. 노루, 멧돼지 잡기는 겨울의 부업으로 농사보다 수입이 많았다. 고기는 회계를 팀에 맡기고, 팀에서 균등하게 분배했는데 식구가 많은 집은 더 많이 분배를 받았다. 가죽은 개인이 가지고 옷을 만든다. 이것은 노동 점수가 많아서 두 사람의 노동 점수와 같다. '문화대혁명' 기간 동안 농사를 짓다가 1972년 후반에 토지를 버리고 그 후로는 줄곧 사냥을 하였다. 당시 기의 각 부서에서 모두 사람을 파견하여 추수를 도왔으며 기에서 전문으로 파견한 접수

---

14 생산대는 중국 사회주의 농업경제의 한 조직 형태로서 1958년부터 1984년까지 존재했다. -역자 주

15 이 운동은 중국에서 마오쩌둥의 지시에 따라 1960년대에 진행한 운동이다. 다자이는 산서성의 빈곤한 농촌 마을인데 합작화를 실행한 후 생산량이 크게 증가하였다. 그후 중국 전역에서 다자이를 따라 배우는 운동이 전개되었다. -역자 주

원이 있었다. 1980년에 공동생산 도급책임제를 실시한 후 팀을 나누어 사냥을 하는데, 지침을 정하지 않고, 팀 내에서 분배를 진행했다. 향과는 관계가 없고, 향에 세금을 낼 필요가 없으며, 향에서는 총탄과 총기를 책임졌다. 1996년 수렵 금지로 500무 안 되는 땅을 개척해서 2년 동안 콩을 심었는데 성공하지 못했다. 첫 1년은 가뭄으로 싹이 나지 않았고, 후에는 또 장마가 졌다. 게다가 농업 기술이 부족해서 농약을 치거나 재배 비율 방면의 경험이 모두 부족했다. 작년에는 땅 한 무에 콩 40근을 수확해서 30여 위안 수익을 얻었는데, 금년에도 땅 한 무에 콩 40근을 수확했다. 아마 콩 한 근에 80전일 것이다. 일 년의 고정 수입은 만여 위안이고, 각종 지출 후 약 2천 위안이 남는다. 예전에 사냥할 때도 돈을 조금 저축했다. 지출이 가장 큰 부분은 가구를 사거나 설비를 하는 것이고, 또 아이들 학비이다. 지금 채소밭의 감자와 옥수수는 식구들이 먹고 집사람이 돼지 몇 마리를 키운다. 일 년에 돼지 세 마리를 잡는데 모두 식구들이 먹는다. 때로는 돼지 한 마리를 팔기도 하는데, 700위안 정도이다. 평소에 고사리와 개암을 채취하는데 수입이 좀 된다. 앞으로 어떻게 농업 경영을 발전시킬 것인가에 대해 자신이 없다. 상당히 많은 수렵민들이 토지를 한족에게 임대해 경작한다.

　사실 우리는 조사 중에 수렵민이 발전하는 방법의 하나로서 여러 민족이 서로 돕고 장점을 서로 보완하는 것이 매우 실현 가능하다는 것을 발견했다. 일부 수렵민이 농업 경영을 비교적 잘하는 것은 자신의 교육 수준과 경험과 직접적인 관계가 있다. 예를 들면 퉈자민향의 안더네 집이 그런 경우이다.

사례 3:

튀자민향, 수렵민이 이주하기 전, 수렵민의 주거지는 낡은 상태였다. 여름철에는 비가 새고 겨울철에는 바람이 들어오고, 홍수와 침수 재해의 영향을 심하게 받고, 교통도 불편하고, 전기도 없었다. 생활은 기본적으로 정부에 의존하고 자립을 못해 상당히 빈곤했다. 최근에 새로운 거주지로 이주하면서, 수렵민들의 삶은 크게 바뀌었다. 모든 가구의 수렵민들이 비교적 규범화된 새 주택지에 입주하고, 가구마다 컬러 텔레비전과 가구가 한 세트씩 설치되어 있으며, 어떤 수렵민은 집단 농장에서 일하고, 어떤 수렵민은 가정 농장을 꾸리기도 하는데, 이와 동시에 수렵민의 채소 재배, 목이버섯 양식 및 채집 등도 매우 중요한 제2의 수입원이 된다. 그러나 튀자민향 수렵민의 생산과 생활은 4개 향 수렵민 중 제일 못하며, 많은 수렵민이 오늘날까지 자립하지 못하고 전적으로 정부의 보조금으로 생활하고 있다. 이 마을은 또한 전화가 없는 유일한 수렵민 마을이다. 농가 방문 조사 과정에서 가정 농장을 잘 운영하는 가구도 몇 가구 있었는데, 경영자의 경력, 교육 수준, 정보 습득 등과 직접적인 관련이 있는 것으로 나타났다. 초대 향 인민대표대회 상무위원회 주임인 바이안더가 바로 한 예이다.

바이안더, 남자, 56세, 어룬춘족.

배우자, 취안춘바오, 어룬춘족, 54세(초등학교 퇴직 교사. 6살에 초등학교에 다니기 시작했으며 초등학교에서 중국어를 배웠다. 초등학교를 졸업한 후에 어룬춘 중학교를 다녔고, 그 후에 다양수진 교사 훈련반을 졸업했다. 우루부톄, 차오양, 튀허의 초등학교에서 교편을 잡다가 1973년에 튀자민향에 와서 가르치고 있다.) 아들 네 명이 있다. 안더는 1945년에 태어나 초등학교(1955년) 때 중국어를 배우기 시작했으며 샤오얼거우 초등학교에서 공부했다. 졸업 후 기 민족중학교에 가서 공부하고 1964년에 중학교를 졸업했다. 1965년에 쓰무커에서 시르터치로 이사하여 사냥팀에 들어가 사냥을 시작했다. 1965년 이전에는 25~26가구의 사람들이 모두 사냥을 했다.

1965년 전에는 단결 가구(당지에서 어룬춘족과 다른 민족이 통혼해서 이룬 가정을 부르는 명칭)가 없었고, 전부 어룬춘족 가정이었다. 다자이를 따라 배우는 시기에 1971년부터 1976년까지 농사를 지었는데, 그 당시 2천여 무의 농지가 있었고, 보통 1무 당 150근, 많게는 200근에 달했으며, 적어도 80근을 수확하였다. 농당 1무 당 종자는 35~38근 사용했고, 농지를 묵히지 않았다. 지금도 그때의 농지를 일부 사용한다. 안더는 19세에 공청단 단원이 되고 촌 지부 위원이 되었는데, 그때 서기가 한 명 있었고 위원이 두 명 있었다. 1972년 아리허 농기계운전학원에서 두 달 동안 배운 후 마을로 돌아와 트랙터를 몰았는데 그때 농업에서 다자이를 따라 배우는 운동이 이미 시작되었다. 1973년에 부촌장이 되었고 1975년에 수렵민팀 대장(20여 가구의 수렵민이 있음)이 되었으며 1977년에는 향 농기계소에서 각 촌의 농기계 관리를 책임졌으며 1980년에는 향정부 민정과에서 일반 간부로 있었다. 1983년에 농업과 목축업, 수렵과 화재 방지를 관장하는 부향장이 되었다. 1986년에 향 당위원회 부서기를 맡았다. 1988년에 아리허에 가서, 기 화재방지판공실 부주임이 되었다. 1991년에 향 인민대표대회 부주석으로 있다가 1993년에 퇴직하였다. 1994년부터 1995년까지 땅을 개척하고 농사를 짓기 시작했다. 당시 주로 두 작은 아들에게 진로를 찾아 주려고 했다. (그들은 또 두 명의 어룬춘족 고아 남매를 입양했다. 나이는 각각 19살과 14살이고 유족 보조금을 받는다. 그중 누나는 안더의 셋째 아들의 장래 색시감이다.) 게다가 안더는 사냥을 할 수 없었기 때문에 비교적 일찍 농사를 지었다. 기에서도 수렵민들이 농사를 지을 수 있도록 지원하고 우선시했다. 당시 그는 25,000위안을 대출받아 180무의 땅을 개척했는데 농기계는 몇 대밖에 없었다. 1996년부터 농사를 시작했는데, 먼저 감자를 심었다. 시골의 트랙터로 땅을 늘리고, 지금은 밀과 콩을 번갈아 심는데 곡식 생산량이 비교적 많다. 1무 당 400근을 생산하고, 재정 보조를 붙여 1근에 약 60전씩에 판다. 작년에는 2만 위안 이상 팔았지만, 비교적 싸게 팔아서 순이익이 많지 않았다. 대출금도 갚아야 하고, 지출도 해야 하고, 해마다 농기계도 사야 하기 때문에 돈이 매우 부족하다고 느꼈다. 3년째 되는 해에 적자를 면하게 되었고, 금년에 순수하게 벌기 시작해서, 일년 순수입은 15,000위안에서 18,000위안이다. 농장은 기계화가 많이 되어서 소형 트랙터 두 대가 있고, 파종 기계와 수확 기계도 있고, 지프도 한 대 있다. 농장은 어룬춘족 일꾼도 몇 명 고용하고 있는데, 노동 시간은 일정하지 않다. 일꾼들은 하루에 세 끼를 먹는데, 매 끼니마다 한 사람당 약 2냥의 술을 마신다. 한 통에 8~10근씩 담아서 파는 술을 마시며 가격은 16위안이다. 일꾼들은 또 2~3일에 한 갑의 담배를 피운다. 올해 또 러시아에서 새로운 품종을 들여와 재배하고 있다.

물론, 이 사례는 어룬춘족 중에서 비교적 드문 경우지만, 일정한 '기술'이 구체적으로 그 기술을 받아들이는 사람과 어울릴 때에야만 발전할 수 있다는 이치를 확실히 반영하고 있다. 물론, 우리는 어룬춘족과 '진보'의 관련 요소를 논의할 때, '진보'가 가져온 아주 큰 문제, 즉 문화의 소실도 보았다.

3) 어룬춘족 문화 소멸 문제

현재 어룬춘족 문화가 사라지는 속도는 매우 놀랍다. 유형의 문화는 대부분 박물관에서만 볼 수 있고, 노래, 음악, 언어 등 무형의 민족 문화도 매우 빨리 사라지고 있다. 언어와 민족 공예품 제작을 예로 들면 문제를 잘 설명할 수 있다. 조사를 하는 가운데, 우리는 최근 몇 년간 대외 교류의 증가, 결혼 범위의 확대, 특히 젊은이들의 타민족과의 통혼이 보편적인 현상이 된 후에, 어룬춘어가 특히 급속도로 사라지고 있음을 깊이 느꼈다. 현재 뉘민진의 어룬춘족은 다워얼어와 중국어를 완벽하게 구사하며, 기타 향진에서도 30세 이상 세대에서는 어룬춘어를 구사할 수 있는 사람이 아직 어느 정도 있지만 20세 이하에서는 구사할 수 있는 사람이 매우 적다.

그중 어룬춘 언어 사용자가 집중된 곳은 주로 우루부톄진의 3개 수렵민촌, 구리향의 1개 수렵민촌, 퉈자민향의 2개 수렵민촌, 뉘민진의 1개 수렵민촌이다. 조사 과정에서 어룬춘어를 할 줄 아는 노인들도 말하기를 꺼려하는 것을 발견했고, 그들은 현재 젊은이들 특히 어린 아이들이 어룬춘어를 알아듣지 못한다고 말했다. 만약 계속 이렇게 나간다면, 어룬춘어는 얼마 지나지 않아 빠르게 소멸될 것이고, 이와 동시에 어룬춘족의 민속과 민족 전통도 큰 타격을 받고, 약화되며, 심지어는 소멸될 것이다. 조사 결과, 전통 민요를 부를 줄 아는 사람은 세 명뿐이었는데, 연령은 만 55세 이상이었고 샤먼 신앙과 같은 기타 전통적인 신앙과 민족적인 문화 의식(儀式)은 그림자조차 찾아 보기 힘들어졌다.

자작나무 껍질 공예와 가죽 제품 공예를 할 줄 아는 사람은 더군다나 더 적어 네 개 향진을 다 합쳐도 10명이 안 된다. 전통 문양 자수를 할 줄 아는 사람은 6명이다. 그러나 우리가 파악한 바로는 퉈자민향의 시르터치촌에 50세 이상의 여성 2명이 전통 공예로 자작나무껍질 공예품을 만들 수 있고, 이런 사람이 우루부톄에도 2명, 구리향에도 몇 명

인류학의 글로벌 의식과 학술적 자각

있다. 그러나 모피 제품은 만드는 사람이 아주 적고, 옷은 냄새가 나기 때문에 보관하기 어렵고(벌레가 많이 생긴다.), 젊은 사람들은 이미 더 이상 입지 않고, 게다가 사냥을 금지한 후에는 가죽 원자재도 없고, 바느질 하는 사람도 없다. 현재 자작나무껍질과 모피 공예품을 제작하고 있지만, 제대로 된 규모를 갖추지는 못하고 있다.

4) 어룬춘족 사회와 사회 문제

어룬춘족은 대대로 헤이룽장 상류, 바이칼호 동쪽, 사할린에 이르는 광대한 외싱안링 지역에 살면서 번성하고 발전하여 왔는데, 명말 청초 때 인구가 가장 많았던 시기이다. 17세기 말에 어룬춘족 인구는 그때까지는 2~3만명 정도였다. 17세기 중반에 어룬춘족은 헤이룽장 남안의 대싱안링, 소싱안링 지역으로 대이동을 강요받았다. 그때부터 어룬춘족의 인구는 급격히 감소하는 추세를 보였다.

인구 감소 폭이 매우 뚜렷한 것은 다음의 세 시기이다. 17세기 말부터 19세기 말까지는 어룬춘족 인구가 처음으로 대폭 감소한 시기이다. 1895년 청나라 정부가 편찬한 호적과 당시 사람들의 여행보고서를 보면 어룬춘족의 총인구는 약 1만 8,000명으로 추산된다. 20세기 초는 어룬춘족 인구가 두 번째로 대폭 감소한 시기이다. 러시아 인류학자 세르게이 미하일로비치 시로코고로프(Sergei Mikhailovich Shirokogorov, 1887~1939)가 1915~1917년에 조사한 바에 따르면 어룬춘족 인구는 963가구, 4,111명으로 20~30년 전에 비해 절반 이상 감소했다. 위만주국 시기는 어룬춘족 인구가 세 번째로 대폭 감소한 시기이다. 1934년에 위만주국 치치하얼 쑹바오카오량이 조사한 바에 따르면 당시 3,700명이 있었고, 1945

년에는 이미 2,000명이 채 되지 않았다.[16] 어룬춘자치기 내의 어룬춘족은 중화민국 초기에 1,380명이 남아 있었는데, 1945년에는 700명 정도밖에 남지 않았다. 청나라 초기부터 항일 전쟁에서 승리하기까지의 300여 년 동안 어룬춘족의 인구는 2~3만 명에서 2,000명 미만으로 격감했다.

1949년 후에 어룬춘족의 인구는 증가 추세를 보였다. 1945년의 2,000명 미만에서 1990년에는 6,965명으로 45년 동안 2.5배 이상 증가했다. 이는 의료 수준의 개선, 경제 수준의 향상, 민족 간의 통혼 및 정부의 민족 정책과 관련이 깊다. 그러나 어룬춘족의 인구 변화 과정에서 어룬춘족의 신체 능력 향상에 유리한 민족 간 통혼과 어룬춘족 사회 경제 발전에 불리한 비정상적인 사망률은 이미 또는 조만간 어룬춘족 사회 변천에 중대한 영향을 미칠 것이다.

기록에 의하면, 일찍이 청나라 말년에 어룬춘족 결혼 적령기 남녀 비율의 불균형 문제를 해결하기 위해서, 가끔 이민족과의 통혼 현상이 나타났지만, 전체적으로는 많지 않았다.

1949년 이후, 어룬춘족이 정착하고 다른 민족과 섞여 거처함에 따라, 다른 민족과 통혼하여 민족 결합 가정을 이루는 경향이 나날이 증가하고 있다. 1951년에 어룬춘자치기가 세워졌을 때, 전체 기 총인구는 778명, 어룬춘족은 774명이었다. 당시 어룬춘족은 민족 내의 통혼을 유지하고 있었다. 1955년에는 기 내에 다워얼족이 393명으로 급증하였고, 한족은 이미 261명이 이주해 왔다. 1965년에 기 전체의 인구는 10만 명에 이르렀는데, 그중 어룬춘족은 1,015명으로 기 총인구의 1% 미만을

---

16   都永浩: 『鄂伦春族: 游猎、定居、发展』, 中央民族大学出版社, 1993, pp.127-128.

차지했다. 1950년대 말과 1960년대 초에 도시에서 어룬춘족이 다워얼족, 한족, 몽골족, 어원커족 등의 민족과 통혼하는 현상이 나타났으며 점차 발전하였다. 다른 민족 인구가 대거 이주해 오고 새로운 혼인법이 철저히 시행됨에 따라 젊은 남녀는 배우자를 자유롭게 선택할 수 있는 권리를 행사하고, 특히 개혁개방 이후 민족 간의 교류가 증가하고 교육 문화 수준이 향상됨에 따라 어룬춘족 사람들은 근친 결혼의 폐해를 점점 더 많이 인식하게 되었고, 민족 간 통혼을 통해 민족의 체질을 향상되기를 희망하게 되었다. 특히 어룬춘족이 단일 수렵 경제에서 다각 경영으로 전환하는 과정에서 민족 결합 가정을 세우는 것은 생활과 생산을 발전시키는 데 도움이 된다. 그리하여 1970년대 말, 특히 1980년대 이후 어룬춘족이 다른 민족과 통혼하는 현상이 늘어나 민족 결합 가정 수가 대폭 상승하였는데, 이런 가정이 어룬춘자치기 어룬춘족 전체 가정의 41.55%를 차지하였고 1986년 6월에 이르러는 46.7%로 증가하였다.

어룬춘족 지역에서는 어룬춘족이 다른 민족과 통혼하여 세운 민족 결합 가정을 '단결 가구'라고 하고, 어룬춘족 여자가 다른 민족에게 시집가는 가정을 '구예(姑爷, 사위의 뜻) 가구'라고 한다. 어룬춘족과 다른 민족이 통혼하여 자녀를 낳으면 일반적으로 모두 어룬춘족으로 출생 신고를 한다. 1989년 6월에 어룬춘자치기 여성연합회에서 편찬한 '어룬춘족 부녀자' 통계에 의하면 어룬춘족 251가구 중에 186가구가 '단결 가구'였다. 짚어볼 가치가 있는 것은 어룬춘족과 다른 민족의 통혼 비율이 도시가 농촌보다 높다는 것이다. 어룬춘 수렵구의 구리향, 퉈자민향, 간쿠이향과 뉘민진 어룬춘족 141가구 중 '단결 가구'는 89가구로 63.12%를 차지하고 아리허진, 간아진, 지원진과 다양수진의 어룬춘족 108가구 중 '단결 가구'는 82가구로 75.93%를 차지한다.

우리는 어룬춘기 네 개의 수렵민 향진에 대한 조사 중에 뉘민진과 같은 일부 향은 비교적 일찍 다른 민족과 통혼하기 시작했고, 또 어떤 향은 주로 1980년대 말, 특히 1990년대 이후에야 통혼하기 시작한 것을 발견하였다. 예를 들면, 퉈자민향 수렵민촌의 가정 인구 증가는 비교적 안정적인데, 매 가구 평균 인구는 4명이고, 산에서 내려와 정착한 후, 어룬춘족 청년 수렵민들은 다른 민족과 많이 가정을 꾸렸다. 2000년 초의 통계 수치에 의하면 적령기 청년 혼인율이 90%에 달하고, 배우자의 민족 성분에 대한 조사에서는 수렵민촌의 58가구 중 한족과 결혼한 사람이 50% 정도, 몽골족, 다워얼족, 어원커족과 결혼한 사람이 30% 정도, 나머지 20%는 자민족과 통혼한 것으로 밝혀졌다. 1999년 말, 우루부톄진의 수렵민 혼인 인구는 208 명이고, 총 106 가구로 가임 인구의 95%를 차지하며, 그중 '단결 가구'는 39가구이고 혼인 상태는 비교적 안정적이다.

민족 간 통혼과 동시에, 어룬춘족의 발전에 큰 악영향을 끼치는 문제가 우리 앞에 놓여 있는데, 바로 알코올 중독과 비정상적인 사망률이다.

일부 어룬춘족의 절제하지 않는 과음 습관은 현지의 인구 자질과 경제 생산 능력을 심각하게 저하시킨다. 일부 어룬춘족 가정에서, 남편의 알코올 중독과 무능으로 인해 의외의 사망, 경제적 궁핍, 생활 곤란 현상이 종종 발생한다. 특히 남성들의 과음은 조기 사망과 비정상적인 사망을 초래하여 어룬춘족 부녀자들의 사별률을 높인다. 이는 어룬춘족 부녀자들이 커다란 심리적 부담을 갖는 것 외에도 혼자서 가정을 돌보는 무거운 짐을 짊어져야 한다는 것을 보여준다. 더 심각한 것은 일부 기본 소양이 부족한 여성도 폭음 대열에 합류했으며 심지어 임신 및 수유 기간 중 음주로 인해 태아와 영유아에게 영향을 끼쳐 출생 후 일부 지적 장애 또는 발달 장애가 있는 아이가 되고 일부 청소년은 엄마가 매일 술을 마시고 가정 환경이 좋지 않기 때문에 비관적이 되고 절망에 빠진다는 것이다. 따라서 음주의 악습은 여성의 발전에도 심각한 제약이 되고 있다. 과음은 비정상적인 사망을 초래하는 직접적인 원인이다. 수렵민촌의 비정상적인 사망은 절대 다수가 과음 후 총기 자살, 음독, 과실 상해, 자동차 사고, 동사로 인한 것이다. 과음으로 인한 비정상적인 사망은 어룬춘족의 인구 발전에 영향을 주는 중요한 원인임을 알 수 있다.

지나치게 많은 어룬춘족의 비정상적인 사망은 인구 발전 문제, 가정 문제, 자녀 교육 문제, 민족 발전 문제 등 일련의 사회 현실 문제를 야기하였다.

5. 결어

위에서 필자는 세계화를 배경으로 하고 수렵 채집 사회의 인류학적 연구를 출발점으로 하여 주변 민족으로서 수렵 채집 민족 어룬춘족의 경제 적응과 부적응, 문화의 점진적 소멸의 문제, 사회 기본 상황 및 사회 문제에 대하여 전반적인 정리와 분석을 진행하였다. 그 과정에서 어룬춘족 사회의 새로운 경제 전환, 사회 변천 특히 생활 자립 과정에서 나타나는 심리적 불안과 문화 소멸의 문제를 보았는데, 이는 이미 어룬춘족의 경제 사회 문화가 발전할 때 직면하는 문제가 되었다. 각종 '진보', '문명', '비약'의 슬로건 아래, 그들은 주택, 교통, 의료, 교육 등 방면에서 전례 없는 향상과 '진보'를 이루었지만, 그들의 내면세계, 그들의 얼굴에 표현된 고뇌와 초조함은 줄곧 나의 뇌리에 깊이 새겨져 있었다. 나는 중국의 많은 한족과 소수 민족 지역에서 현지조사를 수없이 해봤지만, 여태껏 어룬춘족 현지조사 후에 겪은 그러한 심리적인 모순에 부딪힌 적이 없다. 비록 그들이 향유하는 거주 조건과 각종 정부 복지 혜택이 필자가 전에 조사했던 기타 소수 민족보다 월등히 좋았지만, 어떤 이름 모를 서글픔은 때때로 나를 자극했다. 인류학자로서, 우리의 사명과 책임은 논문이나 연구 보고서의 수를 늘리기 위해 이 연구에 종사하는 것이 아니라, 진심에서 우러나와 현지인의 전체적인 발전을 위해 자신의 역량을 제공하는 것이며, 이것이야말로 페이샤오퉁 선생이 말한 '인민을 향해 나아가는 인류학'의 참뜻이다.

어룬춘족 연구에서 학문적으로나 심리적으로 고민하고 방황하게 되었을 때, 나는 어룬춘족에 대한 조사 상황을 나의 은사인 페이샤오퉁 선생에게 보고하였다. 선생님은 매우 진지하게 다 들은 후 감개무량하게, 이것은 '민족의 생존과 발전'의 문제이고, 구체적으로 말하자면 '사람 보호와 문화 보존'의 문제라고 말했다.

2001년 7월, 베이징대학교 사회학인류학연구소와 서북민족대학교가 공동으로 주최한 제6회 사회학인류학 심포지엄에서, 페이샤오퉁 선생은 특히 소민족 문제에 대해 「민족의 생존과 발전」이라는 제목으로 강연을 했는데, 다음과 같이 언급하였다. "최근 몇 년 동안 내가 마음속으로 늘 걱정했던 것은 1998년 제3차 심포지움에서 어룬춘족 여성이 나에게 솔직하게 던진 한 문제였다. '사람이 중요한가, 문화가 중요한가?' 그녀의 뜻은 자신들의 민족 문화가 심각한 도전을 받고 있을 뿐만 아니라 나날이 소멸해 가고 있는데, 먼저 사람을 지켜야 문화를 재건할 수 있다는 것이다.

그녀가 제기한 문제는 매우 심각하고 시의적절했는데, 왜냐하면 이 세계화의 물결 속에서, 일부 뿌리도 깊지 않고 인구도 적은 민족은 이 끔찍한 현상을 피할 수 없기 때문이다. 나는 줄곧 이 문제를 마음에 두었다. 그리고 내가 대학 때 읽은 영국의 인류학자 피터 리버스(Peter Rivers)가 쓴 『문화의 충돌(Clash of Cultures)』이라는 책이 생각났다. 그는 호주의 토착민들이 어떻게 소멸되었는지에 대한 이야기를 썼는데, 그는 하나의 문화가 충돌하여 소멸되면 토착민들은 계속 살아갈 의지도 잃게 된다고 말한다. 나는 영국 유학 중(1936~1938년)에 신문에서 호주 남단 태즈메이니아 섬의 마지막 남은 토착민이 사망한 기사를 읽었는데, 이것은 내게 큰 충격을 주었고, 마음속에서 계속 나를 괴롭혔다."

"내가 1987년에 후룬베이얼맹과 대싱안링을 답사했을 때, 어룬춘족의 문제를 보았다. 우리 정부도 확실히 힘을 다해 이 민족을 지원하고 있다. 그들은 먹고 자는 데 문제가 없고, 아이들이 학교에 가는 데도 학비를 요구하지 않지만, 그 자체로는 아직 생기 있는 공동체가 형성되어 있지 않고, 스스로 살아갈 수 있는 상태가 아니었다."

"그래서 내 머릿속에는 늘 한 가지 질문이 있다. 중국에 인구 만 명 이하의 아주 작은 민족이 7개나 된다. 그들은 앞으로 어떻게 살아남을 것인가? 사회의 큰 변동 속에서 어떻게 장기적으로 살아남을 것인가? 실제로 전 세계가 일체화된 후, 중화문화는 어떻게 할 것인가도 비록 그렇게 급박하지는 않지만 유사한 문제이다. 그렇지만 아주 작은 민족에게는 현실 생활에서 이미 생존과 문화 보존이 상호 모순되는 문제가 되었다."

"정보 사회로 진입한 후 문화가 빠르게 변하자 소민족에게는 자신의 문화를 어떻게 보존할 것인가 하는 문제가 발생하였다. 이러한 상황에서 기존의 생산과 생활 방식을 바꾸기 위한 방법을 강구하지 않고는 불가능하게 되었다. 문제는 어떻게 바꾸는가 하는 것이다."

글로벌 문화 발전과 교감의 시대, 하나의 큰 변화의 시대에서 어떻게 생존하고 발전할 수 있으며, 어떻게 하면 다문화 공존의 시대에 진정으로 '화이부동'을 실현할 수 있을까? 인류가 함께 지내는 문제는 잘 해결되어야 한다. 이것은 대가를 치러야 하며 심지어 생명의 대가까지 치러야 한다. 문화를 보존하는 것은 생명을 보존하는 것이며 사람을 보존해야 문화도 있을 수 있다. 왜냐하면 문화는 사람이 창조한 것이고 그것은 생명을 보존하는 도구이기 때문이다. 그래서 모든 것이 번영하고 발전하기 위해서는 사람을 우선으로 해야 한다.

페이샤오퉁 선생의 강연은 사실 중국 55개 소수 민족 중 인구가 적은 민족이 현대화 과정에서 직면한 새로운 문제, 즉 '문화 보존'과 '사람 보호'의 문제를 지적했다. 이러한 문제들이 제기되는 이유는 인구가 적은 이들 민족이 지리적으로 대부분 소위 변두리에 있으며, 심지어는 주변 중의 주변 민족이라고 말할 수 있는 것과 관련이 있다. 이러한 민족의 발전과 진로는 세계화 과정에서 반드시 중시해야 할 과제이다. 중국의 소민족과 비슷한 문제가 다른 나라와 지역에도 동일하게 존재한다.

따라서 획일화된 '진보적' 가치 판단만을 강조하면서 문화의 다원적 가치 판단을 무시하는 것은 반드시 문명과 문화의 충돌로 이어질 것이다. 포스트모던 문화를 연구하는 일부 학자들이 지적했듯이 "문화는 광범위하고 표준화된 공통 상관 관계와 책임의 전체성, 즉 분리 가능하고 또 공통적인 삶의 의미와 기본 이념을 바탕으로 세워져야 영원한 생명력을 가질 수 있다. 문화의 통일은 '자유로운 통일, 가볍고 풍요로운 것'이어야 하며 강제적인 것이 아니다 …… 문화의 통일이 단지 기술과

인류학의 글로벌 의식과 학술적 자각

기술 응용의 공통성을 통해서만 성립된다면, 그것은 기준이 없는 통일이다."[17]

　동시에 중국의 일부 인구가 적은 민족을 포함하여 전 세계 범위에서 나타나는 원주민족 지역에 대한 개발 과정의 합리성 특히 문화의 합리성은 어디에 있는가? 이른바 '풍요로운 삶', '문명과 진보'의 진정한 '합리성'은 또 어디에 있는가? 살린스가 언급한 수렵 채집민의 '원초적으로 풍요로운 사회'는 물질적인 풍요만이 아니라 정신적, 심리적 '풍요'도 포함되어야 한다. 그래야만 전 세계 어룬춘족과 같은 수렵 채집 사회가 진정으로 '원초적으로 풍요로운 사회'에서 '문명화된 풍요로운 사회'로 바뀔 것이다. 이는 세계화 과정에서 문명 간, 다른 문화 간 대화의 전제이기도 하다.

17　[德] 彼得·科斯洛夫斯基:『后现代文化—技术发展的社会文化后果』, 中央编译出版社, 1999, pp.187-192.

3장

경계를 넘나드는 인류학과 문화 현장*

　페이샤오퉁 선생이 일생 동안 이룬 학문을 나는 '세 편의 글'로 요약할 수 있다고 생각한다. 한족 사회, 소수 민족 사회, 세계화와 지역화가 바로 그것이다. 페이샤오퉁 선생의 학문을 돌이켜 보면 강촌을 기점으로 글로벌 사회에 이르기까지 모두 유동성, 개방성, 글로벌성을 둘러싸고 토론을 전개하는데, 예를 들면 강촌의 누에가 상하이에서 가공을 거쳐 자본주의 체계에 진입하는 것, 만년에 주창한 '화이부동'의 글로벌 사회 이론과 같은 것이다. 페이샤오퉁 선생이 중국 사회문화인류학 연구의 유동성과 경계 넘기에 주목해 왔음을 알 수 있다. 오늘날 세계는 경계를 넘나드는 유동 현상이 더욱 빈번해지고 있는데, 페이샤오퉁 선생의 학문적 맥을 이어가기 위해서 우리는 '경계를 넘는 인류학'의 풍부한 의미를 다시 살펴볼 필요가 있다. 나는 다음과 같은 몇 가지 방면에서 '경계를 넘는 인류학'과 문화 현장에 대한 이해와 인식을 가질 수 있다고 생각한다.

---

*　이 글은 "跨界与文化田野"총서의 전체 서문으로 『广西民族大学学报』 2015年第4期에 게재되었음.

1. 인류학의 중요한 방향이 될 '경계를 넘는 인류학'

오늘날 인류학자들은 문화, 역사, 구조, 과정 및 연구 대상의 행동에 관심을 가질 때 종종 마을 공동체, 지방, 지역 및 국가의 경계를 넘나든다. 최근 몇 년간 대량의 민족지를 보면, 단지 어떤 '개별 사건'에 독립적인 의미를 부여하려고 시도하는 것은 더 이상 성공하기 어렵고, 심지어 유형학적 수단으로 개별 사건을 분석할 때에도 다른 사건들을 '네 속에 내가 있고, 내 속에 네가 있다'는 식의 전체적 함의를 개괄해 내기 어렵다. 또한 '초국가주의', '국경간 연구'와 같은 일련의 개념도 전 세계에서 보편적으로 발생하는 '유동적' 상태에 대응하려고 시도하고 있지만 여전히 충분하지 않다. 인류학의 연구 단위는 입체적이고 다차원적이며, 어떤 공동체 단위의 차원을 간단히 요약해도 현대 세계 체계의 복잡한 교차적 특성을 분석하기에는 부족하기 때문이다. 동양, 아프리카, 남아메리카와 같은 개발도상 지역조차도 이미 세계 체계 속에 깊이 들어가 버렸다.

'과계(跨界)'라는 개념은 '초국가적(跨国)', '초시스템적(跨体)', '초국경적(跨境)', '초사회적(跨社区)' 등 구체적인 개념보다 더욱 이론적 의미를 지닌다. 과계 즉 경계를 넘는 것 자체는 경계를 부정하는 것이 아니라 '경계'를 재인식하려는 시도이다. 어떤 의미에서 우리가 마을 공동체, 지역, 국가의 경계를 구분할 때 역시 그들 사이의 연결고리를 강조하는 것이기도 하다. 예를 들어, 두 공동체가 밀접하게 연계를 맺는 곳은 바로 둘 사이의 이른바 '경계'에 있을 가능성이 가장 크다. 따라서 인류학이 과계적 관점으로 연구 대상, 연구 지역을 인식할 때, 그 방법론은 단지 사안의 내부적인 확장 연구일 뿐만 아니라, 더 나아가 내부와 외부를 모두 함께 고려하는 확장 연구일 수 있다.

오늘날, 다양한 인구, 상품, 정보의 거대한 흐름이 한데 뒤섞여 경계의 재설정과 병존을 초래하고, 경계를 넘나드는 것 자체가 하나의 사회적 사실이 되었다. 그중에서도 특히 인구의 국제적 이동이 심한데, 이 과정에서 사회와 문화의 많은 경계가 유동 인구의 활동에 의해 허물어진다. 다국적 생활 과정에서 서로 다른 사회의 다양한 경계가 하나의 공간에 놓이며, 우리가 서로 나른 사회 연구에서 제시하는 개념과 지식이 연결되고, 일종의 '애매모호한' 영역, 즉 한 장소에 두 개(심지어 여러 개)의 지식 체계가 상호 작용하는 국면을 형성한다. 한편으로, 전통적인 의미의 다국적 유동은 정치적 경계를 넘나들고 협상하는 데 초점을 맞추지만, 이는 다면체의 일면에 불과하다. 실제로 이 환경에서는 여러 사회의 민족, 계급, 정치가 하나의 경계 운영 과정에 참여하여 정치, 경제, 문화의 다중 경계로 구성된 다면체를 형성한다. 한편, 이것은 여러 측면에서 경계를 재조정하는 과정일 뿐만 아니라 협상과 저항의 과정이며 정부, 사회, 기업 및 개인이 참여하는 상호 작용 메커니즘이기도 하다. 따라서 세계화 또는 국제적 유동이 가져오는 이 연결 부위는 고정된 방향이 존재하지 않으며, 여러 역량들이 서로 마찰하는 상호 작용 지대이다.

내가 보기에, 중국 인류학과 세계의 중요한 접점 중 하나는 아마도 '과계' 인류학에 있을 것이다. 유동의 개념은 이미 전 세계 인류학의 핵심이 되었다. 예를 들어, 광저우의 외국인 유동 현상은 글로벌 시스템이 중국에서 어떻게 표현되는지를 보여준다. 광저우의 아프리카인들은 아프리카 디아스포라(African diaspora)의 일부로서 이민자의 신분으로 중국이라는 새로운 이민 대상 국가에 들어와, 세계화의 배경에서 사람

인류학의 글로벌 의식과 학술적 자각

들 사이의 행위 경계와 행위 내용을 재형성하고 국가 간 유동 중의 '과객(過客)'이 되었다. 또 다른 예로, 중국의 기술 이민자-엔지니어 그룹은 싱가포르 등 국가로 이주한 후 그들이 가진 고향 정체성, 국가 정체성 및 새로운 국가에 대한 정체성은 모두 이동 및 이주로 인한 다중 정체성을 반영한다. 이와 관련한 연구로 일본 교토대학교 동남아시아연구센터 연구진이 1990년대 초에 '세계단위' 개념을 제시했다. 세계단위란 국가, 민족, 지역을 넘어 형성된 새로운 공동의 인식 체계이다. 예를 들어, 아프리카, 아랍, 동남아시아, 광저우의 이슬람 신자들이 광저우에서 어떻게 그들의 종교 활동을 진행하는가? 다른 민족, 다른 언어, 다른 국가의 사람들이 광저우에서 어떻게 새로운 공동체와 정신적 커뮤니티를 형성하는가? 세계화의 맥락에서 과계(국가, 민족, 문화의 경계를 넘는) 집단들, 그들이 서로 만났을 때 어떤 점에서 공감하는가? 이 사람들의 결합이 바로 세계단위이다. 이러한 연구 성과와 학문적 전통은 나로 하여금 중국 화남 지역이 세계 사회에서 차지하는 위치와 동남아시아 사회와의 연동성 문제를 줄곧 생각하게 하였다.

샤오펑샤(蕭凤霞, 1950~)는 '화남 지역'이 하나의 유리한 시각으로 '역사적 글로벌(historical global)'의 다층적 진행 과정을 설명할 수 있다고 주장했다.[01] 당대 글로벌 인류학의 연구 관점에서 보자면, 화남 지역 연구는 '중심에서 주변을 보는 것'과 '주변에서 중심을 보는 것' 이중적 시각을 제공함으로써 화남 지역 한족 사회 구조, 화남 지역 각 민족 집단 간의 상호 작용 및 동남아시아의 중국계 주민 사회를 재조명하는 데 모

01　蕭凤霞: 「跨越时空: 二十一世纪的历史人类学」, 『中国社会科学报』 2010年第130期.

두 중요한 방법론적 의의를 가지고 있다.[02] '중심'과 '주변'의 개념을 유연하게 전환함으로써 민족 국가의 제한에서 벗어나 지역의 각도에서 '화남'을 재조명할 뿐만 아니라 전통적인 대륙의 시각을 탈피하여 '해역 의식(海域意識)'에서 출발하여 화남에서 동남아시아에 이르는 이 지역의 전체성과 다양성을 사고할 것을 제창한다. 유동, 이민, 과객과 세계 단위, 이 몇 가지 개념은 중국 인류학이 세계로 나아가는 중요한 기반을 형성할 것이다. 몇 년 동안 나는 줄곧 중국 인류학에서 어떤 것이 두드러질 수 있을지 생각해 왔다. 비록 우리는 이미 많은 중국 연구 성과가 있고, 또한 우리의 이론을 제시하려고 시도하고 있지만, 프리드먼이 한 것 같은 그러한 연구는 아직 인류학의 보편적 이론을 구성할 수 없다.

나는 새로운 이론이 중국과 주변 국가 및 지역의 경계 지대, 예를 들면 동남아시아, 남아시아, 동북아시아, 중앙아시아 등 지역의 국경 지대에서 나올 가능성이 있다고 생각한다. 이러한 지역에서 민족 국가를 초월한 이념으로 해당 연구를 지정학적, 지역적 연구의 관점으로 격상시켜 사고하고 논의한다면 고전적인 인류학적 민족지가 나올 수 있을 것이다. 동시에 서로 다른 민족의 결합부는 중국 내에서도 인류학, 민족학이 새로운 사상을 배출하는 곳이 될 것이다. 사실, 페이샤오퉁 선생이 제창한 민족 회랑 연구는 일찍부터 다민족 결합부의 문제에 주목했다. 우리는 오늘날 일반적으로 민족 경계로 토론하지만 결합부는 중국에서 몽골족-한족 결합부, 한족-티베트족 결합부 등과 같이 특수한 역사 문화적 함의가 있다.

---

02   麻国庆: 「作为方法的华南: 中心和周边的时空转换」, 『思想战线』 2006年第4期, pp.1-8.

국내의 유동에 초점을 맞추든 국제적 유동에 초점을 맞추든, 완전히 새로운 분야인 과계 인류학은 21세기 글로벌 인류학의 핵심이 될 것이다. 인류학 연구도 반드시 세계와 연결되어야만 세계가 무엇인가에 대한 질문에 답할 수 있고, 세계의 다양성 구도가 어디에 있는가에 대한 질문에도 답할 수 있다.

현재 해외의 중국 연구는 중국의 민족에 대해 연구할 때 두 가지 연구 경향이 있다. 하나는 문화에 편중한 경향으로 서남 지역 민족의 문화 유형에 대한 논의와 같은 것이고, 다른 하나는 정치에 편중한 경향으로 티베트족과 같은 큰 민족을 문제 영역에 있는 민족으로 논의하는 것이다. 경향이 어떤지를 막론하고, 우리는 민족 연구에 있어서 반드시 그 민족의 역사적 정체성에 기반하여 논의해야 하며 선입견을 가지고 어느 민족을 정치적인 민족으로 간주해서는 안 되며, 그 민족의 문화적 본위로 돌아가야 한다. 상당수의 연구자들이 중국의 민족을 논의할 때 민족 자체의 특수성과 독립성은 강조하지만, 민족 간의 유기적 연계, 상호 작용과 공생은 무시한다. 즉, 각 민족을 단일체로 연구하면서 민족 간에 형성된 관계 및 모든 민족이 상호 작용하는 공생 관계에 있다는 것을 잊고 있다. 이것이 바로 '중화민족 다원일체 구조'의 개념이 중요한 이유이다. 다원은 분리를 강조하는 것이 아니라 현상을 표현하는 것일 뿐이며, 그 핵심은 다원 속의 유기적 연결체를 강조하는 것이다. 즉 유기적 연결 속의 다원체, 일종의 공생 속의 다원이지 분리 속의 다원이 아니다. 나는 '다원일체' 개념의 핵심은 사실상 민족 문화의 다원화와 민족이 공유하는 시민의식을 동시에 강조하는 것이며, 이는 다민족 중국 사회의 주제라고 생각한다.

해외 중국 연구와 관련하여 주목할 만한 점이 몇 가지 있다. 첫째,

해외 연구 자체는 중국의 세계 이해 체계 위에 놓여야 하며, 이는 세계 현실에 대한 관심과 1차 자료를 통해 세계를 인식하는 방식이다. 둘째, 중국과 세계 전체의 직접적인 관계를 강조한다. 예를 들어, 중국 기업의 아프리카 진출로 인해 서방이 제기하는 중국의 아프리카 '신식민주의' 문제에 어떻게 대응할 것인가? 인류학은 어떻게 자신의 목소리를 낼 것인가? 셋째, 이국과 타문화에 대한 인식에서 어떻게 중국인의 관점에서 세상을 인식할 것인가? 근대 이후 중국인들은 이미 세계에 대한 일련의 관점을 축적했는데, 어떻게 이 해외 인지 체계를 오늘날 우리 인류학의 해외 사회 연구와 연결시킬 것인가? 즉, 중국인이 가진 해외에 대한 인지 체계를 어떻게 인류학의 학문적 담론 체계로 전환할 것인가? 넷째, 해외 연구에서 중국과의 유기적 연계를 강조해야 하는데, 예를 들면 두웨이밍(杜維明, 1940~)이 제시한 '문화 중국'의 개념에 인류학은 어떻게 응답할 것인가? 해외에 5천만 명이 넘는 중국계 주민들이 살고 있는데, 중국계 주민 사회에 유교 전통이 뿌리를 내린 이후의 현지화 과정 및 뿌리를 둔 사회와의 연결, 바로 이것이 중국 경제 도약의 중요한 기반을 형성했다고 말할 수 있다. 만일 문화 중국이 없었다면 오늘의 중국 경제가 가능했을까 하는 질문을 던질 수 있다.

또한 해외 연구에서는 과계민족에 관심을 돌려야 한다. 이 부분의 연구 가치는 중국과의 상호 작용성과 연결된다는 데 있다. 그외에 또 하나의 큰 문제가 있는데, 바로 다양한 나라에서의 중국인들의 새로운 이민 문제이다. 다양한 계층의 새로운 해외 이민자들의 현지 생활에 주목할 필요가 있다. 예를 들면 싱가포르의 기술 이민 생활은 자유와 제한, 체면과 난감함 사이에서 고군분투하는 과정이다. 동시에 다른 나라의 사람들이 중국에서 생활하는 상황도 사실 해외 민족지 연구의 일부이다. 나는 해외 민족지는 마땅히 쌍방향적인 것이어야 한다고 생각한다. 중국에 있는 한국인, 베트남인, 아프리카인 그리고 중국에서 시민권을 가지지 못한 난민들도 모두 해외 민족지의 일부로 구성되어야 한다. 이 방면의 연구는 한편으로는 해외의 것이고, 다른 한편으로는 국내의 것이다. 해외 민족지 연구는 국가에 국한되어서는 안 되며 다양성이 있어야 한다.

2. 문화의 현장에 관하여

인류학자가 고전 시대의 '안락의자'식 작업 방식과 결별하고, 세계 곳곳에서 진정한 '타자'를 상대하기 시작한 이후에야 비로소 인류학이라는 학문이 진정으로 제자리를 찾게 되었다고 할 수 있다. 남태평양의 작은 섬에서 말리노프스키의 어쩔 수 없는 조사는 인류학의 새로운 시대를 열었고, 그는 '문화 과학'을 구축한다는 이념으로 학문의 방법론에 '현지조사(fieldwork)'라는 '과학'적인 이름을 붙였다. 여기서부터 인류학의 현장은 문화의 주축이 되었다.

말리노프스키가 주장한 문화 과학적 방법은 연구자 자신이 원주민 가운데에서 생활하면서 직접적인 관찰과 상세하고 충분한 검증자료를 바탕으로 전문적인 규범을 참조하여 법칙을 확립하고 나아가 그 민족의 생활 실태와 법칙을 논증하는 것을 말한다. 오늘날 전문적인 인류학 연구자에게 있어서, 현지조사는 연구자가 적어도 1년 동안 조사하는 곳에 머물면서 특정 공동체를 중심으로, 집중적이고 세밀하게 그 사회를 조사하는 것이 이상적이다. 현지조사 방식으로 자료를 얻고, 현지조사의 바탕 위에서 문제를 논의하는 것이 인류학 전공의 규칙이 되었다.

현지조사 중에 나타나는 문제에는 몇 가지 경향이 있다. 첫째는 현지조사의 윤리적 가치 판단의 문제이다. 만약 현지조사가 실천을 논하고 행동의 문제를 논한다면 현지조사의 학문적 의의에 의문을 가질 수 있다. 둘째는 많은 현지조사는 사회학적 조사를 고려하지 않은 사회 조사일 뿐이며, 현지조사 대상들의 사상과 우주관을 무시하고 있다. 현지조사 자체는 자료의 인류학이 아니라 사상적 인류학으로서 성립되었다. 프랜시스 L. K. 슈는 일찍이 『클렌, 카스트 및 클럽』에서 공동체 연구는 공동체 사람들의 단순한 생활 상태가 아닌 그들의 사상을 발견하는 것이며, 그러한 생활 상태가 생겨나게 된 이면에는 반드시 하나의 사상 체계가 바탕이 되기 때문이라고 했다. 셋째는 포스트모던 인류학을 받아들이고, 인류학 전통의 현장 경험을 소홀히 하고, 현지조사 자료를 과도하게 추상화한 나머지 현지조사는 이미 현지조사 자체가 아니라 연구자의 일련의 이론 체계로 추상화된다. 그러나 현지인의 관념을 간단하게 추상화한다면, 이런 현지조사는 현지인의 생활과 관련이 없게 된다.

어떤 의미에서 인류학의 전통적인 공동체 연구가 지역에 어떻게 진입하는가는 방법론의 확장이다. 페이샤오퉁 선생의 말을 빌리자면 확장 사회학이다. 인류학이 어느 정도 수준에 도달하면 어떻게 연구 관점을 확장하고 어떻게 지역에 진입하는가 하는 것은 중요한 문제이다. 이것은 다문화 연구의 방법론적 문제와도 관련된다. '들어갈 수 있어야 하고, 나갈 수도 있어야 하며', 다양한 지점에서 민족지의 비교 연구를 확장해야 한다.

방법론과 관련된 또 다른 문제는 민속의 개념이 어떻게 학문의 개념으로 전환되는가 하는 것이다. 1980년대에 양궈수 선생과 차오젠 선생은 중국 인류학, 심리학, 행동 과학의 본토화에 대해 토론했다. 본토화 명제는 오늘날에도 여전히 의의가 있다. 당시에는 '관계, 체면, 인정'과 같은 개념만 논의되었지만, 중국 사회에는 아직도 사람들에게 없어서는 안 될 많은 민간의 개념이 있으며, 이런 것들은 연구되어야 할 것들이다. 또 다른 예를 들면 일본 사회는 '의리(義理)'를 강조하는데, 의리는 중국의 인정, 관계, 체면과 마찬가지로 중요하지만, 그것은 종적 사회의 특징을 보여준다. 베네딕트도 자신이 쓴 책에서 이 점을 언급하기도 했다. 이것을 어떻게 학문적 개념으로 전환할 것인가? 민속 개념과 현지 사회 개념은 학문적 개념으로 얼마든지 상승할 수 있다.

현지조사는 처음부터 인류학자들이 정의한 개념의 경계를 초월했다. 현지조사의 본질은 자료를 얻는 기술적 수단을 넘어 타문화에 대한 사상적 배려가 되었다. 현지조사의 목표는, 어떤 사안에 대한 묘사를 넘어 인류학자들이 시공간을 초월하여 사상적 교류에 나서는 장이 되었다. 현지조사는 '문화 기록' 후 더욱 풍부한 의미를 가지게 되었다. 극단적인 포스트모더니즘 사조가 점차 물러나면서 깊은 성찰을 거친 인류학은 더 이상 단일한 이론 모델을 맹신하지 않을 뿐만 아니라 더 나아가 과학주의 서술 방식을 포기했다. 그러나 학문의 공감대는 오히려 모호해졌다. 인류학 분과가 크게 발전한 배후에는 문제 영역의 파편화가 있다. 혼란에 직면한 인류학자들은 해답을 찾기 위해 분분히 현장으로 돌아갔다.

이때의 현지조사에서는 인간의 다문화에 대한 해답에서 나오는 다채로운 사상의 불꽃만이 있을 뿐, 단선적이고 단조롭고 판에 박힌 경계는 사라진 지 오래다. 아프리카의 인류학자들은 부족민들과 함께 도시에 들어왔을 때부터 문제 의식을 종족의 균형 메커니즘을 찾는 것에서 빈민굴과 에이즈 퇴치 방식으로 바꾸었다. 라틴 아메리카의 인류학자들은, 원시림의 그늘 아래에 있는 크고 작은 취락에서 벗어나, 포퓰리즘에 사로잡힌 지도자의 정치 선전 책략에 눈을 돌렸다. 동아시아와 유럽, 미국의 일부 인류학자들은 고향으로 돌아가 현지조사를 수행하고 있으며, '자문화'에 대한 자신의 해석이 이렇게 깊고 다양할 수 있다는 사실에 놀라움을 금치 못한다.

물론, 우리의 이러한 안과 밖을 모두 고려하는 과계 인류학 방법은 문화에 대한 관심을 핵심으로 하는 민족지적인 현지조사로 완성되어야 한다. 우리가 문화적 모델의 공생과 갈등, 공동체 네트워크의 연결과 재구성, 관습적 규범의 형성과 해체, 행동적 의미의 이해와 실천 등 이같은 의제를 발견했을 때, 사실상 바로 '과계'의 문제를 논의하고 있는 것이다. 이 문제의 핵심 의제는 여전히 '문화'이다. 인류학의 비장의 기술인 현지조사와 민족지는 과계와 문화를 이해하는 바탕이다.

우리의 현지조사는 문화의 현지조사이다. 그것은 과거의 역사 회고에 몰입하는 것도 아니고, '주마간산(走馬看山)' 식의 현황 조사도 아니다. 역사, 데이터, 철학, 정책과 같은 유행하는 이슈에 대한 관심은 현지조사 속에 있는 것이지 문화의 현지조사를 대체할 수 있는 것은 아니다. 페이샤오퉁 선생은 일찍이 생전에 '문화 현장 총서'를 출판하기를 바랐지만 결실을 맺지 못했다. 후에 나는 페이샤오퉁 선생이 쓴 기고문을 보고 감개무량함을 금할 수 없었고, 나도 이번 총서에 '문화의 현장'이라는 표현을 덧붙여 인류학에 대한 선생의 거대한 학문적 공헌을 기념하였다. 페이샤오퉁 선생은 기고문에서 다음과 같이 말했다. "문화는 생활에서 비롯되고, 사회 실천에서 비롯되며, 현장 고찰을 통해 새로운 시대의 문화 변천과 문화 발전의 궤적을 반영한다. 발전의 관점에서 과

인류학의 글로벌 의식과 학술적 자각

거와 현재의 조건과 요구를 결합하여 미래의 문화로 새로운 출발을 전개할 필요가 있다. 이것은 또한 '문화의 현장 총서' 출판의 의미이기도 하다." 이 총서는 학문적으로도 페이샤오퉁 선생의 이 기고문의 뜻을 계승하고 있다.

문화는 현장에서라야 가장 생생한 해석을 얻을 수 있다. 문화의 현장은 공동체의 경계, 민족 집단 간의 경계, 지역의 경계, 국가의 경계를 넘어선지 오래다. 예를 들면 도시와 농촌의 전통적인 이원적 제한을 타파하고 도시에 진입한 농촌 인구는 도시와 농촌의 경계를 뛰어넘어 '향토성'과 '도시성'을 융합하였다. 이는 도시와 농촌 일체화의 전형적인 예증이며, 그들이 경계를 넘고 이동을 하면서 형성한 문화 풍격은 심지어 현대 도시 생활에서 생기와 활력이 있는 창조적 구성 부분이 된다. 그들은 도시와 농촌에서 자신의 노동을 소비하며 가족의 미래를 동경하는데, 이는 중국 사회 내부의 유동성의 큰 특징이다. 내륙 한족 사회의 유동성 외에, 민족 지역의 유동성과 과계성(跨界性) 또한 하나의 큰 특징이다.

3. 과계(跨界) 연구와 '일대일로(一帶一路)'의 안과 밖

현재 중국 정부의 대전략은 '일대일로(一帶一路)'다. '일대'는 전통적인 육상 실크로드를 가리키고, '일로'는 21세기 해상 실크로드를 가리킨다. 사실 1980년대 초에 페이샤오퉁 선생은 지역 개발의 안과 밖의 문제를 특히 강조했었다. 그는 허시 회랑, 티베트족이족 회랑, 난링 민족 회랑 등 중국 3대 민족 회랑에 대해 연구를 진행해야 한다고 제의하면서 이 3대 민족 회랑의 가장 큰 특징은 바로 경계성과 유동성이라고 강조했다. 예를 들어, 페이샤오퉁 선생은 역사 문화 지대를 기반으로 경제 협력을 추진하는 발전 구상을 제시했다. 허시 회랑을 위주로 하는 황하 상류의 천여 리 유역은 역사적으로 하나의 경제 지대에 속했고, 장사에 능한 후이족이 오랫동안 그곳에서 생활하였는데, 현재 우리는 그 천여 리 황하 유역을 연결시켜 하나의 협력 지대를 구성한다.[03] 따라서 그 경제 지대의 의미는 페이샤오퉁 선생이 말했듯이 "서쪽으로 '실크로드'를 다시 열고, 현재 건설된 유라시아 대륙교를 통해 서부의 국제시장을 개척하는 것이다."[04]

1991년에 페이샤오퉁 선생은 『요망(瞭望)』지에 남방 실크로드에 대한 글 「량산행(凉山行)」을 발표했는데, 여기서 티베트족이족 회랑 특히 그 지역의 대내외적 발전 문제에 대해 언급했다. 쓰촨 량산이족자치주와 판즈화시가 합작하여 판시 개발구를 건립하고, 이를 중심으로 쓰촨 청두에서 판시와 윈난 바오산을 거쳐 더훙에서 국경을 넘고 서쪽으로 미얀마, 방글라데시, 인도로 통하는 '남방 실크로드'를 재건하여 대서남 지역의 산업화, 현대화 기반을 마련한다는 것이다.

1981년의 중앙민족연구소 좌담회에서 페이샤오퉁 선생은 '난링 회랑'을 국가 전체의 거시적인 관점에 놓고 연설과 토론을 진행하였고, 그 후 먀오족-야오족 언어와 좡족-다이족 언어 이 양대 언어 집단의 관계를 이끌어 내자고 강조하였다.[05]

---

03   北京大学社会学人类学研究所编『东亚社会研究』, 北京大学出版社, 1993, p.218.

04   위와 같음.

05   费孝通: 「深入进行民族调查」, 载费孝通『费孝通民族研究文集新编』, 中央民族大学出版社, 2006, pp.473-474.

인류학의 글로벌 의식과 학술적 자각

이 주장은 사실 유형 비교에 대한 연구 사상을 내포하고 있다. 예를 들어, 난링 회랑 연구는 우리가 중국 남쪽 해상과 육지의 국경과 문화의 상호 작용을 이해하는 데 중요한 현실적 의미가 있다. 그것은 장기적인 역사 과정에서 점진적으로 형성된 것이며, 또한 남중국해 및 주변의 성, 국가와 점차 내적 연관이 있는 지역으로 발전했다. 역사와 현실에서 보면 동남아시아와 인접한 남부 변경과 남중국해 및 주변 육상 지역은 자연 지리 공간상에서 인접하고 겹칠 뿐만 아니라 문화 공간상에서 지리적 의의를 초월한 문화 네트워크와 사회 네트워크가 형성되어 있다. 중국 남부의 육지 및 해상 지역과 동남아시아 사이의 경제 연계는 역사가 유구하며 명청 시기에는 어느 정도 세계적인 영향을 가진 경제 구역으로 발전하였으며 오늘에 이르러서 중국-아세안 자유무역지대는 세계 3대 지역경제협력구 중 하나가 되었다. 이러한 맥락에서 이 대화와 연결의 기초는 산지, 하천 유역, 해양과 같은 문명 체계와 지역 문화 연구와 같은 지역의 문화 생태 및 사회 네트워크에 대한 인류학적 사고와 깊은 관계가 있다.

페이샤오퉁 선생이 그 당시에 강조했던 실크로드 이념은 오늘날 우리의 '일대일로' 전략에 참고할 만한 중요한 가치가 있다.

이러한 큰 전략적 이동에 직면하여 인류학과 민족학은 다국적 사회 연구의 경험과 토대에 있어서 매우 중요한 역할을 담당할 것이다. '일대일로'의 사회문화적 기초와 글로벌 의식을 새롭게 인식하고 이해하는 것은 인류학 민족지 연구의 새로운 추세이다. 우리의 연구는 해로와 육지를 통해 형성된 아시아, 아프리카, 유럽의 교통, 무역, 문화 교류의 길을 중점적으로 부각시킬 것이다. 이러한 국경을 넘는 문화 융합 현상은 현대화와 세계화의 배경에서 점점 더 많아질 것이다. 원래 국가와 민족이 설정했거나 은유한 다양한 유형, 무형의 사회와 문화의 '경계선'은 점점 더 빈번한 인원, 물자와 정보 유통에 의해 끊임없이 '초월되고' 복잡하고 다원적인 사회 네트워크 체계가 형성되었다. 오늘날의 세계는 갈수록 다양한 인구, 상품, 정보의 홍수로 한데 뒤섞여 경계의 재설정과 병존 현상이 나타나며, 따라서 경계를 넘나드는 것 자체가 하나의 사회적 사실이 되었다.

세계화 시대인 오늘날, '냉전'의 종식과 함께 글로벌 시스템은 점점 더 다극화 경향이 확산되고, 지역 문제, 지연(地緣)정치와 발전 등 문제는 끊임없이 전통적인 민족 국가의 한계를 초월하고 있으며, 세계화가 가져온 글로벌 문화의 동질성, 일체화의 이상적인 모델은 지방과 지역으로부터 도전을 받고 있다. 따라서 지역적 관점에서 세계적인 문제와 현상을 탐색해야 한다.

국제 협력 배후의 중요한 요소는 문화이고 문화의 핵심은 교류, 소통과 이해이다. 오직 타국, 타민족, 타문화를 이해해야만 포용하고 수용하며, 상호 존중할 수 있고, 세계의 문화 다양성과 가치관의 다양성을 유지할 수 있으며, 인류 문화 공생의 심태관을 수립하고, '화이부동'의 글로벌 사회를 창조할 수 있다.

이 총서의 저서들은 사회, 문화, 민족, 국가와 전 세계를 서로 연결하고 서로 원인과 결과를 이루며 부분과 전체의 방법론 틀 속에서 연구를 진행하여 서양 인류학의 고유한 학문적 분류를 초월하고 인류학의 학문적 시야를 확장하며 자신만의 인류학 방법론을 형성하고자 했다. 아울러 이 총서에는 해외 민족지 연구, 특히 유동성을 주제로 한 인류학 논저도 포함되어 있다. 중국 인류학의 해외 연구 진출은 중국의 굴기와 경제 발전과 밀접하게 연결되어 있다.

인류학의 글로벌 의식과 학술적 자각

이 총서는 또한 학문성과 응용성의 통일을 준수할 것이다. 1999년에 일본 도쿄신문이 20세기에 세계에 가장 큰 공헌을 한 사회과학자를 인터뷰했을 때 중국에서 페이샤오퉁 선생을 인터뷰했고, 그때 내가 통역을 맡았다. 인상 깊었던 것은 기자가 페이샤오퉁 선생에게 한 질문이었다. "선생님은 관료이자 학자이신데, 이것은 외국에서는 상상하기 어려운 일이지요. 선생님은 줄곧 학문의 실제 응용을 강조하는데, 그것이 학문의 진정성에 영향을 미치지 않습니까?" 페이샤오퉁 선생은 직접적으로 대답하지 않고 인류학과 사회학 학문으로서의 지식은 민간에서 온 것이며, 학자로서 민간에서 온 지식 체계를 소화한 후에 현지에 유용하게 쓰고 현지에 좋은 것을 돌려주며 국민에게 봉사하는 것이 당연할 뿐만 아니라 중국 자체도 학문을 배워서 유용하게 사용하는 학이치용(學以致用)의 전통이 있다고 말했다. 페이샤오퉁 선생이 추구하는 핵심 사상은 바로 '사실에서 지식을 구하는 것(縱實求知)'과 '국민이 부유하게 잘 살게 하는 것(致富于民)'이다. 이 총서는 이론과 실천 방면에서 이것을 지침으로 삼아 진정으로 '국민을 향해 나아가는 인류학'의 중요한 장이 되게 할 것이다.

문화 현장에서 우리가 볼 수 있는 '과계'는 너무 많다. 이 총서는 또한 개방형 플랫폼이 되기를 바라며 특히 지역적 경계를 넘는 높은 수준의 인류학 연구 및 민족지를 강조함으로써 하나의 브랜드가 되어 장기적인 효과를 발휘하게 하려고 한다.

4장

글로벌 사회와 21세기 해상 실크로드

20세기는 전통적으로 서양, 특히 미국을 중심으로 한 세기였을 뿐만 아니라 아시아, 아프리카, 라틴 아메리카 같은 비서구 사회가 식민화에서 벗어나는 과정이기도 하며 민족 독립과 문화 자각의 세기이기도 하다. 세계화 시대인 오늘날, '냉전'의 종식과 함께 글로벌 시스템은 점점 더 다극화 경향이 확산되고, 지역 문제, 지연 정치와 발전 등 문제는 끊임없이 전통적인 민족 국가의 한계를 초월하고 있으며, 세계화가 가져온 글로벌 문화의 동질성, 일체화의 이상적인 모델은 지방과 지역으로부터 도전을 받고 있다. 따라서 지역적 관점에서 전 세계적인 문제와 현상을 탐구하는 것은 '화이부동'한 글로벌 사회를 인식하는 출발점이다.

1. 페이샤오퉁 선생의 글로벌 사회 이념과 '일대일로' 전략

1991년 9월, 나는 페이샤오퉁 선생을 따라 우링산 지대를 답사했다. 베이징에서 기차를 탄 후 그는 한 시간 이상 우리에게 인류학의 발전 방향에 대해 이야기했다. 동유럽의 격변과 소련의 해체, 격동의 아랍세계 특히 아랍-이스라엘 문제, 발칸반도 문제, 미국 로스앤젤레스에서 발생한 종족 분쟁 사건 등과 연결시켜 그는 20세기 말, 21세기 초까지 상당히 오랜 기간 동안 민족과 종교 분쟁이 국제적 이슈 중 하나가 될 것이라고 말했다. 인류학의 연구 전통과 대상은 민족 및 종교와 직접적인 연관이 있으므로 국제 정치의 관점에서 보면 인류학은 격동하는 세계 구도에서 민족 및 종교 분쟁과 지역 간의 갈등을 해결하는 데 필요한 역할을 발휘할 것이라고 강조했다.

2000년 여름, 국제인류학민족학연합회 중간 회의가 베이징에서 열렸다. 당시 회의에서 페이샤오퉁 선생이 주제 발표를 하게 되었는데, 그는 회의 몇 달 전에 나를 불러서 그가 구술하는 내용을 녹음하게 했다. 그는 두 시간 가까이 이야기를 했는데, 돌아가서 정리해 보니, 페이샤오퉁 선생의 생각이 매우 명확하고 고쳐야 할 부분이 매우 적었다. 나는 정리된 원고를 선생에게 드렸고 선생은 또 직접 수정하여 그 유명한 「'화이부동'의 글로벌 사회를 수립하자」 연설 원고를 작성하였다. 기조 연설에서 선생은 오프닝을 한 후 건강상의 이유로 나에게 대독을 부탁했다. 연설문은 특히 세계화 속에서 서로 다른 민족과 문화가 어떻게 평화롭게 지낼 수 있는가 하는 문제에 대해 강조했다. 사실 세계화와 지역 사회에 대한 관심은 페이샤오퉁 선생이 만년에 연구한 '세 번째 글'이다. 페이샤오퉁 선생이 그 대회에서 제안한 '글로벌 사회' 이념은 중국이 세계 속에 융합되는 방법, 특히 열린 마음으로 세계를 대하는 문제에 중요한 의의를 가지고 있다. 페이샤오퉁 선생의 글로벌 사회 이념은 세계화 과정에서 서로 다른 문명들이 공생하는 방법, 특히 세계 체계의 중심과 주변, 그리고 주변 중의 중심과 변두리의 대화가 갈수록 인류학이 주목하는 분야가 되고 있음을 강조한다. 그리고 '문명 간 대화'의 기반으로 인류 공생의 '심태 질서'와 '화이부동(和而不同)'의 '아름다운 것들이 함께 한다.(美美與共)'는 이념을 수립해야 한다고 지적했다.

사실, 페이샤오퉁 선생의 글로벌 사회 이념은 1930~40년대에 나타났다. 예를 들어, 페이샤오퉁 선생은 서구와 비서구의 문제에 많은 관심을 가지고 있었다. 1947년 1월 런던정치경제대학교 강연에서 그는 래드클리프브라운(Radcliffe Brown)이 중국 여행 중 순자(荀子)의 저서에 자신과 같은 견해가 적지 않다는 것을 발견했다고 언급했다. 강연 마지막에 페이샤오퉁 선생은 '중국 사회의 변천은 세계의 문화 문제'라며 '우리 동서양의 양대 문화가 함께 완전한 세계 사회를 그려 나가자'고 제안했다.[01] 분명히, 페이샤오퉁 선생은 여기서 '세계 사회'라는 개념을 아주 명확하게 제시하고 있다.

실크로드는 글로벌 사회 이념의 중요한 예이다. 역사적으로 실크로드는 전 세계의 다양한 사회와 소통하는 다리이자 통로였다. 지금 중국은 다시 실크로드를 강조하고 재개를 희망하고 있는데, 그 목적은 여전히 전 세계의 다양한 문화, 지역, 사회와의 소통과 교류에 있다. 사실, 글로벌 사회의 이념하에, 페이샤오퉁 선생은 이미 1980년대에 '실크로드' 재개의 구상을 제기했다. 페이샤오퉁 선생은 허시 회랑을 논의하면서 역사 문화 구역에 의거하여 경제 협력을 추진하는 발전 구상을 강조하였다. "허시 회랑을 위주로 하는 황하 상류 천여 리의 유역은 역사적으로 하나의 경제 지대에 속한다. 장사에 능한 후이족은 오랫동안 그곳에서 생활했다. 지금 우리는 이천여 리 황하 유역을 연결해서 하나의

---

01   费孝通:『费孝通文集』第4卷, 群言出版社, 1999, pp.312-313

협력 구역을 구성한다."[02] 따라서 이 경제구의 의미는 페이샤오퉁 선생이 말했듯이 '서쪽으로 실크로드를 재개하고, 현재 이미 건설된 유라시아 대륙교를 통해 서부 국제 시장을 개척하는 것이다.'[03]

남방 실크로드를 통해 지역 경제 발전을 실현하는 것은 페이샤오퉁 선생이 만년에 자신에게 정해놓은 중요한 연구 과제 중의 하나이다. 1991년 5월에 페이샤오퉁 선생은 량산 지역을 방문한 후 『요망(瞭望)』지에 「량산행(涼山行)」을 발표했는데, 이 글에서 남방 실크로드의 재건, 티베트족이족 회랑의 대내외적 발전 문제에 대해 언급했다. 그는 쓰촨성 량산이족자치주와 판즈화시가 합작하여 판시개발구를 건립하는 지역의 발전 구상을 제시했다. 이를 중심으로 쓰촨 청두에서 판시와 윈난 바오산을 거쳐 더훙에서 국경을 넘고 서쪽으로 미얀마, 방글라데시, 인도로 통하는 남방 실크로드를 재건하여 대서남 지역의 산업화, 현대화 기반을 마련한다는 것이다.[04]

남방 실크로드 이념과 일맥상통하는 것은 '난링 회랑'의 학술 연구와 경제 발전에 관한 페이샤오퉁 선생의 논단과 구상이다. 페이샤오퉁 선생은 난링 회랑이 가지고 있는 유동성과 지역적 특성을 매우 강조하며, 난링 회랑에 대해 전체적으로 연구를 진행하고, 그 속에 있는 민족 이동과 정착, 공통성과 개성, 민족의 근원과 흐름 등의 화제를 탐구해야 한다고 강조했다. 예를 들어, 페이샤오퉁 선생은 1981년 중앙민족연구소 좌담회에서 학계에 다음과 같은 비전을 제기했다. "광시, 후난, 광

---

02   北京大学社会学人类学研究所編 『东亚社会研究』, 北京大学出版社, 1993, p.218.

03   北京大学社会学人类学研究所編 『东亚社会研究』, 北京大学出版社, 1993, p.218.

04   费孝通: 『费孝通文集』第12卷, 群言出版社, 1999, p.175.

둥 등 몇 개 성에 걸쳐 있는 난링 회랑에 거주하는 먀오족, 야오족, 서족, 좡족, 둥족, 수이족, 부이족 등 민족 간의 관계, 즉 먀오족-야오족 언어 사용 집단과 좡족-다이족 언어 사용 집단, 이 두 집단의 관계를 만들어 낼 수 없을까?"[05] 사실 난링 회랑에 대한 연구는 우리가 중국 남쪽의 해상과 육지의 국경과 문화 상호 작용을 인식하는 데 있어서 중요한 학술적, 현실적 의의가 있다. 예를 들면, 민족 이동으로 보면, 난링 회랑은 중국 화남 지역의 중요한 분수령으로, 보기에는 민족 이동의 종착지인 것 같지만, 실제로는 민족 이동의 교량이자 경유지이다. 한쪽에서는 많은 산악 민족이 난링 회랑을 따라 서쪽으로 이동하여 베트남, 태국, 라오스 등 동남아시아 국가에 이르렀고, 다른 한쪽에서는 많은 한족들이 난링 회랑을 거쳐 남하하여 영남 현지 민족과 협력, 심지어 융합하여 영남 지역을 개발하고, 더 나아가 남해를 건너 필리핀 등지에 뿌리를 내리고 있다.

페이샤오퉁 선생이 강조하는 글로벌 사회 이념 및 그 이념에 기반한 남방 실크로드는 오늘날 우리의 '일대일로' 전략에 참고할 만한 중요한 가치가 있다. 2013년 10월, 시진핑 주석은 인도네시아를 방문했을 때 동남아시아는 예로부터 해상 교류의 중요한 허브였다며 중국은 아세안 국가들과 21세기 '해상 실크로드'를 공동 건설할 용의가 있다고 밝혔다. 이어 같은 해 11월, 중국공산당 중앙위원회가 발표한 '개혁 전면 심화에 관한 몇 가지 주요 문제에 대한 중국 공산당 중앙위원회의 결정'은 '해상 실크로드'가 중국 전방위 개방의 새로운 구도를 건설하

---

05 费孝通: 『深入进行民族调查』, 载费孝通 『费孝通民族研究文集新编』, 中央民族大学出版社, 2006, pp.473-474.

는 데 있어서의 중요한 의의를 한층 더 명확히 하였다.

중국이 제안한 '해상 실크로드'의 기본 이념은 서로 다른 문화와 문명 간의 소통과 상생이라는 점은 주목할 가치가 있다. 이것은 중국공산당 중앙위원회가 제시한 '운명 공동체' 개념에 집중적으로 드러난다. 2012년 11월, 중국공산당 제18차 전국대표대회 보고서는 "세계는 각국이 서로 연결되고 상호 의존하는 정도가 전례 없이 심화되어 인류는 같은 지구촌에서 생활하고 역사와 현실이 교차하는 같은 시공간에서 생활하고 있으며 점점 더 '너의 안에 내가 있고 나의 안에 네가 있는' 운명 공동체가 되어 가고 있다."라고 밝혔다. 2013년 3월, 시진핑 중국 국가주석은 모스크바 국립 국제관계대학교 강연에서 인류 문명의 향방에 대한 중국의 판단을 세계에 전달하며 '운명 공동체'의 의미를 재차 강조했다. 시진핑은 운명 공동체에 대한 끊임없는 해석을 통해 인류의 이익과 가치의 공통성을 파악하고 국가 대 국가 관계에서 최대 공약수를 찾고 있다.[06] 당과 국가 지도자 시진핑 총서기가 다양한 장소에서 거듭 제기하는 '네 안에 내가 있고 내 안에 네가 있는' 인류 운명 공동체 이념은 가족, 공동체, 커뮤니티, 민족, 국가, 지역 등 서로 다른 차원의 사회 단위를 뛰어넘어 문화를 공유하고 화이부동하고, 상호 보완하는 글로벌 사회 관념 가치를 수립하는 것으로 미래의 아름다운 사회에 대한 동경을 표현했다. 지역 운명 공동체 구축은 인류 운명 공동체를 실현하는 관건적 일환의 하나이며, '일대일로' 국가 전략의 제안 자체가 민족국가 이념을 뛰어넘는 지역 공동체의 구체적인 표현이다.

---

06   国纪平: 「为世界许诺一个更好的未来—论迈向人类命运共同体」, 『人民日报』 2015年 5月 18日.

2. 해상 실크로드와 환남중국해(環南中國海) 지역 사회체계

'해상 실크로드'의 지역은 상당히 광범위한데, 일반적으로 말하면 중국을 중심으로 해로와 육지 경유지를 통해 형성된 아시아, 아프리카, 유럽 사이의 교통, 무역, 문화의 길을 가리킨다. 몇 세대 학자들의 공동 노력을 거쳐 중국은 '해상 실크로드' 연구 분야에서 괄목할 만한 성과를 거두었다. 중국의 '해상 실크로드' 연구 전통은 구체적으로 다음 네 가지 방면으로 구현된다.

첫 번째 방면은 해상 실크로드 연안 국가들에 대한 연구이다. 중국 고대의 역대 왕조의 항해사와 여행가들은 각국의 특색있는 물건, 풍속, 중국과 외국의 교류를 소개한 고서를 많이 남겼다. 『제번지(諸番志)』, 『도이지략(島夷志略)』, 『영애승람(瀛涯勝覽)』 등 귀중한 고서적은 고대 중국과 외국의 문화 교류를 연구하는 중요한 자료가 되었다. 중화민국에서 신중국 성립 초기까지 천인커(陈寅恪, 1890~1969), 천쉬징(陈序经, 1903~1967) 등의 학자들은 이러한 고서적 자료를 바탕으로 동남아시아 및 기타 국가의 고대 사회사에 대해 깊이 있는 연구를 진행하였다. 개혁개방 이래 중산대학교, 샤먼대학교, 베이징대학교, 지난대학교 등 대학교들이 잇따라 동남아시아 연구 관련 학술 기관을 설립하여 연안선 지역의 근현대 사회 경제 발전에 대한 연구에 박차를 가하였다.

두 번째 방면은, 중국과 외국의 해양 교통 및 무역사에 대한 연구로 주제친(朱杰勤, 1913~1990), 펑청쥔(冯承均, 1887~1946), 천중멘(岑仲勉, 1886~1961), 한전화(韩振华, 1979~) 등이 진행한 중국과 외국의 교통사 개황에 대한 기초 연구를 포함하며, 또한 바이서우이(白寿彝, 1909~2000)의 『송대 이슬람 교도의 향신료 무역』을 대표로 하는 무역사 주제 연구도 포

인류학의 글로벌 의식과 학술적 자각

함한다. 세 번째 방면은, 해외 중국계 거주민과 화교는 해상 실크로드의 실천 주체이며, 그들은 집단적 이동의 방식으로 중국 문화를 외부로 전파하였으며, 특히 환남중국해(環南中國海) 지역의 문화 교류에 매우 중요한 역할을 하였다. 따라서 선배 학자들의 해외 중국계 거주민 및 화교에 대한 연구는 '해상 실크로드' 연구의 세 번째 주제를 구성한다. 초기에 천다(陳达, 1892~1975), 톈루캉(田汝康, 1916~2006), 리이위안, 야오난(姚楠, 1912~1996)이 동남아시아 화교 사회에 대한 관련 연구를 진행하였고, 후에 화교향, 교민들의 송금 및 서신, 중국계 주민들의 다국적 네트워크에 대한 관련 연구로 이 연구 분야는 더욱 풍부하게 되었다.

네 번째 방면은, '해상 실크로드'에 관한 주제 연구이다. 1980년대 후반 베이징대학교 천옌(陈炎, 1957~) 교수는 지셴린(季羨林, 1911~2009) 선생의 지지로 고대 실크로드에 대한 연구를 시작했으며, 연이어 『육상 및 해상 실크로드』, 『해상 실크로드와 중외 문화 교류』라는 두 권의 저서를 출판했다. 그중 『해상 실크로드와 중외 문화 교류』에는 저자가 십여 년 동안 연구한 '해상 실크로드' 관련 논문 30여 편이 수록되어 있는데 현지조사, 문헌 고증과 고고학적 논증 등 방법을 통하여 해상 실크로드의 형성, 발전 및 각국 간의 문화 교류에 대하여 논술하였다. 후에 중국 동남 연해의 각 성에서도 고대 중요 항구를 중심으로 한 '해상 실크로드' 연구를 연이어 전개하였다.

1920~1930년대부터, 중산대학교의 중견 학자들은 남해 지역의 고고학, 역사 문화, 언어 풍속, 지리 교통, 해양 무역 등 분야에서 창의적인 연구로 공헌을 하였다. 대량의 남해 해역에 관한 중요한 문헌 자료들을 정리하여 출판하였으며, 아울러 관련 지역에서 민족 집단, 종교, 생태 등 방면에 관한 현지조사를 진행하였는데, 예를 들면 하이난 리

족 사회 조사, 남해 단민(疍民)[07] 연구 등이다. 1950년대에 중산대학교에서는 중국 최초의 동남아시아 및 화교, 중국계 주민 문제 전문 연구기관을 설립하여 동남아시아 여러 나라에 대한 연구 저서를 출판하였다. 천쉬징(陈序经, 1903~1967), 주제친(朱杰勤, 1913~1990), 진잉시(金应熙, 1919~1991), 허자오파(何肇发, 1921~2001) 등 여러 세대의 학자들의 노력하에 중산대학교는 동남아시아 지역 및 남중국해 지역에 대한 연구에 끊임없이 광범위한 영향을 미치고 있다. 1980년대에 들어와서 류즈웨이(刘志伟, 1955~), 천춘성(陈春声, 1959~) 등은 기존의 학술 전통을 바탕으로 중국 화남 지역 사회에 대한 일련의 학술 연구와 현지조사 활동을 진행하였다.

이러한 연구 성과와 학술적 전통은 필자로 하여금 줄곧 화남 지역이 글로벌 사회에서 차지하는 위상 및 동남아시아 사회와의 연동성 문제에 대해 생각하게 했다. 샤오펑샤(萧凤霞)는 '화남'이 하나의 유리한 시각으로서 '역사적 글로벌(historical global)'의 다층적 과정을 설명할 수 있다고 주장했다.[08] 당대 글로벌 인류학의 연구 시각으로는, 화남 지역 연구는 '중심에서 주변 보기'와 '주변에서 중심 보기'의 이중적 시각을 제공하여 화남 지역 한족 사회 구조, 화남 지역 각 민족 집단 간의 상호작용 및 동남아시아 중국계 주민 사회를 재조명하는 데 모두 중요한 방법론적 의의를 가지고 있다.[09] '중심'과 '주변'의 개념을 유연하게 전환

---

07 단민(疍民)은 중국 광둥, 광시, 푸젠 일대의 강가나 바다에서 수상생활을 하는 사람들을 가리킨다. 이들은 배를 집으로 삼아 일생 동안 물 위에서 생활하며 어업이나 운송업에 종사한다. 생활 조건이 열악하고 많은 독특한 풍속을 가지고 있으며 상대적으로 독립된 민족 집단을 형성하고 있다. -역자 주

08 萧凤霞:「跨越时空: 二十一世纪的历史人类学」,『中国社会科学报』2010年第130期.

09 麻国庆:「作为方法的华南: 中心和周边的时空转换」,『思想战线』2006年第4期,

함으로써 민족 국가의 제한에서 벗어나 지역의 각도에서 '화남'을 재조명할 뿐만 아니라 전통적인 대륙의 시각을 탈피하여 '해역 의식(海域意識)'에서 출발하여 화남에서 동남아시아에 이르는 이 지역의 전체성과 다양성을 고려할 것을 제창한다.

'해상 실크로드'는 중국 동남 연해 항구를 기점으로 해로와 육지 중간 경유지를 통하여 형성된 아시아, 아프리카, 유럽 사이의 교통, 무역, 문화 교류의 길이다. 역사적으로 해상 실크로드 연선 국가와 지역 간에는 항구적이고 복잡한 민족 이동과 문화 교류가 발생하였는데, 이를 기반으로 형성된 역사, 문화, 기억 및 사회 유대는 오늘날 중국과 유럽, 아시아, 아프리카 국가 간 무역 왕래와 정치 왕래를 추진하는 중요한 기초이다. '해상 실크로드' 문화 교류의 핵심 허브로서 중국 화남 지역에서 동남아시아에 이르는 환남중국해 지역은 역사적으로 복잡한 민족 집단 교류와 사회 교류를 거쳐 '네 안에 내가 있고, 내 안에 네가 있는' 문화 구도를 형성하였고, 다중 네트워크 관계도 함께 탄생하였다. 근대에 들어 자본, 노동력, 자원, 상품 등의 초국가적 이동이 갈수록 빈번해지면서 이러한 네트워크 관계는 더욱 광범위한 차원에서 확장되고 이동하게 되었다.

필자가 「문화, 민족 집단과 사회: 환남중국해 지역연구 요지」에서 지적한 바와 같이, 전체성과 다양성의 결합은 환남중국해 지역 사회의 기본 특징이며, 다양한 사회 네트워크와 상징 체계로 구성된 지역 간 사회 체계는 이 지역 사회가 지속될 수 있는 기반이다. 이 체계는 다른

---

pp.1-8.

각도에서 보면 다른 '지역 사회'를 발견할 수 있는 만화경과 같다.[10] 다시 말해서, 환남중국해 지역 사회에서 일어나는 모든 인문 교류의 시공간 과정은 지역의 문화 생태를 형성할 뿐만 아니라 사회 통합의 기능도 가지고 있다. 지역의 모든 문화 사회 현상의 흐름 아래에는 암묵적으로 어떤 안정된 심층 구조가 있다. 네트워크화된 지역 사회 체계는 환남중국해 지역 사회의 전체성을 논의하는 방법론의 토대를 이룬다. 그리고 이 체계에서 다문화 및 사회적 네트워크를 추출하고 분리하는 과정이 바로 지금까지 강조해 온 '환남중국해 지역'에 대한 연구이다.

서로 다른 유형의 사회 네트워크는 주체 활동 공간의 변화에 의해 유동되며 가족, 지역, 민족 집단, 국가 등 동질적 관계에 의해 확장되고 서로 뒤섞일 수 있다. 현재의 환남중국해 지역 네트워크를 유형화하여 구분한다면, 서로 다른 사회 통합 기능을 가진 네트워크를 추출하고 분리해 낼 수 있다. 그중 지역 무역 네트워크, 다국적 민족 집단 네트워크, 신앙 네트워크는 화남-동남아시아 교류 체계의 형성을 직접적으로 추진하였다.

지역의 상호 의존적인 경제 교환 관계는 고대 '해상 실크로드'를 기반으로 한 지속적이고 복잡한 인구 이동과 문화 교류를 촉발한 원동력이다. '해상 실크로드'를 기반으로 형성된 상품 무역 네트워크는 고대 중국과 동남아시아 국가의 물질 및 문화 교류를 형성했을 뿐만 아니라 현재 중국과 아세안 사회 간의 왕래와 문화 교류를 촉진하는 주요 형태이다. 필자가 지도한 박사과정 학생 중 한 명은 인도네시아의 향신

10　麻国庆:「文化、族群与社会: 环南中国海区域研究发凡」,『民族研究』2012年第2期, p.34.

료 제도에서 현지조사를 했다. 우리는 모두 향신료가 고대부터 동남아시아 섬 지역의 특별한 산물이며 현대 이전의 '해상 실크로드'에서 가장 중요한 무역 상품 중 하나였다는 것을 알고 있다. 그러나 이러한 해상 무역이 오늘날까지 이어지고 있다는 것은 상상하기 어려울 것이다. 현재 중국 시장에서 공급되는 육두구, 후추 및 기타 향신료의 50% 이상이 인도네시아에서 온다. 또한 많은 중국 본토 상인들이 인도네시아 수라바야에 지사를 설립하여 향신료 수출입 무역을 전문으로 한다.

문화 교류의 주체로서 '사람'의 초국가적 실천은 필연적으로 본국과 거류국 간의 문화 교류를 촉진시키고, 해당 주체 중심의 '초국가적 문화권'을 형성하게 된다. 중국인들이 동남아시아로 이주한 역사는 아주 오래 돼서 이미 몇 세기가 되었으며 지역도 동남아시아 전역에 걸쳐 있다. 따라서 중국과 동남아시아 지역의 특별한 문화 생태를 형성하게 되었다. 천제(陈杰, 1978~)가 하이난 화교향과 본적지가 하이난에 있는 화교에 대해 실시한 조사를 기반으로 제시한 '양두가'의 개념은 중국인이 이민을 통해 형성한 초국가적 사회 연결에 대한 구체적인 설명이다.[11]

대대로 남중국해 해역에서 생산활동을 하고 생활하는 어민 집단으로서, 그들은 국가 해양권의 실천자이자 자신의 어업 권리의 수호자이다. 남해에 가서 물고기를 잡는 것은 광둥, 하이난 어민들에게 대대로 전해 내려온 생계 방식이며, 이를 통해 그들은 일련의 역사, 신앙, 민속 및 지식 체계를 형성했다. 그들은 또한 동남아시아의 필리핀, 인도네시아, 베트남과 같은 나라의 어부들과 같은 생태계의 어업 자원을 개발하

---

11   陈杰: 「两头家: 华南侨乡的一种家庭策略—以海南南来村为例」, 『广西民族大学学报』 2008年第3期, p.27.

고 있다. 샤먼대학교의 왕리빙(王利兵) 박사는 남중국해 여러 나라 어민들의 이동과 문화 교류 문제를 연구했다. 예를 들어, 하이난성 탄먼의 어민들은 난사(南沙)에 해산물 교환과 교역을 위주로 하는 상호 작용 네트워크를 만들었는데, 이 네트워크에는 베트남 어민뿐만 아니라 필리핀 어민들도 많이 가입되어 있다.[12] 내가 지도하고 있는 유학생 정성잉은 말레이시아의 중국계 주민 어촌 지역인 구이거항의 가정 생계와 지역 사회의 종교에 관한 연구에서 어민들이 본적지와 동남아시아 연해 어업 항구 사이의 이동 현상에 주목했다.[13]

지역 내의 종교 체계로 볼 때, 종교의 전파는 필연적으로 인구의 이동과 연결된다. 남중국해는 초기 불교가 동남아시아로 전파된 중요한 통로이며, 또한 중국 초기 불교의 유입 경로 중의 하나이다. 그리고 이슬람교가 최초로 중국에 들어온 경로 중 하나도 남중국해 해로를 통하여 광저우, 취안저우 등 항구 도시에 들어온 것이다. 환남중국해 지역에서 무슬림의 분포는 그것의 전파 경로와 밀접한 관계가 있다.

하이난섬은 남중국해의 요충지에 위치하며 중국을 동남아시아 사회와 연결하는 교통의 중심지이다. 하이난섬의 민족 연구는 중국 인류학의 학술 판도에서 극히 중요한 위치를 차지하고 있으며, 중산대학교 인류학과의 하이난 연구는 학술사에 한 획을 그었다. 이 학술 전통은 반드시 계승되고 발양되어야 하며, 중산대학교는 더욱 심도 있는 학술 연구를 진행할 수 있는 완전한 조건을 갖추고 있다. 하이난섬의 소

---

12   王利兵: 『流动、网络与边界: 潭门渔民的海洋适应研究』, 厦门大学博士学位论文, 2015, p.23.

13   郑胜营: 『家庭生计与社区宗教—以马来西亚华人渔村龟咯港脚为例』, 中山大学硕士学位论文, 2014, p.17.

수 민족 중에서 하이난의 후이족은 특별한 위상을 가지고 있다. 중국 내륙의 무슬림 주체에 비하여 하이난의 무슬림은 바다에 외롭게 떠 있는 섬에 살고 있어서 문화적으로도 고독한 섬에 있는 것 같지만, 실제로는 하이난 무슬림 조상들은 베트남에서 도시를 차지하고 있다가 후에 하이난으로 이동해 왔으며, 현대 사회에서도 그들은 줄곧 동남아시아 지역과 밀접한 관계를 유지하고 있다. 지연 관계로 인해 하이난섬과 동남아시아의 교통은 매우 편리하고, 사회 문화 교류도 빈번하다. 민족지 연구의 측면에서 하이난 후이족은 독특한 언어 문화 역사로 인해 하이난섬의 민족 연구에서 중요한 위치를 차지하고 있으며 인류학에서도 매우 큰 논의의 대상이다. 또한 민족지뿐만 아니라 이론적인 차원에서도 국제 학술계와 대화의 조건을 갖추고 있다.

중국과 동남아시아는 장기간의 민족 이동, 문화 상호 작용 및 사회 교류를 통해 네트워크화된 지역 사회 시스템을 형성했으며 이미 구축된 복잡하고 다중적인 네트워크의 운영은 현재 중국과 아세안의 문화 교류를 촉진하고 있다. 현재의 지역 사회 시스템과 여러 국가의 문화 교류 현황을 명확히 하는 것은 환남중국해 지역의 문화 상호 작용과 사회 통합을 촉진하고 다양한 민족, 지역 및 국가 간의 문화적 이해를 증진시키게 한다. 또한 지역 운명 공동체의 문화 교류 및 인문 발전을 촉진하고 21세기 '해상 실크로드' 건설을 위한 사회 문화 자원을 충분히 발굴하는 데 도움이 된다.

3. 지역 운명 공동체와 '화이부동'의 글로벌 사회

'해상 실크로드' 연구는 구체적인 경제 활동에 국한되어서는 안 되며, 또한 일부 중요한 사회, 문화, 민족 집단 유대 및 시간상의 변천과 공간상의 흐름을 살펴봐야 한다. 다시 말해서, 단순히 '해상 실크로드'를 중국과 서양의 문화 교류와 무역 왕래를 추진하는 해상 통로로만 사용할 것이 아니라 '해상 실크로드'가 사회 문화 분야에서 가지고 있는 의미를 발굴해야 한다. 즉 '길'의 확장성에 대한 연구를 진행해야 한다. 천옌 선생의 말처럼, '해상 실크로드'는 세계 고대 문명 국가, 세계 문명의 발상지와 중국 문명을 연결시켜 "아시아, 아프리카, 유럽, 미국을 연결하는 해상 대동맥을 형성하여 이러한 고대 문명이 해상 대동맥을 통해 서로 전파되어 이채를 띠게 하고 세계 각 민족의 문화에 큰 영향을 끼쳤다."[14] '해상 실크로드'는 각 지역과 국가가 서로 다른 시공간에서 해양과 육지 문명이 융합하는 중요한 연결 고리로 지역 통합의 역사 과정을 구현하였다. 여기서 말하는 지역은 남중국해 지역을 포함할 뿐만 아니라 바다 건너 유럽, 아프리카 지역까지 포함한다.

2012년, 필자는 중산대학교 인류학과 고고학 전공 주톄취안(朱铁权, 1979~2021) 부교수 그리고 미국 아메리칸대학교의 차푸루카 M. 쿠심바(Chapurukha M. Kusimba) 교수와 함께 아프리카 케냐의 라무 섬에 대한 학술 연구를 수행했다. 현지에서 발견한 고대 중국과 아프리카 간의 문화 교류에 대한 역사적 단서에 우리는 놀라움을 금치 못했다. 예를 들면, 현지 박물관에는 각국에서 온 도자기가 소장되어 있는데, 특히 중국 도

---

14   陈炎: 『海上丝绸之路与中外文化交流』自序, 北京大学出版社, 1996, p.7.

자기가 많았다. 몸바사 라무 섬 뒷골목을 거닐다 보면 중국의 시대별 도자기 조각들을 쉽게 볼 수 있다. 그후 2013년에는 쿠심바 교수가 바로 옆 섬에서 중국 명나라의 '영락통보(永樂通寶)'를 발견해 정화(鄭和)가 서양에 갔을 때 그의 선대가 이곳에 왔었다는 전설과 관련 문헌의 기록을 뒷받침해 주었다. 중국-아프리카 간의 이러한 교류는 세계화 시대인 오늘날 더욱 다양해지고 장기화되고 있다. 케냐를 오가는 비행기에는 빈 자리가 하나도 없었는데, 승객들 대부분이 아프리카와 중국(특히 광저우)을 오가며 장사를 하는 상인들이었다.

광둥은 줄곧 사람들이 해외로 이민하는 것으로 유명한데, 최근 10여 년 동안에는 오히려 아프리카계, 아랍계, 인도계, 한국계, 동남아시아계 등 민족 집단의 사람들이 대량 몰려들었으며, 또한 비교적 두드러진 민간 과경(跨境) 행동도 나타났다. 나의 또 다른 박사 과정 학생은 광저우 샤오베이로에 있는 아프리카계 집단 공동체를 중심으로, 세계화 사회에서 이민자들에 의해 형성된 아프리카인 집단에 대해 논의했는데, 그는 이것을 '과객 모임'이라고 불렀다. 세관 기록에 따르면 매년 광저우에 들어오는 아프리카인은 수십만 명이고, 장기 거주자는 대략 5만 명 정도로 추산된다. 이를 통해, 우리는 광저우의 외국인 유동 현상이 반영하는 글로벌 시스템이 중국에서 어떻게 표현되는지 생각할 수 있다. 광저우의 아프리카인들은 아프리카 디아스포라(African diaspora)의 일부분으로서 이민자의 신분으로 중국이라는 새로운 이민 대상 국가에 들어오고, 세계화의 배경에서 사람들 사이의 행위 경계와 행위 내용을 새롭게 형성하면서 경계를 넘나드는 유동 중의 '과객(過客)'이 되었다. 이와 유사하게 중국의 기술 이민자-엔지니어 집단은 싱가포르 등 국가로 이주한 후 고향 정체성, 국가 정체성 및 새로운 국가에 대한 정체성 문제에 직면하고 있는데, 이는 이동과 이주로 인해 형성된 다중 정체성을 반영하고 있다.

주지하다시피 중국과 동남아시아 및 아프리카의 많은 국가는 역사적으로 '해상 실크로드'를 따라 이루어진 인구 이동, 무역 거래, 문화 교류 및 민족 상호 작용을 통해 긴밀한 사회적 교류를 유지하고 복잡하고 다원적인 사회 네트워크 시스템을 형성했다.

세계화 시대인 오늘날, 인구, 상품, 정보의 물결은 서로 교차하면서 국경의 모호화와 재설정 및 병존의 상태를 야기하며, 이로 인해 과계는 기본적인 사회적 사실이 되었다. 그중에서 인구의 국제적 이동은 가장 큰 영향을 미치는데, 인구의 과계 이동은 필연적으로 문화의 이동을 수반하며, 이것은 또한 사회와 문화가 부여한 겹겹의 경계가 허물어진다는 것을 의미한다. 바로 이러한 이유로 중국과 동남아시아 지역의 빈번한 초국가적 행동은 서로 다른 문화 요소를 가져왔으며, 이것들은 환남중국해의 전체 영역에서 급속도로 전파되고 유동함으로써 '네 안에 내가 있고, 내 안에 네가 있는' 복잡한 국면을 형성하였다. 사실, 중국과 동남아시아 다른 지역 사이의 빈번한 문화 교류 현상은 고대의 '해상 실크로드'뿐만 아니라 '21세기 해상 실크로드' 건설에도 문화 기반과 메커니즘을 보장해 준다.

중국과 아세안 각국은 예외 없이 모두 다민족 국가이며, 다원적이고 이질적인 문화와 전통을 가지고 있다. 여기에 기반하여, 국가나 민족에 따라 이익에 대한 요구도 다르다. 인구의 대규모 이동은 또한 국가 간, 지역 간 및 그 내부의 고유한 민족 집단 갈등, 종교 갈등 등의 문제를 수반한다. 본국의 사람과 물품이 거류국에 들어간 후, 양쪽의 사회 문화는 모두 변화가 발생한다. 문화의 과계와 융합은 현대화와 세계화의 맥락에서 더욱 뚜렷하고 빈번하게 이루어지고 있다. 따라서 우리는 환남중국해 지역연구의 관점에서 중국 화남 지역과 동남아시아 사회 간의 문화적 상호 작용을 재조명하고 지역 내의 과계와 그로 인한 역사, 문화, 기억 및 질서 등 제 문제를 분석하고 민족 회랑 지역, 소수민족 사회, 국경을 넘는 중국계 주민 사회, 동남아시아와 중국 화남 지역 간의 교류 체계를 하나의 체계에 두고 생각해야 한다.

이것은 우리에게 '21세기 해상 실크로드' 건설을 추진하기 위해서는 먼저 지역 전체에서 서로 다른 민족, 사회, 문화, 경제 사이의 과계 유대와 메커니즘을 이해할 것을 요구한다. 지역 사회 문화에 대한 전체적인 인식을 가진 후, '해상 실크로드'의 발전을 계기로, 다양한 경로의 협력과 교류를 통해 지역적인 '운명 공동체'를 구축해야 한다. 다시 말해서 지역 내 문화 교류의 역사, 현황 및 도전에 대해 충분히 인식해야만 이를 바탕으로 공유할 수 있는 인문학적 가치 체계와 목표를 수립할 수 있다.

말 그대로 '해상 실크로드'의 중심은 '실크', 즉 물품이고 경제이다. 그러나 전체적으로 볼 때, 특히 역사적 차원에서 볼 때, '해상 실크로드'의 핵심은 문화의 교류, 상호 소통과 이해이다. 서로 다른 문화, 다른 민족, 다른 나라에 대해 진정으로 이해를 해야만 서로 존중하고 평등하게 교류하고 평화롭게 공존할 수 있다. 중국이 '해상 실크로드'를 건설하는 것은 사실 중국 전통문화 사상 체계 중 '각자 자신의 아름다움을 가꾸고, 다른 사람의 아름다움도 인정하고, 그렇게 아름다움과 아름다움이 함께 하면 아름다운 큰 세상을 만들 수 있다.(各美其美, 美人之美, 美美與共, 天下大同)'라는 이념을 동남아시아 사회, 더 나아가 전 세계에 널리 알려 '화이부동'의 글로벌 사회를 함께 창조하고자 하는 것이다.

이 글을 쓰려니 지난 3년여 동안 중화학술외역 프로젝트를 지원하면서부터 번역에 매달리고 반복적으로 수정하고 번역 원고를 검수 받고 출판사 편집에 들어가기까지의 모든 일들이 주마등처럼 스쳐 지나가 감개무량하다.

중국의 우수한 학술 저서를 번역하여 해외에 소개하는데 취지를 두고 있는 중화학술외역(中华学术外译) 프로젝트는 국가급 사회과학 프로젝트로서 지원 과정도 복잡하거니와 선정되기도 무척 어렵다. 고민 끝에 마궈칭 교수의 『인류학의 글로벌 의식과 학술적 자각』이라는 저서를 선택하여 중국 사회과학문헌출판사, 한국 역락출판사와 손잡게 되었는데 행운스럽게도 최종적으로 선정되었다.

프로젝트에 선정된 기쁨도 잠시, 인류학 저서의 번역은 문학전공자인 필자에게 적지 않은 어려움을 가져다 주었다. 우선 가장 어려웠던 것은 학술 용어와 도서명, 인명 번역이었다. 정확성을 기하기 위해서 각종 중문, 한문, 영문 백과사전과 한국에서 이미 출판된 인류학 저서들을 찾아 반복적으로 확인하고 여러 전공자들의 도움을 받았다. 인명 번역은 한국어로 번역한 이름 뒤에 자기 민족어 또는 영문으로 된 이름을 적고, 생몰 연대를 찾을 수 있으면 그 역시 추가로 표기했다. 이밖에 한국 독자들의 이해를 돕고자 어려운 용어와 내용에는 역자 주를 달아 설명을 했고, 특정 정보나 자료를 쉽게 찾아 볼 수 있도록 책 말미에 인명, 저서명, 용어 세 파트로 된 색인을 넣었다.

이 저서는 중국 인류학 학회 부회장 마궈칭 교수가 2016년에 그간에 발표한 논문들을 책으로 엮어 출판한 것으로, 중국 인류학 연구의 중요한 성과라고 할 수 있다. 가장 두드러진 특징은 연구 시야가 넓고 연구 주제가 다양하다는 것이다. 인류학, 사회학, 민족학을 아우르면서 멀리는 17세기 사회학자들의 이론으로부터 최근의 학제간 개념, 경계를 넘나드는 인류학 이론까지, 세계화와 지역화의 문제, 세계화의 물결 속에서 부대끼는 소수 민족들의 운명, 더 작게는 대학의 교양과목에 이르기까지, 또한 원시사회의 분배 법칙으로부터 현재의 세계 경제 체제론, 하다못해 중국의 향진 기업과 농민공에 이르기까지 그야말로 고금 동서 인간 삶의 삼라만상을 포함하고 있다. 이 점은 색인만 훑어보아도 넉넉히 짐작할 수 있으리라 생각된다.

이론과 실제 사례를 적절하게 결합하고 문체가 지나치게 딱딱하지 않다는 것이 이 저서의 또 다른 한 특징이다. 유명 학자들의 이론을 종합 정리한 바탕 위에 자신의 깊이 있는 사고를 펼쳐 보여주고 생동한 사례들을 곁들여 설명하기 때문에 일반 독자들도 쉽고 재미있게 접할 수 있을 것 같다. 이론서이지만 어쩌면 세상 사람들이 살아가는 이야기라서 번역하는 내내 너무 지루하지 않고 재미가 있었다.

마궈칭 교수는 중국의 저명한 인류학자 페이샤오퉁 선생의 제자로 독자들은 이 책을 통하여 페이샤오퉁 선생을 비롯한 중국의 1세대 인류학자들의 학문적 성취와 함께 중국 인류학의 학문적 흐름과 체계를 대략 알 수 있을 것이다. 인류학은 서양에서 발원하여 주로 서양 학자들을 중심으로 발전해 왔는데, 그들과는 다른 중국 인류학 연구 성과를 한국 독자들에게 소개함으로써 교류와 소통의 기회를 마련할 수 있게 되어서 기쁘다.

지금 우리는 유례가 없는 격변의 시대를 살고 있다. 어제까지 굳게 믿고 있던 삶의 수단과 방식, 질서, 제도, 가치 체계가 급속도로 변화하고 있고 전과는 전혀 다른 세상이 우리 앞에 펼쳐지고 있으나 우리는 아직 그 모습을 똑똑히 붙잡아 볼 수 없다. 이런 시대일수록 인류학이 더 필요하리라. 인류가 지나온 과거와 현재 겪고 있는 여러 상황을 분석하고 총화하고 인류가 나아갈 또는 나아가고 있는 방향을 제시하는 것 또한 인류학의 몫이리라. 이러한 때 이 책을 통해 시대적 흐름에 좀 더 의미 있게 합류할 수 있기를 기대한다.

이 번역서가 출판되기까지 그야말로 많은 분들의 도움과 지지를 받았다.

우선 이 저서의 한국어 번역을 믿고 맡겨준 사회과학문헌출판사와 저자에게 감사드린다. 프로젝트에 적극 동참해 주신 서울대학교 방민호 교수님, 서남민족대학교 다이덩원(戴登云) 교수님, 프로젝트 신청 때 조언을 아끼지 않은 연변대학교 서옥란 교수님께 감사의 마음을 전한다. 그리고 번역 원고 수정에 정성을 다해 준 서남민족대학교 김순미 원어민 교수님과 원고 수정, 교정, 감수까지 맡아 애써 주신 전북대학교 김영미 교수님께도 감사드린다. 출판을 흔쾌히 허락해 준 역락출판사 이대현 사장님, 항상 친절하신 이태곤 이사님과 안혜진님 등의 편집자들께도 감사의 말씀 드린다. 이밖에 도움을 주신 많은 분들께 일일이 감사의 인사를 드리지 못하는 점, 삼가 양해를 구한다.

허련화

2024년 5월 13일

중국 서남 지역, 청두에서

인명

ㄱ

가토 조켄(加藤常賢, 1894~1978) 147

게네라 게이(Genera Gay) 73

궁유더(龔友德, 1943~) 91

궁하오췬(龔浩群) 82, 93

김일곤(金日坤, 1932~) 33, 252

ㄴ

나가타니 치요(長谷千代子, 1970~) 151

나카가와 유리(仲川裕里) 124

나카네 지에(中根千枝, 1925~2021) 114

나카네 지에(中根千枝, Nakane Chie, 1926~) 97

나카오 가쓰미(中生胜美, 1956~) 112

낸시 레빈(Nancy Levine) 200

녜리리(聶莉莉, 1954~) 147

니이다 노보루(仁井田陞, 1904~1966) 112

ㄷ

다무라 가쓰미(田村克己, 1949~) 115

다케무라 다쿠지(竹村卓二, 1930~2008) 150

대니얼 쿨프(Daniel Kulp) 25

데카르트(Descartes, René, 1596~1650) 89

도리이 류조(鸟居龙藏, 1870~1953) 110

도모나가 신이치로(朝永振一郎, 1906~1979) 159

도미니크 스트리나티(Dominic Strinati) 271

두웨이밍(杜维明, 1940~) 102, 192, 420

ㄹ

라디슬라프 홀리(Ladislav Holy, 1933~1997) 236

라몬 H. 마이어스(Ramon H. Myers, ?~2015) 146

라이트 15, 29

라이프니츠(Gottfried Wilhelm Leibniz, 1646~1716) 16

라일리 E. 던랩(Riley E. Dunlap) 326

래드클리프브라운(Alfred Reginald Radcliffe Brown, 1881~1955) 24

레슬리 A. 화이트(L. A. White, 1959~) 43

레이먼드 윌리엄 퍼스(Raymond William Firth, 1901~2002) 44

로드니 니덤(Rodney Needham, 1923~ 2006) 216

로버트 레드필드(Robert Redfield, 1897~1958) 95

로버트 켐퍼(Robert V. Kemper) 25

로빈 폭스(Robin Fox) 207

루스 베네딕트(Ruth Benedict, 1887~1948) 29

루이 뒤몽(Louis Dumont, 1911~1998) 189

루이 듀몬트(Louis Dumont, 1911~1998) 95

루이 알튀세르(Louis Pierre Althusser, 1918~1990) 45

류멍시(刘梦溪, 1941~) 90

류정아이(刘正爱, 1965~) 124

류즈웨이(刘志伟, 1955~) 438

리이위안(李亦园, 1931~2017) 92

리즈강(黎志刚, ?~2021) 194

리진(李錦, 1952~) 199

리처드 리키(Richard Erskine Frere Leakey, 1944~) 27

린드 부부(Robert Lynd and Hellen Lynd) 25

린야오화(林耀华, 1910~2000) 98

ㅁ

마거릿 록(Margaret Lock, 1936~) 190

마르셀 모스(Marcel Mauss, 1872~1950) 173

마빈 해리스(Marvin Harris, 1927~2001) 44

마셜 살린스(Marshall Sahlins, 1930~2021) 37

마이클 타우시그(Michael Taussig, 1940~) 41

마창(马强) 94

마츠모토 젠카이(松本善海, 1912~1974) 147

마키노(牧野, 1905~1974) 147

막스 베버(Max Weber, 1864~1920) 18

머독(G. P.Murdock, 1897~1985) 30

메리 더글라스(Mary Douglas, 1927~2007) 187

메이어 포르티스(Meyer Fortes, 1906~1983) 27

모건(L.H.Morgan, 1818~1881) 17

모로하시 데츠지(诸桥辙次, 1883~1982) 147

모리스 고들리에(Maurice Godelier, 1934~) 51

모리스 프리드먼(Maurice Freedman, 1920~1975) 105

모리야 미츠오(守屋美都雄, 1915~1966) 147

몽테스키외(Charles-Louis de Secondat, baron de La Brède et de Montesquieu, 1689~1755) 17

무지홍(木霁弘, 1963~) 91

미드(Margaret Mead, 1901~1978) 29

미셸 푸코(Michel Paul Foucault, 1926~1984) 41

ㅂ

바이서우이(白寿彝, 1909~2000) 436

인류학의 글로벌 의식과 학술적 자각

바흐드 98

바흐오펜(J.J.Bachofen, 1815~1887) 17

베네딕트 앤더슨(Benedict Anderson, 1936~2015) 88

보아스 학파(Boasian School) 206

브레멘(Jan van Bremen, 1946~) 124

브로니슬라브 말리노프스키(Bronislaw Malinowski, 1884~1942) 26

빅토르 퍼셀(Victor Purcell, 1896~1965) 255

ㅅ

사오징(邵京) 303

사이먼 반즈(Simon Barnes) 216

샤오펑샤(蕭凤霞) 94, 438

샤오펑샤(蕭凤霞, 1950~) 417

샤오훙옌(蕭红艳) 149, 457

샹뱌오(项飚) 95

세가와 마사히사(瀬川昌久, 1957~) 148

셰플러(Scheffler) 77

쉐리 베스 오트너(Sherry B. Ortner, 1941~) 45

쉬스커(徐轼可) 227

스가와라 카즈요시(菅原和孝, 1949~) 154

스기시마 케이시(杉島敬志, 1953~) 122

스루궈(史祿國, 1887~1939) 83

스에나리 미치오(末成道男, 1938~) 5

스즈키 마사타카(鈴木正崇) 148

스튜어트 홀(Stuart McPhail Hall, 1932~2014) 345

시가 슈조(滋賀秀三, 1921~2008) 228

시드니 민츠(Sidney Mintz, 1922~2015) 56

시미즈 모리미츠이(清水盛光, 1904~1999) 147

시미즈 아키토시(清水昭俊, 1942~) 121, 364, 375

쓰카다 시게유키(塚田誠之, 1952~) 151

ㅇ

아루가 기자에몬(有賀喜左衛門, 1897~1979) 230

아서 마이클 클라인먼(Arthur Michael Kleinman, 1941~) 300

아이와 옹(Aihwa Ong) 60

아이작 샤페라(Isaac Schapera, 1905~2003) 207

안드레 군더 프랑크(Andre Gunder Frank, 1929~2005) 46

앤 로라 스톨러(Ann Laura Stoler, 1949~) 58

앨런 슈나이버그(Allan Schnaiberg, 1939~2009) 326

야나기다 구니오(柳田国男, 1875~1962) 104

야마시타 신지(山下晋司, 1948~) 127

야오난(姚楠, 1912~1996) 437

양궈수(杨国枢, 1932~2018) 106

양더썬(杨德森, 1929~) 300

양루빈(杨儒宾, 1956~) 192

양성민(杨圣敏, 1951~) 285

양청즈(楊成志, 1902~1991) 83

양쿤(杨堃, 1901~1998) 211

에드먼드 리치(Edmund Ronald Leach, 1910~1989) 32

에드워드 버넷 타일러(Edward Burnett Tylor, 1832~1917) 206

에릭 울프(Eric Wolf, 1923~1999) 56

에릭 홉스봄(Eric Hobsbawm, 1917~2012) 383

에마뉴엘 테레(Emmanuel Terray, 1935~2024) 52

에밀 뒤르켐(Emile Durkheim, 1858~1917) 18

에반스 프리차드(Sir Edward Evans-Pritchard, 1902~1973) 27

엥겔스(Friedrich Engels, 1820~1895) 39

오로그린(Bridget O'Laughlin, 1943~) 43

오쓰카 가즈오(大塚和夫, 1949~2009) 154

오야마 히코이치(大山彦一) 147

오타 요시노부(太田好信) 122

와다세이(和田清, 1890~1960) 147

와타나베 구니오(渡辺邦夫, 1947~) 167

와타나베 요시오(渡辺欣雄, 1947~) 5, 148

왕숭싱(王崧兴, 1935~1995) 152

왕퉁후이(王同惠, 1910~1935) 84, 335

요시와라 카즈오(吉原和男) 148

요코야마 히로코(横山廣子, 1953~) 151

우원짜오(吴文藻, 1901~1985) 82

우치다 도모오(内田智雄, 1905~1989) 112

워드 구디너프(Ward Goodenough, 1919~2013) 77

웡나이췬(翁乃群, 1948~) 302

웨인 파이프(Wayne Fife) 191

위르겐 하버마스(Jürgen Habermas, 1929~) 74

위웨이차오(喻伟超, 1933~2003) 90

윌리엄 R. 캐튼 주니어(William R . Catton Jr., 1926~2015) 326

유아사 야스오(湯淺泰雄, 1925~2005) 185

이마니시 킨지(今西錦司, 1902~1992) 157

이매뉴얼 월러스틴(Immanuel Wallerstein, 1930~2019) 46

이시다 히로시(石田浩, 1946~2006) 145

이시모리 슈조(石森秀三, 1945~) 127

이지마 노리코(饭岛典子) 149

인사오팅(尹绍亭, 1947~) 334

ㅈ

J. F 맥리넌(John Ferguson McLennan, 1827~1881) 206

자넷 카스텐(Janet Carsten) 188

자크르 고프(Jacques Le Goff, 1924~2014) 236

장사오위안(江绍原, 1898~1983) 194

장펑(张鹏, 1978~) 161

잭 구디(Jack Goody, 1919~2015) 50

전경수(全京秀, 1949~) 121

제임스 조지 프레이저(James George Frazer, 1854~1941) 206

조안 빈센트(Joan Vincent) 58

조지 포스터(George M. Foster, 1913~2006) 25

조지 피터 머독(George Peter Murdock, 1897~1985) 77

존 나이스비트(John Naisbitt, 1929~2021) 76, 370

존 어리(John Urry, 1946~2016) 128

좡쿵사오(庄孔韶, 1946~) 85

주제친(朱杰勤, 1913~1990) 436, 438

주톄취안(朱铁权, 1979~2021) 444

준 C. 내쉬(June C. Nash, 1927~2019) 59

줄리언 스튜어드(Julian Haynes Steward, 1902~1972) 43, 266

지그문트 프로이트(Freud, Sigmund, 1856~1939) 90

지셴린(季羨林, 1911~2009) 437

진잉시(金应熙, 1919~1991) 438

징쥔(景军, 1957~) 302

ㅊ

차오젠(乔健, 1935~) 106

차오젠(喬健, 1935~) 153

차이비밍(蔡璧名, 1965~) 193

차푸루카 M. 쿠심바(Chapurukha M. Kusimba) 444

찰스 라이트 밀스(C. Wright Mills, 1916~1962) 15

챈트슨 29

천다(陈达, 1892~1975) 437

천쉬징(陈序经, 1903~1967) 436, 438

천옌(陈炎, 1957~) 437

천인커(陈寅恪, 1890~1969) 436

천제(陈杰, 1978~) 441

천중몐(岑仲勉, 1886~1961) 436

천춘성(陈春声, 1959~) 438

츠루미 가즈코 64, 229, 311, 312

츠루미 타로(鶴見太郞, 1965~) 120

츠보이 쇼고로(坪井正五郞, 1863~1913) 110

친자오슝(秦兆雄, 1962~) 149

ㅋ

카와키타 지로(川喜田二郞, 1920~2009) 114

칼 구스타브 융(Carl GustavJung, 1875~1961) 158

칼 폴라니(Karl Polanyi, 1886~1964) 173

칼 피어슨(Karl Pearson, 1857~1936) 174

칼 하인리히 마르크스(Karl Heinrich Marx, 1818~1883) 18

콘래드 아렌스버그(Conrad Arensberg, 1910~1997) 173

콩트(A.Comte, 1798~1857) 17

쿠리모토 에이세이(栗本英世, 1957~) 122

클라크혼(Clyde Kluckhohn, 1905~1960) 29

클로드 레비스트로스(Claude Levi Strauss, 1908~2009) 45

클로드 메이야수(Claude Meillassoux, 1925~2005) 51

클리포드 기어츠(Clifford Geertz, 1926~2006) 95

키시가미 노부히로(岸上伸启, 1958~) 384

ㅌ

타나카 마사카즈(田中雅一, 1955~) 122

타나카 잇세이(田仲一成) 147

타무라 카즈히코(田村和彦) 124

타일러(E.B.Tylor, 1832~1917) 17

텐루캉(田汝康, 1916~2006) 437

토머스 모건(Thomas Hunt Morgan, 1866~1945) 206

ㅍ

판광단(潘光旦, 1899~1967) 84

판훙리(潘宏立, 1960~) 149

펑자쥔(冯家骏, 1930~) 159

펑청쥔(冯承均, 1887~1946) 436

페이샤오퉁(费孝通, 1910~2005) 5, 25

페인(Thomas Paine, 1737~1809) 380

포테스(Meyer Fortes, 1906~1983) 97

푸쓰녠(傅斯年, 1896~1950) 82

프라센지트 두아라(Prasenjit Duara, 1950~) 121

프란츠 보아스(Franz Boas, 1858~1942) 379

프랜시스 L. K. 슈(Francis L.K.I Isu, 許烺光, 1909~1999) 29

프레신짓트 두아라(Prasenjit Duara) 146

플라톤(Platon, B.C.427~B.C.347) 89

피에르 레이(PierrePhilippe Rey) 52

피에르 부르디외(Pierre Bourdieu, 1930~2002) 119

피터 리버스(Peter Rivers) 362, 411

피터슨(Edward N. Peterson, 1925~2005) 380

피트 펠스(Pete Pels) 120

ㅎ

하세가와 키요시(长谷川清) 151

하시모토 카즈야(桥本和也, 1947~) 128

하워드 L. 파슨스(Howard L. Parsons, 1918~2000) 326

하타다 다카시(旗田巍, 1908~1994) 113

한전화(韩振华, 1979~) 436

허버트 마르쿠제(Marcuse Herbert, 1892~1979) 75

허싱량(何星亮, 1956~) 285

허자오파(何肇发, 1921~2001) 438

헨리 제임스 섬너 메인(Henry James Sumner Maine, 1822~1888) 206

황신메이(黄新美, 1967~) 159

황중즈(黄宗智, 1940~) 145

황진린(黄金麟) 196

인류학의 글로벌 의식과 학술적 자각

후쿠타케 다다시(福武直, 1917~1989) 113

히라노 요시타로(平野义太郎, 1897~1980) 113

도서명

『1992 세계 개발 보고서』 337

『가원-일본의 진수』 30

『가족, 사유재산 및 국가의 기원』 39, 48

『감시와 처벌』 191

『감정적 유인원=인간』 154, 159, 168

『고대사회』 17

『공간의 형성과 세계 인식』 122

『관광의 눈빛-현대 사회의 오락과 여행』 128

『관광인류학』 128

『관광인류학의 전략-문화의 판매 방법』 128

『광기의 역사』 191

『국립민족학박물관 연구 보고 별책』 150

『국화와 칼』 29

『근대 커자(客家) 사회의 형성-외부 호칭과 내부 호칭 사이에서』 149

『금익-근세 중국에 관한 사회학적 연구』 209

『독일 이데올로기』 42

『동남아시아의 중국인들』 255

『동아시아의 문학·언어 공간』 122

『동양학의 자기장』 122

『두발, 수염, 손발톱-그들의 풍속에 관하여』 194

『루이 보나파르트의 브뤼메르 18일』 42

『류보(刘堡)-중국 동북 지방의 종족과 그 변천』 148

『마르크스를 위하여』 50

『마르크스 민족학 노트』 39

『마르크스와 엥겔스의 생태학론』 326

『매스미디어에서의 '제국'』 122

『메가트렌드』 76, 370

『모권론』 18

『모르간의 「고대사회」 개요』 39

『문화, 권리와 국가』 146

『문화의 생산』 115

『문화의 유형』 29

『문화의 정치와 생활의 시학-중국 윈난성 더훙 다이족의 일상적 실천』 151

『문화의 충돌』 362, 411

『민족의 유동과 문화 동태-중국 주변 지역의 역사와 현재』 151

『발리 관광인류학의 수업』 128

『베트남의 조상 제사-조곡(潮曲)의 사회생활』 115

『북지 촌락의 기초 요소로서의 종족과 촌묘』 113

『사회 구조』 30

『사회분업론』 19, 20, 326

『사회인류학』 32

『사회인류학 방법』 215

『상상된 공동체: 민족주주의의 기원과 보급에 대한 고찰』 88

『설탕과 권력』 59

『성의 역사』 191

『송대 이슬람 교도의 향신료 무역』 436

『식민지 경험: 인류학과 역사학의 시각』 122

『식민지 인류학의 전망』 121

『신체: 사상과 수행-중국 경전을 중심으로 한 다문화 관조』 192

『신체와 자연』 193

『실학으로서의 과학 기술』 122

『아시아 문화권의 시대』 33

『아프리카의 정치 제도』 27, 207

『아프리카의 친족과 결혼 제도』 207

『아프리카의 친족과 혼인제도』 27, 28

『역사, 신체, 국가-근대 중국의 신체의 형성(1895~1937)』196

『영장류의 사회적 진화』167

『영혼과 육체에 대한 탐구-신비한 동양 심신관』185

『원숭이가 인간이 될 때의 노동의 역할』39

『원시문화』17

『유가(儒家) 신체관』193

『유교 문화권의 질서와 경제』252

『유교와 도교』244

『유학과 윈난 소수 민족』91

『육상 및 해상 실크로드』437

『의례·민족·경계-화남 각 민족의 '한족 동화' 현상』151

『의서종족』211

『인류 구전과 무형문화유산 총서』268

『인류학 실천의 재구성-탈식민주의 전환 이후』122

『일본 민족학의 현재: 1980년대에서 1990년대까지』117

『일본 민족학의 회고와 전망』117

『일본 사회의 인간관계』209

『일본의 민족학: 1964~1983』117

『자본론을 읽다』50

『자본론』제1권 42

『자본주의 생산 이전의 각 형태』39

『자살론』19

『장경(葬經)』227

『'제국'의 경제학』122

『'제국'의 계보』122

『조상의 그늘 아래』209, 211, 247

『조상 제사』211

『족보-화남 한족의 종족, 풍수와 이주』148

『종교생활의 원초적 형태』19, 182

『좡족(壯族) 사회 연구-명나라 이후를 중심으로』151

『중국 고대 사상의 기론(氣論)과 신체관』 192

『중국 고대의 가족과 국가』 147

『중국 농촌 관행 조사』 111, 112, 145, 146, 147

『중국 농촌 사회 구조』 113

『중국대륙고문화연구』 150

『중국 동남부의 종족 조직』 209

『중국 민중의 전쟁에 대한 기억-일본 세균전의 상흔』 147

『중국 쓰촨 동부 농촌의 가족과 결혼-장강 상류 유역의 문화인류학 연구』 149

『중국에서의 인간의 연구』 32

『중국의 민족 표상-남부 인류학·역사학 연구』 151

『중국의 종교』 209

『중국의 종족과 사회』 209

『중국의 종족(宗族)과 사회』 225

『중국인과 미국인』 29

『중국인의 가족제도 연구』 147

『중국 종족 공공 재산 제도 고찰』 147

『중국 지방 자치 발달사』 147

『중국 촌락 제도사 연구』 147

『중국 향촌론』 147

『중국 후베이 농촌의 가족·종족·결혼』 149

『중원과 주변-인류학적 현장의 관점에서 보다』 152

『지나 가문의 해체』 147

『지나 가족제』 147

『지나의 고대 가족 제도 연구』 147

『지역연구로서의 아시아』 122

『초기 제국(帝國)에서의 교역과 시장』 174

『친족과 결혼의 재고』 216

『친족 관계 이후(After Kinship)』 188

『친족의 기본 구조』 177

『커자(客家)-화남 한족의 정체성과 그 경계』 148

인류학의 글로벌 의식과 학술적 자각

『클랜, 카스트 및 클럽』 103, 422

『타이완 아미족의 사회조직과 변천』 115

『팅강 유역의 지역 문화와 커자(客家)-한족의 다양성과 일체성에 관한 고찰』 149

『풍수의 사회인류학-중국과 주변 사회의 비교 연구』 148

『하이테크 사고-과학 기술과 인간성의 의미 추적』 76, 370

『해상 실크로드와 중외 문화 교류』 437

『현대 국가의 수렵 채집민』 380

『현대 중국 동남 지역의 한족 사회-민난 농촌의 종족 조직과 그 변천』 149

『'혈연'의 재구성-동아시아의 부계 구조와 동성 연합』 148

『호모 히에라르키쿠스: 카스트 제도에 관한 에세이』 189

『화북의 소농 경제와 사회 변천』 145

『후(猴), 원(猿), 인간-인간성의 기원을 생각하다』 156, 167

용어

ㄱ

가치적 이성 74, 349

개발인류학 86, 115

경제 문화 유형 이론 288

경제인류학 117, 134

과경민족 388

관광인류학 11, 115, 127, 128, 293, 294, 295

교육인류학 115, 117, 134

교차사촌혼 179, 181

구조기능주의 인류학 21, 187, 214

구조주의 마르크스주의 학파 40

국가 없는 사회 28, 208

국가인류학 100

김왈리(GimWali) 175

ㄴ

내발형 발전 11, 308, 309, 311, 312, 319

내발형적 발전 64, 298, 309, 311

내부자적 관점 218

ㄷ

단순사회 7, 9, 10, 20, 25, 28, 116, 173, 174, 176, 177, 180, 181, 182, 183, 204, 207, 208

단위 개념 19

대칭적 교환 178

도구적 이성 74, 75, 349

도시인류학 115, 117, 135

디아스포라 416, 445

ㅁ

마르크스주의 민족학 9, 38, 39, 40, 41, 42, 43, 44, 45, 47, 48, 50, 51, 52, 53, 54, 68

무문자사회 90, 98, 208, 210, 218

문화생태학 44

문화유물론 40, 44

문화 유물주의 학파 40

문화접변 11, 264, 265, 266, 297, 382

민족결합부 62, 63, 67, 68

민족동물학 87

민족생태학 87

민족식물학 87

민족지 7, 30, 57, 59, 61, 64, 72, 102, 106, 120, 121, 122, 130, 135, 140, 142, 147, 148, 182, 285, 297, 303, 313, 365, 377, 378, 415, 418, 420, 421, 422, 424, 427, 428, 429, 443

민족 회랑 68, 96, 248, 249, 318, 356, 418, 425, 426, 447

ㅂ

법률인류학 117

복합사회 9, 25

본토인류학 30, 93, 140

ㅅ

사회적 사실 19, 20, 21, 35, 37, 384, 416, 428, 446

상상된 공동체 88

상징인류학 117

생물인류학 159, 160

생산양식 9, 38, 39, 40, 45, 46, 48, 49, 50, 51, 52, 53, 54, 55, 56, 57, 59, 60, 61, 62, 67, 68, 309, 314, 315, 316, 329, 374, 381, 391, 395

생태인류학 11, 115, 117, 288

선물 교환 173, 181

세계단위 94, 95, 417, 418

세계체제론 46

소련 민족학 98

소민족 101, 361, 365, 366, 388, 390, 410, 411, 412

소비에트 학파 39

수렵 채집민 12, 168, 313, 364, 365, 371, 375, 376, 377, 378, 379, 380, 381, 382, 384, 413

식민지 인류학 104, 120, 121

신체인류학 10, 184, 197, 201

신체 정치 190, 191, 196, 202

심리인류학 117

ㅇ

양두가 256, 441

언어인류학 117

역사인류학 91, 140

영국 인류학 97

영상인류학 115, 117

영장류 연구 10, 83, 154, 158, 160, 161, 162, 163, 164, 166

예술인류학 90, 117, 136

원시국가 28, 208

월경(越境)의 인류학 127

의료인류학 11, 84, 107, 115, 117, 135, 299, 300, 302

이상형 22, 23

인종학 110

인지인류학 117

일본 인류학 10, 109, 110, 111, 112, 114, 117, 119, 121, 142, 144, 149, 152, 154

ㅈ

자원인류학 87

재분배 교환 174

정치경제학 41, 45, 46, 54, 56, 58, 59, 65, 68, 326

정치인류학 115, 117

조방(粗放)농업 317

종교인류학 117

중국 민족학 39, 68, 98, 99, 151, 379

중화위육 69, 241, 353

지식인류학 199, 218, 219

ㅊ

체질인류학 83, 84, 110, 159, 160

초영역 93, 115, 116

출계 집단 213, 233, 234

친족 관계 10, 51, 54, 77, 85, 86, 92, 106, 146, 176, 181, 187, 188, 197, 198, 199, 200, 205, 206,
       207, 209, 212, 213, 214, 215, 216, 219, 221, 223, 227, 234, 240, 243, 255, 256, 299

ㅋ

쿨라(Kula) 175

ㅌ

타자 6, 7, 9, 10, 35, 70, 72, 106, 140, 154, 155, 196, 197, 198, 421

토착인류학 100, 103

인류학의 글로벌 의식과 학술적 자각

ㅍ

포스트모더니즘 90, 103, 128, 190, 423

포스트모더니즘 인류학 103

포스트모던 인류학 115, 131, 308, 422

포틀래치 131, 182

프랑크푸르트 학파 40

ㅎ

호혜적 교환 174, 176, 178

화이부동 12, 346, 363, 366, 368, 369, 370, 373, 412, 414, 428, 430, 431, 432, 435, 444, 447

후기구조주의 42

지은이 | **마궈칭(麻国庆)**

1963년 내몽골에서 출생. 베이징대학교와 도쿄대학교가 공동 양성한 박사. 베이징대학교와 중산대학교 교수, 일본 도쿄도립대학교 객원교수를 지냈으며, 중앙민족대학교 전임 부총장, 현재 중앙민족대학교 교수이다. 장강학자, 국무원 정부 특별 수당 수령자이며 중국인류학회 부회장, 사회변천연구회 부회장이다. 주 연구 방향은 도시 및 농촌 사회 발전, 세계화 및 사회 문화 변화 등이다. 주요 저서로는 『흙을 뚫고 나가다-유동 사회의 현지 조사(破土而出-流动社会的田野呈现)』, 『집과 중국의 사회 구조(家与中国社会结构)』, 『'타자'의 세계로 들어가다(走进他者的世界)』, 『영원한 집: 전통의 관성과 사회의 결합(永远的家: 传统惯性与社会结合)』, 『인류학의 글로벌 의식과 학술적 자각(人类学的全球意识与学术自觉)』, 『문화인류학과 무형문화재(文化人类学与非物质文化遗产)』 등이 있다.

옮긴이 | **허련화(許蓮花)**

1970년 중국 지린성(吉林省) 룽징시(龙井市)에서 출생. 서울대학교 국문학 박사. 현재 서남민족대학교 한국어학과 부교수이다. 중국한국(조선)어교육연구학회 상무이사, 중국외국문학연구학회조선-한국문학연구분회 상무이사를 역임했으며 저서 『김동리 소설 연구』, 『한국 대중문화와 문화산업』(공저), 『한국 현대소설이 걸어온 길』(공저), 『최인훈, 오디세우스의 항해』(공저), 역저로 『玩偶之城』, 『중국 창족 신화와 전설』 등이 있다. 이밖에 시, 수필, 평론 수십 편 발표. 천지 신인문학상, 재외동포문학 가작상, 상상시 문학상 등 수상.

인류학의 글로벌 의식과 학술적 자각

人类学的全球意识与学术自觉

초판1쇄 인쇄 2024년 5월 20일
초판1쇄 발행 2024년 5월 30일

지은이   마궈칭(麻国庆)
옮긴이   허련화(許蓮花)
감수   김영미
펴낸이   이대현
편집   이태곤 권분옥 임애정 강윤경
디자인   안혜진 최선주 이경진
마케팅   박태훈 한주영

펴낸곳   도서출판 역락
출판등록   1999년 4월 19일 제303-2002-000014호
주소   서울시 서초구 동광로 46길 6-6 문창빌딩 2층 (우06589)
전화   02-3409-2060
팩스   02-3409-2059
홈페이지   www.youkrackbooks.com
이메일   youkrack@hanmail.net

ISBN 979-11-6742-775-5 93380